老歌謠史話

150首可再傳世的老歌謠

陳 福 成 編著

文史哲出版社印行

國家圖書館出版品預行編目資料

老歌謠史話：150 首可再傳世的老歌謠 / 陳福成編著. -- 初版. -- 臺北市：文史哲出版社, 民 113.08
頁； 公分
ISBN 978-986-314-679-7（平裝）

1.CST：歌謠

539.1 113012286

老歌謠史話

150 首可再傳世的老歌謠

編著者：陳 福 成
出版者：文 史 哲 出 版 社
http:// www.lapen.com.tw
e-mail：lapentw@gmail.com
登記證字號：行政院新聞局版臺業字五三三七號
發行人：彭 正 雄
發行所：文 史 哲 出 版 社
印刷者：文 史 哲 出 版 社
臺北市羅斯福路一段七十二巷四號
郵政劃撥帳號：一六一八〇一七五
電話886-2-23511028 · 傳真886-2-23965656

定價新臺幣四二〇元

二〇二四年（民一一三年）八月初版

ISBN 978-986-314-679-7 91002

序：關於《老歌謠史話》

本書所引老歌謠，都是流行在二十世紀，主要大約是一九二〇年代到一九七〇年代，廣為流行，被人傳唱的老歌。也是筆者年輕時代所常聽到，選出一百五十餘首，最好聽、最懷念，一再傳世者，說說每一首歌的作詞作曲人，和歌曲流傳的故事。全書分五輯

第一部〈名家作品輯〉：有劉雪厂（庵）、黃自、黎錦光、李抱忱、陳歌辛、李厚襄、梁樂音、姚敏、王福齡、周藍萍、古月、翁清溪、林家慶、劉家昌、駱明道等，十五家作品。

第二部〈稀有的經典作品輯〉：有黃友棣、蕭而化、岳飛、李叔同、呂泉生、紀雲程、田豐、上官流雲、顧嘉煇、王菲、翁倩玉、江明旺、蔡榮吉、陳彼德、洪小喬、李泰祥、林文隆、凌峰、金山、紀利男、李達濤、鄭貴昶、徐晉淵、慎芝。計二十四家作品。

第三部〈各省民謠老歌輯〉：有甘肅、安徽、江蘇、新疆、四川、雲南、青海、山西、陝西、蒙古、綏遠、西康、台灣。計十三個省。

第四部〈台灣早期歌謠輯〉：有周添旺、姚讚福、陳達儒、吳成家、楊三郎、呂傳梓、張邱東松、洪一峰、吳晉淮、許石、葉俊麟。計十家作品，以及〈思想起〉、〈丟丟銅〉、

〈勸世歌〉、〈天黑黑〉，四首已經流傳久遠的民歌。

第五部〈軍歌、愛國歌、抗戰歌〉：有鄧夏、劉家昌、孫儀、湯尼、黃霑、顧嘉華、沈倫、姚敏、桂濤聲、夏之秋、田漢、聶耳、呂驥、張寒暉、麥新、黎錦暉、冼星海、光未然。計十八家作品。

順帶一述，筆者所有已出版著、編、譯作品（見書末目錄），全都放棄個人所有權，贈為中華民族之文化公共財。凡在中國地區（含台灣）內，任何出版單位均可不經筆者同意，自由印行，廣為流傳，嘉惠每一代炎黃子孫，是吾至願。（中國台北公館蟾蜍山　萬盛草堂主人　陳福成　誌於佛曆二五六七年　公元二〇二四年中國春節後）

老歌謠史話
——一五〇首可再傳世的老歌謠

目 次

第三部　各省民謠老歌輯……一七九

第一部　名家作品輯

一、劉雪厂作品

劉雪厂（一九〇五—一九八五）。或作劉雪庵，曾用筆名有晏如、吳青、蘇崖。一九〇五年十一月十二日，出生在四川省重慶府銅梁縣，一九八五年三月十五日在北京逝世。

他是作曲家、音樂教育家，一生留下許多好作品如〈紅豆詞〉、〈長城謠〉、〈何日君再來〉、〈踏雪尋梅〉、〈楓橋夜泊〉、〈西子姑娘〉、〈飄零的落花〉、〈飛雁〉、〈壯志凌霄〉、〈人民解放軍進行曲〉、〈柳條長〉、〈採蓮謠〉（另有兩個分別由黃自、陳田鶴版本）、〈春夜洛城聞笛〉、〈憶後湖〉等。

〈紅豆詞〉，作詞者是《紅樓夢》的作者曹雪芹。詞的背景是有一天，賈寶玉寫一闕詞，表達女孩的心思：女兒悲，青春已大空守閨，女兒愁，悔教夫婿覓封侯，女兒喜，對鏡晨妝顏色美，女兒樂，秋千架上春衫薄。

曹雪芹從賈寶玉對情感的心思態度，寫下〈紅豆詞〉的詞，傳達女人感情的幽怨無奈，不光詞句很美，成中國文學的一個經典。

〈長城謠〉，一九三七年春，上海藝華影片公司拍《關山萬里》電影的主題曲。該片由潘子農編劇和〈長城謠〉作詞，劉雪厂影片配樂和作曲，當時的歌唱家周小燕在武漢合唱團獨唱領唱這首歌，流傳至今。

〈何日君再來〉詞曲作者有多種說法，其中有「沈華／不明」、「晏如／貝林」或「貝林／晏如」。深入查證後，是劉雪厂作曲，黃嘉謨作詞。

一九三七年上海藝華影業公司，拍《三星伴月》電影，〈何日君再來〉是片中插曲，黃嘉謨編劇和作詞，劉雪厂作曲，周璇在電影中演唱並灌成唱片，由上海百代唱片發行。這首歌流行於中、日地區，並傳出許多和抗戰有關的故事。

〈踏雪尋梅〉，黃自作曲，劉雪厂作詞。歌曲描述雪後天晴的愉快心情。歌詞有四種，一般歌本只見第一種，其餘如下。

第二種：崎嶇山徑上，蠟梅枝頭放，一路寒風中，鈴兒響叮噹。響叮噹響叮噹響叮噹響叮噹，心隨花兒醉芬芳，清幽到我胸懷，共度好時光。

第三種：塵世多風霜，蠟梅朵朵黃，空谷傳回音，鈴兒響叮噹。響叮噹響叮噹響叮噹響叮噹，愛花人兒太痴狂，只求朝夕相對，共度好時光。

第四種（也是歌的第四段，同第一段）。若四段都唱，可能字太多太長，因此數十年來流行的歌本，大多只見第一段（如後）。

〈楓橋夜泊〉，盛唐詩人張繼的詩，作於天寶十五年（七五六年）。這首詩先被選入高仲武編《中興間氣集》，後選入《唐詩三百首》。

紅豆詞

曹雪芹詞 劉雪厂曲

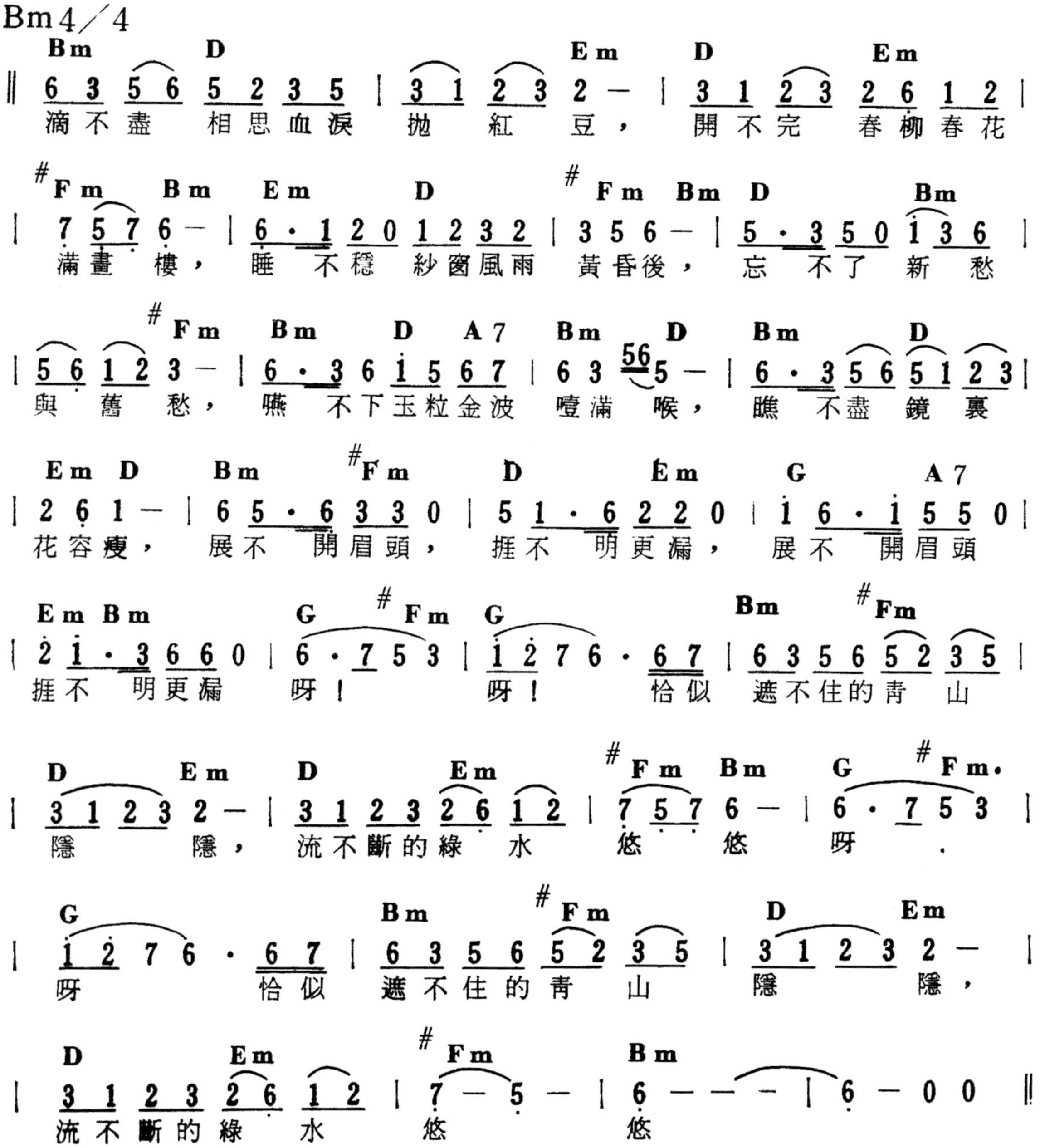
Bm4／4
滴不盡 相思血淚 拋 紅 豆， 開不完 春柳春花
滿畫 樓， 睡 不穩 紗窗風雨 黃昏後， 忘 不了 新 愁
與 舊 愁， 嚥 不下玉粒金波 噎滿 喉， 瞧 不盡 鏡 裏
花容瘦， 展不 開眉頭， 捱不 明更漏， 展不 開眉頭
捱不 明更漏 呀！ 呀！ 恰似 遮不住的青 山
隱 隱， 流不斷的綠 水 悠 悠 呀 .
呀 恰似 遮不住的青 山 隱 隱，
流不斷的綠 水 悠 悠

長城謠

劉雪厂曲

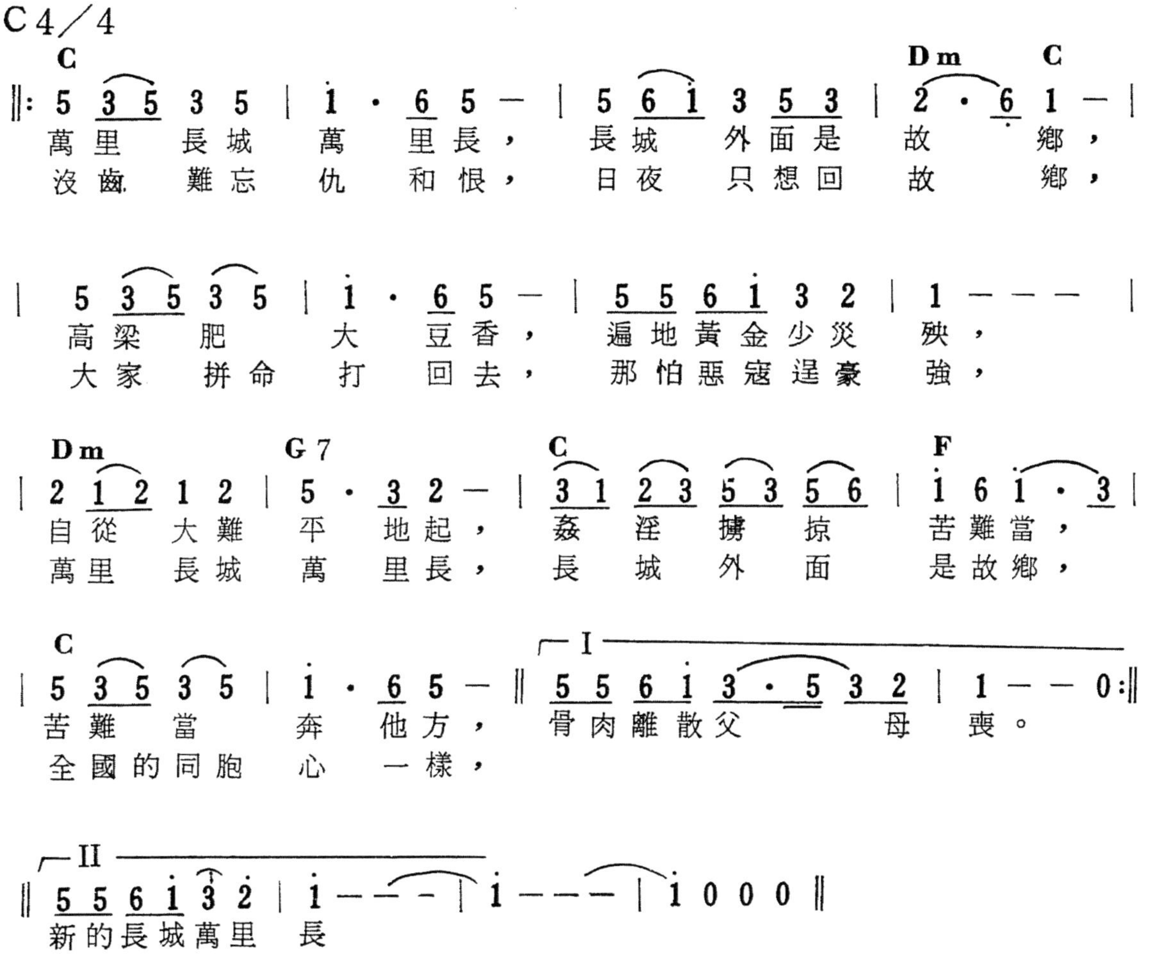

C 4／4

```
        C
‖: 5 3̂ 5  3 5 | i · 6̂ 5  —  | 5  6̂ 1  3 5 3 |
   萬里 長城  萬  里 長，    長城  外面 是 故
   沒齒 難忘  仇  和 恨，    日夜  只想 回 故
```

```
       Dm      C
   2 · 6̂ 1  —  |
   鄉，
   鄉，
```

```
   5 3̂ 5  3 5 | i · 6̂ 5  —  | 5  5 6̂ 1  3 2 | 1 — — — |
   高梁 肥  大  豆 香，    遍地黃金 少 災 殃，
   大家 拼命 打  回 去，    那怕惡寇 逞 豪 強，
```

```
    Dm              G 7                 C
   2 1̂ 2  1 2 | 5 · 3̂ 2  —  | 3̂ 1̂  2̂ 3̂  5̂ 3̂  5 6̂ | i · 6̂ 1 · 3̂ |
   自從 大難 平 地 起，    姦淫 擄 掠  苦 難 當，
   萬里 長城 萬 里 長，    長城 外 面  是 故 鄉，
```

```
    C                                 ┌—I—————————
   5 3̂ 5  3 5 | i · 6̂ 5  —  ‖ 5  5 6̂ 1  3̂ · 5̂ 3 2 | 1 — — 0 :‖
   苦難 當  奔 他 方，    骨肉離散父      母 喪。
   全國 的同胞 心 一 樣，
```

```
   ┌—II————————————————————
   ‖ 5  5 6̂ 1  3̂ 2̂  |  i — — — | i — — — | 1 0 0 0 ‖
   新的長城萬里 長
```

何日君再來

劉雪厂曲

A調 4/4

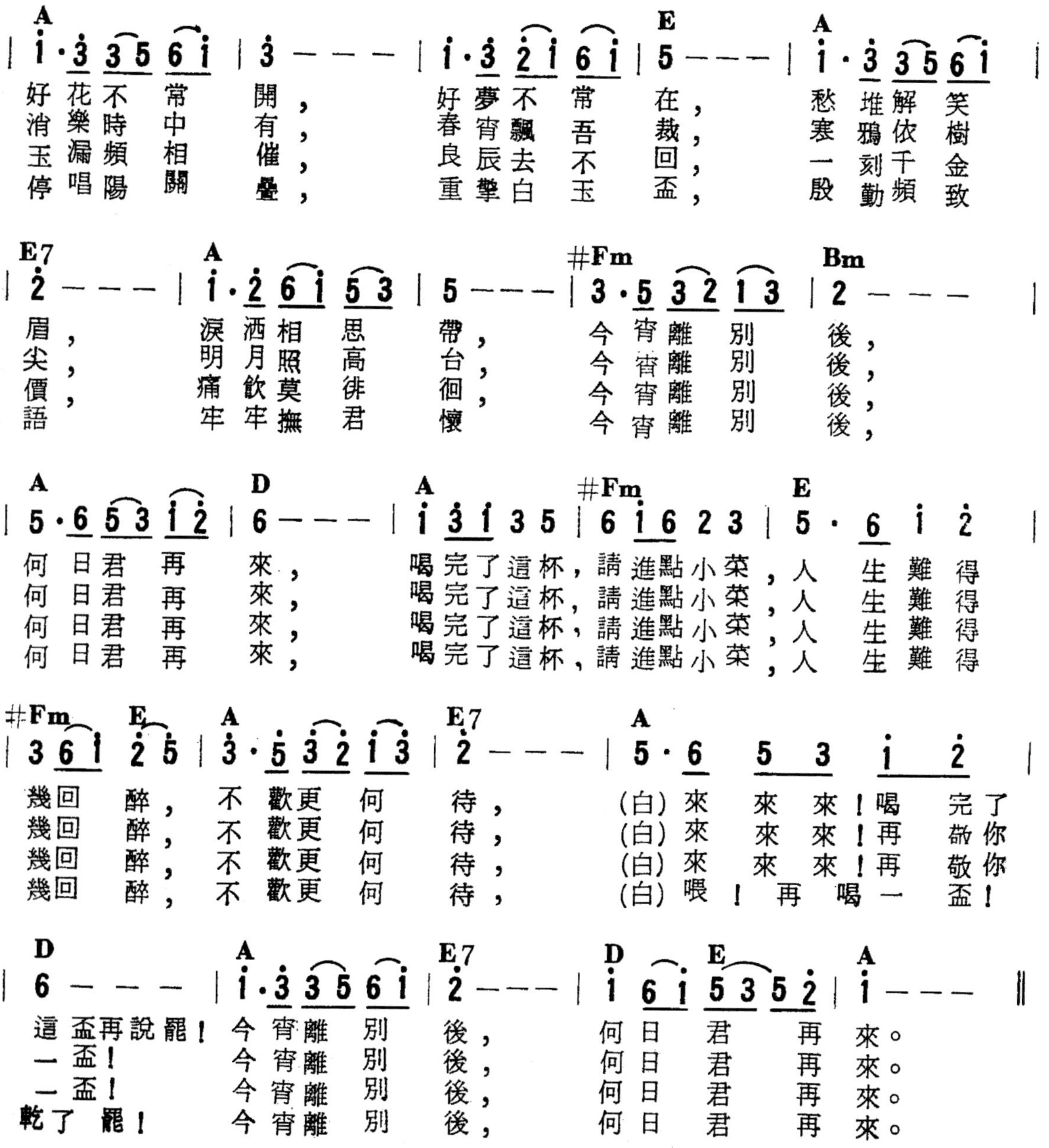
好花不常開，好夢不常在，愁堆解笑眉，淚洒相思帶，今宵離別後，
消樂時中有，春宵飄吾裁，寒鴉依樹尖，明月照高台，今宵離別後，
玉漏頻相催，良辰去不回，一刻千金價，痛飲莫徘徊，今宵離別後，
停唱陽關疊，重擎白玉盃，殷勤頻致語 牢牢撫君懷 今宵離別後，
何日君再來，喝完了這杯，請進點小菜，人生難得幾回醉，不歡更何待，(白)來來來！喝完了這盃再說罷！今宵離別後，何日君再來。
何日君再來，喝完了這杯，請進點小菜，人生難得幾回醉，不歡更何待，(白)來來來！再敬你一盃！今宵離別後，何日君再來。
何日君再來，喝完了這杯，請進點小菜，人生難得幾回醉，不歡更何待，(白)來來來！再敬你一盃！今宵離別後，何日君再來。
何日君再來，喝完了這杯，請進點小菜，人生難得幾回醉，不歡更何待，(白)喂！再喝一盃！乾了罷！今宵離別後，何日君再來。

踏雪尋梅

劉雪厂詞　黃自曲

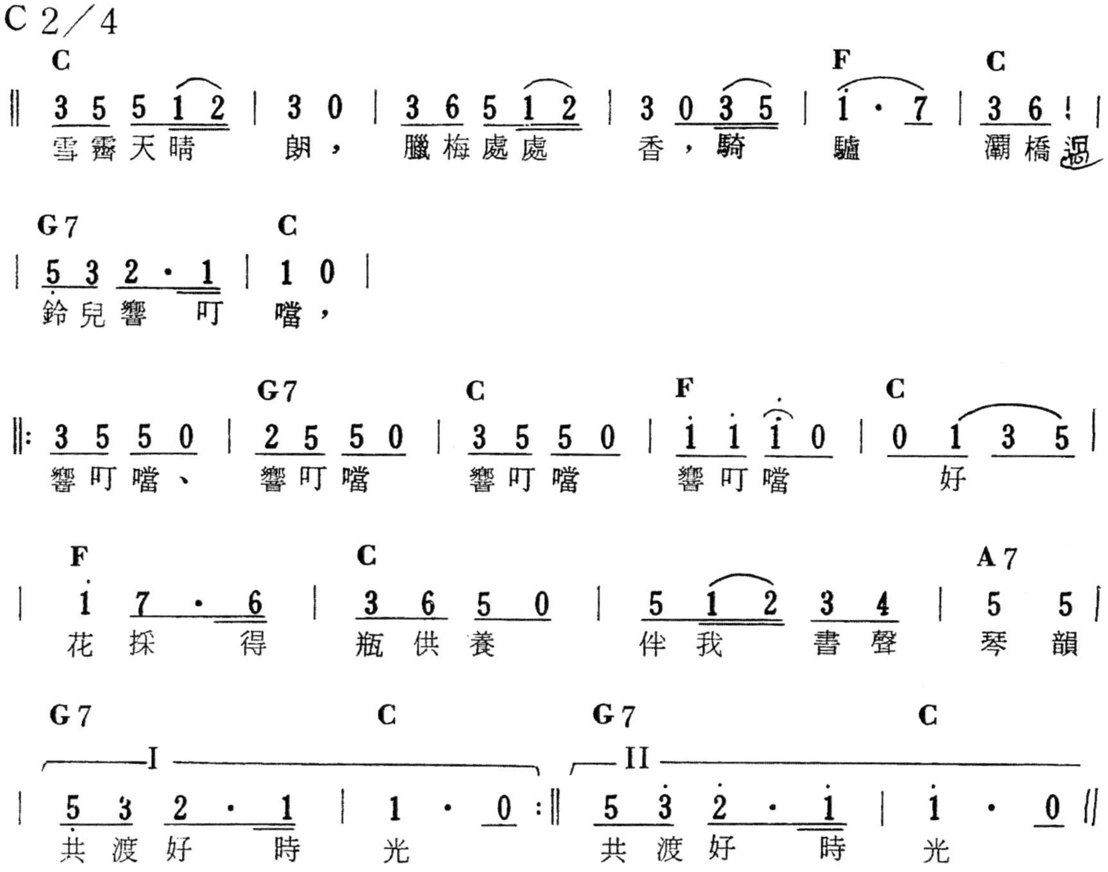
C 2／4
C   F   C
‖ 3 5 5 1 2 | 3 0 | 3 6 5 1 2 | 3 0 3 5 | 1 · 7 | 3 6 !‖
雪霽天晴朗，臘梅處處香，騎驢灞橋過
鈴兒響叮噹，
G 7   C   F   C
‖: 3 5 5 0 | 2 5 5 0 | 3 5 5 0 | 1 1 1 0 | 0 1 3 5 |
響叮噹、響叮噹響叮噹響叮噹好
F   C   A 7
| 1 7 · 6 | 3 6 5 0 | 5 1 2 3 4 | 5 5 |
花採得瓶供養伴我書聲琴韻
G 7 ┌──I──   C   G 7 ┌──II──   C
| 5 3 2 · 1 | 1 · 0 :‖ 5 3 2 · 1 | 1 · 0 ‖
共渡好時光
共渡好時光

楓橋夜泊

劉雪厂曲

Bm（D）調 4/4

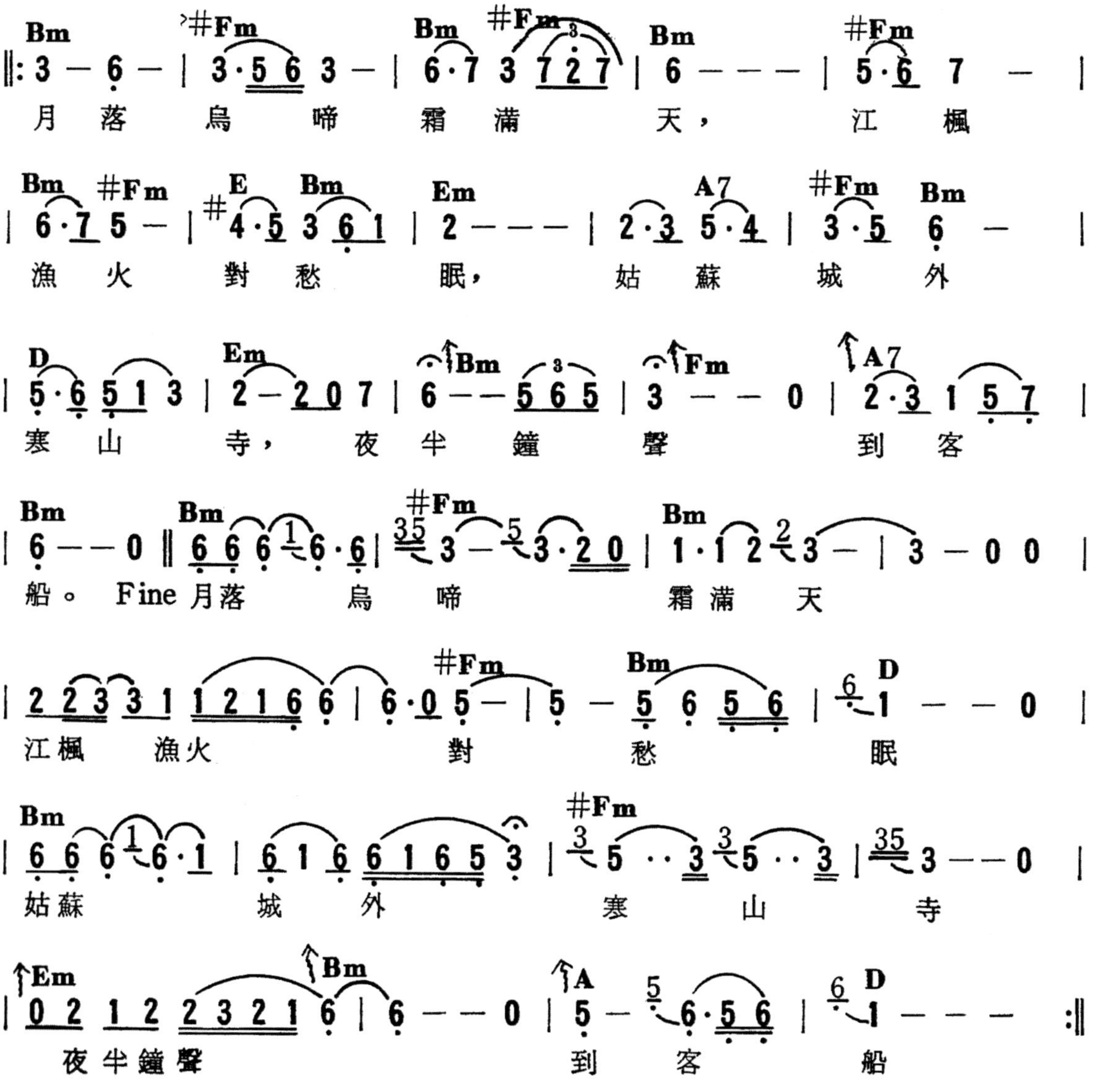

二、黃自作品

黃自（一九〇四—一九三八）。一九〇四年三月廿三日出生在江蘇省川沙縣（今上海浦東），一九三八年五月九日逝世（34歲）。

黃自，作曲家、音樂家，一九一六年入北京清華大學，後又入耶魯大學。一九三五年，黃自創辦第一個全由中國人組成的「上海管弦樂團」。弟子有劉雪厂、賀綠汀、丁善德、朱英、江定仙、林聲翕等人，都是當時極富盛名的音樂家。可惜一九三八年時，因傷寒過逝於上海，臨終時尚有音樂史未完成。

黃自短暫的一生，留下很多好歌，由他作曲如〈山在虛無飄渺間〉、〈西風的話〉、〈熱血〉、〈本事〉、〈春思曲〉、〈佛曲〉、〈思鄉〉、〈下江陵〉、〈花非花〉（白居易詞）、〈天倫歌〉（劉雪厂詞）、〈抗敵歌〉、〈玫瑰三願〉、〈踏雪尋梅〉（劉雪厂詞）、〈旗正飄飄〉、〈點絳唇〉（王灼詞）、《長恨歌》等。

其中《長恨歌》，是黃自在一九三二到一九三三年間，所創作的清唱劇，由韋瀚章作詞，分七個樂章：㈠仙樂飄飄處處聞、㈡七月七日長生殿、㈢漁陽鼙鼓動地來、㈣六軍不發無奈何、㈤婉轉蛾眉馬前死、㈥山在虛無縹緲間、㈦此恨綿綿無絕期。

天倫歌

鍾石根詞 黃自曲

C 4／4

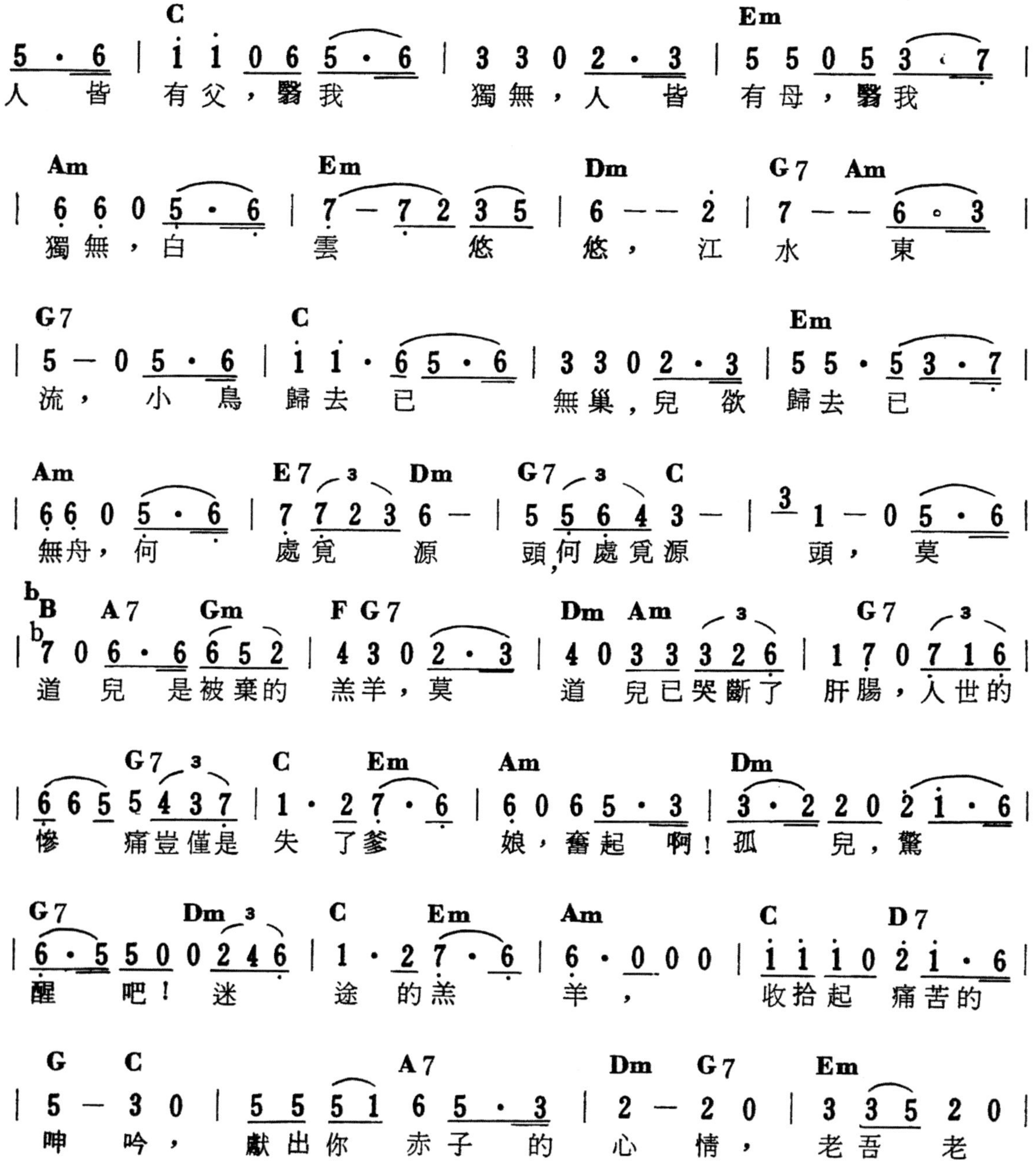
人皆有父，翳我獨無，人皆有母，翳我
獨無，白雲悠悠，江水東
流，小鳥歸去已無巢，兒欲歸去已
無舟，何處覓源頭，何處覓源頭，莫
道兒是被棄的羔羊，莫道兒已哭斷了肝腸，人世的
慘痛豈僅是失了爹娘，奮起啊！孤兒，驚
醒吧！迷途的羔羊，收拾起痛苦的
呻吟，獻出你赤子的心情，老吾老

C			G7	Em		Am	G7	C		Dm	

$|\ \underline{1\ 2}\ \underline{3\ 5}\ 6\cdot \underline{6}\ 5\ |\ 2\ 2\ 7\ 7\cdot \underline{7}\ |\ \underline{3\ 5}\ 6\ 5\ 0\ |\ 1\ 1\ 1\ 0\ 2\ 1\cdot 0\ |$

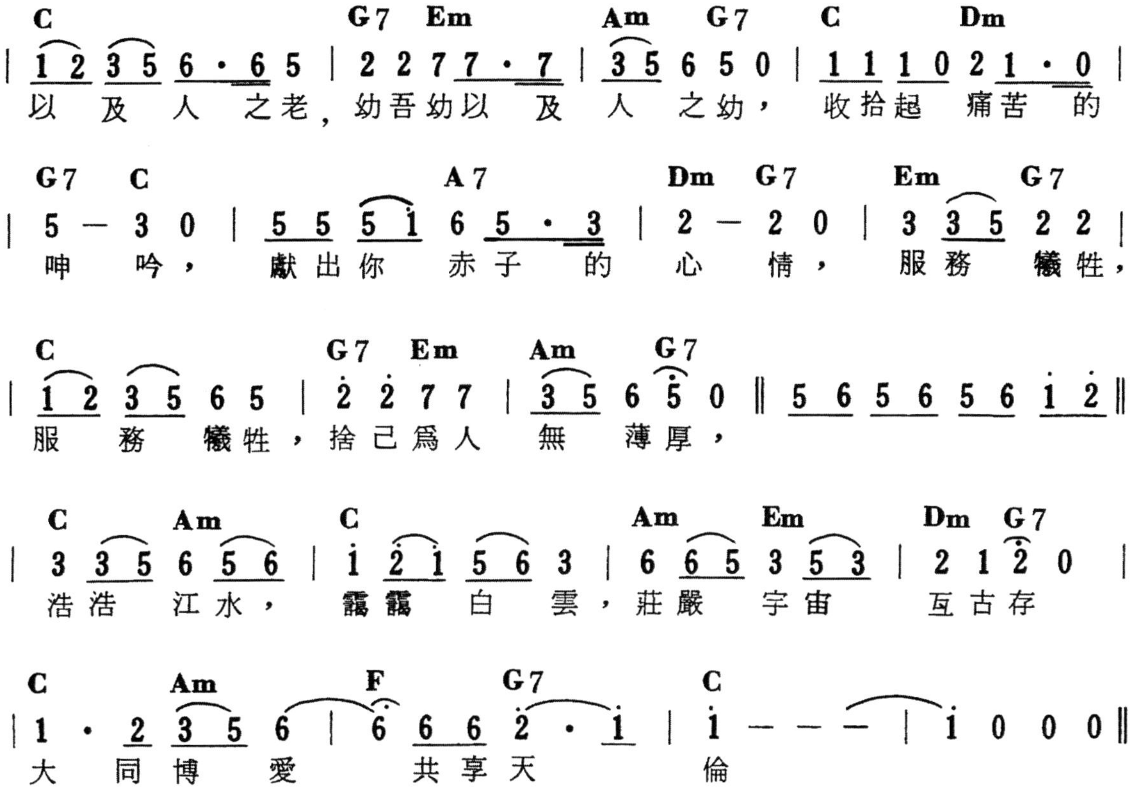

以　及　人　之老，幼吾幼以　及　人　之幼，　收拾起　痛苦　的

G7	C				A7			Dm	G7	Em	G7

$|\ 5\ -\ 3\ 0\ |\ \underline{5\ 5}\ \underline{5\ 1}\ \underline{6\ 5}\ 5\cdot 3\ |\ 2\ -\ 2\ 0\ |\ 3\ \underline{3\ 5}\ 2\ 2\ |$

呻　吟，　獻出你　赤子　的　心　情，　服務犧牲，

C			G7	Em		Am		G7			

$|\ \underline{1\ 2}\ \underline{3\ 5}\ 6\ 5\ |\ \dot{2}\ \dot{2}\ 7\ 7\ |\ \underline{3\ 5}\ 6\ \dot{5}\ 0\ \|\ 5\ 6\ 5\ 6\ 5\ 6\ 1\ \dot{2}\ \|$

服　務　犧牲，捨己爲人　無　薄厚，

C			Am		C				Am	Em	Dm G7

$|\ 3\ \underline{3\ 5}\ \underline{6\ 5}\ 6\ |\ \dot{1}\ \dot{2}\ \dot{1}\ 5\ 6\ 3\ |\ 6\ \underline{6\ 5}\ 3\ 5\ 3\ |\ 2\ 1\ \dot{2}\ 0\ |$

浩浩　江水，　靄靄　白　雲，莊嚴　宇宙　互古存

C		Am		F	G7		C				

$|\ 1\cdot \underline{2}\ \underline{3\ 5}\ 6\ |\ \underline{6\ 6}\ 6\ 2\cdot \dot{1}\ |\ \dot{1}\ -\ -\ -\ |\ \dot{1}\ 0\ 0\ 0\ \|$

大　同博　愛　共享天　倫

配合黃自作詞都是名家，如劉雪厂、廖輔叔、鍾石根。廖輔叔，原名尚棐，筆名有居甫、伊微、伊令眉、黎棐、繆公左等，廣東惠州人。詩人、音樂教育家，著有《中國古代音樂史》等多種。

鍾石根，小說家、電影編劇，原是天津華北電影公司編劇。一九三二年與費穆、朱石麟、賀孟斧到聯華影業公司任職。一九三四年，為聯華影業公司編寫劇本《人生》、《天倫》等。

鍾石根於一九三六年，為民新影片公司編導《靈肉之門》。他的小說《人道》、《城市之夜》，分別在一九三二年、一九三三年由聯華影業公司拍成電影，《新人道》於一九三七年由民新影片公司搬上銀幕。

熱血

黃自曲

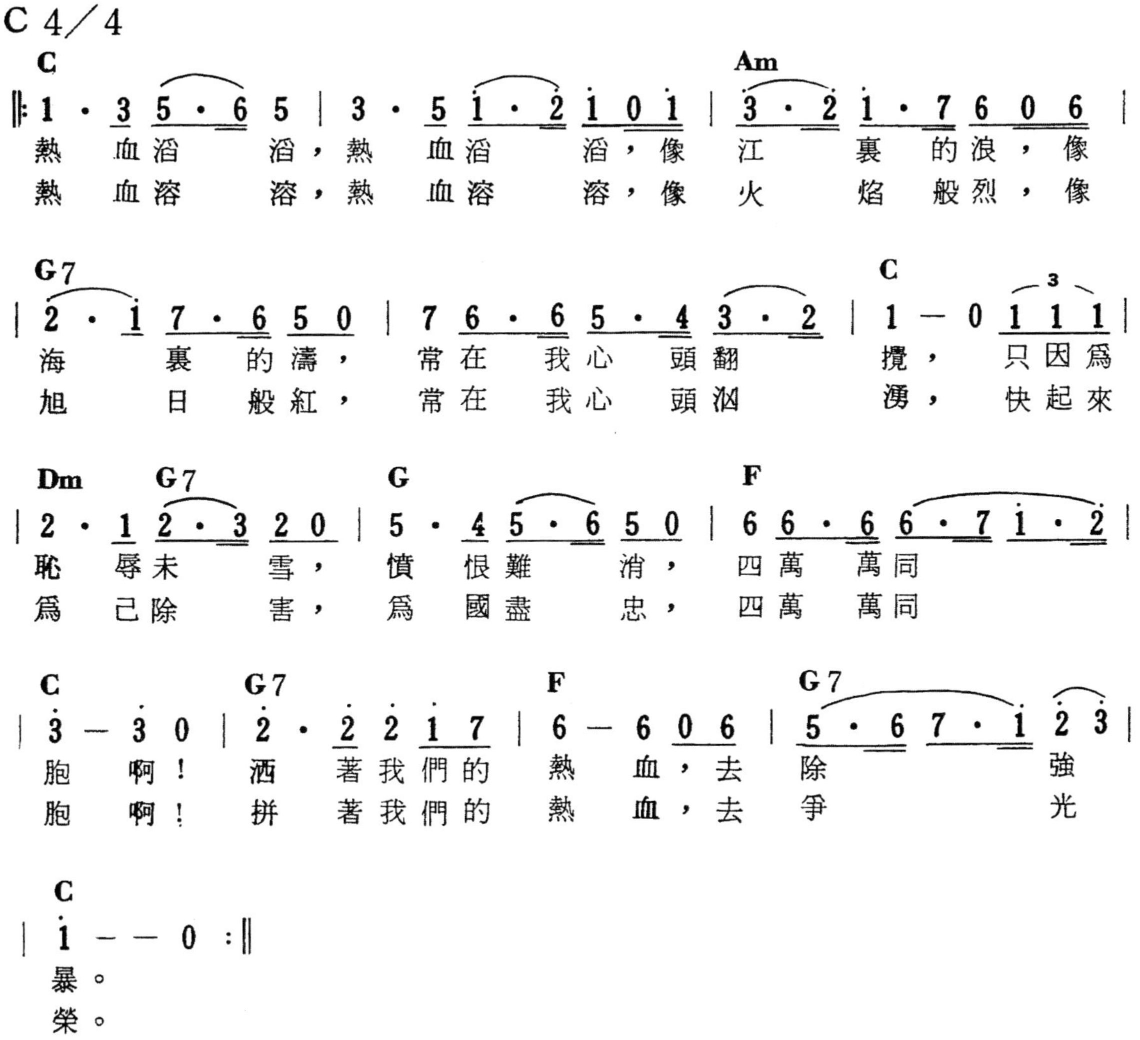

C 4／4

```
 C
‖: 1 · 3 5 · 6 5 | 3 · 5 1 · 2 1 0 1 | 3 · 2 1 · 7 6 0 6 |   Am
   熱   血滔   滔，熱   血滔   滔，像 江  裏 的 浪，像
   熱   血溶   溶，熱   血溶   溶，像 火  焰 般 烈，像

 G7
| 2 · 1 7 · 6 5 0 | 7 6 · 6 5 · 4 3 · 2 | 1 — 0 1 1 1 |   C
   海   裏 的 濤，  常 在 我 心 頭 翻   攪，  只 因 為
   旭   日 般 紅，  常 在 我 心 頭 洶   湧，  快 起 來

 Dm    G7                  G
| 2 · 1 2 · 3 2 0 | 5 · 4 5 · 6 5 0 | 6 6 · 6 6 · 7 1 · 2 |   F
   恥 辱 未 雪， 憤 恨 難 消， 四 萬 萬 同
   為 己 除 害， 為 國 盡 忠， 四 萬 萬 同

 C      G7            F              G7
| 3 — 3 0 | 2 · 2 2 2 1 7 | 6 — 6 0 6 | 5 · 6 7 · 1 2 3 |
   胞 啊！ 洒 著 我 們 的 熱 血，去 除   強
   胞 啊！ 拼 著 我 們 的 熱 血，去 爭   光

 C
| 1 — — 0 :‖
   暴。
   榮。
```

西風的話

廖輔叔詞　黃自曲

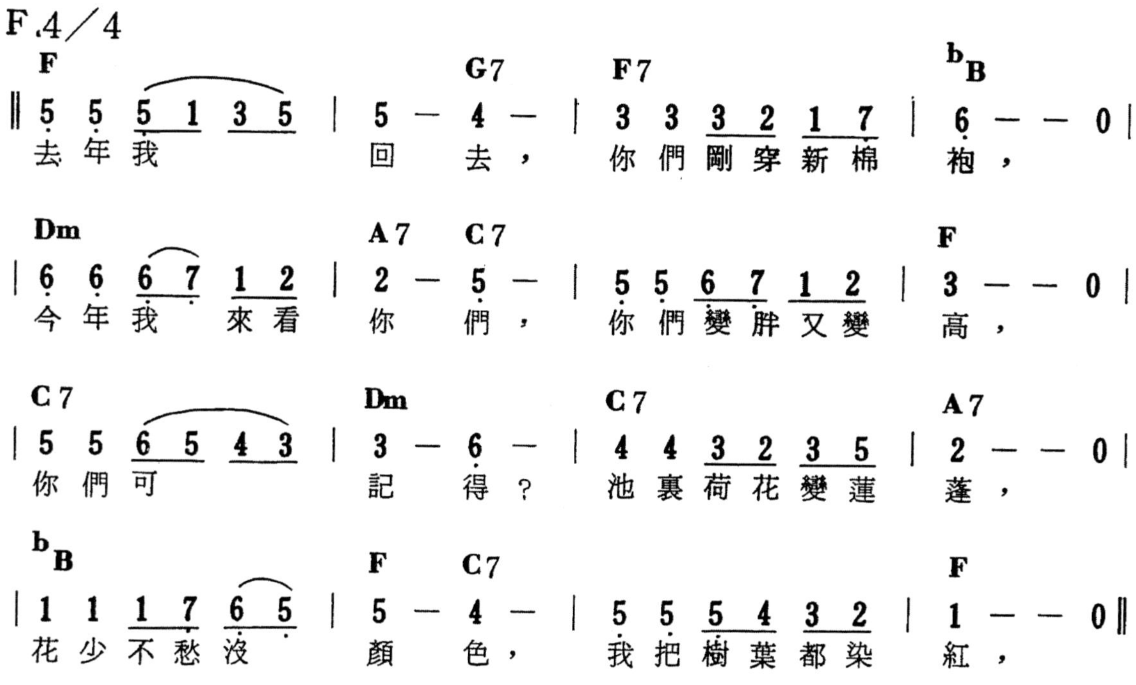
F.4／4
F G7 F7 bB
去年我回去，你們剛穿新棉袍，
Dm A7 C7 F
今年我來看你們，你們變胖又變高，
C7 Dm C7 A7
你們可記得？池裏荷花變蓮蓬，
bB F C7 F
花少不愁沒顏色，我把樹葉都染紅，

〈天倫歌〉是當年聯華影業公司拍《人道》的主題曲，詞曲完美配合，結構完整，是完美的作品。因此廣為流傳，電影劇情描寫吾國西北旱災，家破人亡之實情，感動天地啊！

三、黎錦光作品

黎錦光（一九〇七—一九九三）。湖南湘潭人，音樂家、教育家，有「歌王」、「歌仙」之名。他有很多化名，李七牛、金鋼、金玉谷、金流、巾光、農樵、田珠、銀珠，都是常見的歌曲屬名作者。

黎錦光，兄弟八人有「黎氏八駿」之名，長兄黎錦熙是國學家、二兄黎錦暉是中國流行歌開山鼻祖，黎錦光更是多產作家。他幫早期很多電影配樂寫曲，如《春江遺恨》、《鳳凰于飛》、《懸崖勒馬》、《花外流鶯》、《長相思》、《歌女之歌》、《鶯飛人間》等。

在一般歌本上，常見黎錦光作曲的歌如〈少年的我〉、〈夜來香〉、〈相見不恨晚〉、〈春之晨〉、〈晚安曲〉、〈愛神的箭〉、〈凱旋歌〉、〈香格里拉〉、〈白蘭香〉、〈好時光〉、〈小放牛〉、〈王昭君〉等。

以上〈香格里拉〉是電影《鶯飛人間》的主題曲，〈小放牛〉是地方戲曲，〈王昭君〉是一九三五年時，關華石以廣東古曲〈昭君怨〉交給黎錦光，原曲有十多分鐘，錄唱片時截短到五分鐘，是有高度技巧的好歌。

夜來香（春江遺恨）

金玉谷詞曲

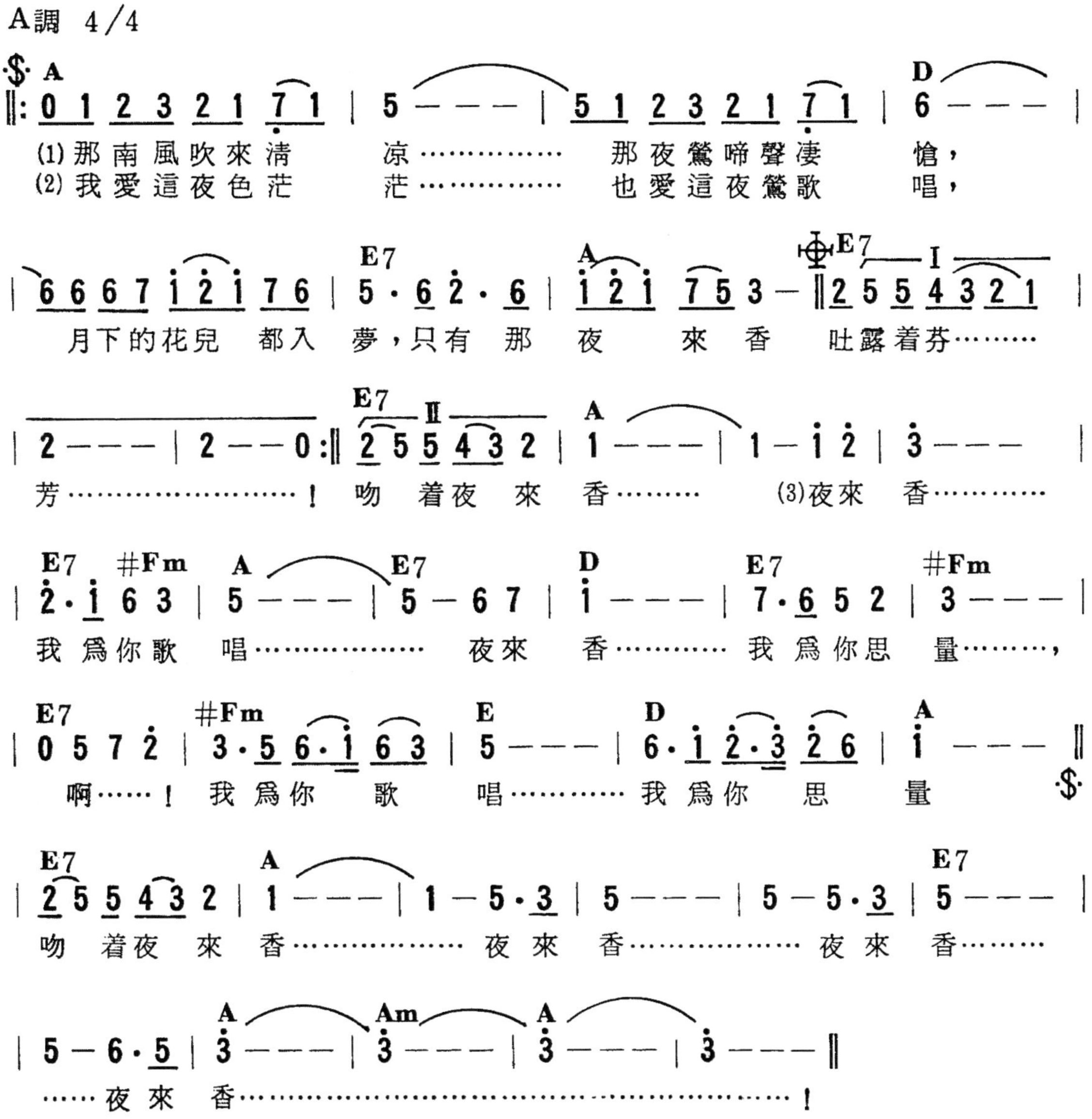
A調 4/4
A D E7 #Fm E Am
⑴那南風吹來清涼……………那夜鶯啼聲淒愴，
⑵我愛這夜色茫茫……………也愛這夜鶯歌唱，
月下的花兒都入夢，只有那夜來香吐露着芬……
芳……………………！吻着夜來香………⑶夜來香…………
我爲你歌唱………………夜來香…………我爲你思量………，
啊……！我爲你歌唱…………我爲你思量
吻着夜來香……………夜來香……………夜來香………
……夜來香…………………………………………！

少年的我

李七牛詞曲

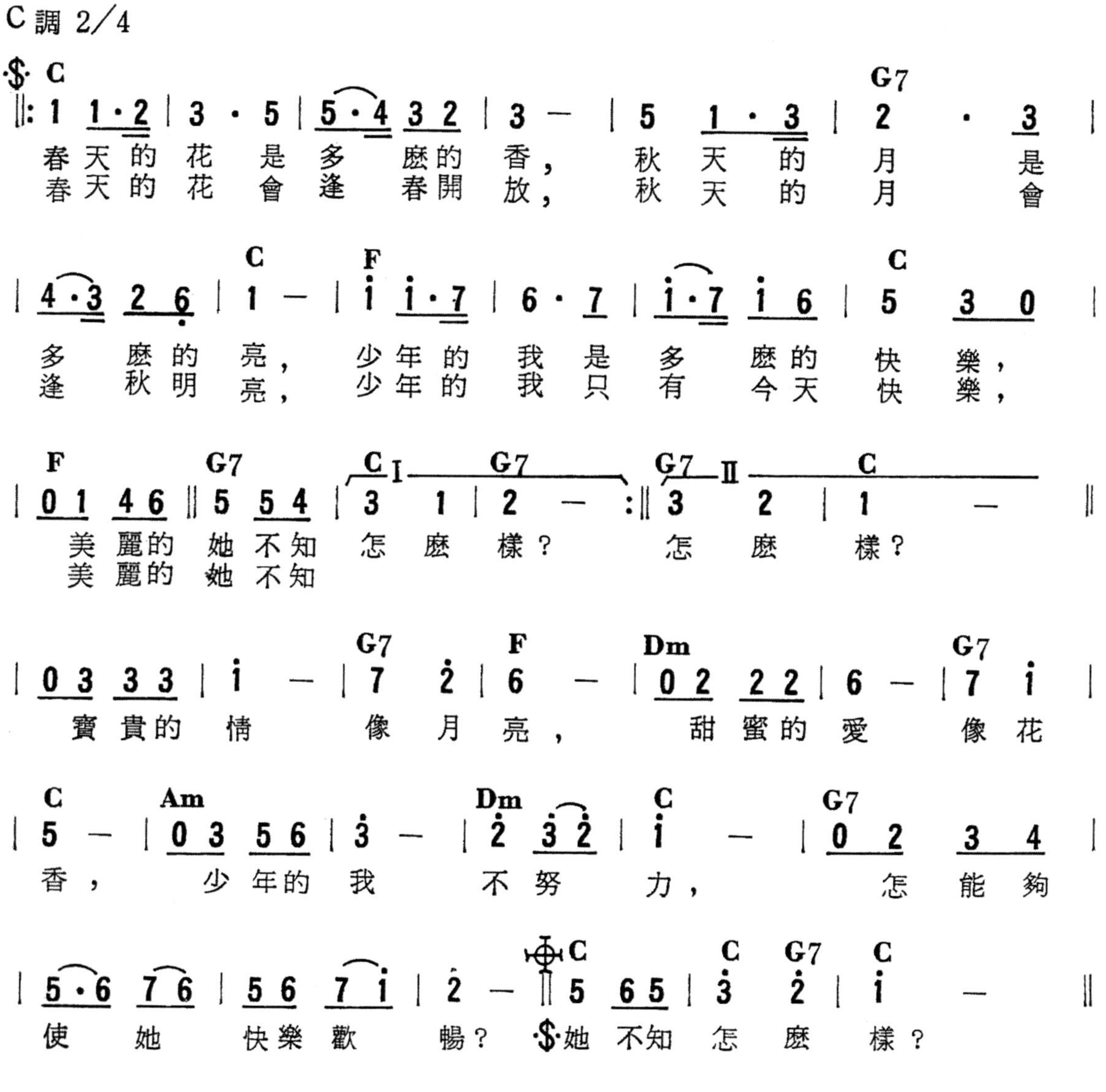
C調 2/4
春天的花是多麼的香，秋天的月是多麼的亮，少年的我是多麼的快樂，美麗的她不知怎麼樣？怎麼樣？
春天的花會逢春開放，秋天的月會逢秋明亮，少年的我只有今天快樂，美麗的她不知
寶貴的情像月亮，甜蜜的愛像花香，少年的我不努力，怎能夠使她快樂歡暢？她不知怎麼樣？

香格里拉（鶯飛人間）

金鋼曲　陳蝶衣詞

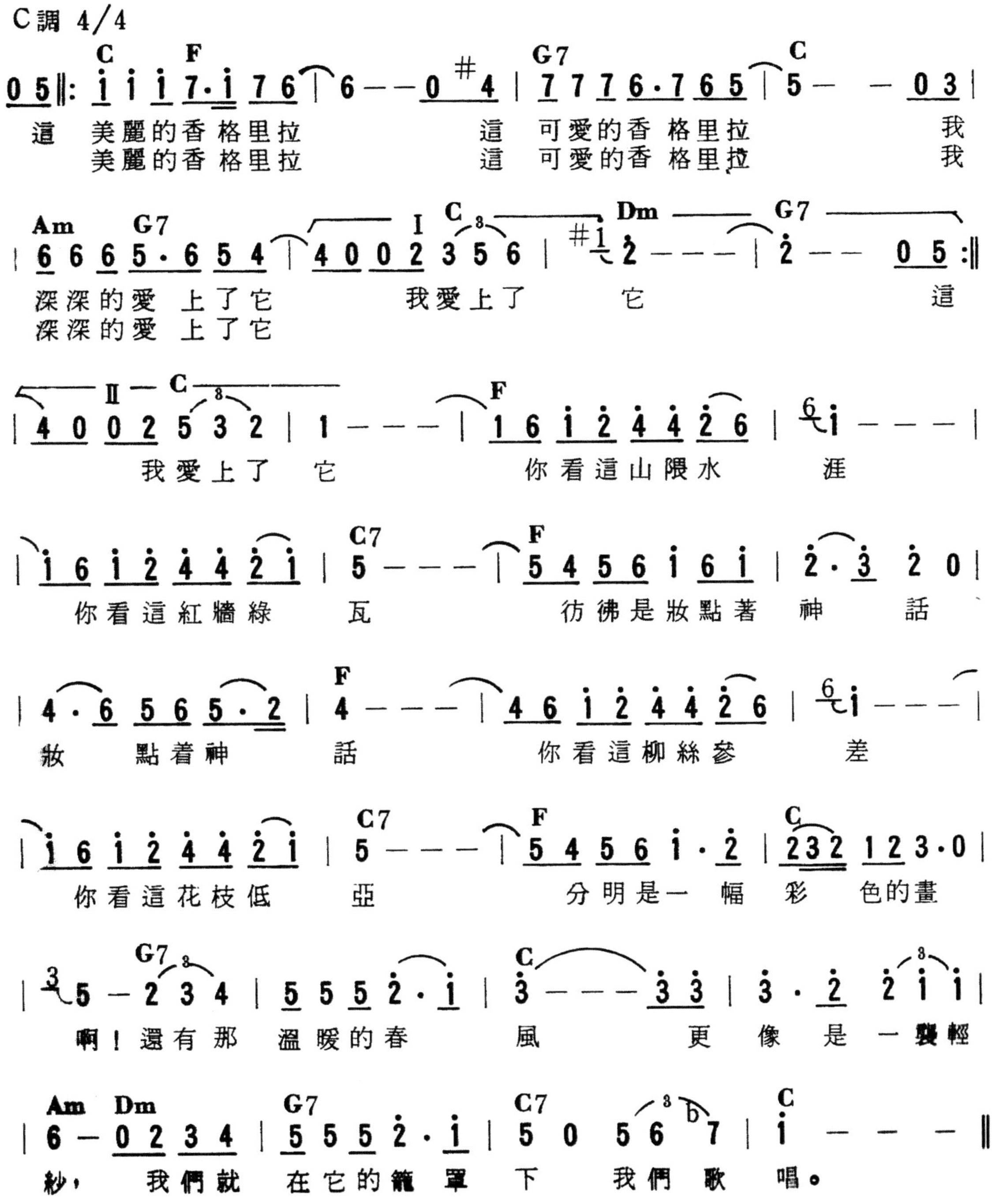
C調 4/4
C F G7 C
這 美麗的香格里拉 這 可愛的香格里拉 我
美麗的香格里拉 這 可愛的香格里拉 我
Am G7 I C Dm G7
深深的愛 上了它 我愛上了 它 這
深深的愛 上了它
II C F
我愛上了 它 你看這山限水 涯
C7 F
你看這紅牆綠 瓦 彷彿是妝點著 神 話
F
妝 點着神 話 你看這柳絲參 差
C7 F C
你看這花枝低 亞 分明是一 幅 彩 色的畫
G7 C
啊！還有那 溫暖的春 風 更 像 是 一襲輕
Am Dm G7 C7 C
紗，我們就 在它的籠 罩 下 我們 歌 唱。

小放牛

金鋼選曲（地方戲曲）

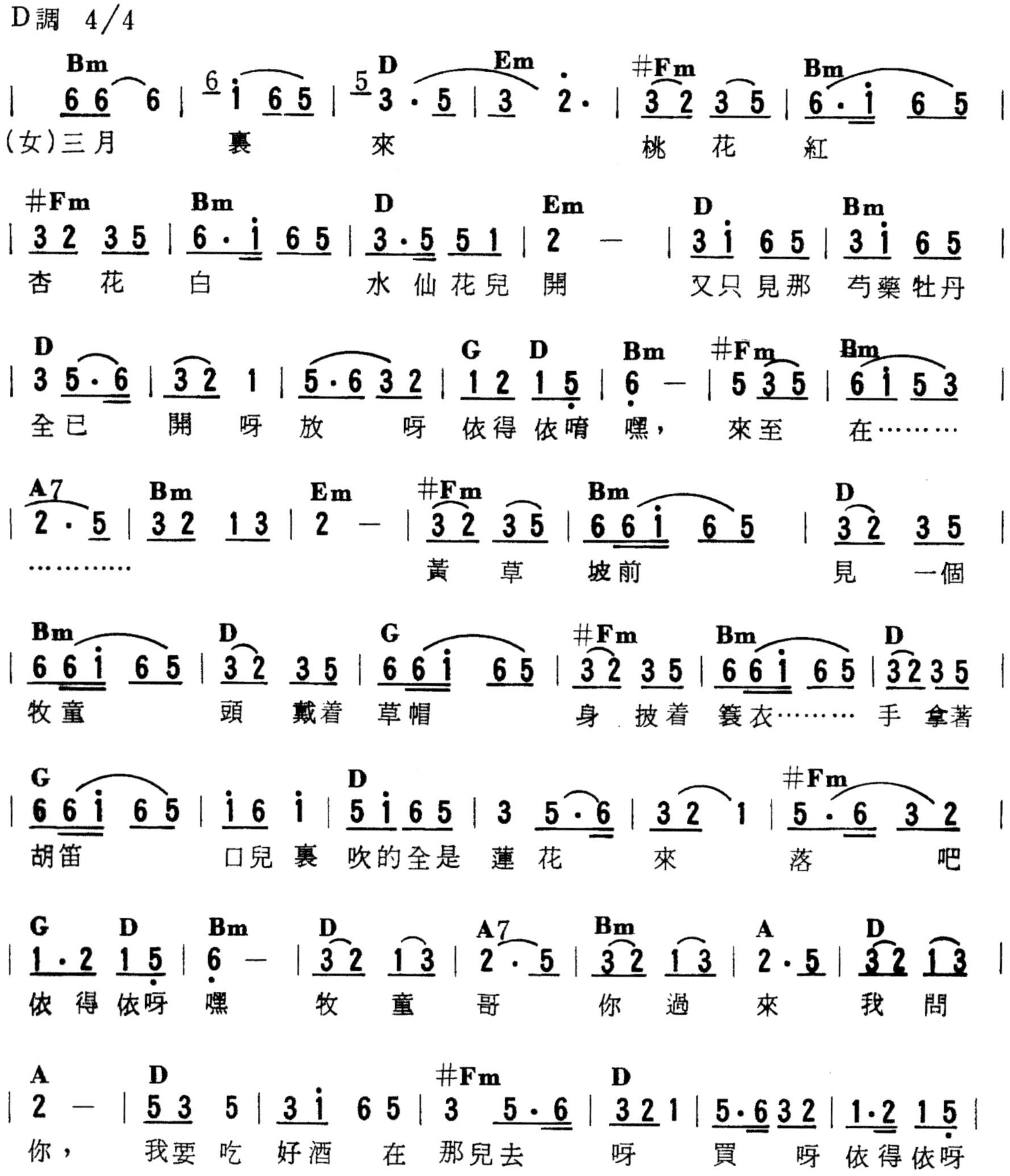
D調 4/4
(女)三月 裏 來 桃 花 紅
杏 花 白 水 仙 花 兒 開 又 只 見 那 芍 藥 牡 丹
全 已 開 呀 放 呀 依 得 依 唷 嘿， 來 至 在………
…………
黃 草 坡 前 見 一 個
牧 童 頭 戴 着 草 帽 身 披 着 簑 衣……… 手 拿 著
胡 笛 口 兒 裏 吹 的 全 是 蓮 花 來 落 吧
依 得 依 呀 嘿 牧 童 哥 你 過 來 我 問
你， 我 要 吃 好 酒 在 那 兒 去 呀 買 呀 依 得 依 呀

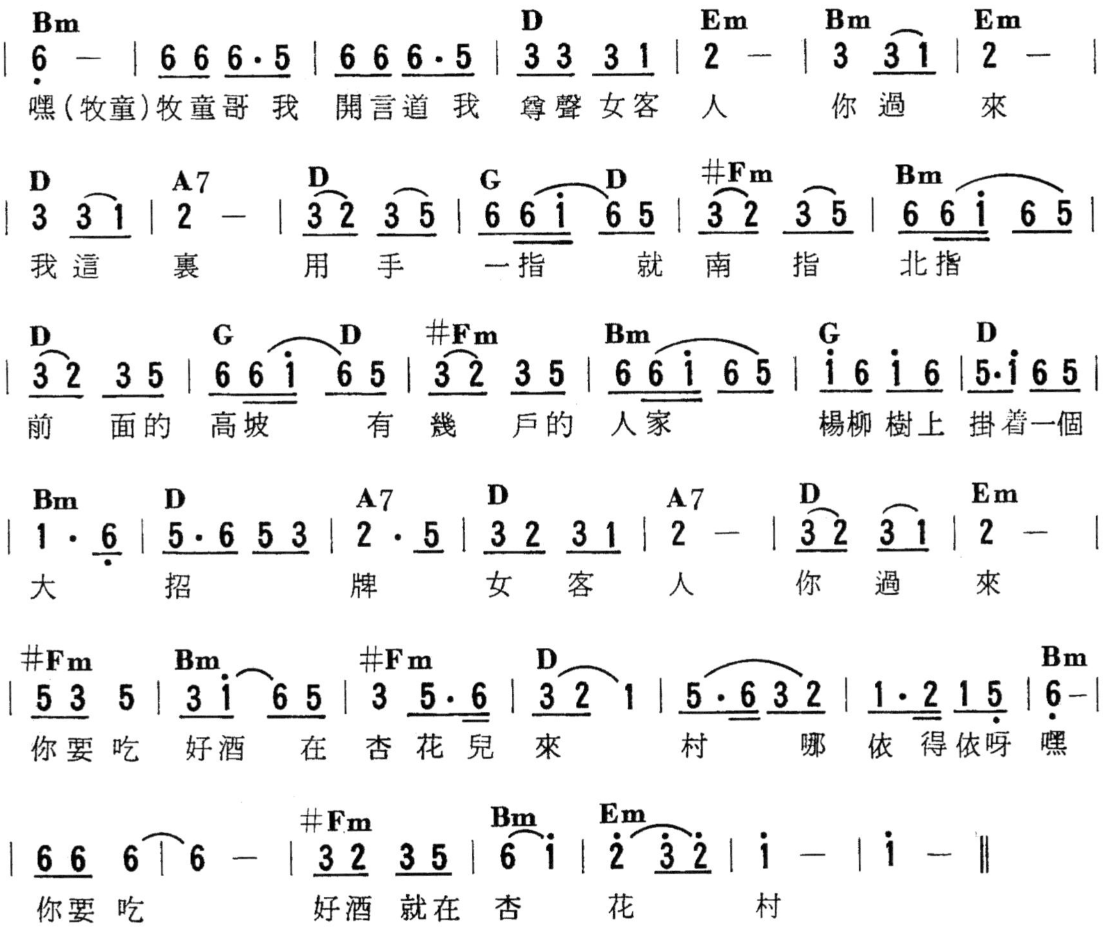

Bm						D	Em	Bm		Em
6 -	6 6 6·5	6 6 6·5	3 3 3 1	2 -	3 3 1	2 -
嘿（牧童）牧童哥 我	開言道 我	尊聲女客 人	你過 來

D	A7	D	G	D	#Fm	Bm
3 3 1	2 -	3 2 3 5	6 6 1 6 5	3 2 3 5	6 6 1 6 5
我 這 裏	用 手 一 指	就 南 指	北 指

D	G	D	#Fm	Bm	G	D
3 2 3 5	6 6 1 6 5	3 2 3 5	6 6 1 6 5	1 6 1 6	5·1 6 5
前 面 的 高 坡	有 幾 戶 的 人 家	楊柳 樹上 掛着 一個

Bm	D	A7	D	A7	D	Em
1·6	5·6 5 3	2·5	3 2 3 1	2 -	3 2 3 1	2 -
大 招	牌 女 客 人	你 過 來

#Fm	Bm	#Fm	D			Bm
5 3 5	3 1 6 5	3 5·6	3 2 1	5·6 3 2	1·2 1 5	6 -
你要吃 好酒 在 杏花兒來 村 哪 依 得依呀嘿

			#Fm	Bm	Em		
6 6 6 6 -	3 2 3 5	6 1	2 3 2	1 -	1 -
你要吃 好酒就在 杏 花 村

王昭君

金鋼選曲（廣東古典）

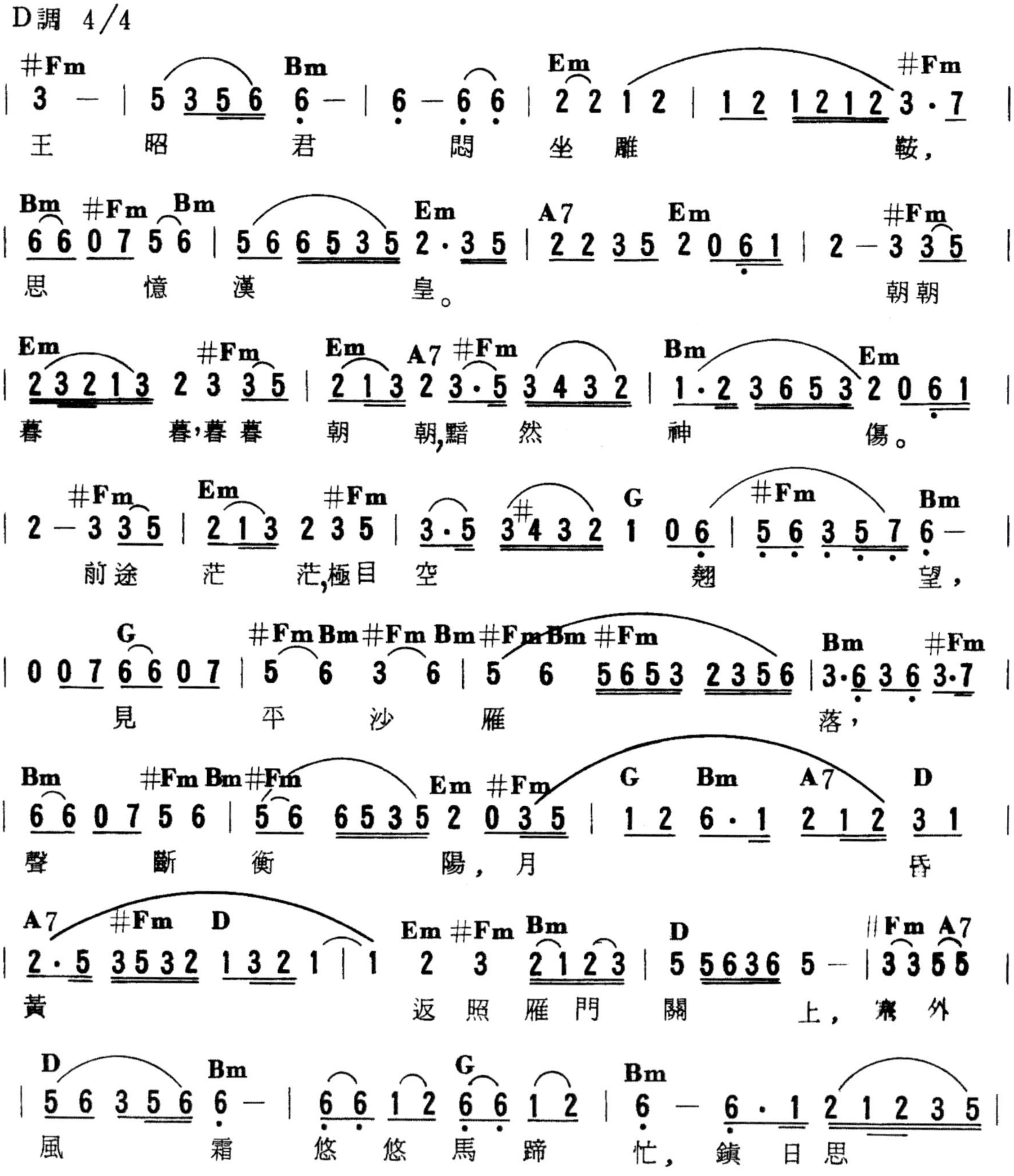

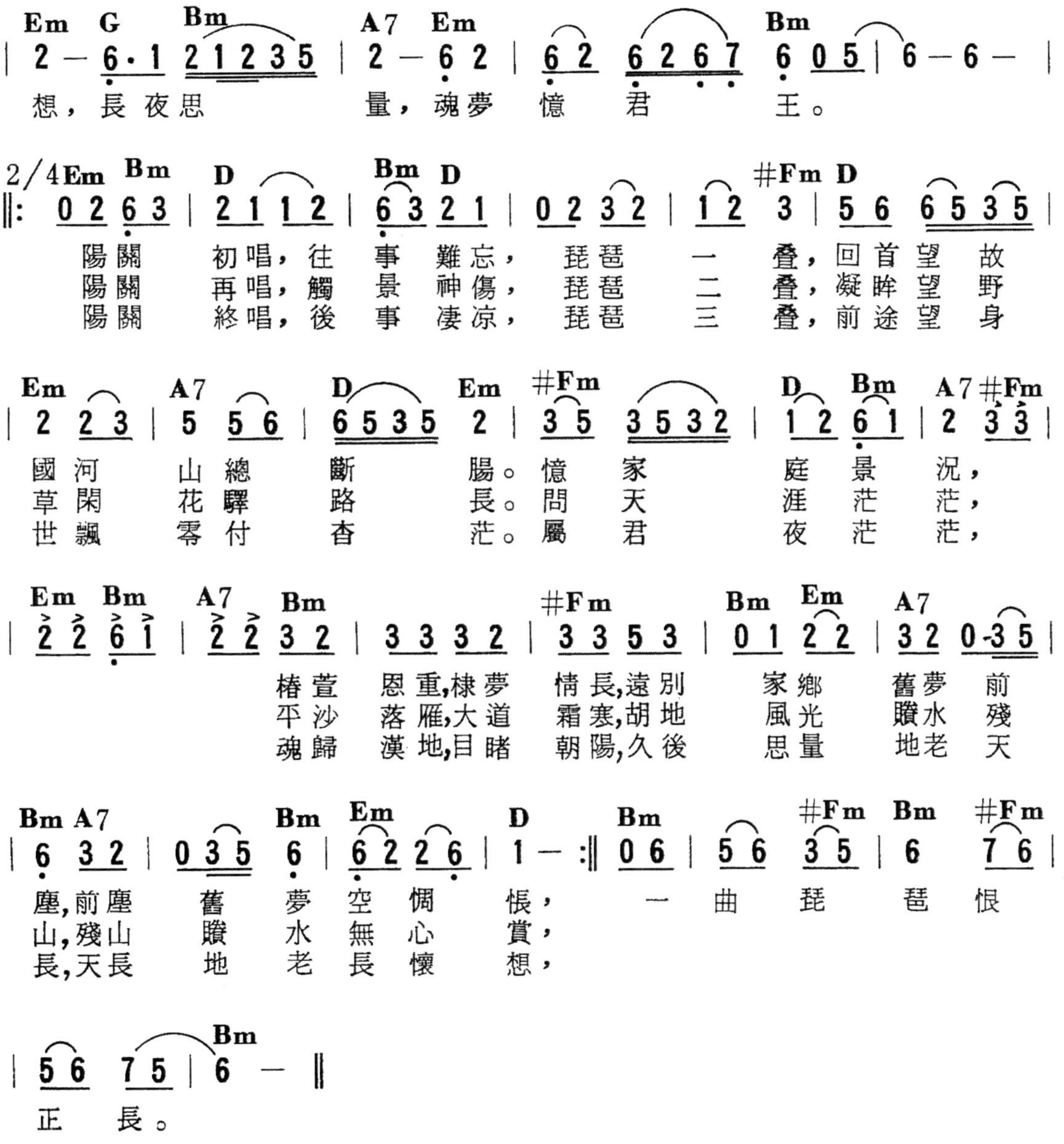

```
Em    G    Bm           A7   Em              Bm
| 2 - 6·1 2 1 2 3 5 | 2 - 6 2 | 6 2 6 2 6 7 | 6 0 5 | 6 - 6 - |
  想， 長 夜 思      量， 魂 夢 憶 君      王。
```

```
2/4 Em  Bm   D         Bm   D                  #Fm  D
||: 0 2 6 3 | 2 1 1 2 | 6 3 2 1 | 0 2 3 2 | 1 2  3 | 5 6  6 5 3 5 |
    陽 關    初 唱，往  事 難 忘， 琵 琶    一   叠，回 首 望  故
    陽 關    再 唱，觸  景 神 傷， 琵 琶    二   叠，凝 眸 望  野
    陽 關    終 唱，後  事 凄 涼， 琵 琶    三   叠，前 途 望  身
```

```
Em       A7        D        Em   #Fm              D    Bm   A7 #Fm
| 2 2 3 | 5 5 6 | 6 5 3 5  2 | 3 5  3 5 3 2 | 1 2 6 1 | 2 3 3 |
  國 河  山 總  斷     腸。 憶 家    庭 景  況，
  草 閑  花 驛  路     長。 問 天    涯 茫  茫，
  世 飄  零 付  杳     茫。 屬 君    夜 茫  茫，
```

```
Em  Bm    A7      Bm              #Fm          Bm   Em   A7
| 2 2 6 1 | 2 2 3 2 | 3 3 3 2 | 3 3 5 3 | 0 1 2 2 | 3 2 0 3 5 |
  椿 萱 恩 重,棣 夢  情 長, 遠 別  家 鄉  舊 夢  前
  平 沙 落 雁,大 道  霜 寒, 胡 地  風 光  贍 水  殘
  魂 歸 漢 地,目 睹  朝 陽, 久 後  思 量  地 老  天
```

```
Bm A7       Bm   Em         D     Bm         #Fm  Bm   #Fm
| 6 3 2 | 0 3 5  6 | 6 2 2 6 | 1 - :|| 0 6 | 5 6  3 5 | 6   7 6 |
  塵,前 塵 舊  夢 空 惆  悵，    一 曲 琵 琶 恨
  山,殘 山 贍  水 無 心  賞，
  長,天 長 地  老 長 懷  想，
```

```
| 5 6  7 5 | 6 - ||
  正 長。
              Bm
```

白蘭香

金鋼詞曲

A調 2/2

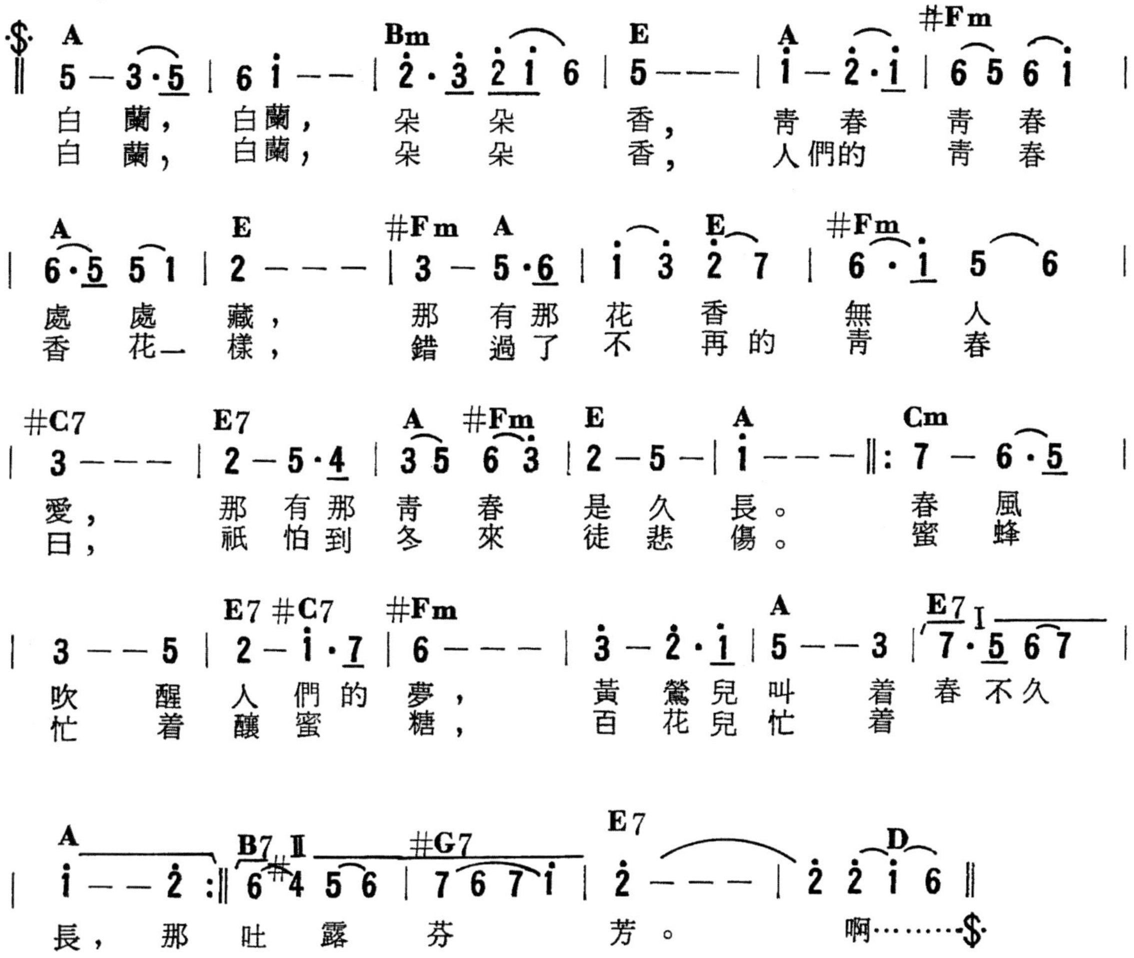
白 蘭， 白蘭， 朵 朵 香， 青 春 青 春
白 蘭， 白蘭， 朵 朵 香， 人們的 青 春
處 處 藏， 那 有那 花 香 無 人
香 花一 樣， 錯 過了 不 再的 青 春
愛， 那 有 那 青 春 是 久 長。 春 風
日， 祇 怕 到 冬 來 徒 悲 傷。 蜜 蜂
吹 醒 人 們 的 夢， 黃 鶯 兒 叫 着 春 不久
忙 着 釀 蜜 糖， 百 花 兒 忙 着
長， 那 吐 露 芬 芳。 啊………

四、李抱忱作品

李抱忱（一九〇七—一九七九）。一九〇七年出生在河北保定，一九七九年四月八日逝世於台北。他是著名音樂家，也是教育家。

一九二六年，他入讀燕京大學，主修化學，選修鋼琴和音樂史。一九三一年「九一八」事變後，他創作〈出征〉、〈凱旋〉、〈為國奮戰〉、〈我所愛的大中華〉等歌，由育英合唱團在各城市演唱。

李抱忱流傳的作品有〈聞笛〉、〈醜奴兒〉、〈汨羅江上〉、〈誓約之歌〉、〈人生如蜜〉、〈旅人的心〉、〈你儂我儂〉、〈洪流〉等。

〈你儂我儂〉，採詞於元朝名畫家趙孟頫的夫人管道昇一首小令。管道昇也是元朝女畫家，在元仁宗延祐四年（一三一七年），被封魏國夫人，世稱「管夫人」，她的小令原文是：

你儂我儂
忒煞情多
情多處熱如火

把一塊泥
捻一個你
塑一個我
將咱兩個一齊打破
再捻一個你
再塑一個我
我泥中有你
你泥中有我
與你生同一個衾
死同一個槨

李抱忱作曲的〈你儂我儂〉，用管夫人的「我儂詞」，自己再添加幾十個字，也成為可以流傳的作品。

你儂我儂

李抱忱曲

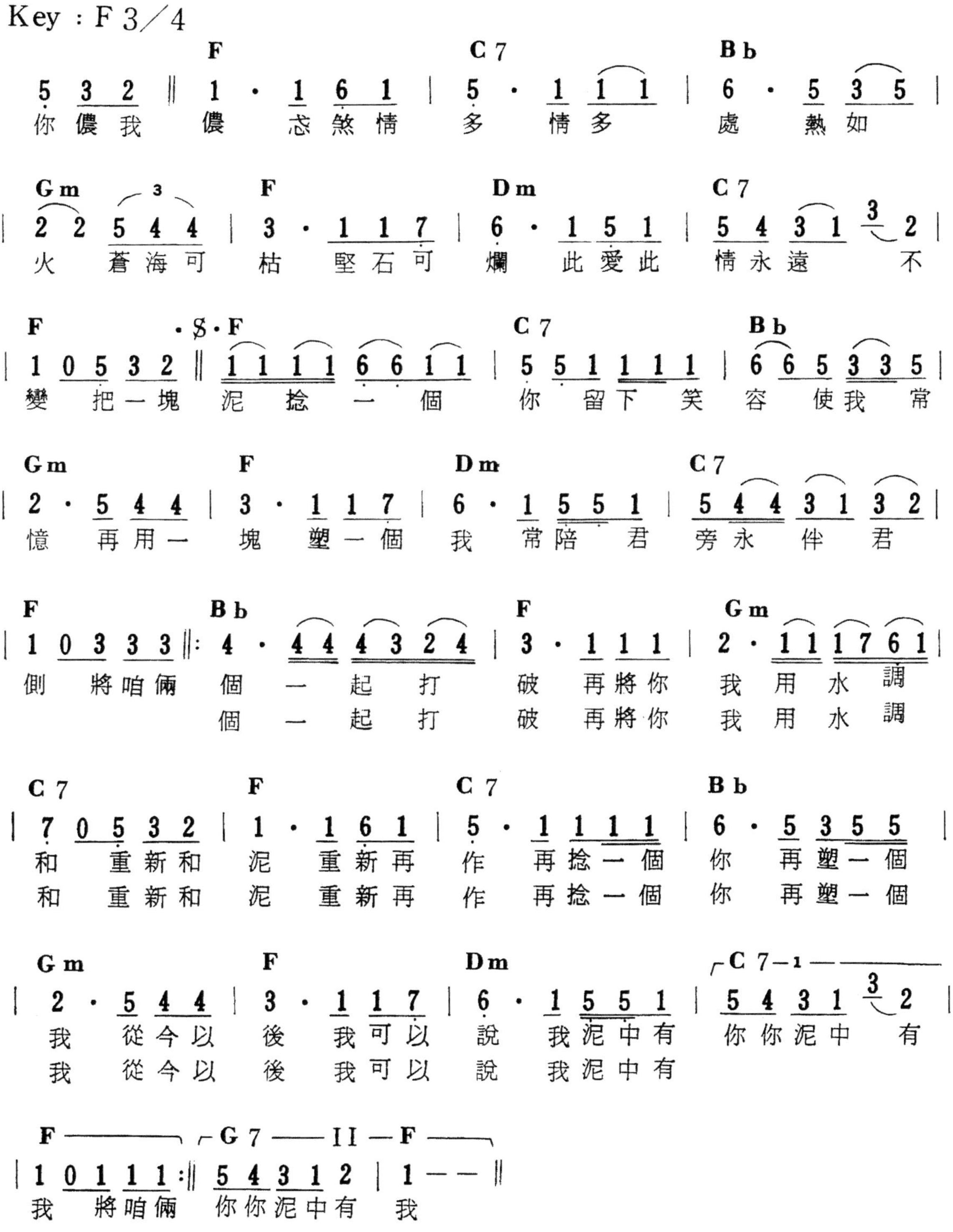

Key：F 3／4

```
                    F                      C 7                    B b
5  3  2 ‖| 1 · 1 6 1 | 5 · 1 1 1 | 6 · 5 3 5 |
你 儂 我 儂    忒 煞 情   多   情 多      處   熱 如

   Gm         3        F                    Dm              C 7
| 2  2  5 4 4 | 3 · 1 1 7 | 6 · 1 5 1 | 5 4 3 1  3  2 |
火   蒼 海 可   枯 堅 石 可   爛   此 愛 此   情 永 遠     不

   F          · S· F                            C 7                  B b
| 1 0 5 3 2 ‖ 1 1 1 1 6 6 1 1 | 5 5 1 1 1 1 | 6 6 5 3 3 5 |
變   把 一 塊   泥 捻 一     個   你 留 下 笑   容 使 我 常

   Gm              F                    Dm              C 7
| 2 · 5 4 4 | 3 · 1 1 7 | 6 · 1 5 5 1 | 5 4 4 3 1 3 2 |
憶   再 用 一   塊 塑 一 個   我   常 陪 君   旁 永 伴 君

   F                    B b                       F                    Gm
| 1 0 3 3 3 ‖: 4 · 4 4 4 3 2 4 | 3 · 1 1 1 | 2 · 1 1 1 7 6 1 |
側   將 咱 倆   個   一 起 打   破 再 將 你   我 用 水   調
             個   一 起 打   破 再 將 你   我 用 水   調

   C 7              F                    C 7                  B b
| 7 0 5 3 2 | 1 · 1 6 1 | 5 · 1 1 1 1 | 6 · 5 3 5 5 |
和   重 新 和   泥 重 新 再   作   再 捻 一 個   你 再 塑 一 個
和   重 新 和   泥 重 新 再   作   再 捻 一 個   你 再 塑 一 個

   Gm              F                    Dm            ┌ C 7─1 ─────
| 2 · 5 4 4 | 3 · 1 1 7 | 6 · 1 5 5 1 | 5 4 3 1  3  2 |
我   從 今 以   後 我 可 以   說   我 泥 中 有   你 你 泥 中   有
我   從 今 以   後 我 可 以   說   我 泥 中 有

   F ───────── ┌ G 7 ── II ─ F ───────
| 1 0 1 1 1 :‖ 5 4 3 1 2 | 1 ─ ─ ‖
我   將 咱 倆   你 你 泥 中 有   我
```

醜奴兒

辛稼軒詞　李抱忱曲

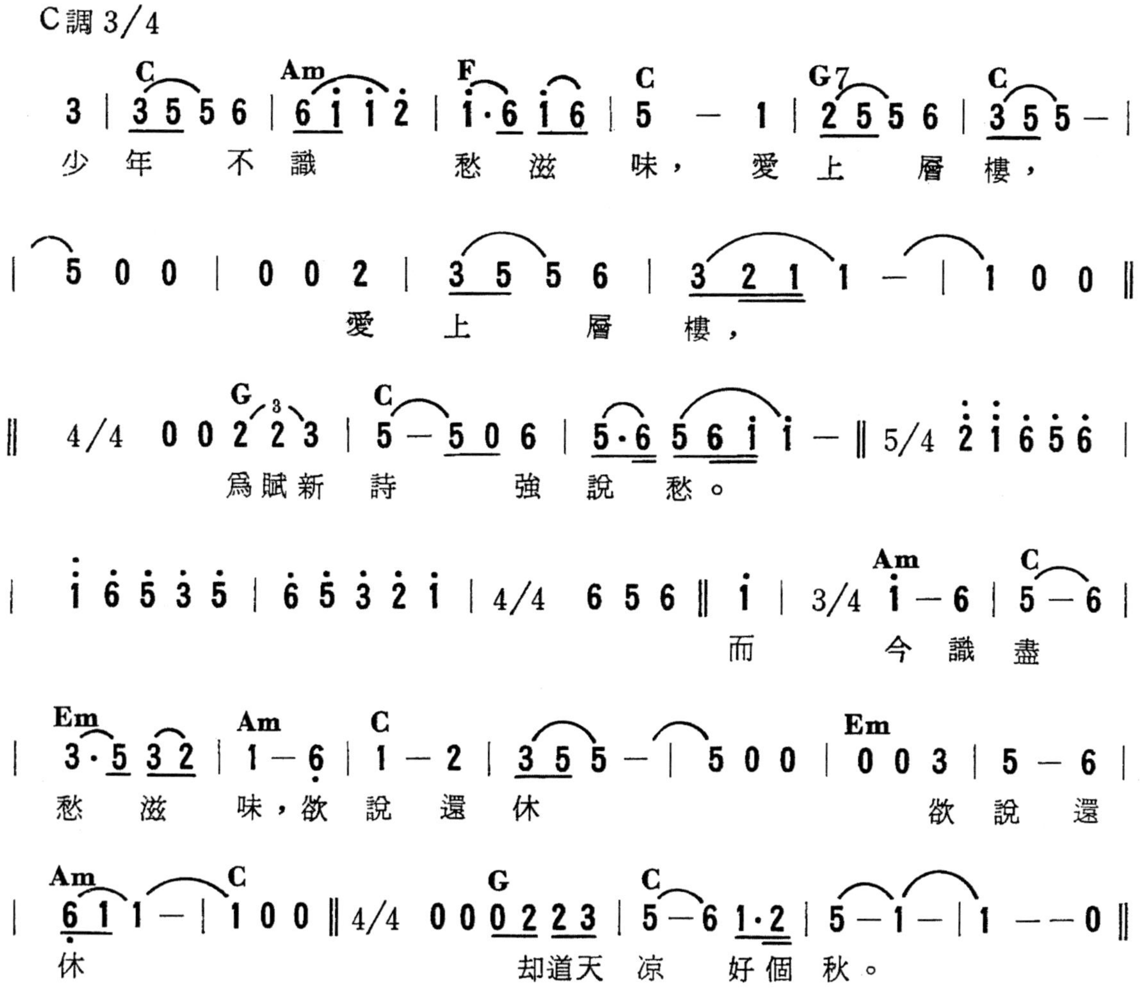
C調 3/4
少年不識愁滋味，愛上層樓，
愛上層樓，
爲賦新詩強說愁。
而今識盡
愁滋味，欲說還休
欲說還
休
却道天涼好個秋。

〈醜奴兒〉是辛棄疾（一一四〇—一二〇七）的詞。辛棄疾，號稼軒居士，山東濟南人，是南宋豪放派詞人，代表南宋豪放詞的最高成就。

五、陳歌辛作品

陳歌辛（一九一四－一九六一）。原名陳昌壽，常用筆名有林牧、懷鈺、戈忻、慶餘，一九一四年九月十九日出生在江蘇省南匯縣，一九六一年元月廿五日，在上海逝世。他和黎錦光，被評為中國流行樂壇早期最傑出的代表人物。

陳歌辛，外祖父是印度人，故有印度血統。一九三五年在上海樂劇任教時，創作中國第一部音樂劇《西施》，一九三八年曾創作抗戰歌曲。一九四三年任職汪偽的「中華電影聯合股份有限公司」，一九四五年三月為倭國譜寫軍歌。因而，勝利後被以「漢奸嫌疑」拘押，不久被釋放，不知他為何替倭人寫軍歌。

陳歌辛早期為電影寫了不少歌，如《薔薇處處開》、《歌兒救母記》、《漁家女》、《鸞鳳和鳴》。為陳歌辛作詞者有陳蝶衣、李雋青、黎錦光、吳村、陳式等人，都是當時名家。

由陳歌辛作曲流傳的作品很多，如〈夢中人〉、〈薔薇處處開〉、〈漁家女〉、〈初戀女〉、〈不變的心〉、〈前程萬里〉、〈鳳凰于飛〉、〈高崗上〉、〈永遠的微笑〉、〈秋的懷念〉、〈恭喜恭喜〉、〈西湖春〉、〈風雨中的搖籃曲〉、〈夜上海〉、〈蘇州河邊〉、〈五月的風〉、〈玫瑰玫瑰我愛你〉等。

〈玫瑰玫瑰我愛你〉，是他的作品中唯一由洋人付版稅的中曲西詞歌曲，英文名是〈Rose Rose I love you〉。當時吾國尚沒有版稅法，陳歌辛還不知道他的作品被翻成英文，還有版稅拿！

一九四六年，陳歌辛為慶祝勝利後第一個春節，以「慶餘」之名創作賀年歌〈恭喜恭喜〉。這首歌後來流傳很廣，近百年來，只要有中國人的地方，春節就必然流行這首歌，大街小巷都在唱。

恭喜恭喜

慶餘詞曲

Dm(F)調 2/4

|　Dm |　|　| A7 |　|　| Dm |　A7 |
| 6 7 1 2 | 4 3 3 | 3 6 6 3 | 3 2 2 | 2 4 3 2 | 2 1 1 | 1 7 6 #5 |

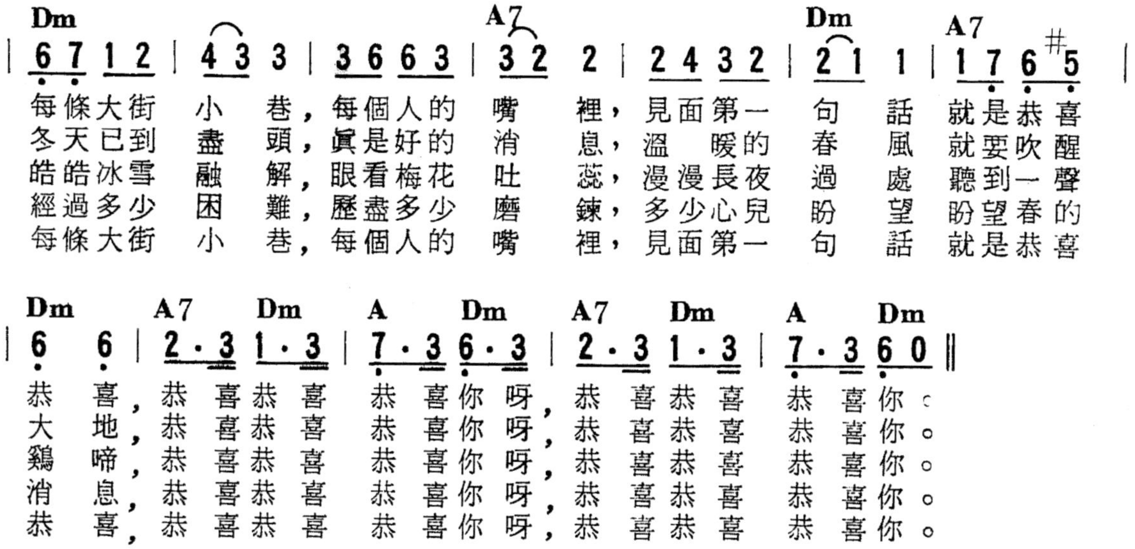
每條大街　小　巷，每個人的　嘴　裡，見面第一　句　話　就是恭喜
冬天已到　盡　頭，眞是好的　消　息，溫　暖的　春　風　就要吹醒
皓皓冰雪　融　解，眼看梅花　吐　蕊，漫漫長夜　過　處　聽到一聲
經過多少　困　難，歷盡多少　磨　鍊，多少心兒　盼　望　盼望春的
每條大街　小　巷，每個人的　嘴　裡，見面第一　句　話　就是恭喜
恭　喜，恭　喜恭　喜　恭　喜你　呀，恭　喜恭　喜　恭　喜你。
大　地，恭　喜恭　喜　恭　喜你　呀，恭　喜恭　喜　恭　喜你。
鷄　啼，恭　喜恭　喜　恭　喜你　呀，恭　喜恭　喜　恭　喜你。
消　息，恭　喜恭　喜　恭　喜你　呀，恭　喜恭　喜　恭　喜你。
恭　喜，恭　喜恭　喜　恭　喜你　呀，恭　喜恭　喜　恭　喜你。

薔薇處處開（薔薇處處開）

陳歌辛曲 吳村詞

D調 4／4

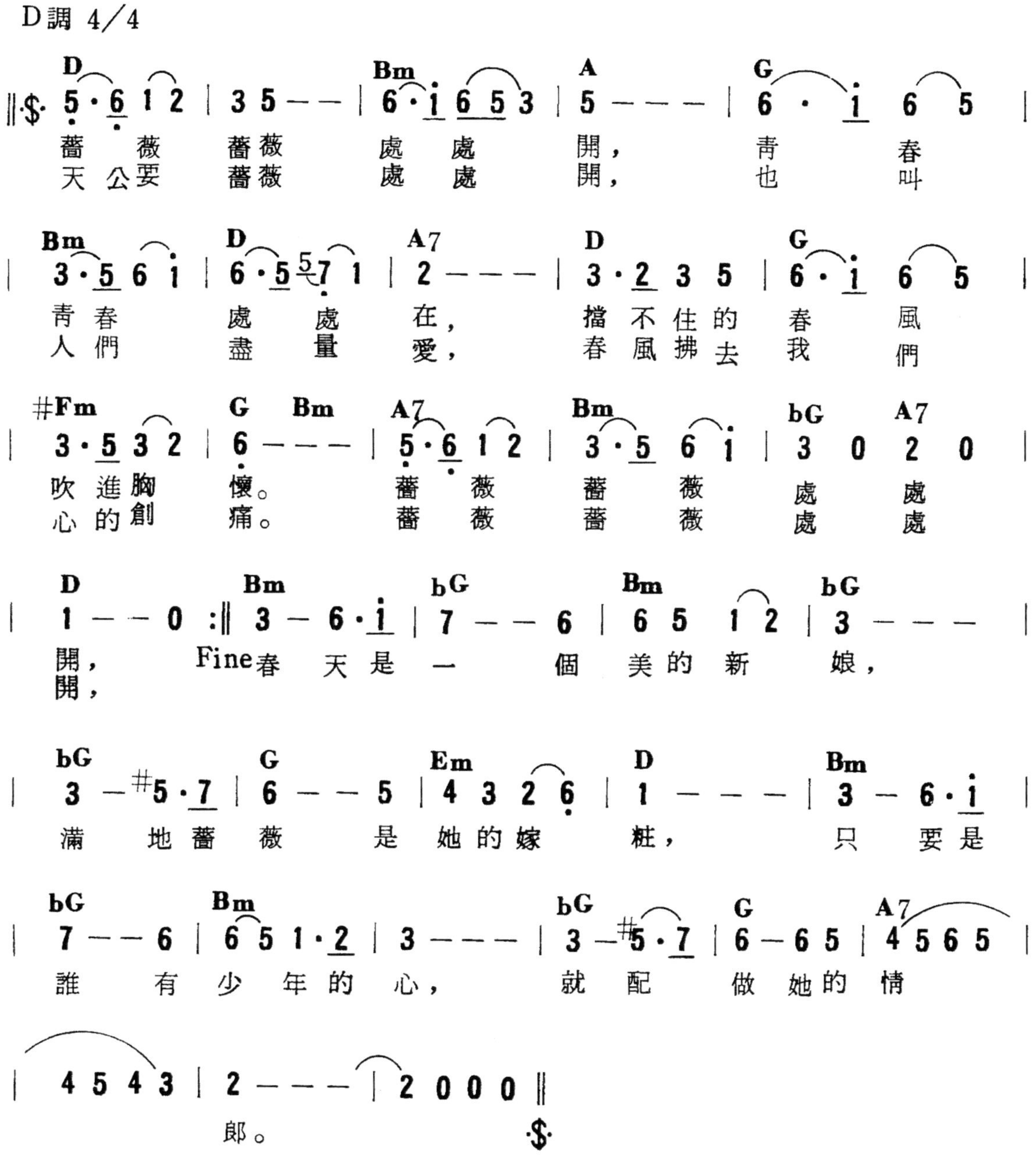
D Bm A G
薔薇薔薇處處開，青春
天公要薔薇處處開，也叫
Bm D A7 D G
青春處處在，擋不住的春風
人們盡量愛，春風拂去我們
#Fm G Bm A7 Bm bG A7
吹進胸懷。薔薇薔薇處處
心的創痛。薔薇薔薇處處
D Bm bG Bm bG
開，Fine春天是一個美的新娘，
開，
bG G Em D Bm
滿地薔薇是她的嫁粧，只要是
bG Bm bG G A7
誰有少年的心，就配做她的情
郎。

初戀女

陳歌辛曲　戴望舒詞

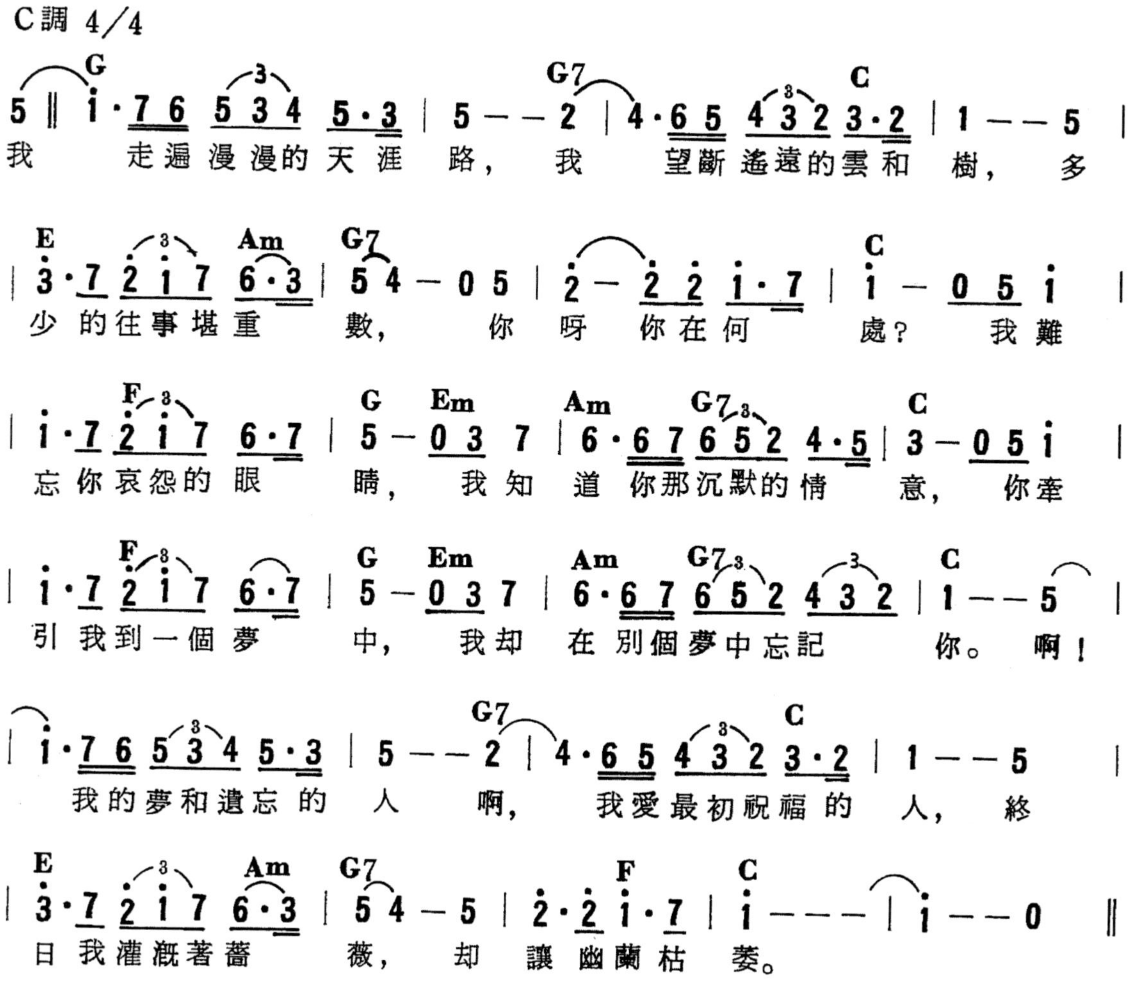
C調 4/4
我走遍漫漫的天涯路，我望斷遙遠的雲和樹，多
少的往事堪重數，你呀你在何處？我難
忘你哀怨的眼睛，我知道你那沉默的情意，你牽
引我到一個夢中，我却在別個夢中忘記你。啊！
我的夢和遺忘的人啊，我愛最初祝福的人，終
日我灌溉著薔薇，却讓幽蘭枯萎。

秋的懷念

林枚曲 吳村詞

C調 4/4

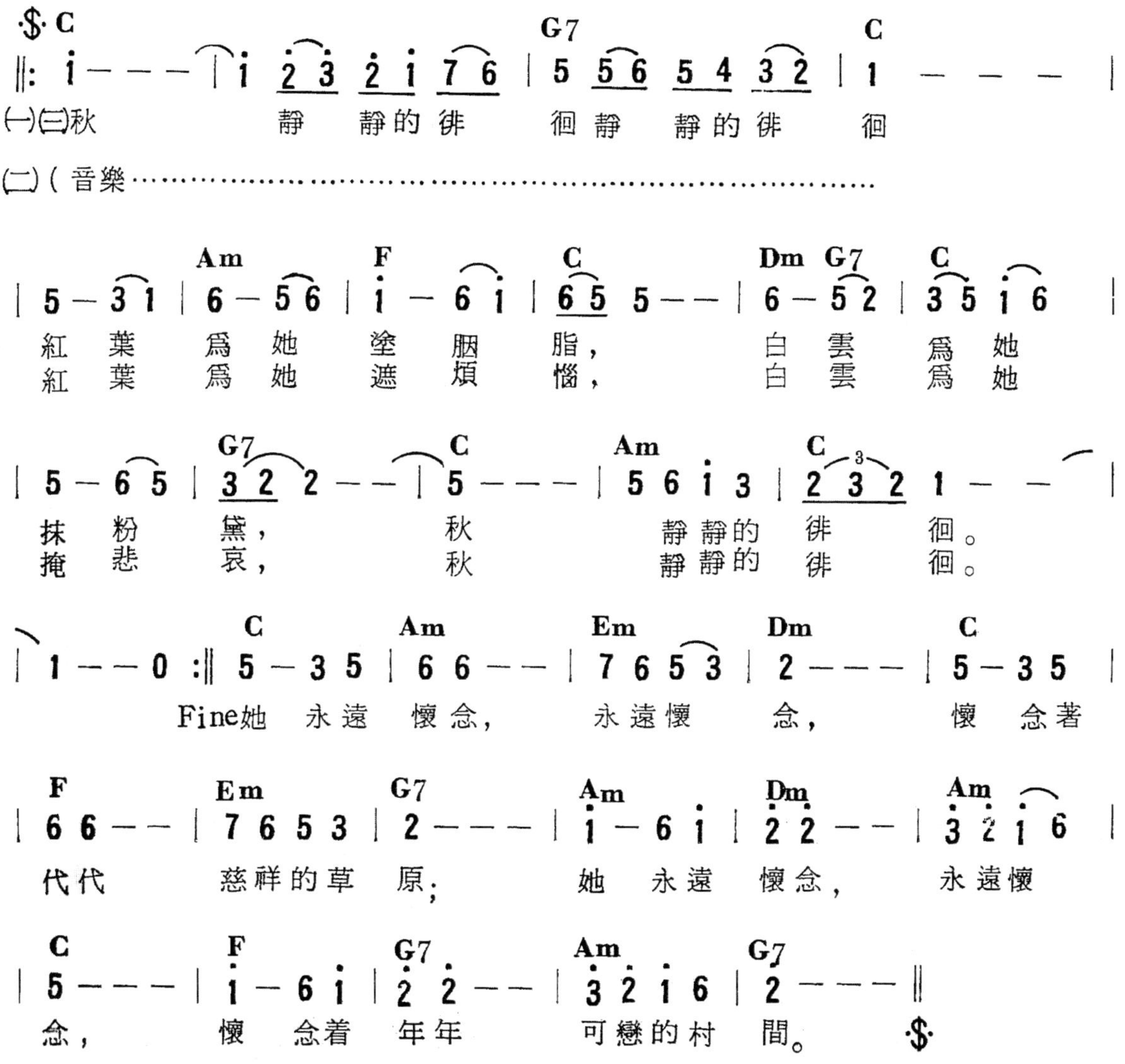
(一)(三)秋 靜 靜的徘 徊靜 靜的徘 徊
(二)(音樂……
紅 葉 爲 她 塗 胭 脂，白 雲 爲 她
紅 葉 爲 她 遮 煩 惱，白 雲 爲 她
抹 粉 黛，秋 靜靜的 徘 徊。
掩 悲 哀，秋 靜靜的 徘 徊。
Fine她 永遠 懷念，永遠懷 念，懷 念著
代代 慈祥的草 原；她 永遠 懷念，永遠懷
念，懷 念着 年年 可戀的村 間。

蘇州河邊

懷鈺詞曲

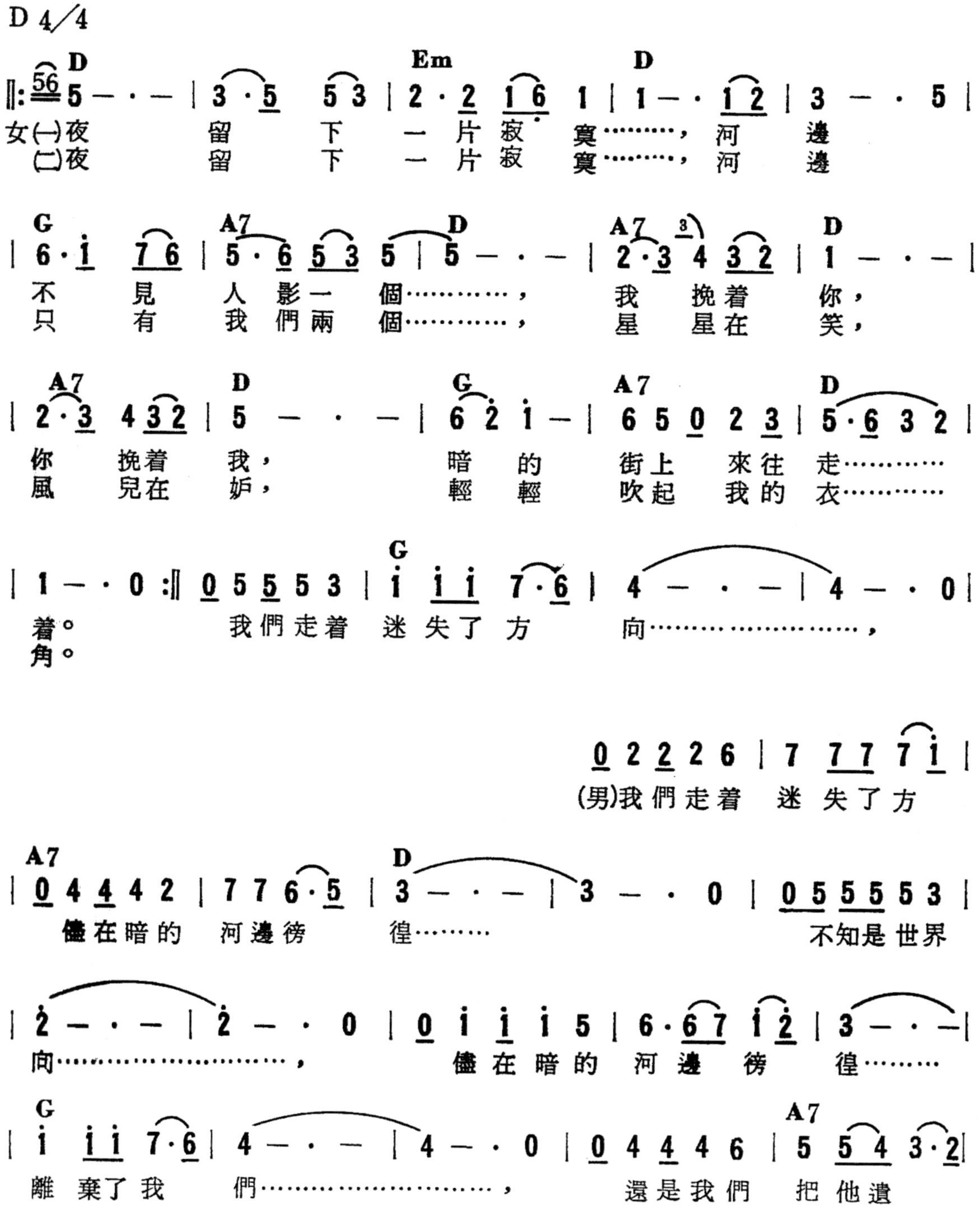

D 4/4

‖: 56 5 — · — | 3·5 53 | 2·2 16 1 | 1 — · 12 | 3 — · 5 |
女(一)夜　留　下　一　片　寂　寞………，河　邊
　(二)夜　留　下　一　片　寂　寞………，河　邊

| 6·1 76 | 5·6 53 5 | 5 — · — | 2·3 4 32 | 1 — · — |
不　見　人　影　一　個………，我　挽着　你，
只　有　我　們　兩　個………，星　星　在　笑，

| 2·3 4 32 | 5 — · — | 62 1 — | 65 0 23 | 5·6 32 |
你　挽着　我，　暗　的　街上　來往　走………
風　兒在　妒，　輕　輕　吹起　我的　衣………

| 1 — · 0 :‖ 05553 | 1 11 7·6 | 4 — · — | 4 — · 0 |
着。　我們走着　迷失了方　向………，
角。

0 2226 | 7 777 71 |
(男)我們走着　迷　失　了方

A7
| 04442 | 776·5 | 3 — · — | 3 — · 0 | 055553 |
儘在暗的　河邊徬　徨………　　　不知是世界

| 2 — · — | 2 — · 0 | 0111 5 | 6·67 12 | 3 — · — |
向………，　　儘在暗的　河邊徬　徨………

G　　　　　　　　　　　　　　　　　　A7
| 1 11 7·6 | 4 — · — | 4 — · 0 | 04446 | 5 54 3·2 |
離　棄了我　們………，　　還是我們　把他遺

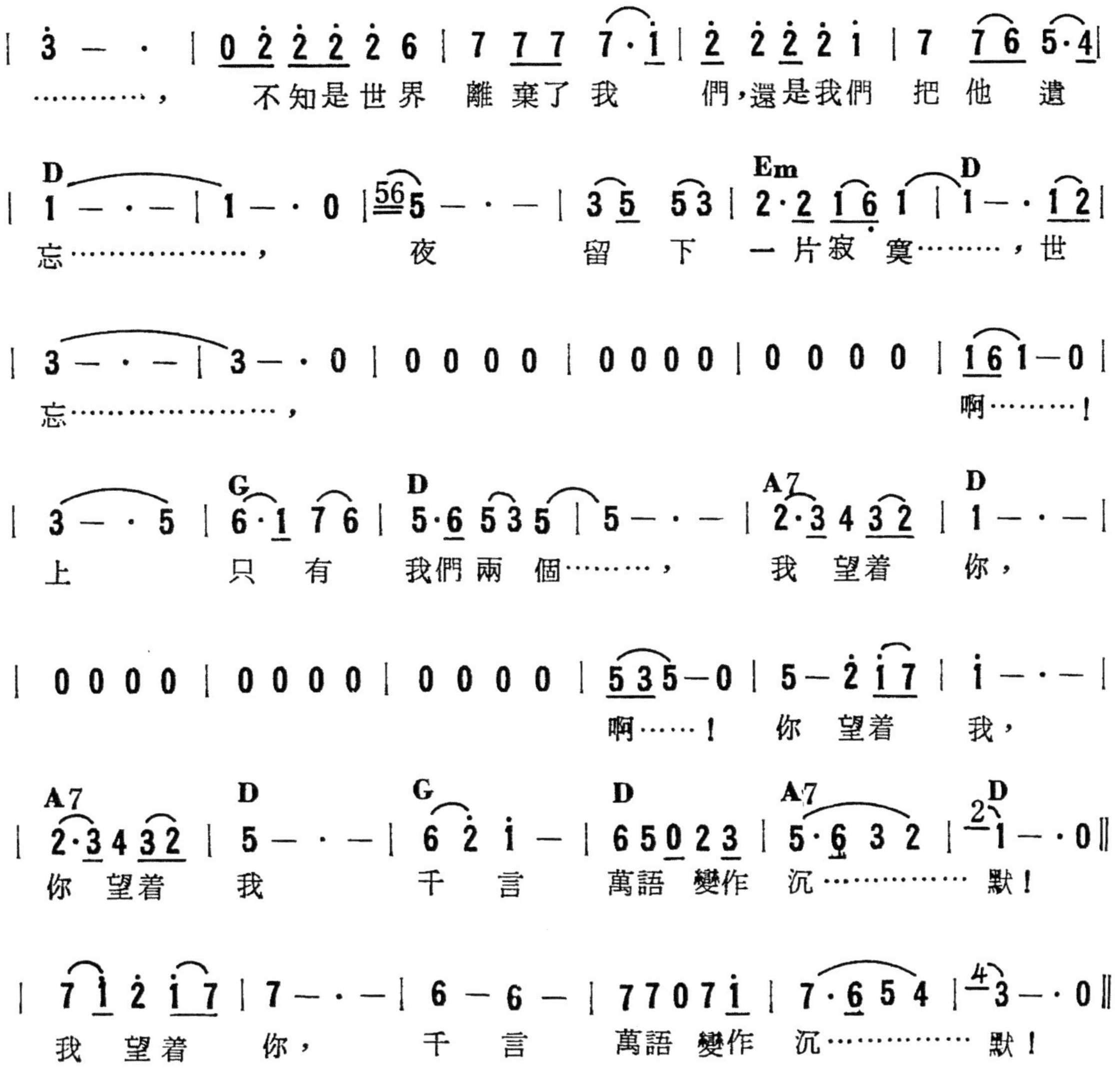
…………，不知是世界離棄了我們，還是我們把他遺
忘………………，夜留下一片寂寞………，世
忘…………………，啊………！
上只有我們兩個………，我望着你，
啊……！你望着我，
你望着我千言萬語變作沉…………… 默！
我望着你，千言萬語變作沉…………… 默！

西湖春

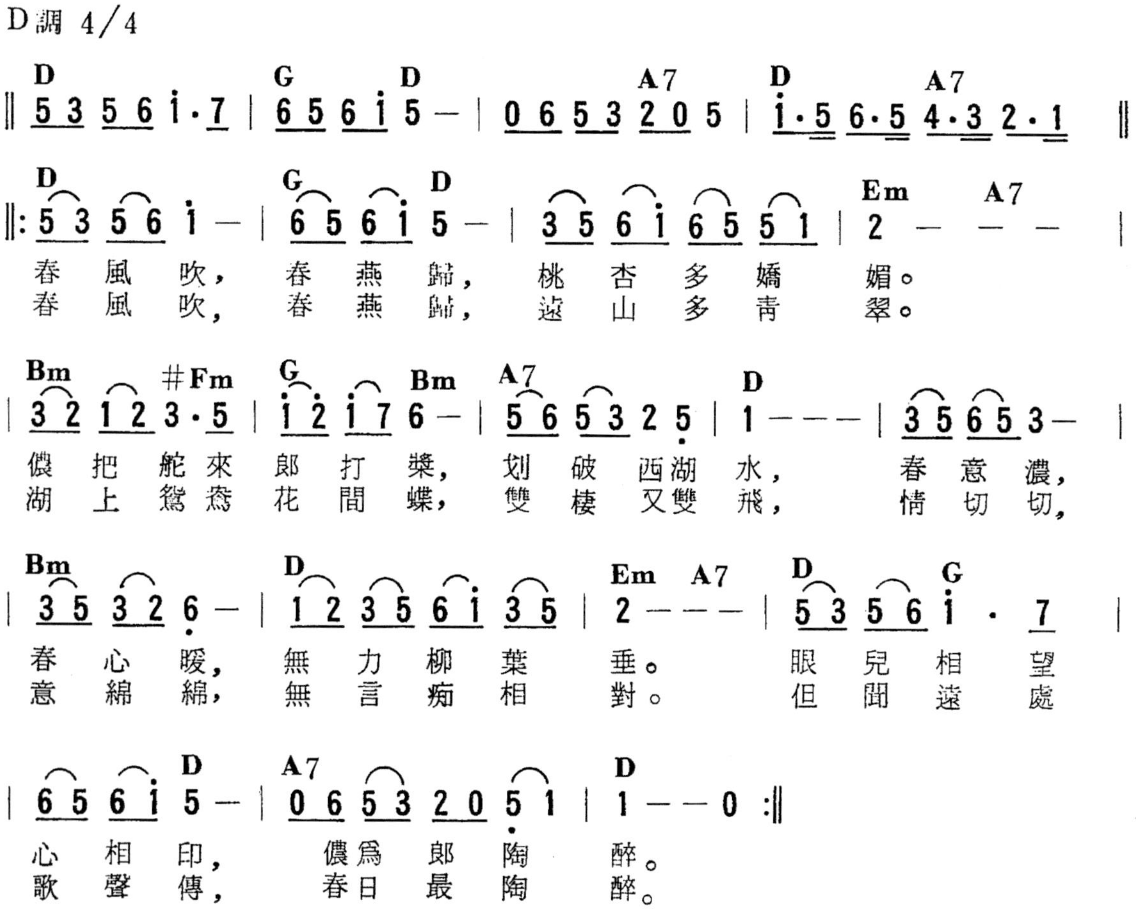

D 調 4/4

```
   D                    G      D            A7        D      A7
|| 5 3 5 6 1·7 | 6 5 6 1 5 - | 0 6 5 3 2 0 5 | 1·5 6·5 4·3 2·1 ||

   D                  G      D                              Em      A7
||: 5 3 5 6 1 - | 6 5 6 1 5 - | 3 5 6 1 6 5 5 1 | 2 - - - |
```

春風吹，　春燕歸，　桃杏多嬌媚。
春風吹，　春燕歸，　遠山多青翠。

```
   Bm        #Fm     G      Bm   A7            D
| 3 2 1 2 3·5 | 1 2 1 7 6 - | 5 6 5 3 2 5 | 1 - - - | 3 5 6 5 3 - |
```

儂把舵來郎打槳，　划破西湖水，　春意濃，
湖上鴛鴦花間蝶，　雙棲又雙飛，　情切切，

```
   Bm              D                   Em  A7        D        G
| 3 5 3 2 6 - | 1 2 3 5 6 1 3 5 | 2 - - - | 5 3 5 6 1 · 7 |
```

春心暖，　無力柳葉垂。　眼兒相望
意綿綿，　無言痴相對。　但聞遠處

```
               D      A7              D
| 6 5 6 1 5 - | 0 6 5 3 2 0 5 1 | 1 - - 0 :||
```

心相印，　儂為郎陶醉。
歌聲傳，　春日最陶醉。

六、李厚襄作品

李厚襄（一九一六—一九七三）。浙江寧波人，他常用的筆名有：侯湘、司徒容、水西村、江風、高劍聲等。而以侯湘、司徒容較常用。

李厚襄，最早是百代唱片公司（成立於一九〇九年，一九四九年停止營業，是中國最早、規模最大的唱片公司）的作曲家。他最早的成名曲，是〈東山一片青〉，可惜五十多歲因癌過逝。

〈母親你在何方〉這首歌，賺取無數人的眼淚，是李厚襄為電影《戀愛與義務》作的主題曲。此片拍於民國廿三年，由阮玲玉主演。（但阮玲玉卻在民國廿四年三月八日服毒自殺，是當時轟動的新聞。）

李厚襄未受過正統學院的音樂教育，他能成為一代大作曲家，是靠天賦和自修。一九四九年後，他在香港為電影配樂、作曲，和姚敏、王福齡、綦湘棠等人，成了無敵的作曲隊伍。

李厚襄是多產的作曲家如〈岷江夜曲〉、〈秋夜〉、〈母親你在何方〉、〈憶良人〉、〈陋巷之春〉、〈郎是春日風〉、〈丁香樹下〉、〈你真美麗〉、〈東山一片青〉、〈聽我細說〉、〈恨不鍾情在當年〉，總共可能百首以上，能流傳又流行只有幾首。

岷江夜曲

高劍聲曲　司徒容詞

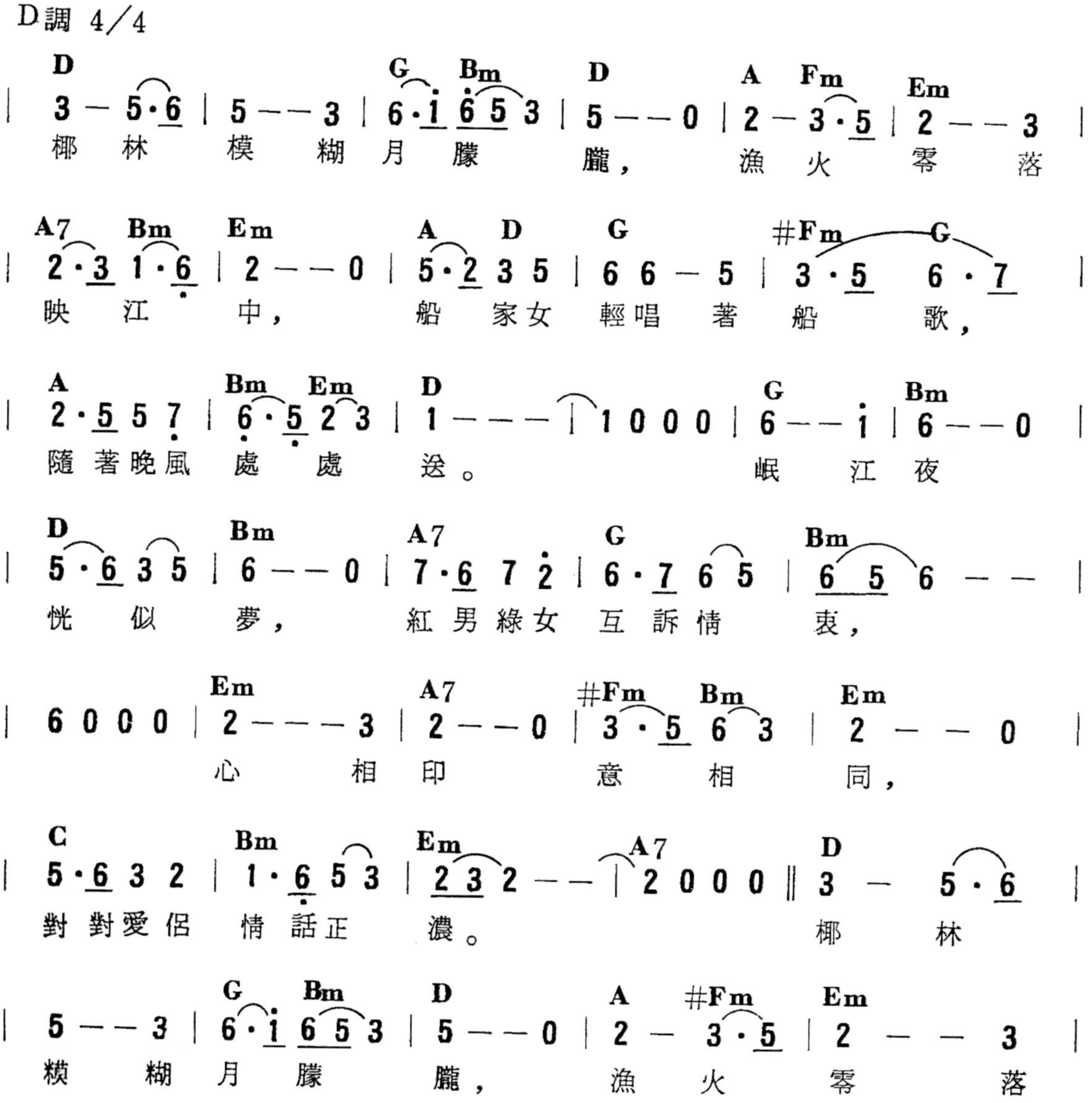
D調 4/4
椰林模糊月朦朧，漁火零落
映江中，船家女輕唱著船歌，
隨著晚風處處送。岷江夜
恍似夢，紅男綠女互訴情衷，
心相印意相同，
對對愛侶情話正濃。椰林
模糊月朦朧，漁火零落

A7　　Bm　　Em　　　　　A　　D　　G　　　　　　#Fm　　G
| 2·3 1·6 | 2 — — 0 | 5·2 3 5 | 6 6 — 5 | 3·5 6·7 |
映　江　中，　　船　家　女　輕唱　着　船

　　　　　　　　　　　A　　　　Bm　　Em　　　D
| 6 — — 0 ‖: 2·5 5 7 | 6·5 2 3 | 1 — — — | 1 0 0 0 :‖
歌，　　隨著晚風　處　處　送。

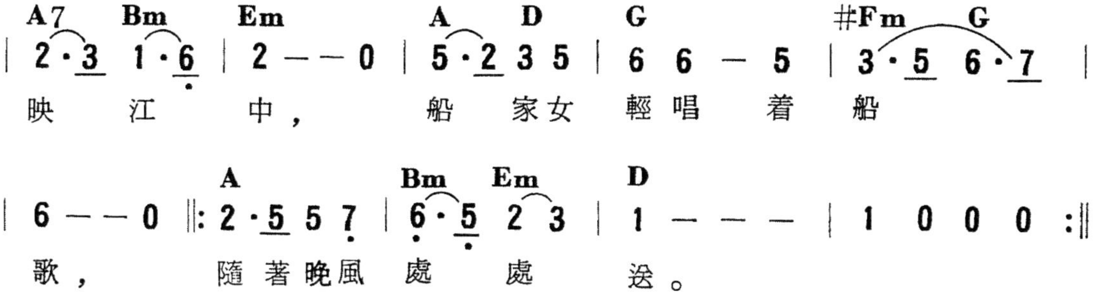

母親你在何方（戀愛與義務）

毛文波詞　司徒容曲

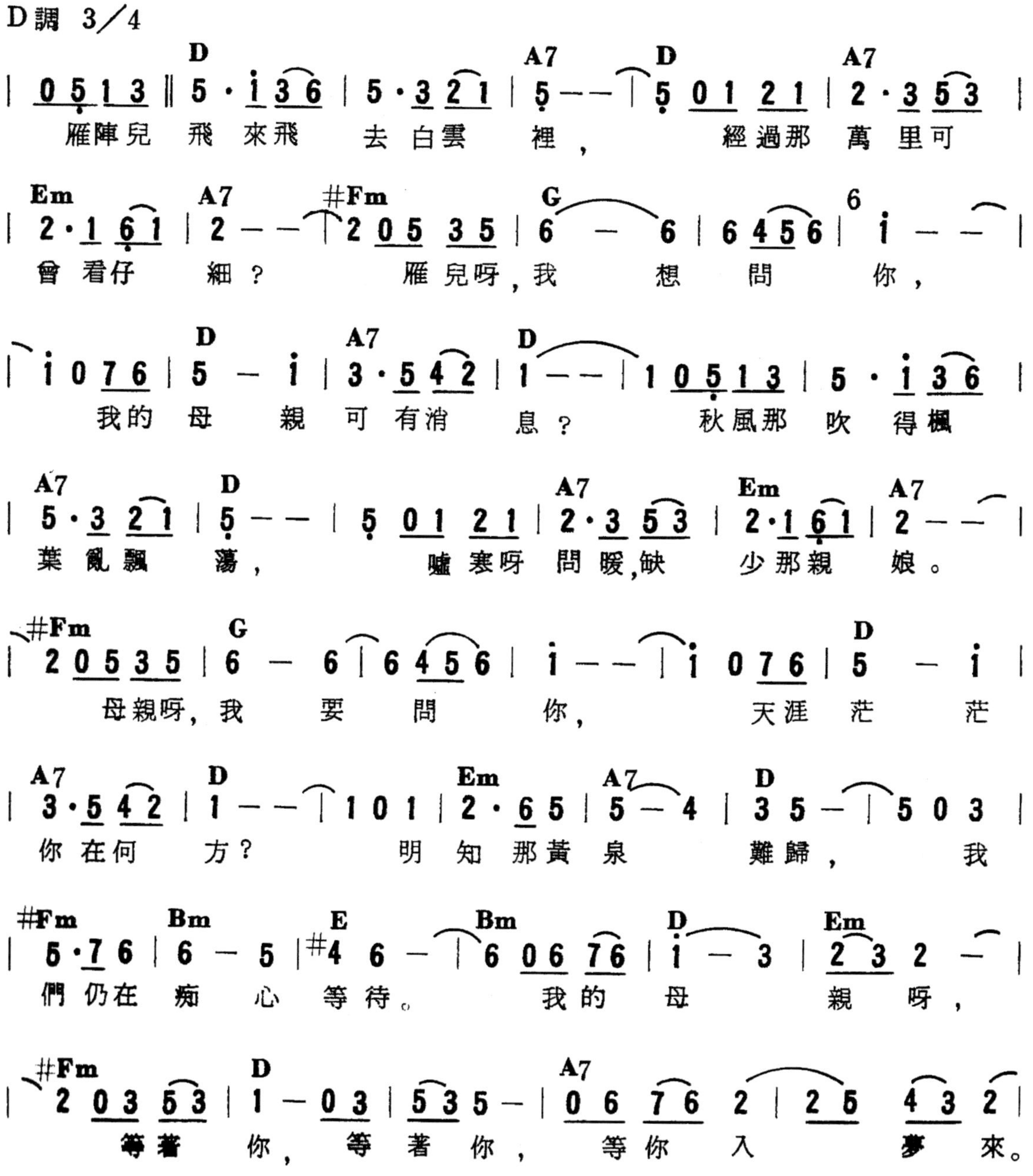
D調 3／4
雁陣兒 飛 來飛 去白雲 裡，經過那 萬 里可
曾 看仔 細？ 雁 兒呀，我 想 問 你，
我的 母 親 可 有消 息？ 秋風那 吹 得楓
葉 亂 飄 蕩， 噓 寒呀 問 暖，缺 少那親 娘。
母親呀，我 要 問 你， 天涯 茫 茫
你 在何 方？ 明 知 那黃 泉 難歸， 我
們 仍在 痴 心 等 待。 我的 母 親 呀，
等 著 你， 等 著 你， 等 你 入 夢 來。

D
A7
D
兒時的情景似夢般依稀，母愛的
A7
Em
A7
#Fm
G
| 2·3 5 3 | 2·i 6 i | 2 — — 2 0 5 3 5 | 6 — 6 | 6 4 5 6 |
溫暖永遠離忘記，母親呀，我眞想
D
A7
D
你恨不能夠時光倒移。
Fine

秋夜（柳浪聞鶯）

侯湘曲　小珠詞

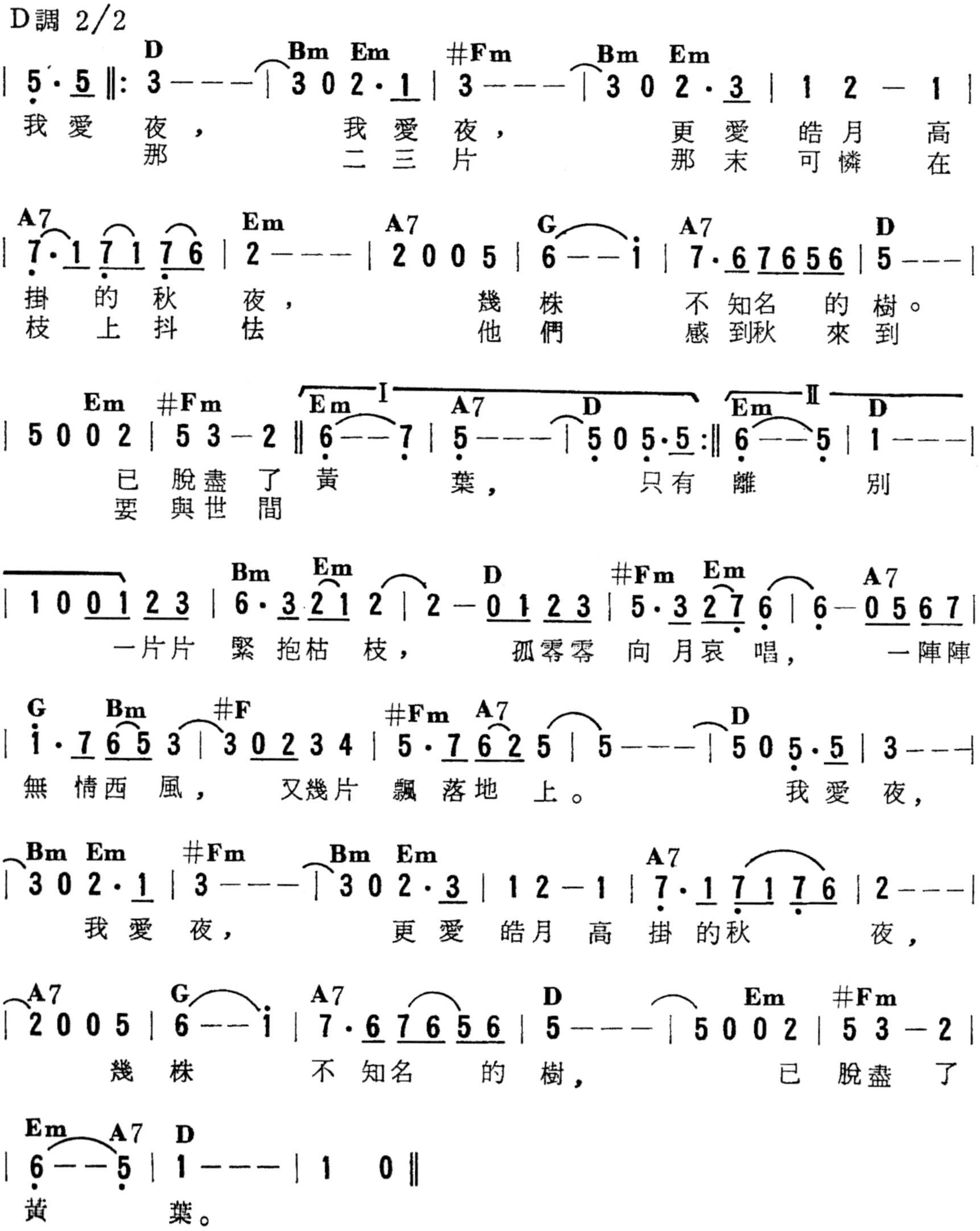
D調 2/2
我愛 夜， 我愛夜， 更愛皓月高
那 二三片 那末可憐在
掛的秋夜， 幾株 不知名的樹。
枝上抖怯 他們 感到秋來到
已脫盡了黃 葉， 只有離 別
要與世間
一片片緊抱枯 枝， 孤零零向月哀 唱， 一陣陣
無情西風， 又幾片飄落地上。 我愛 夜，
我愛 夜， 更愛皓月高掛的秋 夜，
幾株 不知名的樹， 已脫盡了
黃 葉。

七、梁樂音作品

梁樂音（一九一〇—一九八九）。廣東人，出生在倭國，所以倭文倭語都很好。從小喜好音樂，擅拉高胡、板胡、二胡，留倭習音樂，回國後為電影《博愛》所寫的〈博愛歌〉，奠定他電影音樂的基礎。

一九五三年參與拍攝電影《戀歌》，扮演葛維基一角，並創作片中插曲。一九五六年和堂弟梁哲夫合作，編劇並導演了電影《苦海鴛鴦》。一九六六年成立「流行歌曲研究社」，一九七五年發表作品〈醒獅舞曲〉。

屠光啟在香港《萬象雜誌》發表一篇文章，形容梁樂音是「地下工作」人員。（凌晨主編，《凌晨之歌》第九集，台北長橋出版社，一九七七年十月十五日，第74到76頁）。

按該文說，梁樂音之初出現，是在敵偽時期的上海，梁任「華影」音樂科的科長，他的地位和工作很微妙，甚至被懷疑是「漢奸」、是「倭國間諜」。屠光啟和梁的合作過程中，梁向屠透露一個秘密：「我的父親，是死在日本人手裡的。」這無異表明了他的身份、立場。

抗戰勝利梁突然「失踪」十多天，再出現穿著軍裝，階級是少校，原來真相他是「淞滬警備司令部」系統下的人。但他畢竟是個音樂家，不久離開了軍職，他作曲的歌如〈交換〉、〈分離〉、〈未識綺羅香〉、〈生命如花籃〉。

生命如花籃

梁樂音詞曲

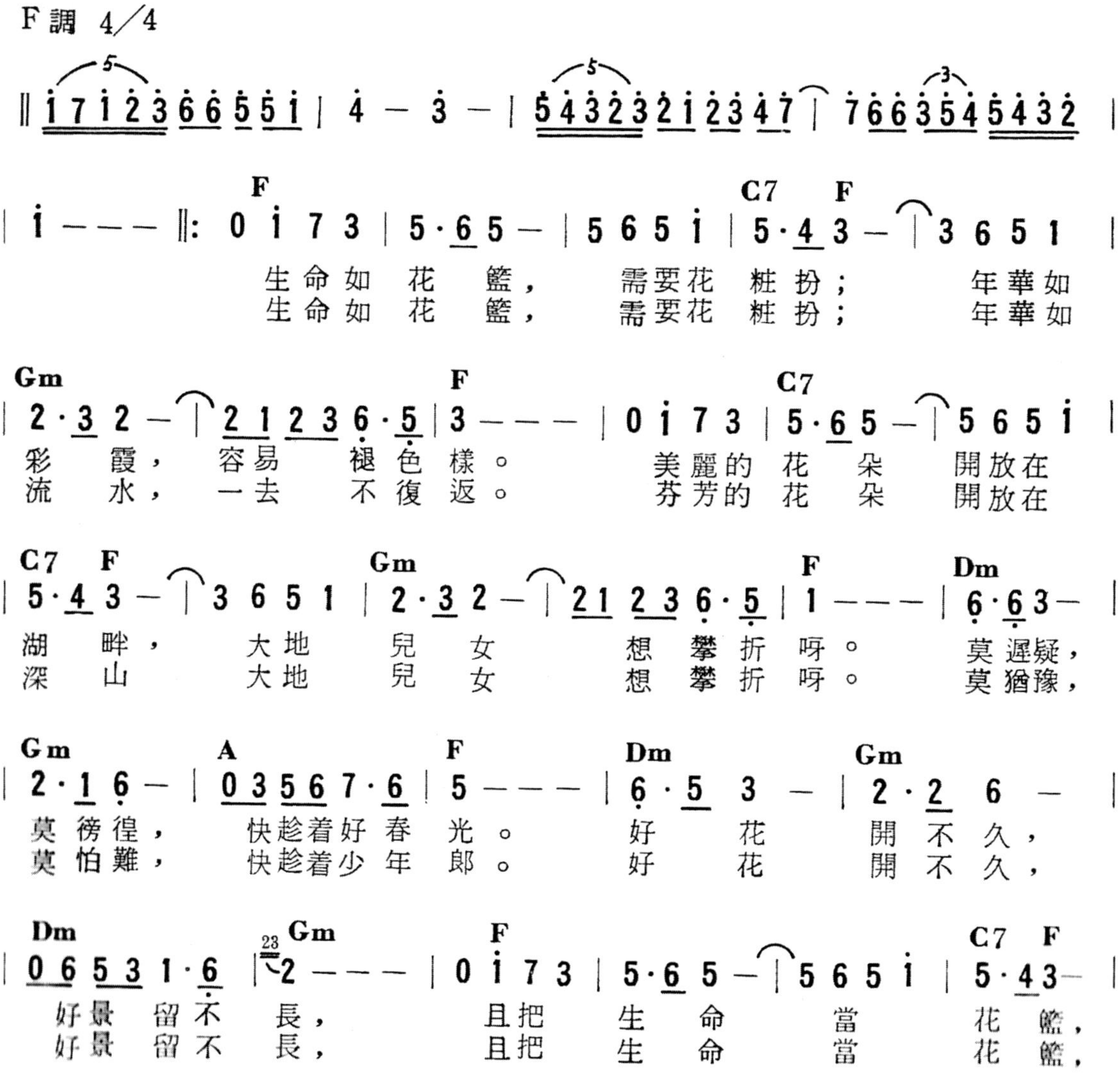

F 調　4/4

‖ 1 7 1 2 3 6 6 5 5 1 | 4 — 3 — | 5 4 3 2 3 2 1 2 3 4 7 | 7 6 6 3 5 4 5 4 3 2 |

| 1 — — — ‖: 0 1 7 3 | 5·6 5 — | 5 6 5 1 | 5·4 3 — | 3 6 5 1 |

生命如花　籃，　需要花粧　扮；　年華如

生命如花　籃，　需要花粧　扮；　年華如

Gm

| 2·3 2 — | 2 1 2 3 6·5 | 3 — — — | 0 1 7 3 | 5·6 5 — | 5 6 5 1 |

彩　霞，　容易　褪色樣。　美麗的花　朵　開放在

流　水，　一去　不復返。　芬芳的花　朵　開放在

C7　F

| 5·4 3 — | 3 6 5 1 | 2·3 2 — | 2 1 2 3 6·5 | 1 — — — | 6·6 3 — |

湖　畔，　大地兒　女　想攀折　呀。　莫遲疑，

深　山，　大地兒　女　想攀折　呀。　莫猶豫，

Gm　　A　　F　　Dm　　Gm

| 2·1 6 — | 0 3 5 6 7·6 | 5 — — — | 6 5 3 — | 2·2 6 — |

莫徬徨，　快趁着好春　光。　好　花　開不久，

莫怕難，　快趁着少年　郎。　好　花　開不久，

Dm　　Gm　　F　　C7　F

| 0 6 5 3 1·6 | 2 — — — | 0 1 7 3 | 5·6 5 — | 5 6 5 1 | 5·4 3 — |

好景留不　長，　且把生命　當　花籃，

好景留不　長，　且把生命　當　花籃，

Gm		F

‖ 3 6 5 1 ｜ 2·3 2 ⌢2 1 2 3 6̣·5̣ ｜ 1 — — ⌢ ‖ 0 i 7 3 ｜ 5·6 5 ⌢

快將　幸福花　兒　扮。
快將　幸福花　兒　扮。

⌢5 6 5 i ｜ 5·4 3 — ⌢3 6 5 1 ｜ 2·3 2 — ⌢2 1 2 3 6̣·5̣ ｜ 1 — — ‖

	C7 F		Gm		F

｜ 1 0 i — ‖

Fine

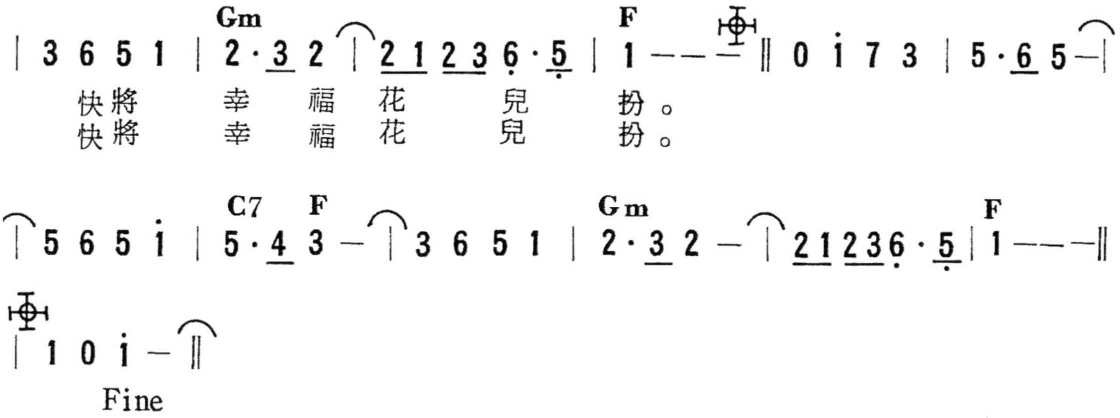

未識綺羅香 （歌女紅菱艷）

梁樂音曲　盧一方詞

C調　4/4

```
 C              Am               Em          C              G7
5‖: 3 - - - | 3 3 2 3 2 3 1 2 | 3 - - - | 3 5 5 6 1 3 1 6 | 5 - - - |
    蓬 門      未 識 綺 羅 香，     託 良 媒 亦 自 傷。
    回         何 處 是 家 鄉，     有 浮 雲 掩 月 光。

 C                       F          C        C          Am
 5 1 1 2 3 1 6 5 | 6 - - - | 6 0 5 - | 3 - - - | 3 2 2 3 2 3 1 2 |
 相 依 有 弟 妹，      生                    小 失 爹
 問 誰 憐 弱 質，      幽                    怨 記 清

 Em            C              G7         Am                    C
 3 - - - | 3 5 5 6 1 3 1 6 | 5 - - - | 5 3 2 1 6 5 3 2 | 1 - - ‖
 娘，       妝 成 誰 惜 嬌 模 樣      啊！…………………………
 商，       舞 衫 歌 扇 增 惆 悵      啊！…………………………

       I   Dm           C          F    Am        F        G7
‖ 1 - 1 - | 2 - - 3 | 5 - - 6 | 1 6 1 6 5 3 | 6 - - 1 | 2 - - 1 |
       碧 玉    年 華 芳 春 時  節 啊………………………………

 Am           Dm   Am       C           G7           II      C
| 6 - - 1 | 2 · 1 6 5 3 | 5 - - - | 5 - 5 - :‖ 1 - 6 - | 1 - - - |
…………………… 空 自 廻 腸      夢 隨 處

 Am       C          Am                    Dm           Am
| 1 0 6 - | 1 - - - | 1 1 6 1 6 1 6 1 | 2 - - - | 2 2 3 2 3 2 1 6 |
  飄 萍      頻 年 壓 線      空 自 凄

 C
| 1 - - - | 1 - - - ‖
  涼。
```

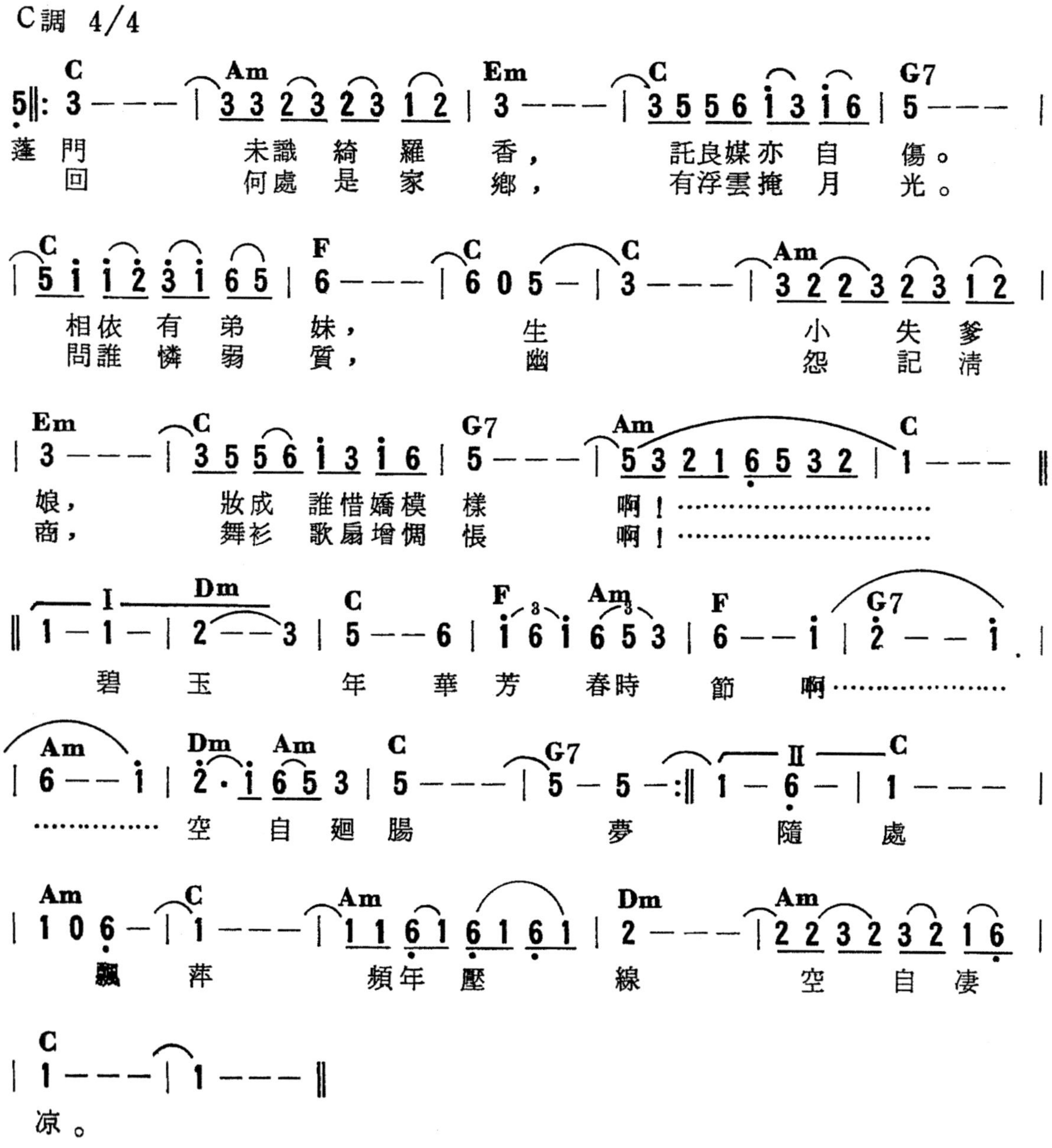

八、姚敏作品

姚敏（一九一七—一九六七）。原名姚振民，筆名有梅翁、杜芬、周萍、秦冠。他是寧波人，一九一七年十一月十三日出生在上海，一九六七年三月三十日逝世在香港。他是非常多產的作曲家，大約民國四十年到民國五十五年間，國語流行歌中心在香港，而香港流行歌壇的中心人物，就是姚敏，這便是他的歷史定位。

姚敏未受過正式音樂教育，他只是喜歡玩樂器，這對他日後寫曲有很大助益。他因結識百代公司人員，進而為百代寫曲，如電影《鳳凰于飛》中的〈合家歡〉，在上海時期寫了〈戀痕〉、〈秦淮河畔〉、〈月下佳人〉等，這是和陳棟蓀合作的。

在香港十多年，他和陳蝶衣合作的歌曲較多。如〈搖船曲〉、〈夜歸人〉、〈我要為你唱歌〉、〈我是一隻畫眉鳥〉、〈何必旁人來說媒〉、〈江水向東流〉、〈我有一段情〉、〈送郎一朵牽牛花〉、〈晚霞〉、〈紫丁香〉、〈東山飄雨西山晴〉等。

姚敏和易文合作的歌有〈神秘女郎〉、〈第二春〉、〈海上良宵〉、〈空中小姐〉、〈廟院鐘聲〉、〈台灣小調〉等。另和司徒明合作的歌有〈我是浮萍一片〉、〈阿里山之鶯〉、〈月桃花〉、〈站在高崗上〉、〈伴侶哪裡找〉等。

我是一隻畫眉鳥

姚敏曲　狄薏詞

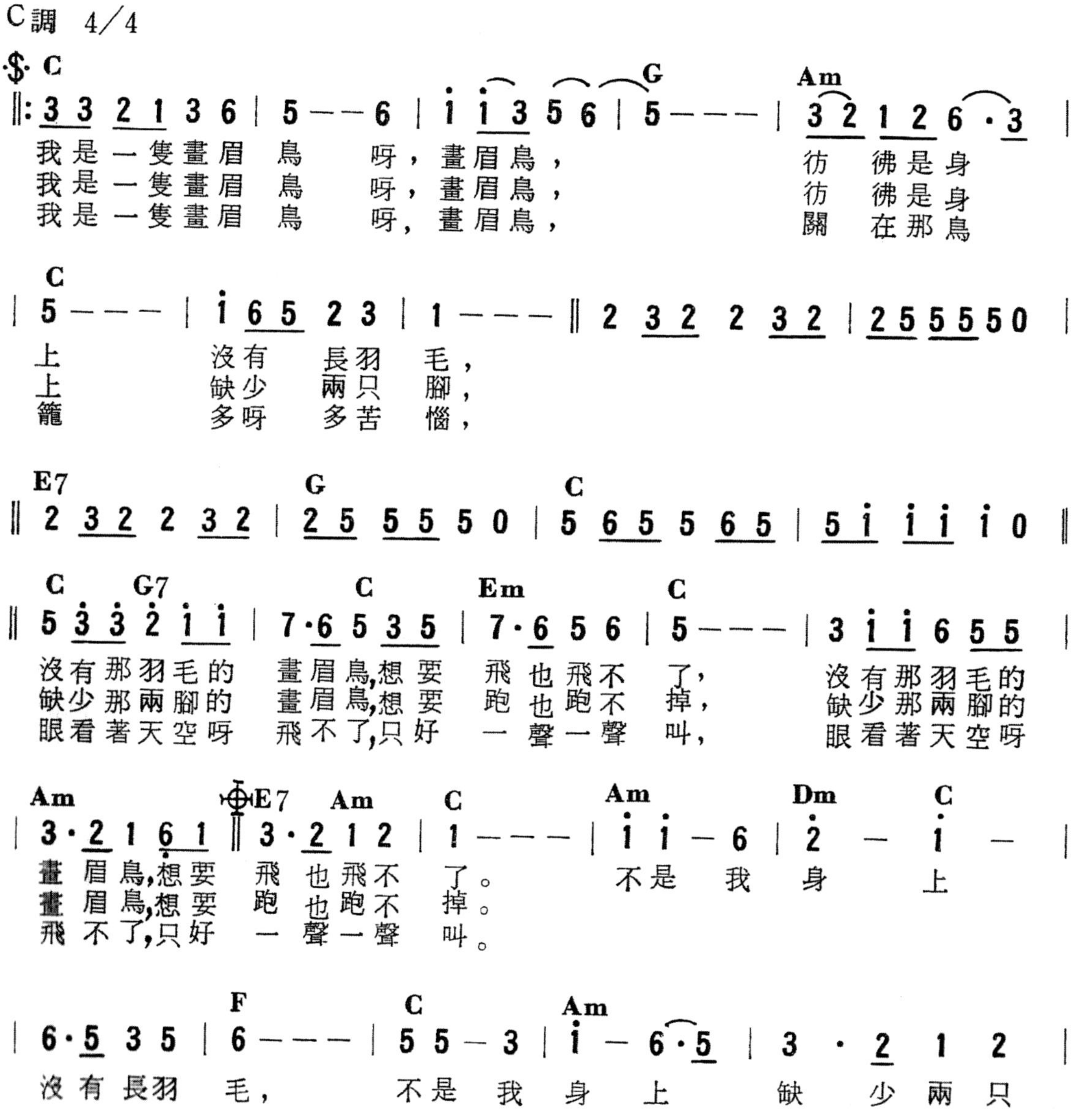
C調 4/4
‖: 3 3 2 1 3 6 | 5 - - 6 | 1 1 3 5 6 | 5 - - - | 3 2 1 2 6 · 3 |
C G Am
我是一隻畫眉鳥呀，畫眉鳥，彷佛是身
我是一隻畫眉鳥呀，畫眉鳥，彷佛是身
我是一隻畫眉鳥呀，畫眉鳥，關在那鳥
C
| 5 - - - | 1 6 5 2 3 | 1 - - - ‖   2 3 2 2 3 2 | 2 5 5 5 5 0 |
上沒有長羽毛，
上缺少兩只腳，
籠多呀多苦惱，
E7 G C
```
‖ 2 3 2 2 3 2 | 2 5 5 5 5 0 | 5 6 5 6 5 | 5 1 1 1 1 0 ‖
```

C G7 C Em C
‖ 5 3 3 2 1 1 | 7 · 6 5 3 5 | 7 · 6 5 6 | 5 - - - | 3 1 1 6 5 5 |
沒有那羽毛的畫眉鳥,想要飛也飛不了，沒有那羽毛的
缺少那兩腳的畫眉鳥,想要跑也跑不掉，缺少那兩腳的
眼看著天空呀飛不了,只好一聲一聲叫，眼看著天空呀
Am E7 Am C Am Dm C
| 3 · 2 1 6 1 ‖ 3 · 2 1 2 | 1 - - - | 1 1 - 6 | 2 - i - |
畫眉鳥,想要飛也飛不了。不是我身上
畫眉鳥,想要跑也跑不掉。
飛不了,只好一聲一聲叫。
F C Am
| 6 · 5 3 5 | 6 - - - | 5 5 - 3 | 1 - 6 · 5 | 3 · 2 1 2 |
沒有長羽毛，不是我身上缺少兩只

C　　　　　　Am　　　　　F　　　　G7　　　　　　Am　　　　C
| 3 − − − | 6 6 − 5 | 6 − i̇ − | 2̇ · i̇ 2̇ 3̇ | 6 − 5 − |

腳，　　　只因　為　我　是　　關在鳥籠裡。

G7　　　　　　　　　　C　　　　　Am　　G7　　　　　　Am
| 2 2 3 5 5 | 2 − 1 − | 1̇ · 5̣ 6̣ − | 5̣ − − − ‖ 3̇ 2̇ i̇ 2̇ |

除非是打開　鳥　籠　纔　能　逃　　　$一聲一聲

C
| i̇ − i̇ 0 ‖

叫。　　　Fine

春風吻上了我的臉

（那個不多情）　姚敏曲　狄薏詞

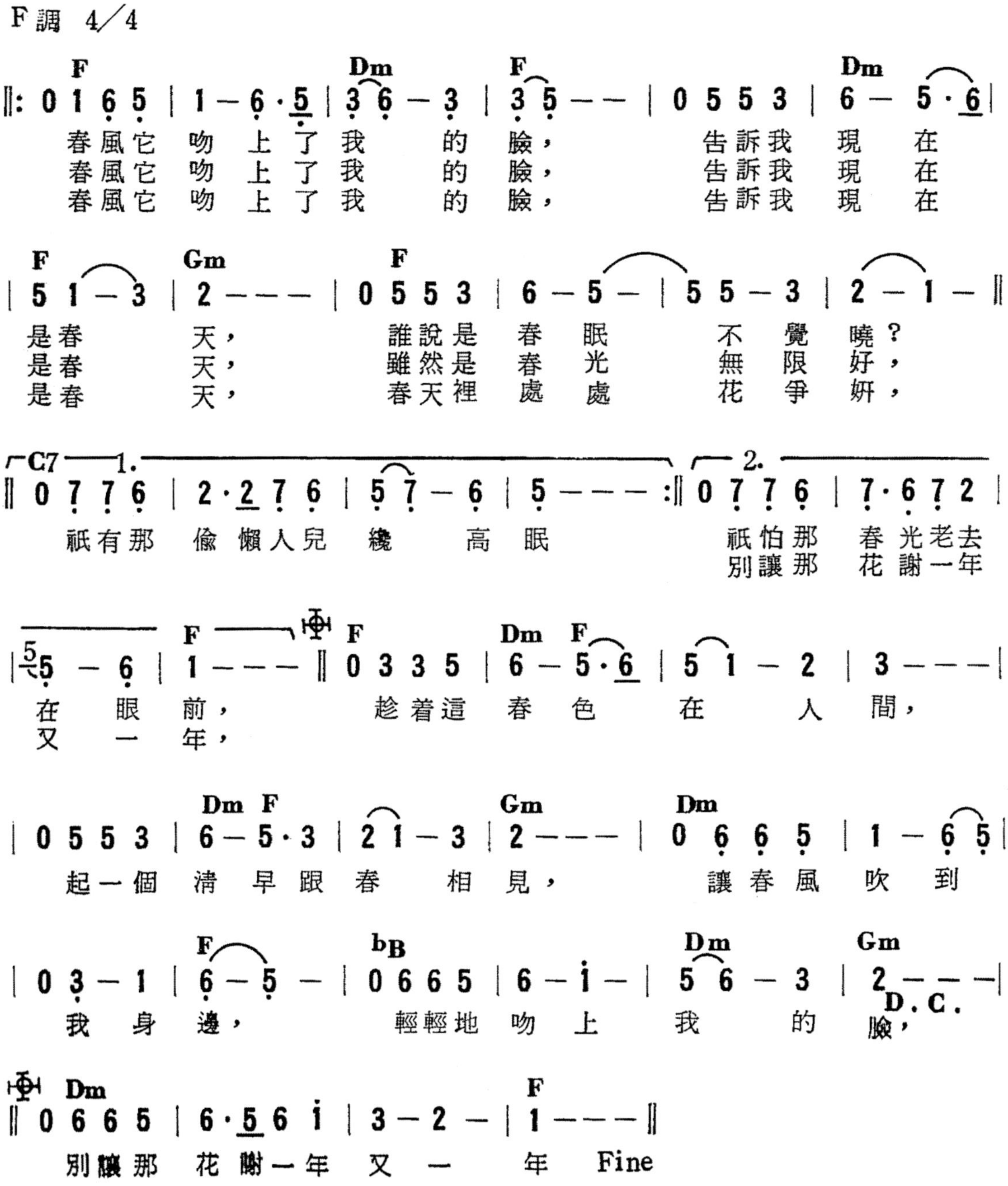
F調 4/4
春風它吻上了我的臉，告訴我現在是春天，誰說是春眠不覺曉？
春風它吻上了我的臉，告訴我現在是春天，雖然是春光無限好，
春風它吻上了我的臉，告訴我現在是春天，春天裡處處花爭妍，
祇有那偸懶人兒纔高眠
祇怕那春光老去在眼前，
別讓那花謝一年又一年，
趁着這春色在人間，起一個清早跟春相見，讓春風吹到我身邊，輕輕地吻上我的臉，
D.C.
別讓那花謝一年又一年
Fine

總有一天等到你

梅翁曲　李雋青詞

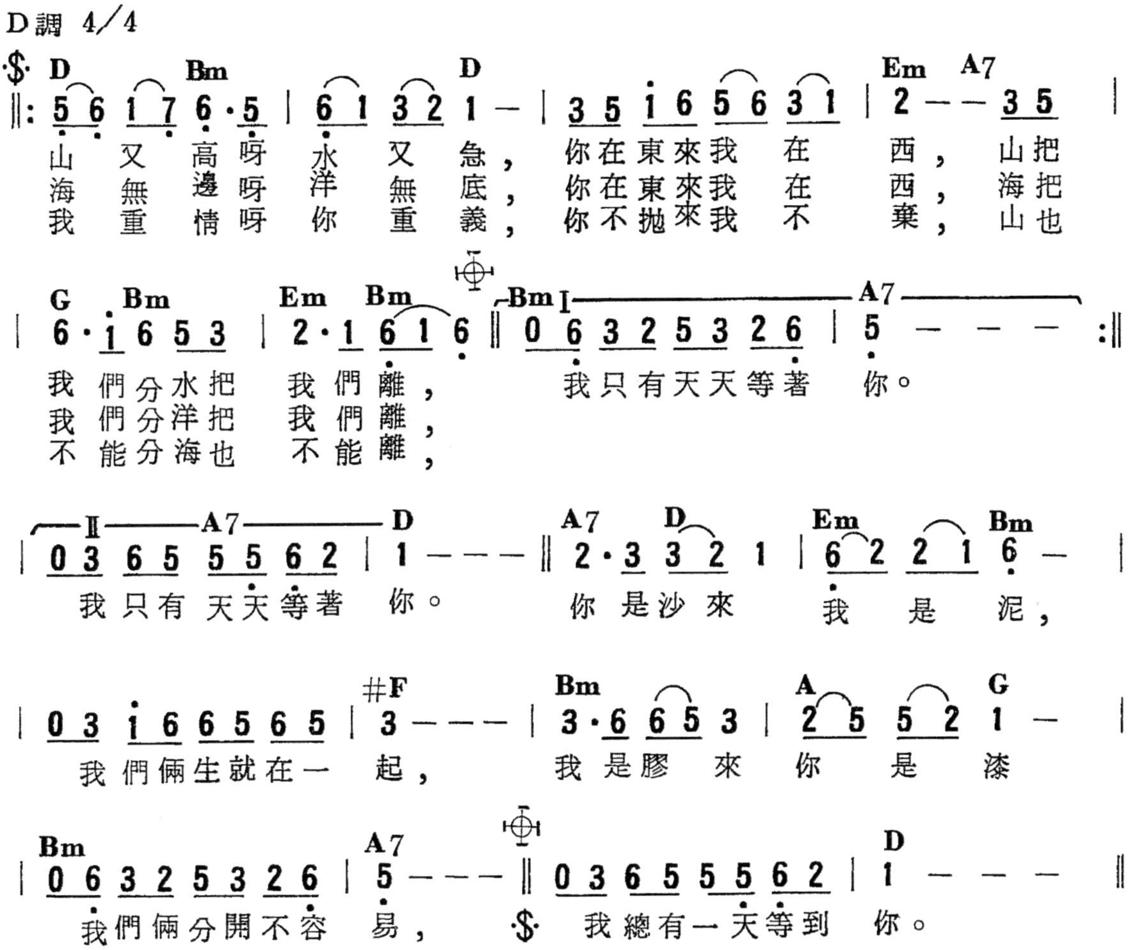
D調 4/4
山又高呀水又急，你在東來我在西，山把我們分水把我們離，
海無邊呀洋無底，你在東來我在西，海把我們分洋把我們離，
我重情呀你重義，你不拋來我不棄，山也不能分海也不能離，
我只有天天等著你。
我只有天天等著你。
你是沙來我是泥，我們倆生就在一起，我是膠來你是漆
我們倆分開不容易，我總有一天等到你。

江水向東流

姚敏曲　方忭詞

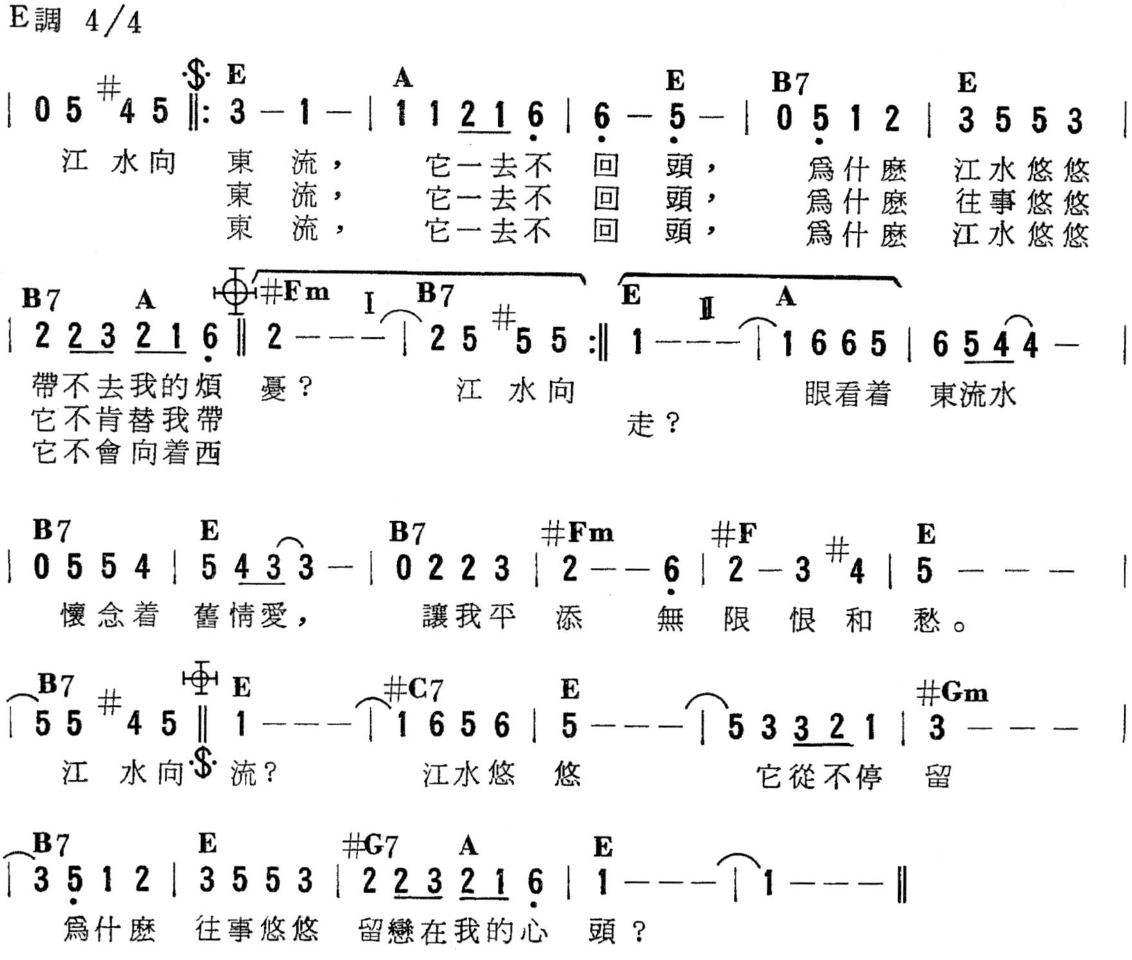

E調　4/4

```
|0 5 #4 5 | 3 - 1 - | 1 1 2 1 6 | 6 - 5 - | 0 5 1 2 | 3 5 5 3 |
```

江水向　東　流，　　它一去不　回　頭，　　為什麼　江水悠悠
　　　　東　流，　　它一去不　回　頭，　　為什麼　往事悠悠
　　　　東　流，　　它一去不　回　頭，　　為什麼　江水悠悠

```
|2 2 3 2 1 6 | 2 - - - | 2 5 #5 5 : | 1 - - - | 1 6 6 5 | 6 5 4 4 - |
```

帶不去我的煩　憂？　　江水向　　　　　眼看着　東流水
它不肯替我帶　　　　走？
它不會向着西

```
|0 5 5 4 | 5 4 3 3 - | 0 2 2 3 | 2 - - 6 | 2 - 3 #4 | 5 - - - |
```

懷念着　舊情愛，　　讓我平　添　無　限　恨和　愁。

```
|5 5 #4 5 | 1 - - - | 1 6 5 6 | 5 - - - | 5 3 3 2 1 | 3 - - - |
```

江　水向　流？　　江水悠　悠　　它從不停　留

```
|3 5 1 2 | 3 5 5 3 | 2 2 3 2 1 6 | 1 - - - | 1 - - - |
```

為什麼　往事悠悠　留戀在我的心　頭？

送郎一朵牽牛花

梅翁曲　辛夷詞

G調 2／4

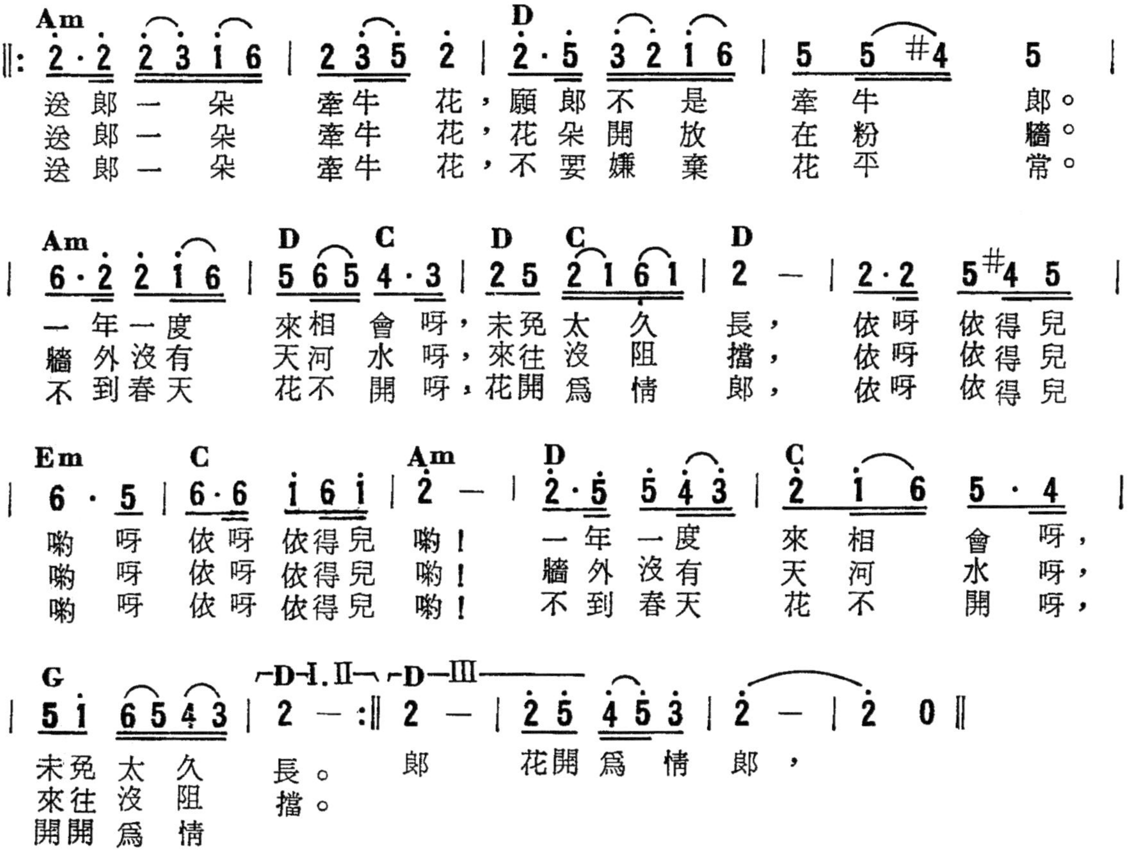
送郎一朵牽牛花，願郎不是牽牛郎。
送郎一朵牽牛花，花朵開放在粉牆。
送郎一朵牽牛花，不要嫌棄花平常。
一年一度來相會呀，未免太久長，依呀依得兒
牆外沒有天河水呀，來往沒阻擋，依呀依得兒
不到春天花不開呀，花開爲情郎，依呀依得兒
喲呀依呀依得兒喲！一年一度來相會呀，
喲呀依呀依得兒喲！牆外沒有天河水呀，
喲呀依呀依得兒喲！不到春天花不開呀，
未免太久長。郎　花開爲情郎，
來往沒阻擋。
開開爲情

情人的眼淚

杜芬曲　狄薏詞

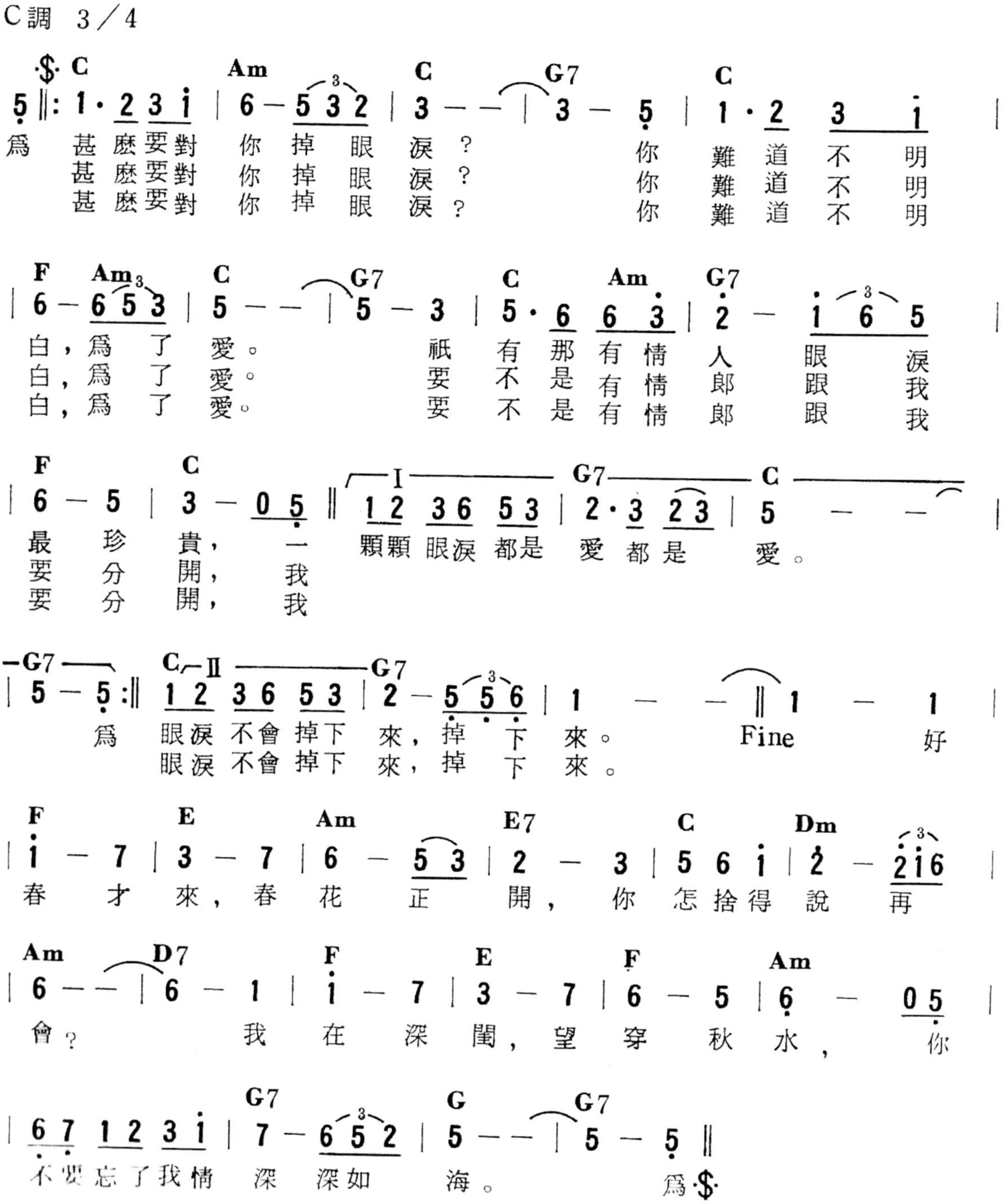
C調 3／4
C　Am　C　G7　C
爲　甚麽要對　你　掉　眼　淚？　你　難　道　不　明
甚麽要對　你　掉　眼　淚？　你　難　道　不　明
甚麽要對　你　掉　眼　淚？　你　難　道　不　明
F　Am　C　G7　C　Am　G7
白，爲　了　愛。　祇　有　那　有　情　人　眼　淚
白，爲　了　愛。　要　不　是　有　情　郎　跟　我
白，爲　了　愛。　要　不　是　有　情　郎　跟　我
F　C　I　G7　C
最　珍　貴，　一　顆顆　眼淚　都是　愛　都　是　愛。
要　分　開，　我
要　分　開，　我
G7　C　II　G7
爲　眼淚　不會　掉下　來，掉　下　來。　Fine　好
眼淚　不會　掉下　來，掉　下　來。
F　E　Am　E7　C　Dm
春　才　來，春　花　正　開，　你　怎　捨得　說　再
Am　D7　F　E　F　Am
會？　我　在　深　閨，望　穿　秋　水，　你
G7　G　G7
不要忘了我情　深　深如　海。　爲

月桃花（阿里山之鶯）

姚敏曲　司徒明詞

Am 調 2／4

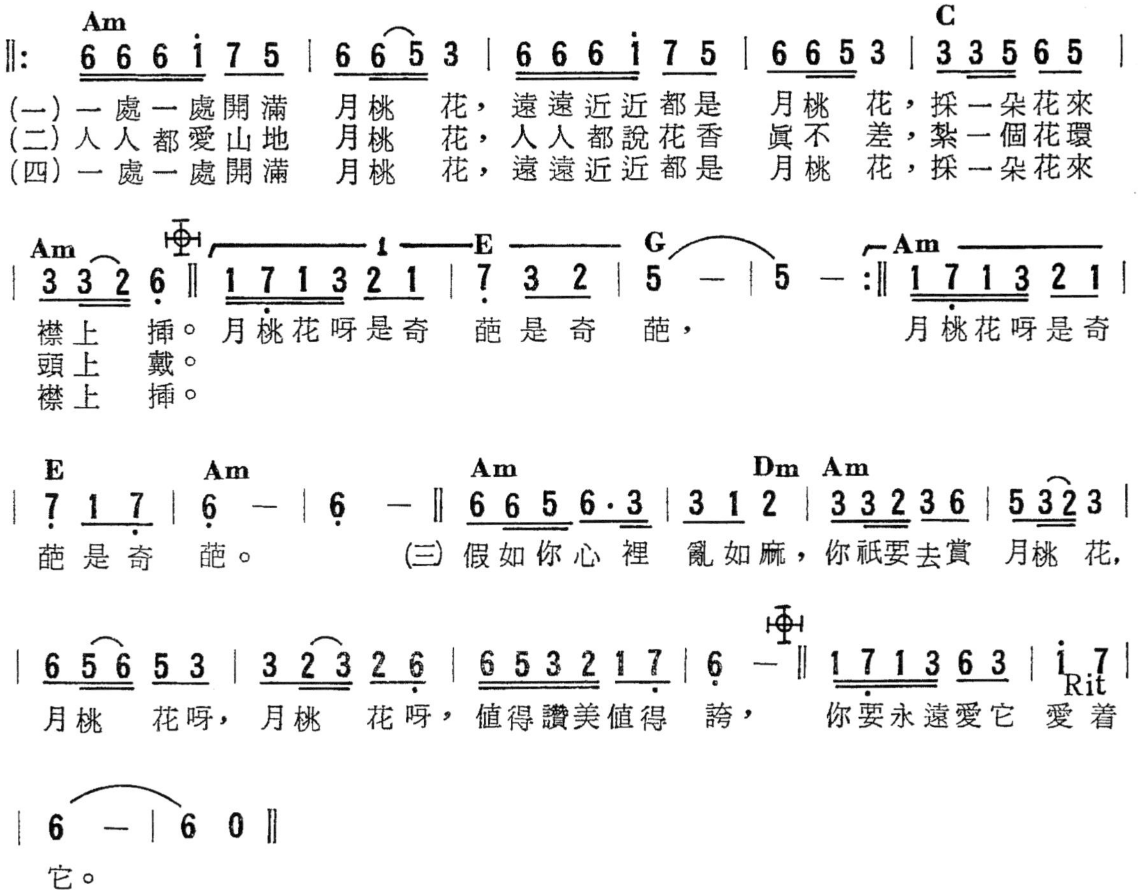
Am C E G Dm Rit
(一)一處一處開滿 月桃 花，遠遠近近都是 月桃 花，採一朵花來 襟上 插。
(二)人人都愛山地 月桃 花，人人都說花香 眞不 差，紮一個花環 頭上 戴。
(四)一處一處開滿 月桃 花，遠遠近近都是 月桃 花，採一朵花來 襟上 插。
月桃花呀是奇 葩是奇 葩，月桃花呀是奇 葩是奇 葩。
(三)假如你心裡 亂如麻，你祇要去賞 月桃 花，月桃 花呀，月桃 花呀，値得讚美値得 誇，你要永遠愛它 愛着 它。

站在高崗上（阿里山之鶯）

姚敏曲　司徒明詞

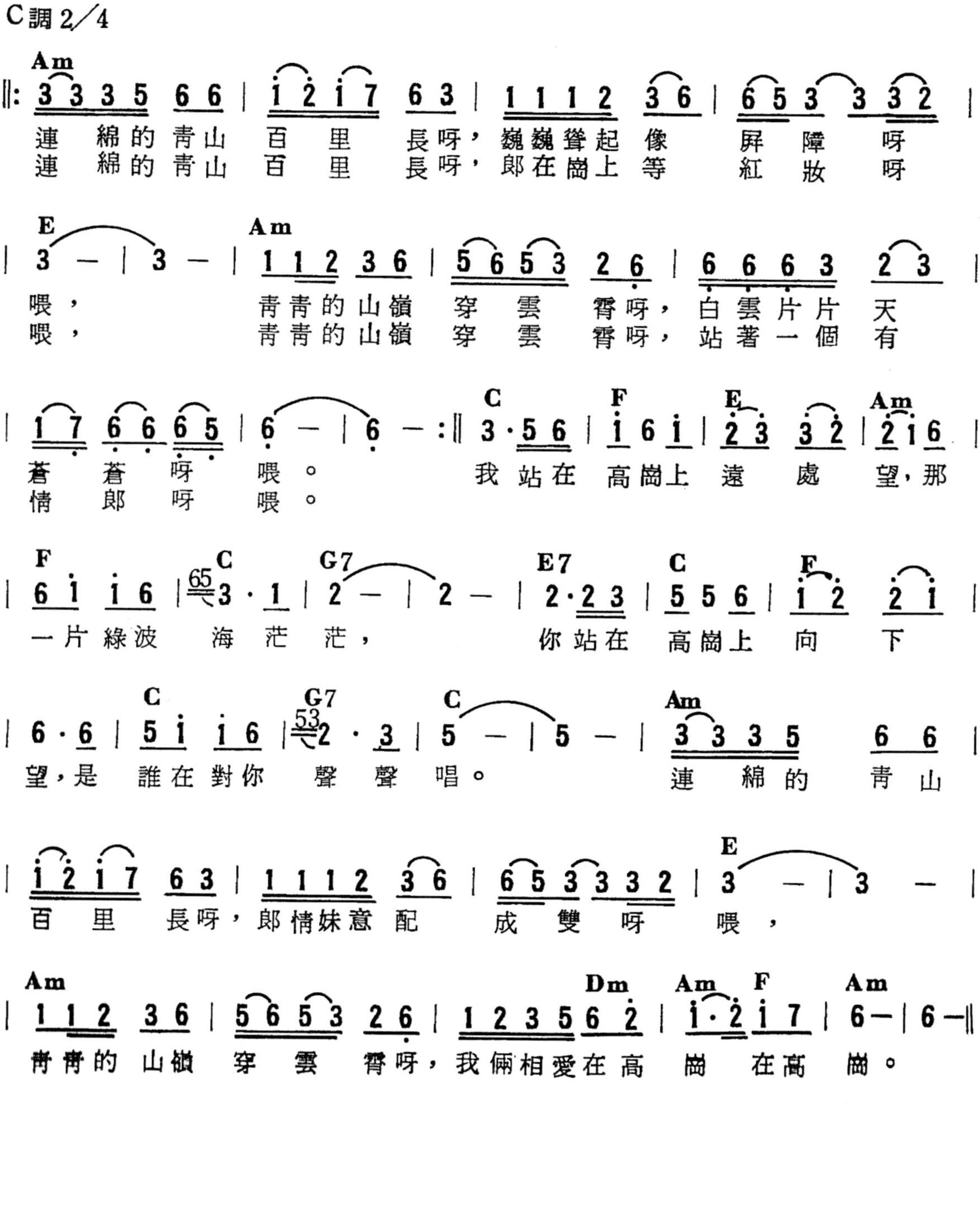
C調 2／4
連綿的青山百里長呀，巍巍聳起像屏障呀
連綿的青山百里長呀，郎在崗上等紅妝呀
喂，青青的山嶺穿雲霄呀，白雲片片天
喂，青青的山嶺穿雲霄呀，站著一個有
蒼蒼呀喂。我站在高崗上遠處望，那
情郎呀喂。
一片綠波海茫茫，你站在高崗上向下
望，是誰在對你聲聲唱。連綿的青山
百里長呀，郎情妹意配成雙呀喂，
青青的山嶺穿雲霄呀，我倆相愛在高崗在高崗。

上花轎

姚敏詞曲

D調 4/4

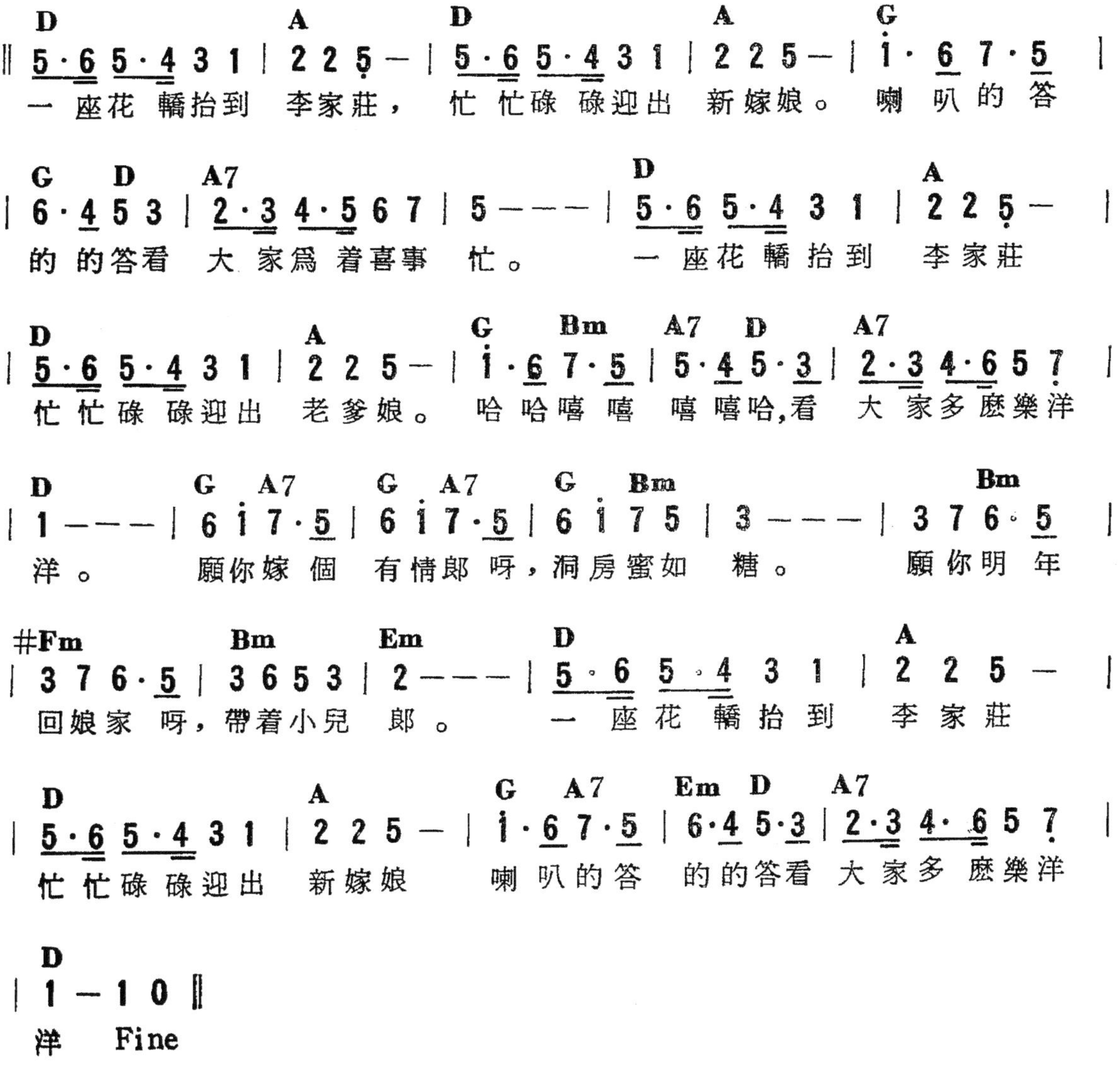
一座花轎抬到李家莊，忙忙碌碌迎出新嫁娘。喇叭的答
的的答看大家爲着喜事忙。一座花轎抬到李家莊
忙忙碌碌迎出老爹娘。哈哈嘻嘻嘻嘻哈,看大家多麽樂洋
洋。願你嫁個有情郎呀，洞房蜜如糖。願你明年
回娘家呀，帶着小兒郎。一座花轎抬到李家莊
忙忙碌碌迎出新嫁娘喇叭的答的的答看大家多麽樂洋
洋
Fine

姚敏作品太多，另如〈回娘家〉、〈小小羊兒要回家〉、〈碧血黃花〉等也很流行。但〈回娘家〉的詞，有說楊佩瓊作，有說孫儀作，曲有說翁清溪作，詳情如何？尚待考證。

九、王福齡作品

王福齡（一九二五—一九八九）。出生在上海，一九八九年元月廿八日在香港逝世。畢業於上海光華大學，一九五二年移居香港，是著名的作曲家。

王福齡移居香港不久，加入邵氏電影公司，做了很多電影歌曲和配樂，包含《紅樓夢》、《白蛇傳》、《楊乃武與小白菜》、《王昭君》、《潘金蓮》、《喬太守亂點鴛鴦譜》、《雙鳳奇緣》、《三更冤》、《魚美人》、《蝴蝶盃》、《寶蓮燈》、《西廂記》、《魂斷奈何天》、《女秀才》、《新陳三五娘》、《金石情》、《三笑》、《金玉良緣紅樓夢》等。

王福齡以〈不了情〉獲第九屆亞太影展主題曲，〈藍與黑〉和〈山歌戀〉，獲第十一屆亞太影展最佳音樂獎。一九九八年十月廿三日，香港作曲家協會和作詞家協會，在該會廿一屆週年會，向王福齡追頒音樂成就獎。他流傳的歌如〈藍與黑〉、〈南屏晚鐘〉、〈我的一顆心〉、〈今宵多珍重〉、〈我的中國心〉、〈不了情〉等。

今宵多珍重

王福齡曲　林達詞

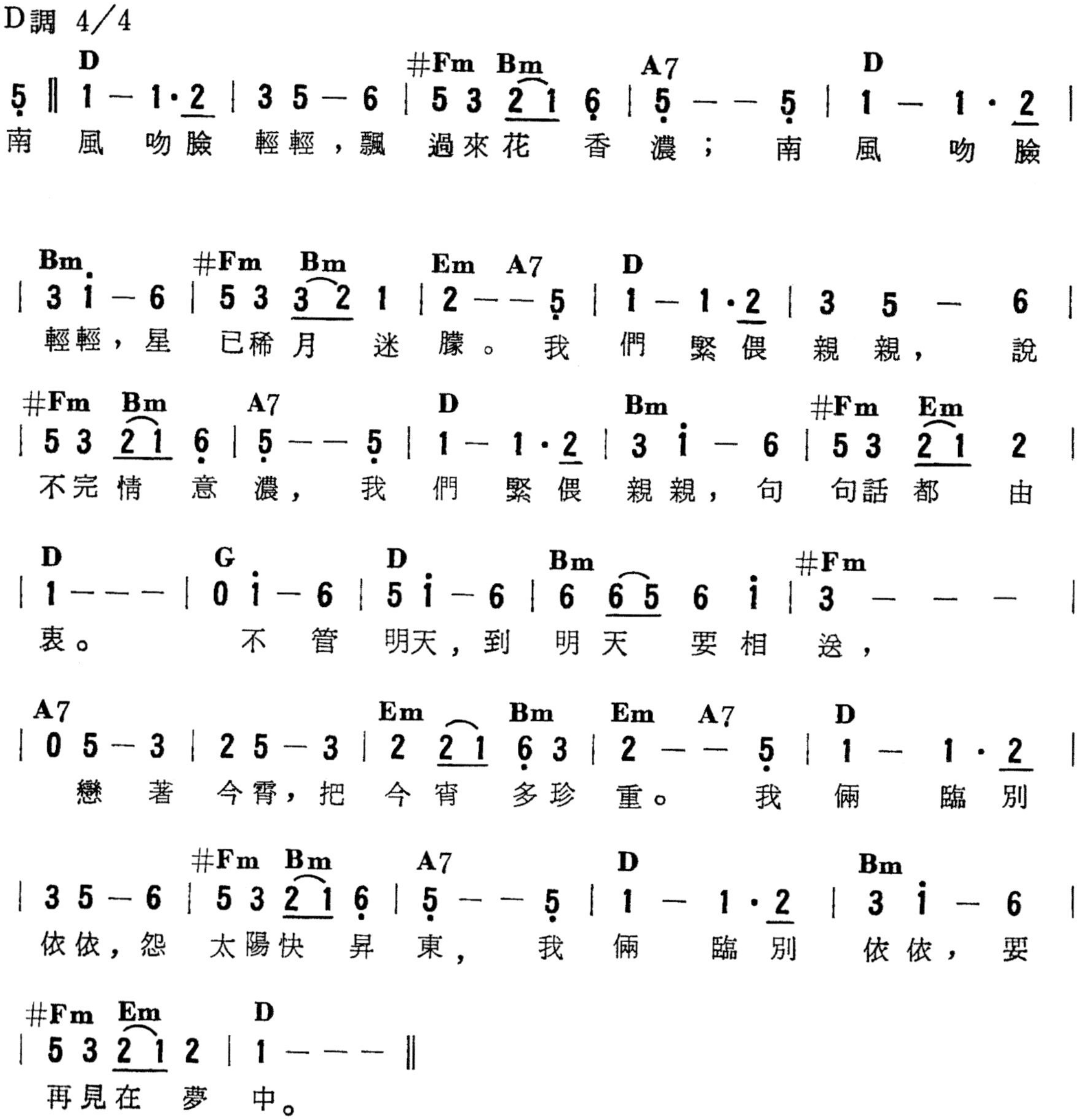
D調 4/4
D   #Fm Bm   A7   D
5‖ 1 － 1·2 | 3 5 － 6 | 5 3 2 1 6 | 5 － － 5 | 1 － 1·2 |
南風吻臉輕輕，飄過來花香濃；南風吻臉
Bm   #Fm Bm   Em A7   D
| 3 1 － 6 | 5 3 3 2 1 | 2 － － 5 | 1 － 1·2 | 3 5 － 6 |
輕輕，星已稀月迷朦。我們緊偎親親，說
#Fm Bm   A7   D   Bm   #Fm Em
| 5 3 2 1 6 | 5 － － 5 | 1 － 1·2 | 3 1 － 6 | 5 3 2 1 2 |
不完情意濃，我們緊偎親親，句句話都由
D   G   D   Bm   #Fm
| 1 － － － | 0 1 － 6 | 5 1 － 6 | 6 6 5 6 1 | 3 － － － |
衷。不管明天，到明天要相送，
A7   Em   Bm   Em A7   D
| 0 5 － 3 | 2 5 － 3 | 2 2 1 6 3 | 2 － － 5 | 1 － 1·2 |
戀著今宵，把今宵多珍重。我倆臨別
#Fm Bm   A7   D   Bm
| 3 5 － 6 | 5 3 2 1 6 | 5 － － 5 | 1 － 1·2 | 3 1 － 6 |
依依，怨太陽快昇東，我倆臨別依依，要
#Fm Em   D
| 5 3 2 1 2 | 1 － － － ‖
再見在夢中。

南屏晚鐘

王福齡曲 方達詞

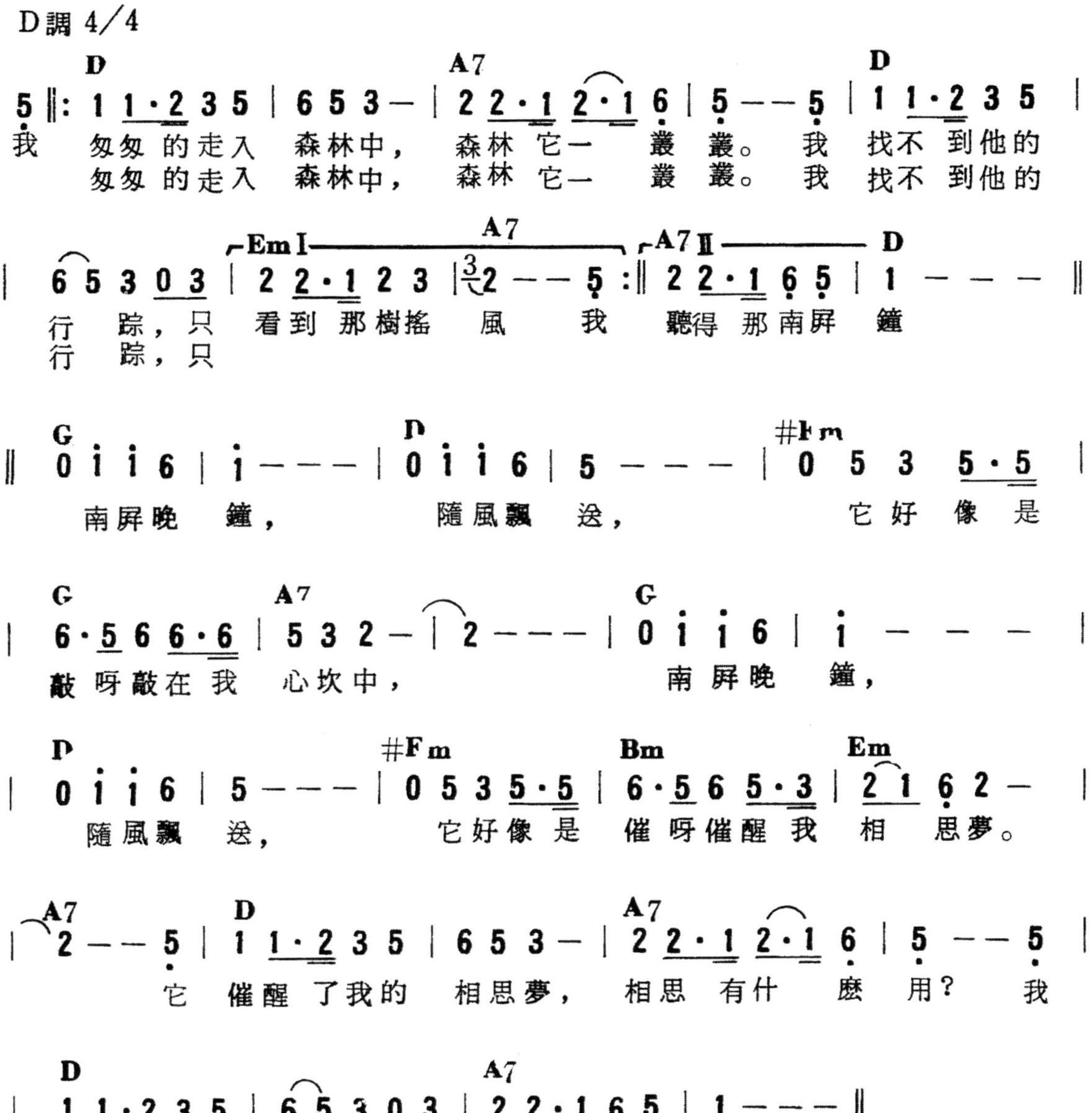
D調 4/4
D A7 D
5 ‖: 1 1·2 3 5 | 6 5 3 - | 2 2·1 2·1 6 | 5 - - 5 | 1 1·2 3 5 |
我 匆匆的走入 森林中，森林 它一 叢 叢。我 找不 到他的
匆匆的走入 森林中，森林 它一 叢 叢。我 找不 到他的
Em I A7 A7 II D
| 6 5 3 0 3 | 2 2·1 2 3 | 3 2 - - 5 :‖ 2 2·1 6 5 | 1 - - - ‖
行 踪，只 看到 那樹搖 風 我 聽得 那南屏 鐘
行 踪，只
G D #Fm
‖ 0 i i 6 | i - - - | 0 i i 6 | 5 - - - | 0 5 3 5·5 |
南屏晚 鐘，隨風飄 送，它好 像 是
G A7 G
| 6·5 6 6·6 | 5 3 2 - | 2 - - - | 0 i i 6 | i - - - |
敲 呀 敲 在 我 心 坎 中，南 屏 晚 鐘，
D #Fm Bm Em
| 0 i i 6 | 5 - - - | 0 5 3 5·5 | 6·5 6 5·3 | 2 1 6 2 - |
隨 風 飄 送，它 好 像 是 催 呀 催 醒 我 相 思 夢。
A7 D A7
| 2 - - 5 | 1 1·2 3 5 | 6 5 3 - | 2 2·1 2·1 6 | 5 - - 5 |
它 催 醒 了 我 的 相 思 夢，相 思 有 什 麼 用？我
D A7
| 1 1·2 3 5 | 6 5 3 0 3 | 2 2·1 6 5 | 1 - - - ‖
走 出 了 叢 叢 森 林，又 看 到 了 夕 陽 紅。

我的一顆心

復臨曲　田弘詞

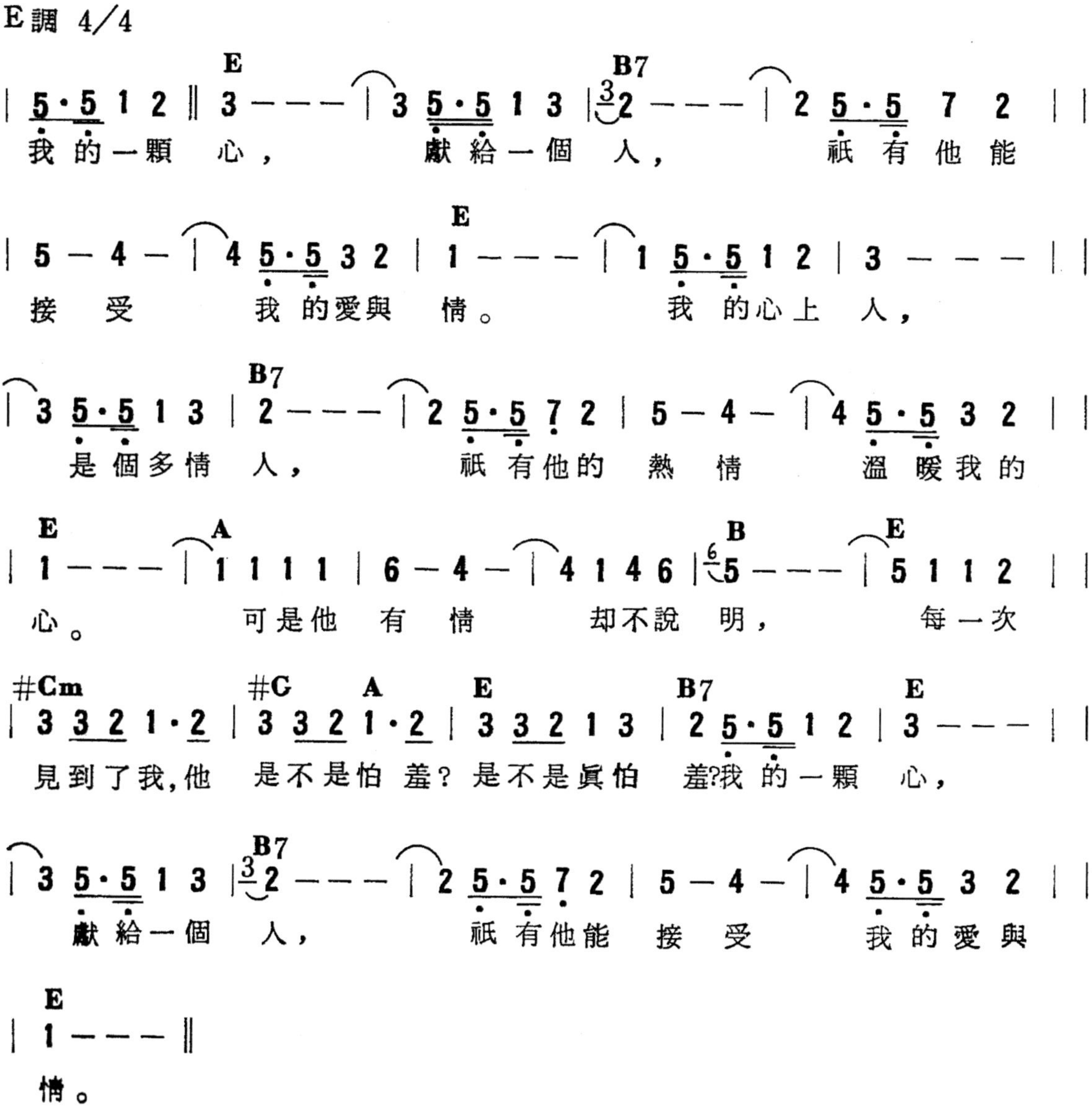
E調 4/4
E B7
我的一顆心，獻給一個人，祇有他能
E
接受我的愛與情。我的心上人，
B7
是個多情人，祇有他的熱情溫暖我的
E A B E
心。可是他有情却不說明，每一次
#Cm #C A E B7 E
見到了我,他是不是怕羞？是不是眞怕羞?我的一顆心，
B7
獻給一個人，祇有他能接受我的愛與
E
情。

十、周藍萍作品

周藍萍（一九二六—一九七一）。本名楊小谷，筆名乃萍、藍谷，著名的作曲家、作詞家，來台初期任職於中國廣播公司音樂組。

按他在中廣同事紫薇回憶，大約民國四十一年，他寫了〈高山青〉和〈綠島小夜曲〉，一九五三年由紫薇唱出，一九五五年由海山唱片公司出版唱片。這兩首歌的成功，鼓舞周藍萍繼續作曲，如〈姑娘十八一朵花〉、〈回想曲〉、〈茶山姑娘〉、〈願嫁漢家郎〉、〈當我們小的時候〉、〈春風秋雨〉、〈昨夜你對我一笑〉（余光中詩）、〈一朵小花〉等。

在黃梅調流行的年代，周藍萍也有不少好作品，如《梁山伯與祝英台》的〈遠山含笑〉、〈十八相送〉、〈千年瓦上霜〉，都是李雋青作詞。

台灣光復後，第一部國語電影劇情片，是萬象影業公司拍的《阿里山風雲》，由張徹編劇（吳鳳捨生取義的故事），張英導演。演員有吳驚鴻、李影、藍天虹、井淼、張茜西、趙明、周藍萍、崔冰等。此片在民國三十九年春節上映，廣受歡迎。

周藍萍流傳的好歌很多，其中〈高山青〉、〈綠島小夜曲〉、〈姑娘十八一朵花〉、〈昨夜你對我一笑〉等，以及黃梅調曲，都是可以再流百年的好歌。

高山青

周藍萍曲

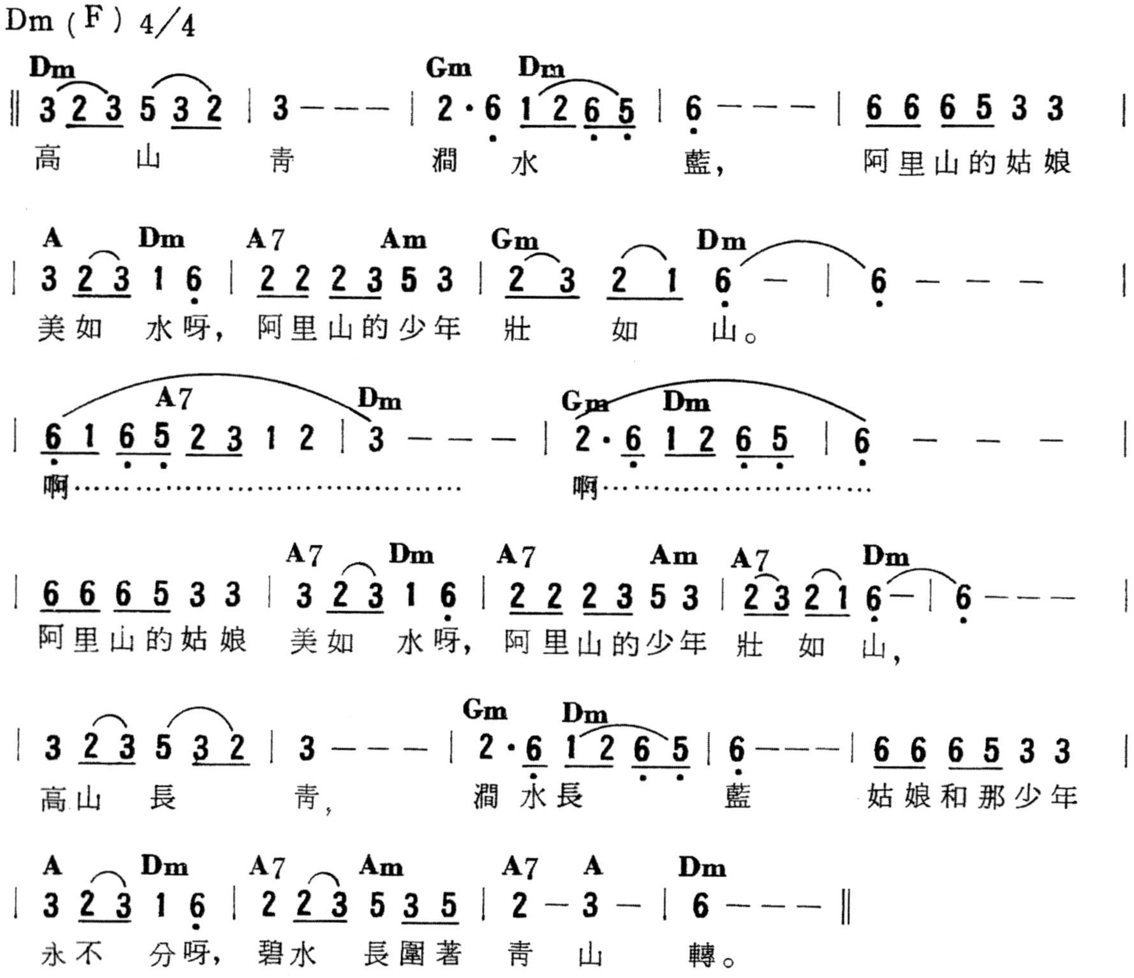

Dm（F）4/4

Dm　　　　　　　　　　　　Gm　　Dm
‖ 3 2 3 5 3 2 | 3 － － | 2·6 1 2 6 5 | 6 － － － | 6 6 6 5 3 3 |
高　山　　青　　澗　水　　藍，　　阿里山的姑娘

A　　Dm　A7　　Am　　Gm　　　　Dm
| 3 2 3 1 6 | 2 2 2 3 5 3 | 2 3 2 1 6 － | 6 － － － |
美如　水呀，阿里山的少年　壯　如　山。

　　　A7　　　　　Dm　　　　　Gm　Dm
| 6 1 6 5 2 3 1 2 | 3 － － － | 2·6 1 2 6 5 | 6 － － － |
啊…………………………………　啊…………………………

6 6 6 5 3 3　　A7　Dm　　A7　　Am　A7　Dm
| 6 6 6 5 3 3 | 3 2 3 1 6 | 2 2 2 3 5 3 | 2 3 2 1 6 － | 6 － － － |
阿里山的姑娘　美如　水呀，阿里山的少年　壯　如　山，

　　　　　　　　　　　Gm　　Dm
| 3 2 3 5 3 2 | 3 － － － | 2·6 1 2 6 5 | 6 － － － | 6 6 6 5 3 3 |
高　山　長　青，　　澗　水　長　藍　　姑娘和那少年

A　　Dm　A7　　Am　　A7　A　Dm
| 3 2 3 1 6 | 2 2 3 5 3 5 | 2 － 3 － | 6 － － － ‖
永不　分呀，碧水　長圍著　青　山　　轉。

綠島小夜曲

周藍萍曲　潘英傑詞

E調 4／4

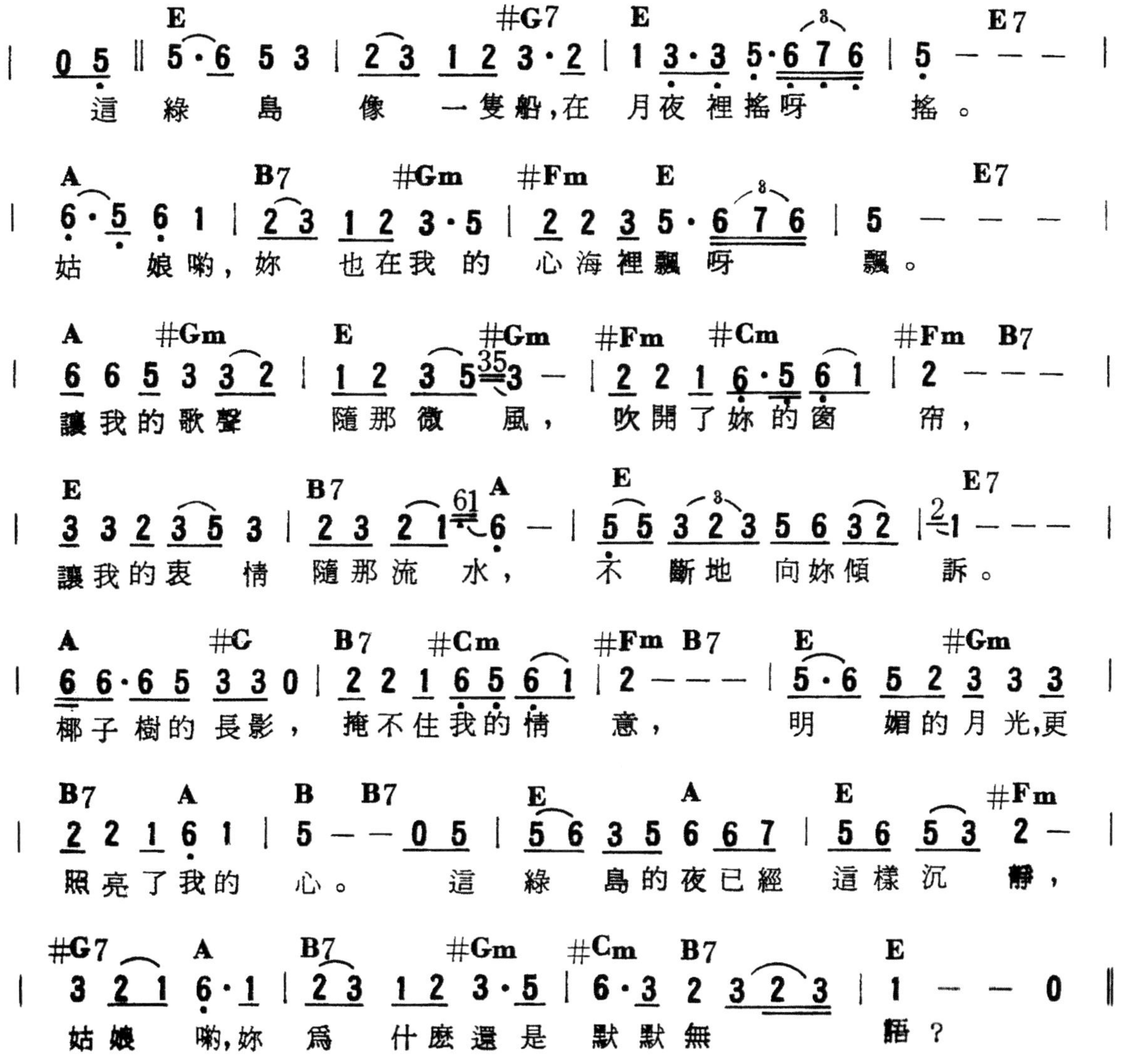
這綠島像一隻船,在月夜裡搖呀搖。
姑娘喲,妳也在我的心海裡飄呀飄。
讓我的歌聲隨那微風,吹開了妳的窗帘,
讓我的衷情隨那流水,不斷地向妳傾訴。
椰子樹的長影,掩不住我的情意,明媚的月光,更
照亮了我的心。這綠島的夜已經這樣沉靜,
姑娘喲,妳爲什麼還是默默無語?

回想曲

周藍萍曲 楊正詞

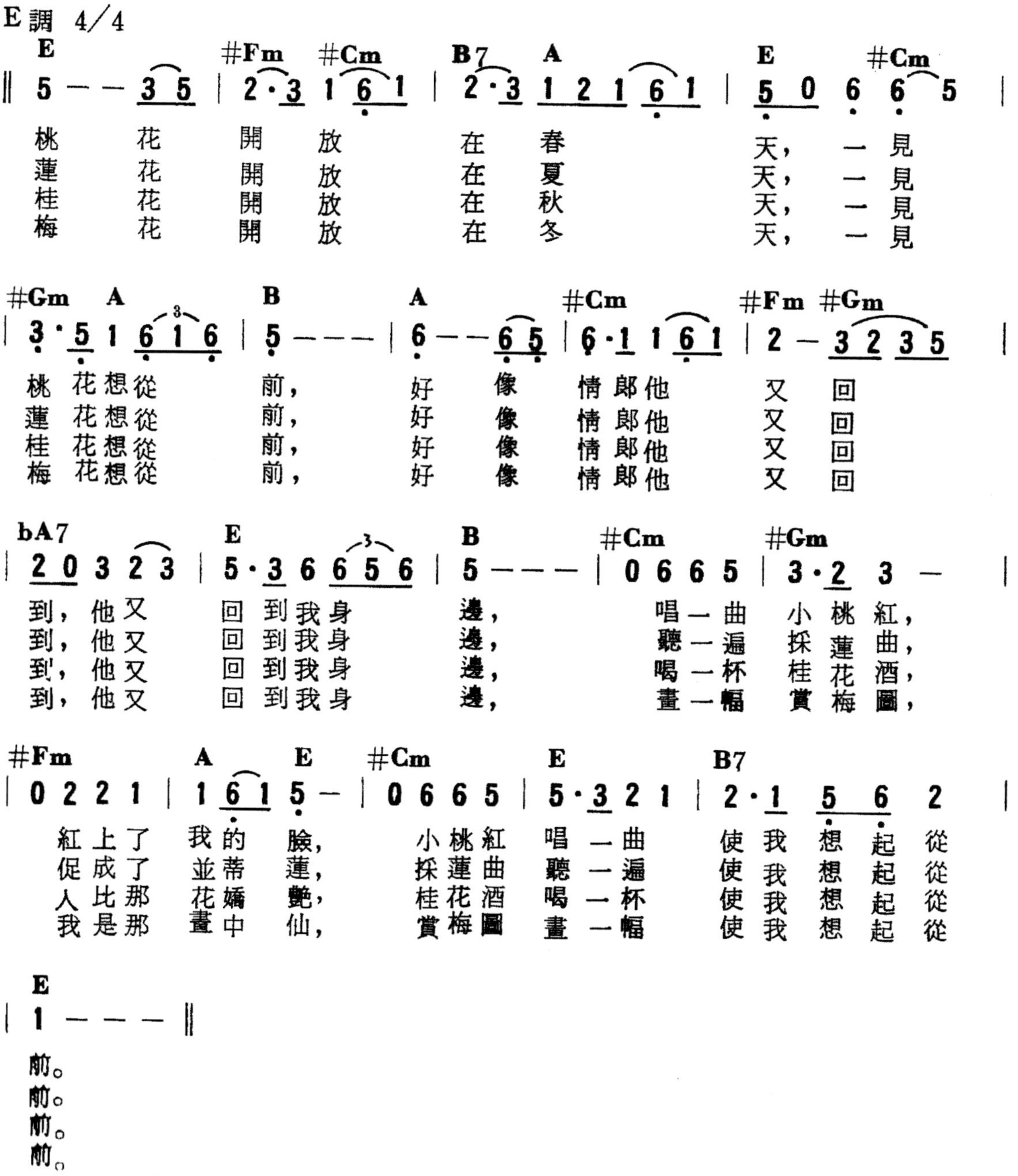
E調 4/4
桃花開放在春天，一見
蓮花開放在夏天，一見
桂花開放在秋天，一見
梅花開放在冬天，一見
桃花想從前，好像情郎他又回
蓮花想從前，好像情郎他又回
桂花想從前，好像情郎他又回
梅花想從前，好像情郎他又回
到，他又回到我身邊，唱一曲小桃紅，
到，他又回到我身邊，聽一遍採蓮曲，
到，他又回到我身邊，喝一杯桂花酒，
到，他又回到我身邊，畫一幅賞梅圖，
紅上了我的臉，小桃紅唱一曲使我想起從
促成了並蒂蓮，採蓮曲聽一遍使我想起從
人比那花嬌艷，桂花酒喝一杯使我想起從
我是那畫中仙，賞梅圖畫一幅使我想起從
前。
前。
前。
前。

昨夜你對我一笑

周藍萍曲　余光中詞

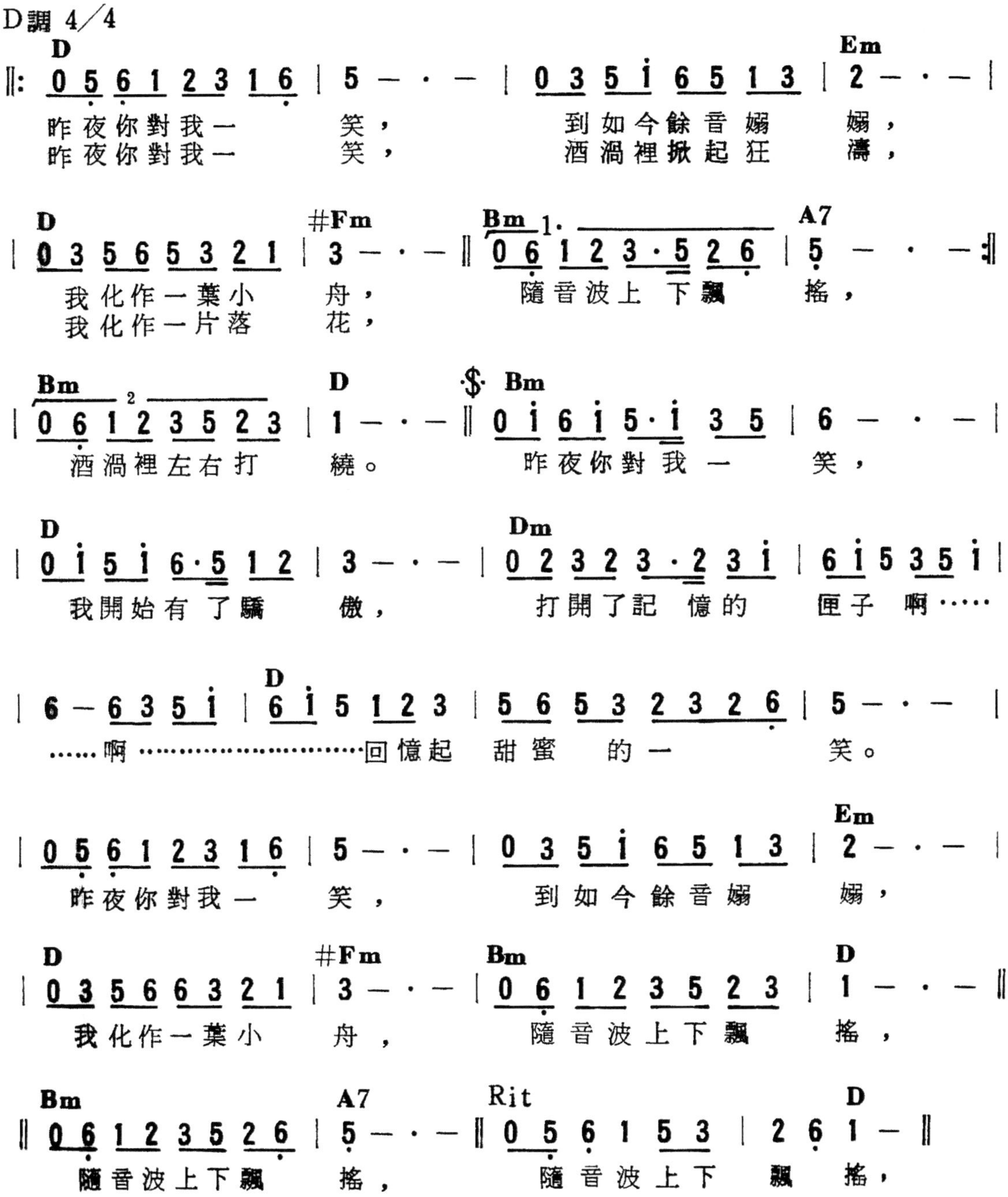

D調 4/4

```
       D                                                               Em
‖: 0 5̣ 6̣ 1 2 3 1 6̣ | 5 — · — | 0 3 5 1̇ 6 5 1 3 | 2 — · — |
   昨 夜 你 對 我 一    笑，        到 如 今 餘 音 嫋    嫋，
   昨 夜 你 對 我 一    笑，        酒 渦 裡 掀 起 狂    濤，

       D                    #Fm        Bm  1.                   A7
| 0 3 5 6 5 3 2 1 | 3 — · — ‖ 0 6̣ 1 2 3 · 5 2 6̣ | 5̣ — · — :‖
   我 化 作 一 葉 小   舟，       隨 音 波 上 下 飄    搖，
   我 化 作 一 片 落   花，

   Bm        2                      D                 $ Bm
| 0 6̣ 1 2 3 5 2 3 | 1 — · — ‖ 0 1̇ 6 1̇ 5 · 1̇ 3 5 | 6 — · — |
   酒 渦 裡 左 右 打   繞。        昨 夜 你 對 我 一    笑，

   D                              Dm
| 0 1̇ 5 1̇ 6 · 5 1 2 | 3 — · — | 0 2 3 2 3 · 2 3 1̇ | 6 1̇ 5 3 5 1̇ |
   我 開 始 有 了 驕   傲，        打 開 了 記 憶 的    匣 子 啊……

                          D
| 6 — 6 3 5 1̇ | 6 1̇ 5 1 2 3 | 5 6 5 3 2 3 2 6̣ | 5 — · — |
  ……啊………………………回 憶 起 甜 蜜 的 一         笑。

       D                                                               Em
| 0 5̣ 6̣ 1 2 3 1 6̣ | 5 — · — | 0 3 5 1̇ 6 5 1 3 | 2 — · — |
   昨 夜 你 對 我 一    笑，        到 如 今 餘 音 嫋    嫋，

       D                    #Fm        Bm                          D
| 0 3 5 6 6 3 2 1 | 3 — · — | 0 6̣ 1 2 3 5 2 3 | 1 — · — ‖
   我 化 作 一 葉 小   舟，       隨 音 波 上 下 飄    搖，

   Bm                       A7         Rit                   D
‖ 0 6̣ 1 2 3 5 2 6̣ | 5̣ — · — | 0 5̣ 6̣ 1 5 3 | 2 6̣ 1 — ‖
   隨 音 波 上 下 飄    搖，        隨 音 波 上 下   飄    搖，
```

願嫁漢家郎

周藍萍曲　莊奴詞

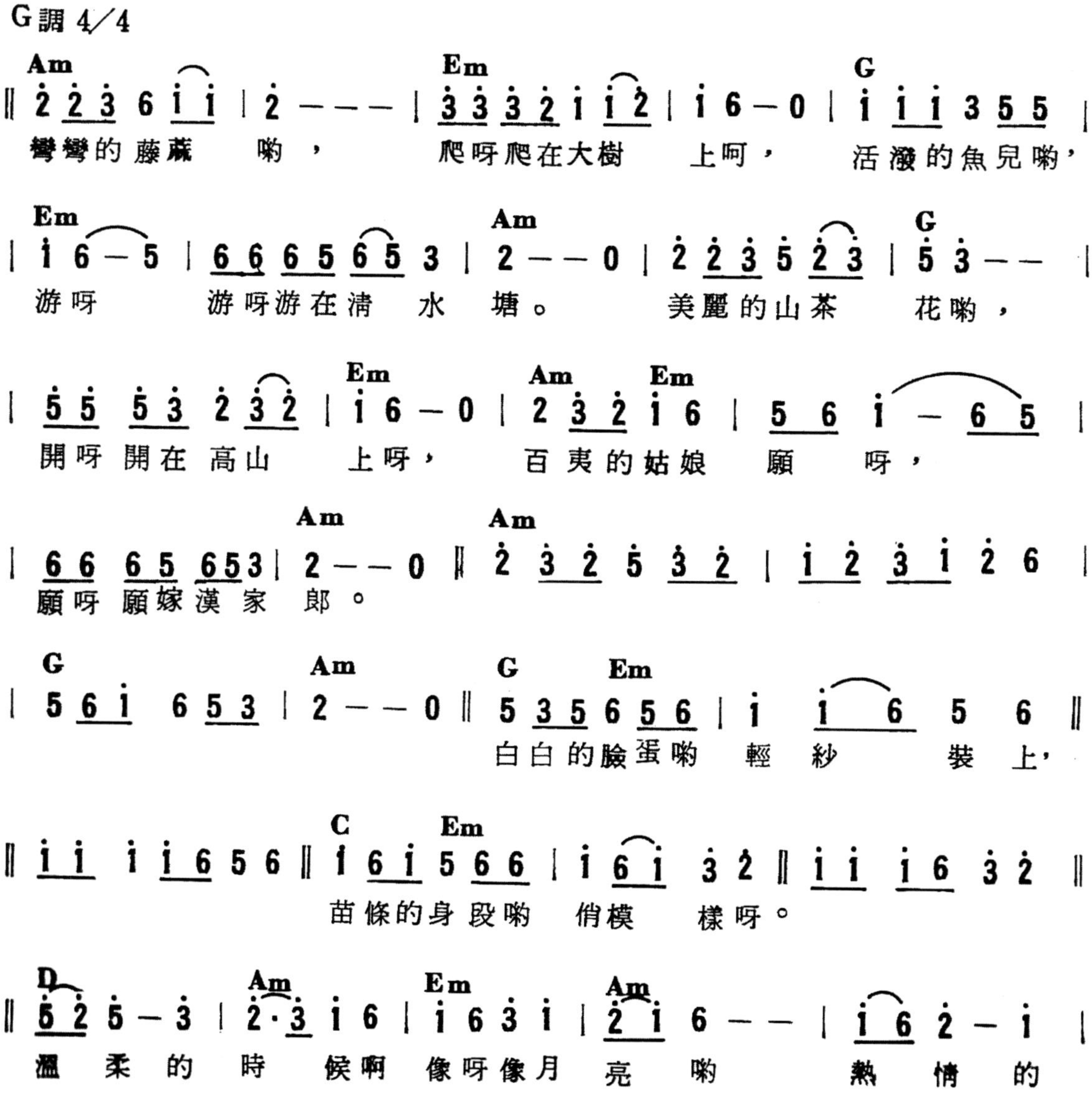
G調 4/4
彎彎的藤蘿 喲， 爬呀爬在大樹 上呵， 活潑的魚兒喲，
游呀 游呀游在清 水 塘。 美麗的山茶 花喲，
開呀開在高山 上呀， 百夷的姑娘 願 呀，
願呀願嫁漢家 郎。
白白的臉蛋喲 輕 紗 裝 上，
苗條的身段喲 俏模 樣呀。
溫 柔 的 時 候啊 像呀像月 亮 喲 熱 情 的

G　　　　Em　　　　　Am　　　　G　　　　　Em

| 5·3 1̇ 6 | 5 6 6 5 3 | 2 — — 0 | 5 3 5 6 5 | 1̇ 6 1̇ 5 6 |

時　候啊　像呀像 太　陽，　　山上的男兒　我不　愛喲，

　　　　D　　　Em　　　　　　　　Am

‖ 1̇ 1̇ 1̇ 6 ‖ 5̇ 2̇ — 5̇ | 3̇·2̇ 1̇ 6 | 3̇ 2̇ 3̇ 1̇ | 2̇ 6 — — |

　　　一心　喲　祇　愛呀 漢　呀　漢　家　郎喲

Em

| 1̇ — 3̇ 1̇ | 6 — — 0 | 0 0 0 0 ‖

漢　家　郎。

姑娘十八一朵花

乃萍曲 求如詞

D調 2/4

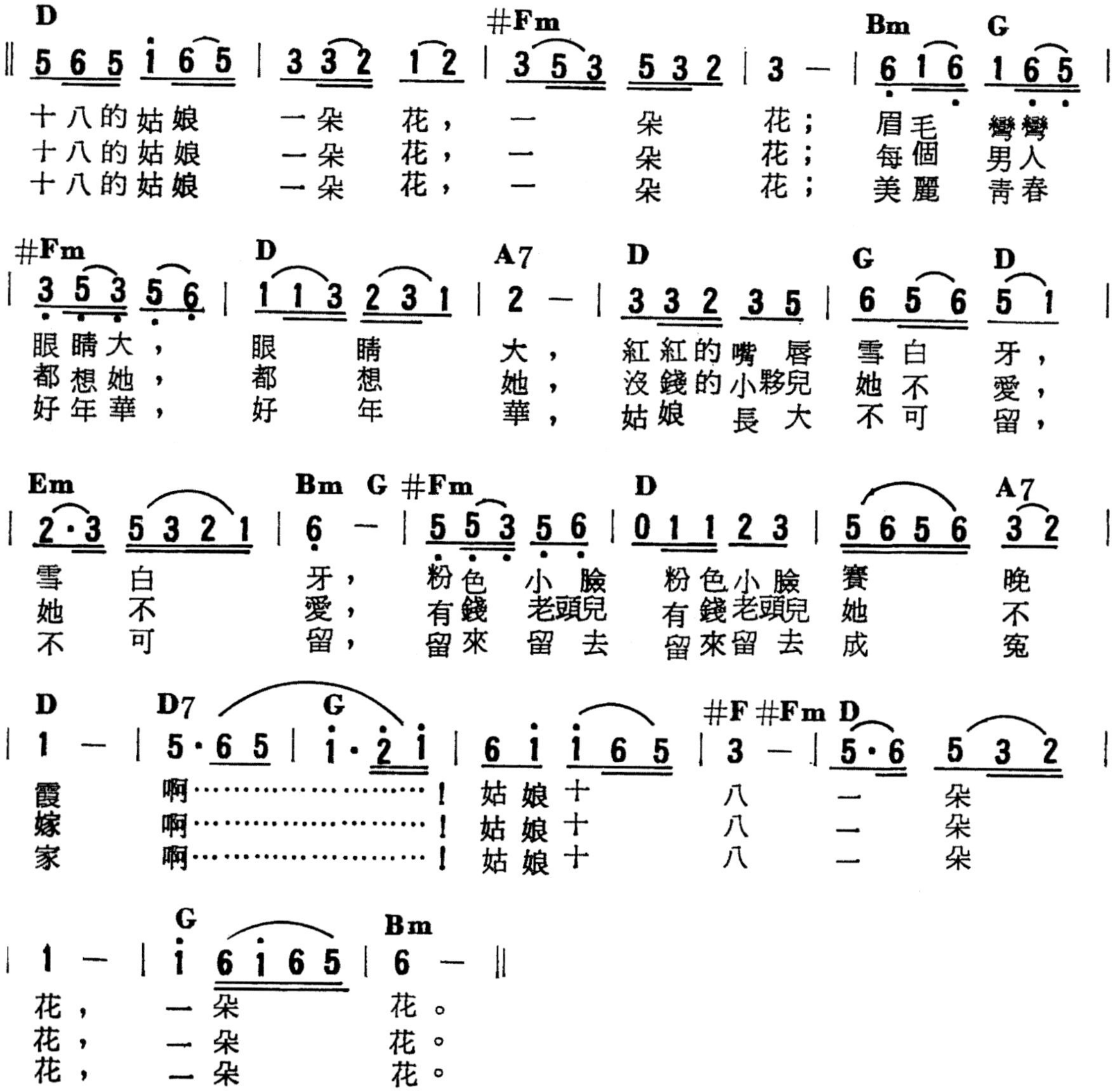
D #Fm Bm G
十八的姑娘 一朵 花，一 朵 花；眉毛 彎彎
十八的姑娘 一朵 花，一 朵 花；每個 男人
十八的姑娘 一朵 花，一 朵 花；美麗 青春
#Fm D A7 D G D
眼睛大，眼 睛 大，紅紅的嘴 唇 雪 白 牙，
都想她，都 想 她，沒錢的小夥兒 她 不 愛，
好年華，好 年 華，姑娘 長 大 不 可 留，
Em Bm G #Fm D A7
雪 白 牙，粉色 小 臉 粉色小 臉 賽 晚
她 不 愛，有錢 老頭兒 有錢老頭兒 她 不
不 可 留，留來 留 去 留來留 去 成 寃
D D7 G #F #Fm D
霞 啊……………………！姑娘十 八 一 朵
嫁 啊……………………！姑娘十 八 一 朵
家 啊……………………！姑娘十 八 一 朵
G Bm
花，一朵 花。
花，一朵 花。
花，一朵 花。

遠山含笑（梁山伯與祝英台）

周藍萍曲　李雋青詞

D調 2／4

```
 Bm                        D
‖6·1 35 │6 - │0 1 56 │i 1 65 │i 3 5 │6 1 5 │
  遠山 含 笑，      春水  綠波  映小 橋，
```

```
 035 6561 5612 0532    116 5616  D           Bm            D
│5 -  0   0  0 │ 0  0 │5 53 5 │6 6i 65 │3 5 1 │
 （間奏）             行人   來往    陽關
```

```
 Em    #Fm    D              A7           D
│2 1 2 │3 │0 5 65 │1·3 21 │21 23 │52 35 │21 15 │
 道，     酒  帘兒 高    掛紅  杏梢；
```

```
 Bm              D         Bm            D       A7        #Fm
│6 1 23 │1 12 │5 53 5 │6 6i 65 │5 51 │2 3 4 │3 - │
 （間奏）   綠蔭   深處   聞啼   鳥，
```

```
 D                             A7              D
│3·2 35 │6 i 56 │i 2 │6 i 65 356 │2·5 3523 │1 5 65 │
 （間奏）                          柳絮兒
```

```
      #Fm          Em    A7         D 05 3523
│6 56 53 │3 - │2 2 1 │3 5 23 │1 - │1 5 │3 5 │
 不住       隨風 飄，          觀 此處
```

```
      #Fm     A7              D
│6 56 565 │3·0 │2·1 23 │52 352 │1 - ‖
 風景甚妙，    歇歇 腿來 伸伸  腰。
```

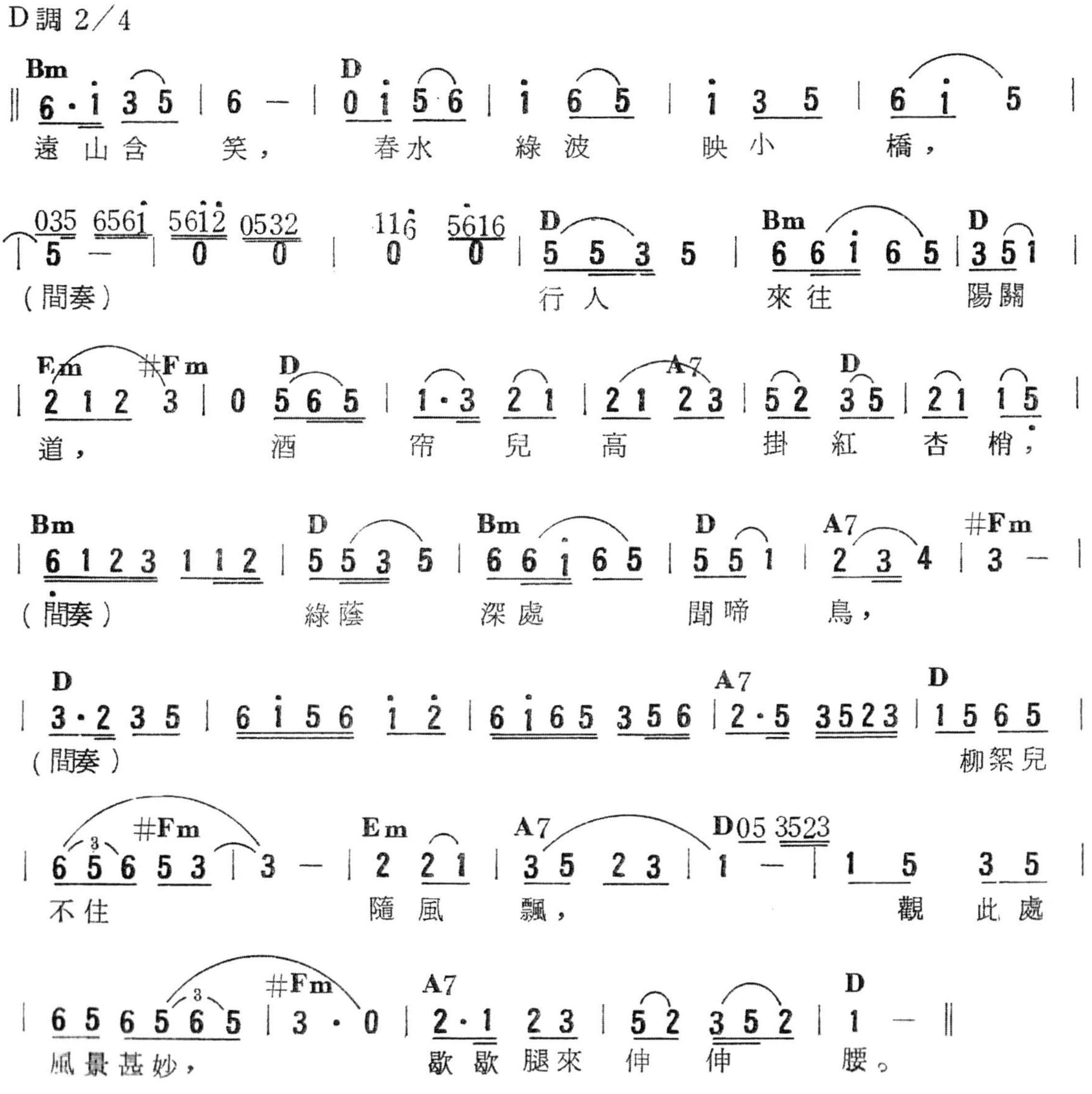

千年瓦上霜（梁山伯與祝英台）

周藍萍曲 李雋青詞

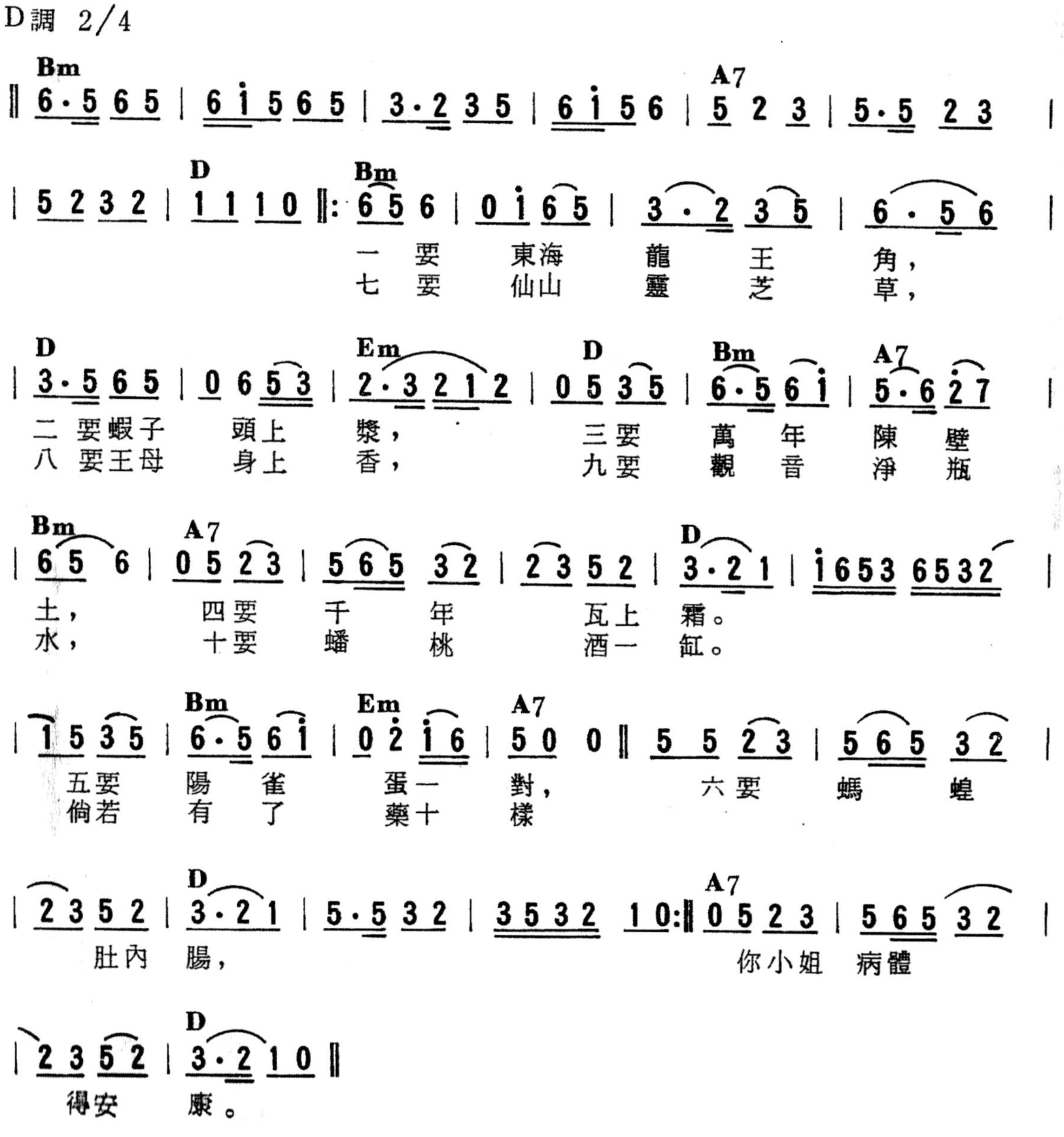
D調 2/4
一 要 東海 龍 王 角，
七 要 仙山 靈 芝 草，
二 要蝦子 頭上 漿，
八 要王母 身上 香，
三要 萬 年 陳 壁
九要 觀 音 淨 瓶
土，四要 千 年 瓦上 霜。
水，十要 蟠 桃 酒一 缸。
五要 陽 雀 蛋一 對，六要 螞 蝗
倘若 有 了 藥十 樣
肚內 腸，你小姐 病體
得安 康。

十一、古月作品

古月（一九三〇—）。原名左宏元，政工幹校（政戰）二期音樂系畢業，台灣現代流行音樂作曲、作詞人。曾給多位著名歌手寫過歌曲，如鄧麗君、鳳飛飛、蔡幸娟、趙薇等。

左宏元也擔任過多部瓊瑤電影、電視劇主題曲的編配工作，代表作有《今天不回家》、《彩雲飛》、《千言萬語》、《我是一片雲》、《千年等一回》等。

古月（左宏元）從政工幹校畢業後，（註：一九五一年七月一日創立，二〇〇六年改制隸屬國防大學政治作戰學院）留校當教官。另一方面替中廣主持的兒童節目作指導工作，一九六二年駱明道正在為電影《養鴨人家》配樂，突然被派到越南工作，配樂由左宏元接手，開啟了他國語歌曲創作的音樂事業。

一九六八年（民57），白景瑞以新手法拍《今天不回家》電影，由左宏元作曲，姚蘇蓉開唱，一時流行「姚派唱法」。街頭巷尾都在唱〈今天不回家〉。

古月作曲流傳的歌也很多，如〈今天不回家〉、〈尋夢的人〉、〈偷心的人〉、〈情旅〉、〈晶晶〉、〈送我一個吉他〉、〈寒星〉、〈笑．笑．笑〉、〈晴時多雲偶陣雨〉、〈彩雲華〉、〈千言萬語〉、〈我是一片雲〉、〈風從哪裡來〉、〈情人不要哭〉等。

送我一個吉他

古月曲　莊奴詞

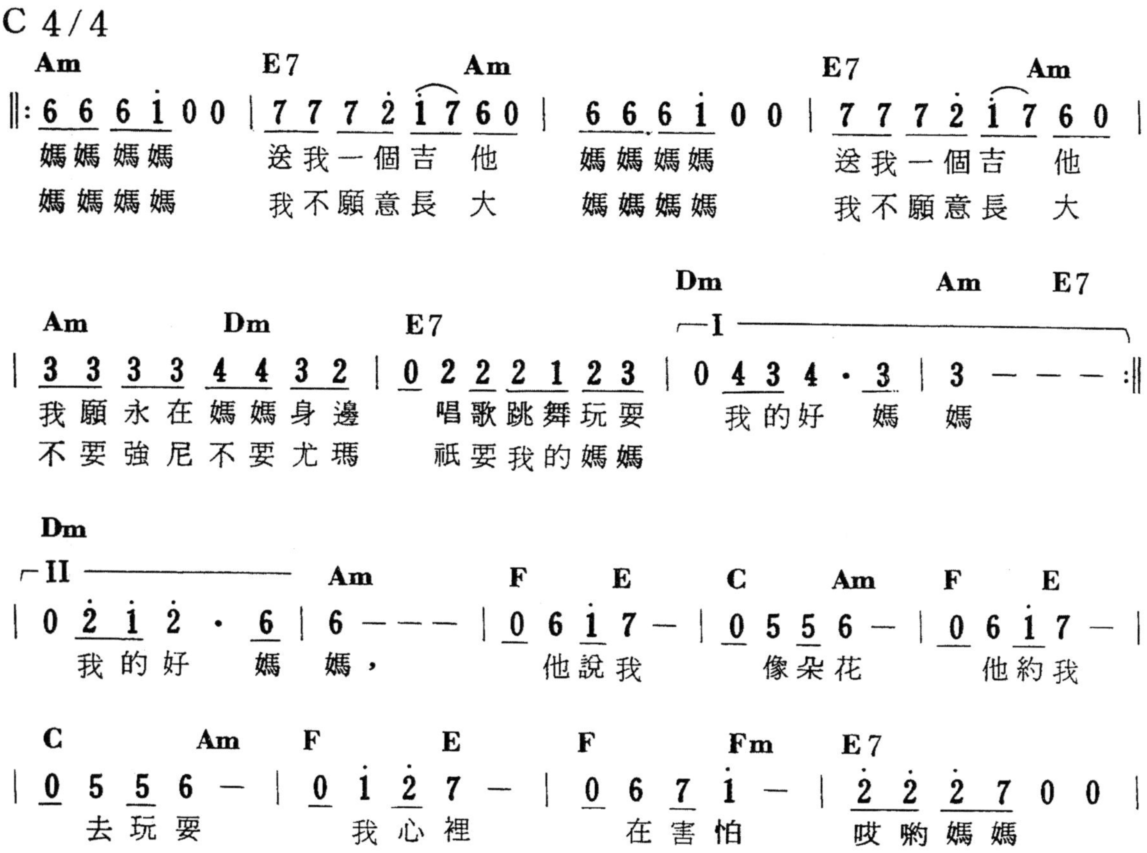
C 4/4
Am E7 Am E7 Am
媽媽媽媽　送我一個吉他　媽媽媽媽　送我一個吉他
媽媽媽媽　我不願意長大　媽媽媽媽　我不願意長大
Am Dm E7 Dm Am E7
I
| 3 3 3 3 4 4 3 2 | 0 2 2 2 1 2 3 | 0 4 3 4 · 3 | 3 - - - :‖
我願永在媽媽身邊　唱歌跳舞玩耍　我的好媽媽
不要強尼不要尤瑪　祇要我的媽媽
Dm Am F E C Am F E
II
我的好媽媽，他說我　像朵花　他約我
C Am F E F Fm E7
| 0 5 5 6 - | 0 1 2 7 - | 0 6 7 1 - | 2 2 2 7 0 0 |
去玩耍　我心裡　在害怕　哎喲媽媽

Dm　　　　　　　　Am　　　　　　　E7　　Am
| 2 2 2 1 0 1 7 | 6 6 6 1 0 0 | 7 7 7 2 1 7 6 0 | 6 6 6 1 0 0 |
哎喲媽媽　哎喲　媽媽媽媽　　送我一個吉　他　　媽媽媽媽

E7　　　Am　　　　　　Dm　　　E7
| 7 7 7 2 1 7 6 0 | 3 3 3 3 4 3 2 | 0 2 2. 2 1 2 3 |
送我一個吉　他　　我要學那洋娃娃　　手裡彈着吉他

D7　　　　　Am
| 0 2 1 2 · 6 | 6 － － － ‖
我的好　媽　媽

彩雲飛

古月曲　瓊瑤詞

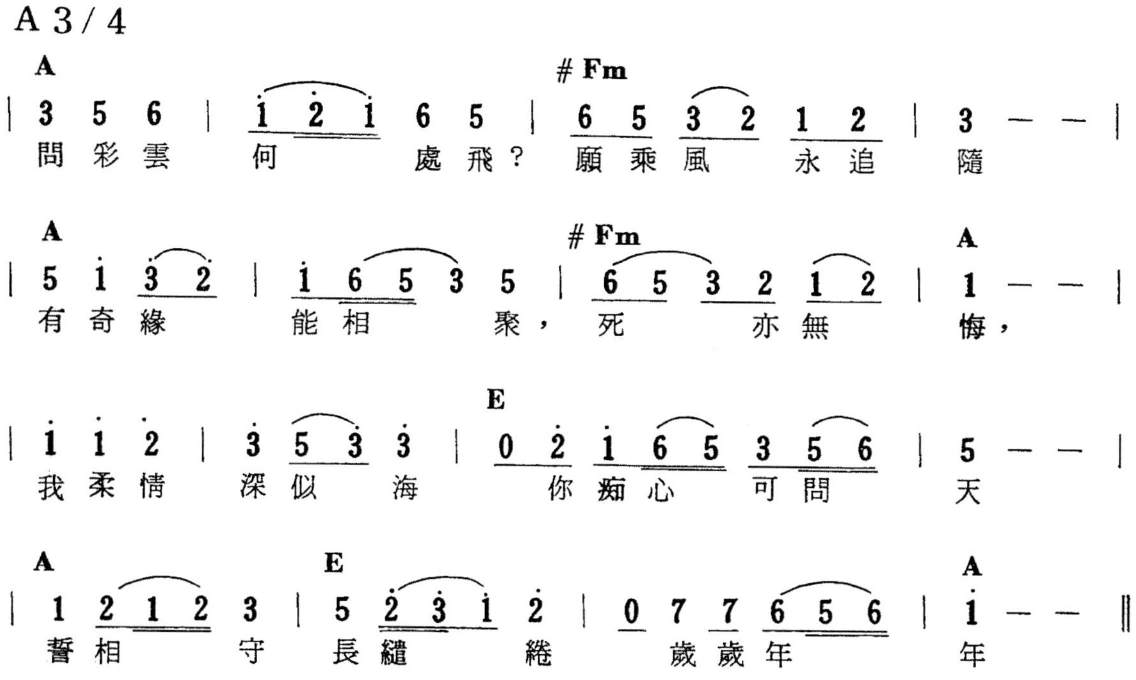

A 3 / 4

A
| 3 5 6 | i 2 i 6 5 | 6 5 3 2 1 2 | 3 — — |
問 彩 雲　　何　處 飛？ 願 乘 風　永 追　隨

A
| 5 i 3 2 | i 6 5 3 5 | 6 5 3 2 1 2 | 1 — — |
有 奇 緣　能 相　聚， 死　亦　無　悔，

| i i 2 | 3 5 3 3 | 0 2 i 6 5 3 5 6 | 5 — — |
我 柔 情 深 似 海　你 痴 心　可 問　天

A
| 1 2 1 2 3 | 5 2 3 i 2 | 0 7 7 6 5 6 | i — — ‖
誓 相　守 長 繾 綣　歲 歲 年　年

千言萬語

古月曲 雨英詞

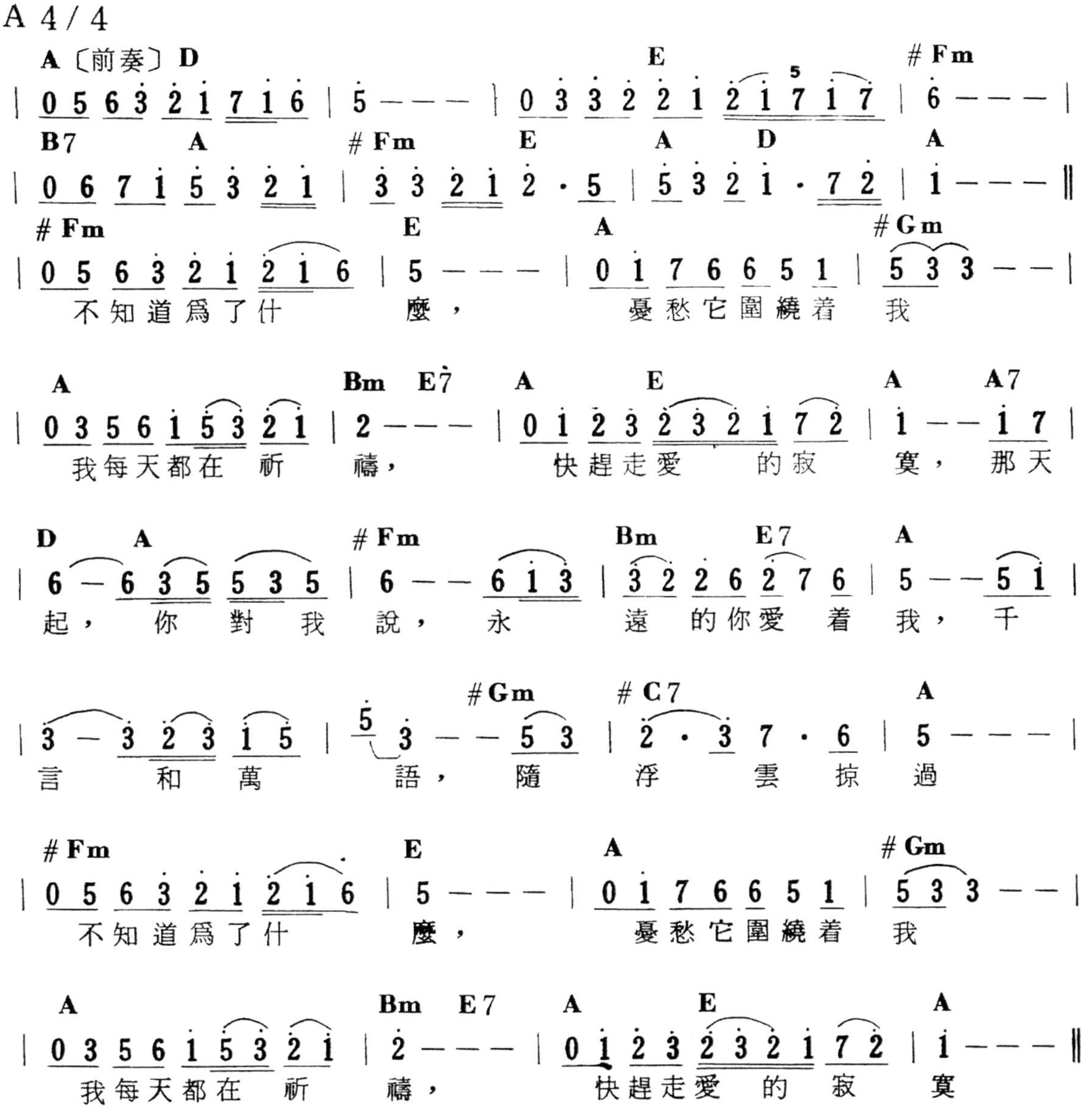

A 4／4

A〔前奏〕D

| 0 5 6 3 2 1 7 1 6 | 5 — — — | 0 3 3 2 2 1 2 1 7 1 7 | 6 — — — |

E   ＃Fm

B7   A   ＃Fm   E   D   A

| 0 6 7 1 5 3 2 1 | 3 3 2 1 2 · 5 | 5 3 2 1 · 7 2 | 1 — — — ‖

＃Fm   E   A   ＃Gm

| 0 5 6 3 2 1 2 1 6 | 5 — — — | 0 1 7 6 6 5 1 | 5 3 3 — — |

不知道爲了什　　麼，　　憂愁它圍繞着　我

A   Bm E7   A   E   A   A7

| 0 3 5 6 1 5 3 2 1 | 2 — — — | 0 1 2 3 2 3 2 1 7 2 | 1 — — 1 7 |

我每天都在　祈　禱，　　快趕走愛　的寂　寞，　那天

D   A   ＃Fm   Bm   E7   A

| 6 — 6 3 5 5 3 5 | 6 — — 6 1 3 | 3 2 2 6 2 7 6 | 5 — — 5 1 |

起，　你對我　說，　永　　遠　的你愛　着我，　千

＃Gm   ＃C7   A

| 3 — 3 2 3 1 5 | 5 3 — — 5 3 | 2 · 3 7 · 6 | 5 — — — |

言　和萬　　語，　隨　浮　雲　掠　過

＃Fm   E   A   ＃Gm

| 0 5 6 3 2 1 2 1 6 | 5 — — — | 0 1 7 6 6 5 1 | 5 3 3 — — |

不知道爲了什　　麼，　　憂愁它圍繞着　我

A   Bm E7   A   E   A

| 0 3 5 6 1 5 3 2 1 | 2 — — — | 0 1 2 3 2 3 2 1 7 2 | 1 — — — ‖

我每天都在　祈　禱，　　快趕走愛　的寂　寞

風從那裏來

古月曲　莊奴詞

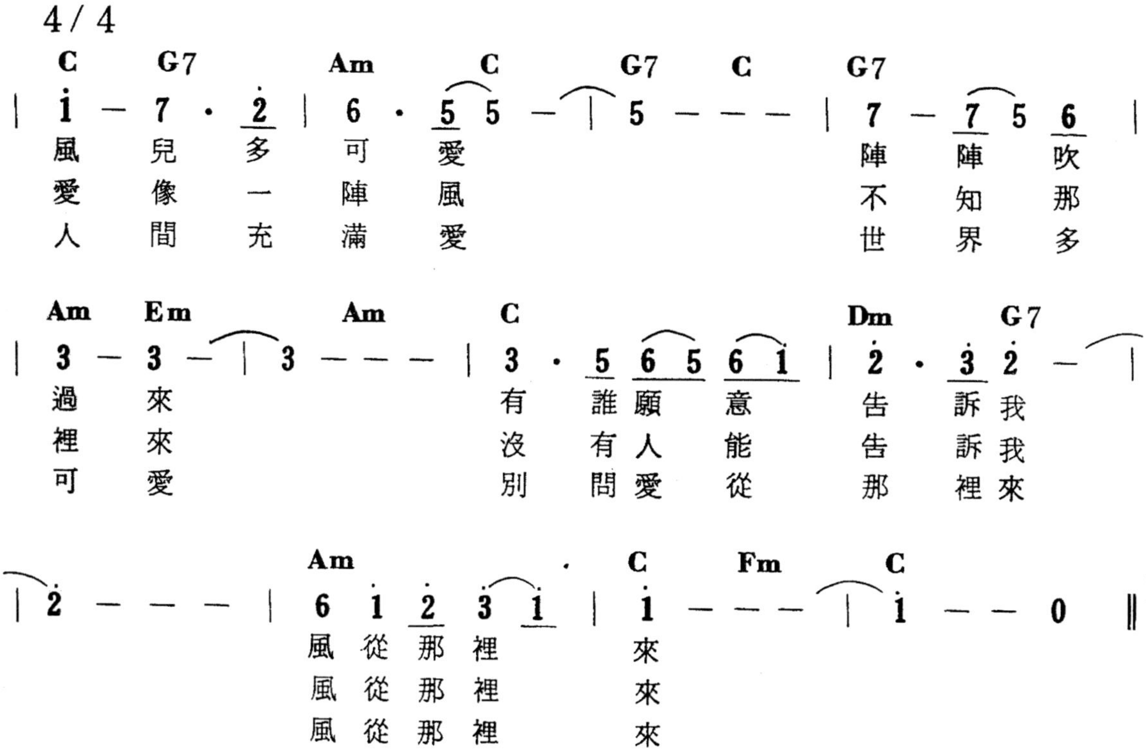
4/4
C G7 Am C G7 C G7
i	— 7 · 2	6 · 5	5 —	5 — — —	7 — 7	5	6

風 兒 多 可 愛 陣 陣 吹
愛 像 一 陣 風 不 知 那
人 間 充 滿 愛 世 界 多
Am Em Am C Dm G7
過 來 有 誰 願 意 告 訴 我
裡 來 沒 有 人 能 告 訴 我
可 愛 別 問 愛 從 那 裡 來
Am C Fm C
風 從 那 裡 來
風 從 那 裡 來
風 從 那 裡 來

我是一片雲

古月曲 瓊瑤詞

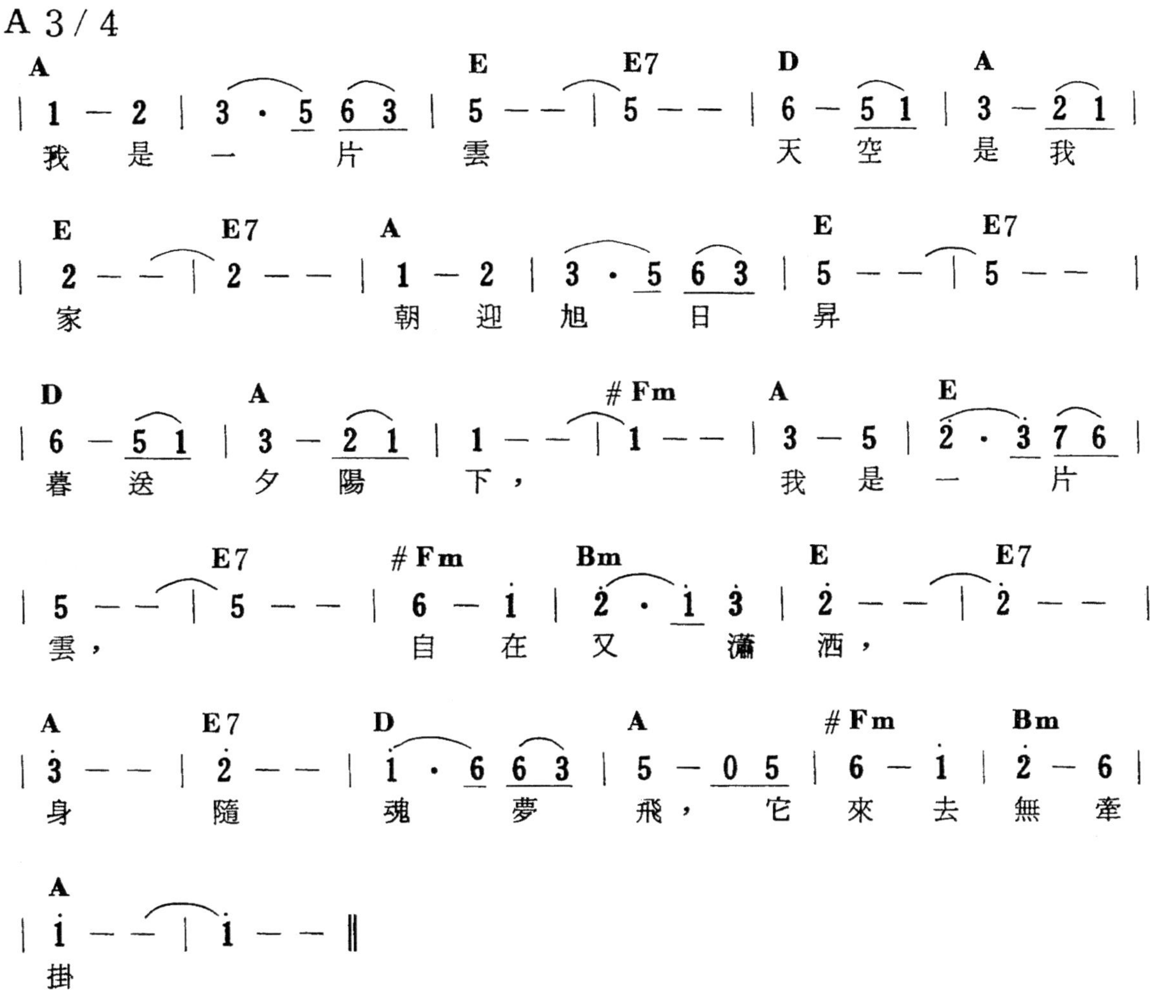
A 3/4
我是一片雲
天空是我家
E   E7   A   E   E7
| 2 - - | 2 - - | 1 - 2 | 3 · 5 6 3 | 5 - - | 5 - - |
朝迎旭日昇
D   A   #Fm   A   E
| 6 - 5 1 | 3 - 2 1 | 1 - - | 1 - - | 3 - 5 | 2 · 3 7 6 |
暮送夕陽下，
我是一片雲，
E7   #Fm   Bm   E   E7
| 5 - - | 5 - - | 6 - 1 | 2 · 1 3 | 2 - - | 2 - - |
自在又瀟洒，
A   E7   D   A   #Fm   Bm
| 3 - - | 2 - - | 1 · 6 6 3 | 5 - 0 5 | 6 - 1 | 2 - 6 |
身隨魂夢飛，
它來去無牽掛

〈送我一個吉他〉（古月曲、莊奴詞），約一九六八年間，謝雷找了五個小女生，組成「五花瓣合唱團」，主唱蔡咪咪唱了這首歌，紅極一時。許多媽媽被女兒吵著要買一把吉他，其實絕大多數人學吉他，三天打烊！

瓊瑤電影《彩雲飛》幾首歌都很美，鄧麗君唱的〈千言萬語〉、尤雅唱的〈彩雲飛〉。〈彩雲飛〉有兩首不同的旋律，一首尤雅唱的歌詞取自德國民謠〈我怎能離開你〉；本書選的是鄧麗君唱的〈彩雲飛〉，瓊瑤作詞。

〈風從哪裡來〉，也是同名電影的主題曲，電影由柯俊雄、歐威、唐寶雲主演，萬沙浪唱這首歌最好！

〈我是一片雲〉（古月曲、瓊瑤詞），很多歌星都唱過，以鳳飛飛唱的最好。可惜她走的太早（一九五三—二〇一二），讓許多人很懷念，她是可敬可佩的人！

十二、翁清溪作品

翁清溪（一九三六—二〇一二）。出生在倭竊時期的台北，他從小被視為音樂神童，常用的別名（筆名）有湯尼、波度、光陽、公羽，二〇一二年八月病逝。

翁清溪早年組織「湯尼管弦大樂隊」，在第一酒店表演。一九七四年，湯尼管弦大樂隊取代台視大樂院，改組成「台視大樂團」，團員有廿四人，翁清溪自任團長，林國雄負責編寫伴奏譜，詹聰泉任指揮。

翁清溪曾和李行合作，以電影《原鄉人》獲第十八屆金馬獎最佳插曲獎。一九九九年，他獲頒第十屆金曲獎特別獎；二〇〇二年，以〈沙河悲歌〉獲亞太影展「最佳電影原聲帶獎」。二〇一一年，參與劉子千歌曲〈唸你〉的編曲製作。

翁清溪作曲有一個原則，他針對歌星的音域、特色、技巧而寫，所以只有歌星的風格，沒有他自己的風格。他強調一個職業作曲人，如果個人風格太濃，歌星就無從發揮，會影響一首歌的流行度。

翁清溪作曲的歌約一百多首。如〈心聲淚痕〉、〈幸福花園〉、〈南海姑娘〉、〈葡萄成熟時〉、〈月亮代表我的心〉、〈巧合〉、〈夢鄉〉、〈大眼睛〉、〈海邊〉、〈蒙古牧歌〉、〈小城故事〉、〈愛神〉等。

南海姑娘

翁清溪曲

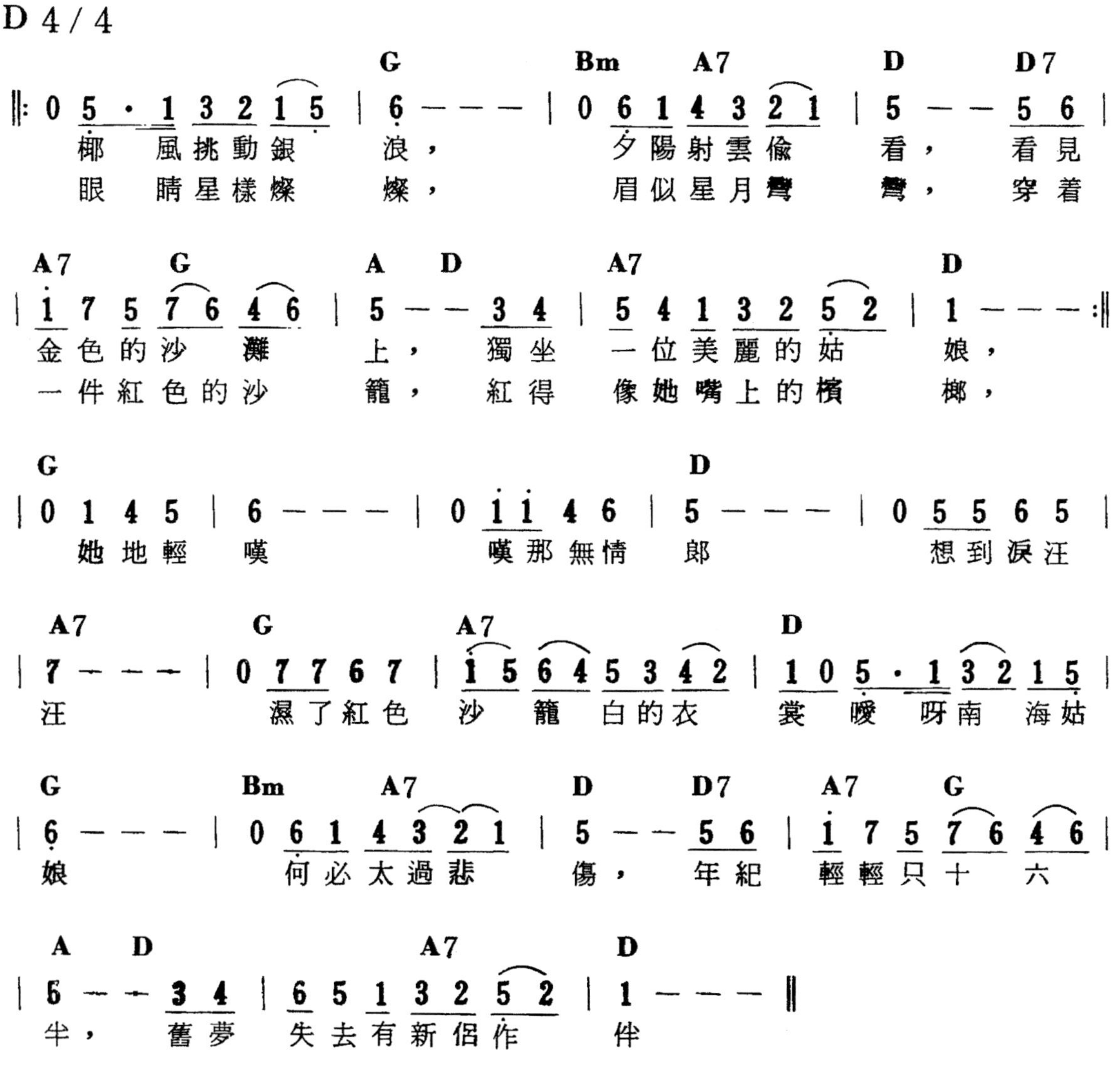

D 4 / 4

‖: 0 5 · 1 3 2 1 5 | 6 — — — | 0 6 1 4 3 2 1 | 5 — — 5 6 |

G　　　　　Bm　A7　　D　　D7

椰　風挑動銀　浪，　　夕陽射雲偸　看，　看見
眼　睛星樣燦　燦，　　眉似星月彎　彎，　穿着

i 7 5 7 6 4 6 | 5 — — 3 4 | 5 4 1 3 2 5 2 | 1 — — — :‖

A7　G　　　　A　D　　A7　　　　　D

金色的沙　灘　　上，　獨坐　一位美麗的姑　娘，
一件紅色的沙　籠，　紅得　像她嘴上的檳　榔，

| 0 1 4 5 | 6 — — — | 0 i i 4 6 | 5 — — — | 0 5 5 6 5 |

G　　　　　　　　　　　　　　D

她地輕　嘆　　嘆那無情　郎　　　想到淚汪

| 7 — — — | 0 7 7 6 7 | i 5 6 4 5 3 4 2 | 1 0 5 · 1 3 2 1 5 |

A7　　　　G　　　A7　　　　　　D

汪　　　濕了紅色　沙　籠白的衣　裳噯呀南海姑

| 6 — — — | 0 6 1 4 3 2 1 | 5 — — 5 6 | i 7 5 7 6 4 6 |

G　　　　　Bm　A7　　D　D7　A7　G

娘　　　何必太過悲　傷，　年紀　輕輕只十　六

| 6 — — 3 4 | 6 5 1 3 2 5 2 | 1 — — — ‖

A　D　　　　A7　　　D

半，　舊夢　失去有新侶作　伴

葡萄成熟時

翁清溪曲 新芒詞

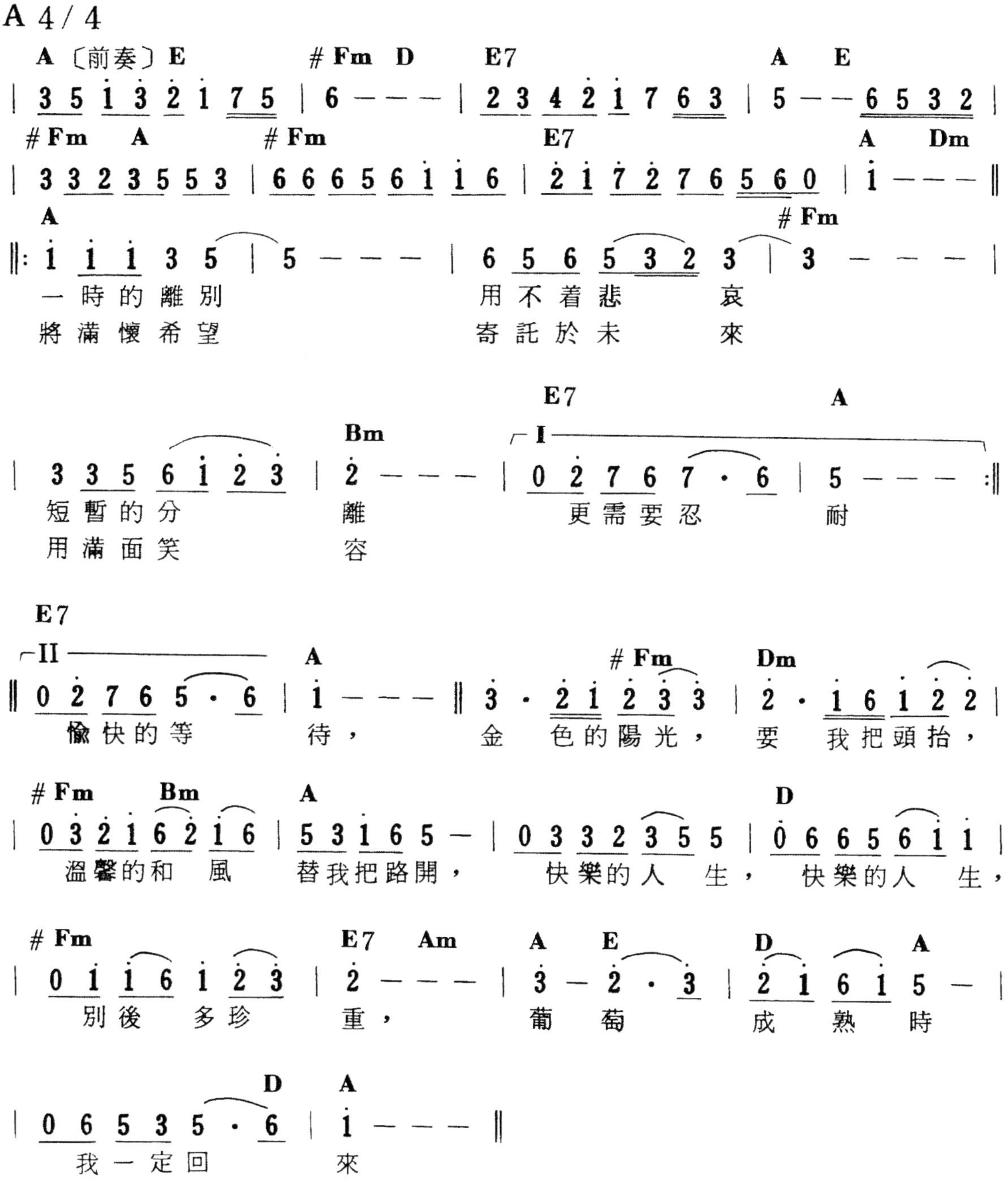
A 4/4
A〔前奏〕
一時的離別 用不着悲 哀
將滿懷希望 寄託於未 來
短暫的分 離 更需要忍 耐
用滿面笑 容
愉快的等 待，金 色的陽光，要 我把頭抬，
溫馨的和 風 替我把路開，快樂的人 生，快樂的人 生，
別後 多珍 重，葡 萄 成 熟 時
我一定回 來

月亮代表我的心

翁清溪曲　孫儀詞

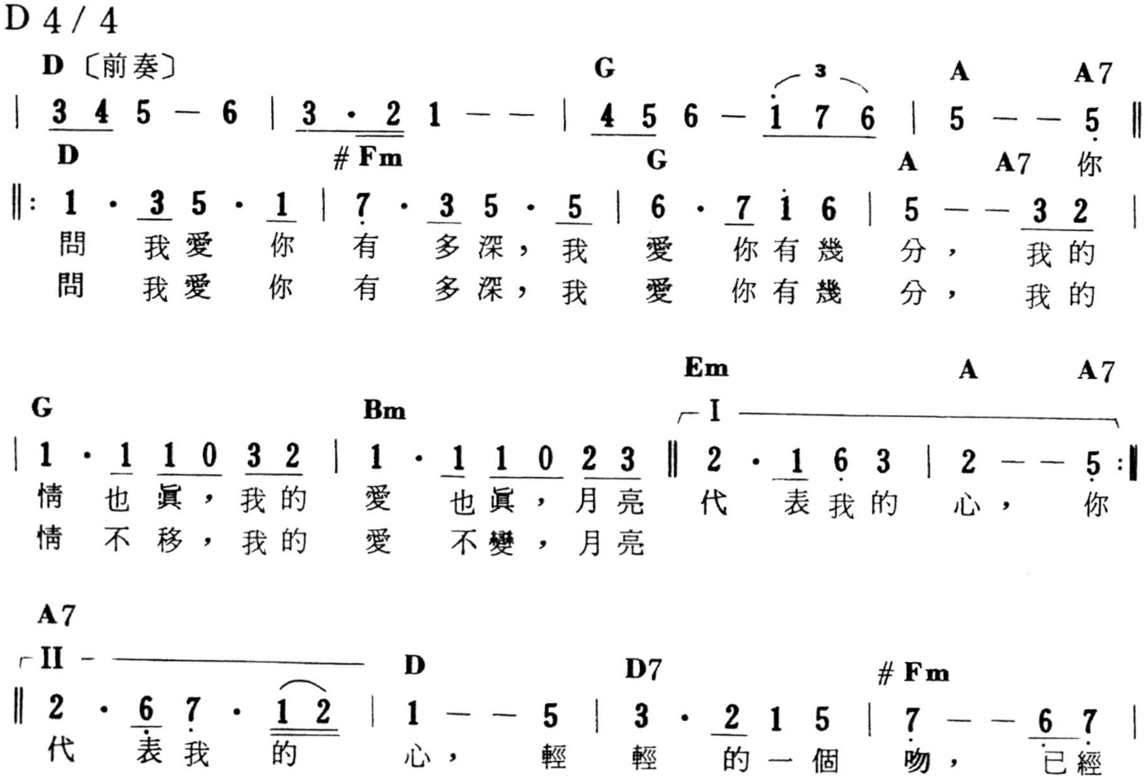
D 4/4
D〔前奏〕
G
A
A7
D
#Fm
G
A
A7
你
問 我愛 你 有 多深，我 愛 你有幾 分， 我的
問 我愛 你 有 多深，我 愛 你有幾 分， 我的
G
Bm
Em
A
A7
I
情 也眞，我的 愛 也眞，月亮 代 表我的 心， 你
情 不移，我的 愛 不變，月亮
A7
II
D
D7
#Fm
代 表我 的 心， 輕 輕 的一個 吻， 已經

Bm #Fm Bm #Fm Bm
| 6 · 7 6 5 | 3 — — 5 | 3 · 2 1 5 | 7 — — 6 7 | 1 · 1 1 2 3 |
打動我的心，深深的一段情，教我思念到如
Em A7 D #Fm G A A7
| 2 — — 5 | 1 · 3 5 · 1 | 7 · 3 5 · 5 | 6 · 7 1 6 | 5 — — 3 2 |
今，你問我愛你有多深，我愛你有幾分，你去
G Bm A A7 D
| 1 · 1 1 0 3 2 | 1 · 1 1 0 2 3 | 2 · 6 7 · 1 2 | 1 — — 3 2 |
想一想，你去看一看，月亮代表我的心，你去
G Bm A A7 D
| 1 · 1 1 3 2 | 1 · 1 1 2 3 | 2 · 6 7 · 1 2 | 1 — — — ‖
想一想你去看一看月亮代表我的心

大眼睛

翁清溪曲　瓊瑤詞

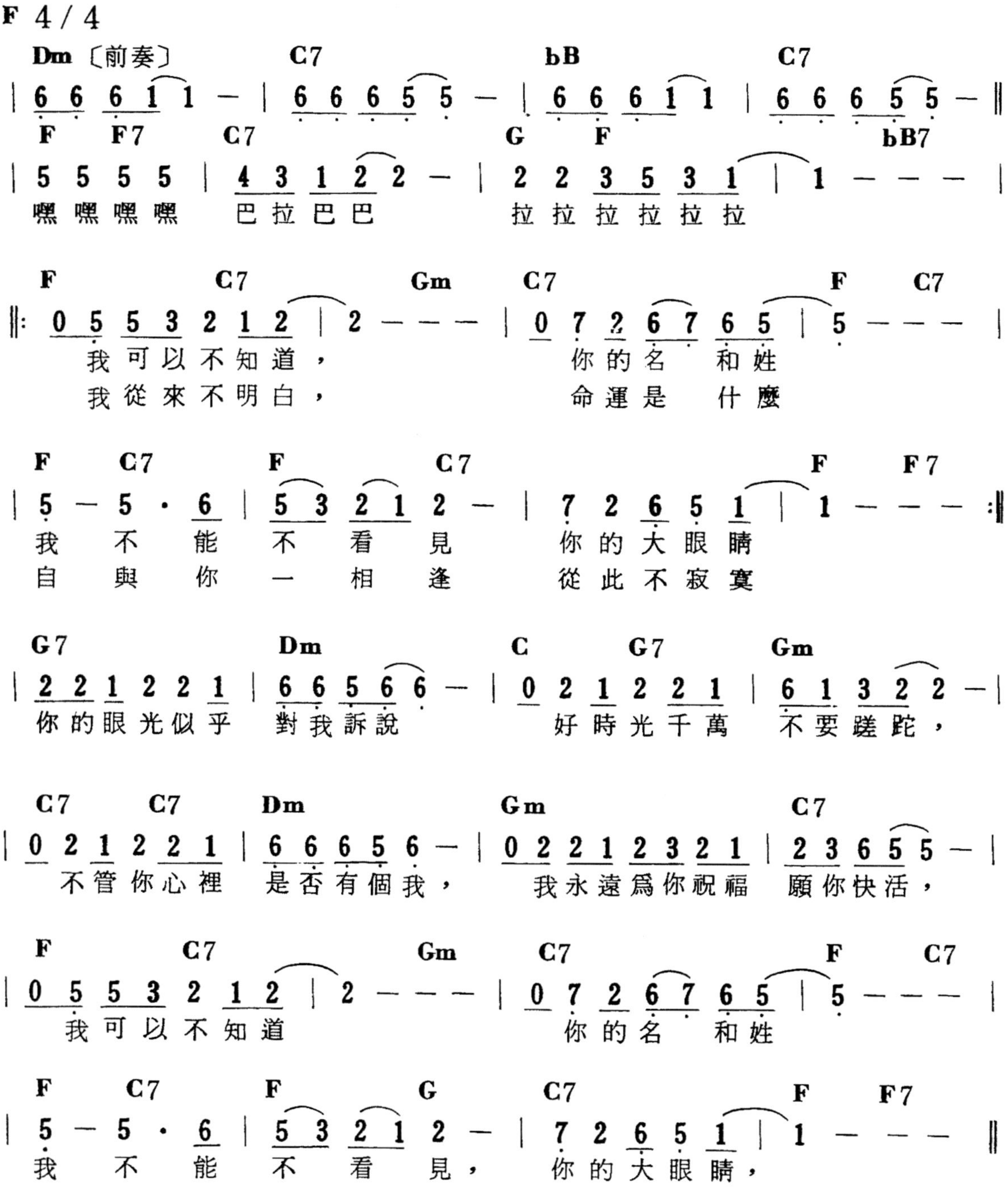

F 4 / 4

Dm〔前奏〕　C7　bB　C7

| 6 6 6 1 1 － | 6 6 6 5 5 － | 6 6 6 1 1 | 6 6 6 5 5 － ‖

F　F7　C7　G　F　bB7

| 5 5 5 5 | 4 3 1 2 2 － | 2 2 3 5 3 1 | 1 － － － |

嘿 嘿 嘿 嘿　巴 拉 巴 巴　拉 拉 拉 拉 拉 拉

F　C7　Gm　C7　F　C7

‖: 0 5 5 3 2 1 2 | 2 － － － | 0 7 2 6 7 6 5 | 5 － － － |

我 可 以 不 知 道，　　你 的 名 和 姓

我 從 來 不 明 白，　　命 運 是 什 麼

F　C7　F　C7　F　F7

| 5 － 5 · 6 | 5 3 2 1 2 － | 7 2 6 5 1 | 1 － － － :‖

我 不 能 不 看 見　你 的 大 眼 睛

自 與 你 一 相 逢　從 此 不 寂 寞

G7　Dm　C　G7　Gm

| 2 2 1 2 2 1 | 6 6 5 6 6 － | 0 2 1 2 2 1 | 6 1 3 2 2 － |

你 的 眼 光 似 乎　對 我 訴 說　好 時 光 千 萬　不 要 蹉 跎，

C7　C7　Dm　Gm　C7

| 0 2 1 2 2 1 | 6 6 6 5 6 － | 0 2 2 1 2 3 2 1 | 2 3 6 5 5 － |

不 管 你 心 裡　是 否 有 個 我，　我 永 遠 為 你 祝 福　願 你 快 活，

F　C7　Gm　C7　F　C7

| 0 5 5 3 2 1 2 | 2 － － － | 0 7 2 6 7 6 5 | 5 － － － |

我 可 以 不 知 道　　你 的 名 和 姓

F　C7　F　G　C7　F　F7

| 5 － 5 · 6 | 5 3 2 1 2 － | 7 2 6 5 1 | 1 － － － ‖

我 不 能 不 看 見，　你 的 大 眼 睛，

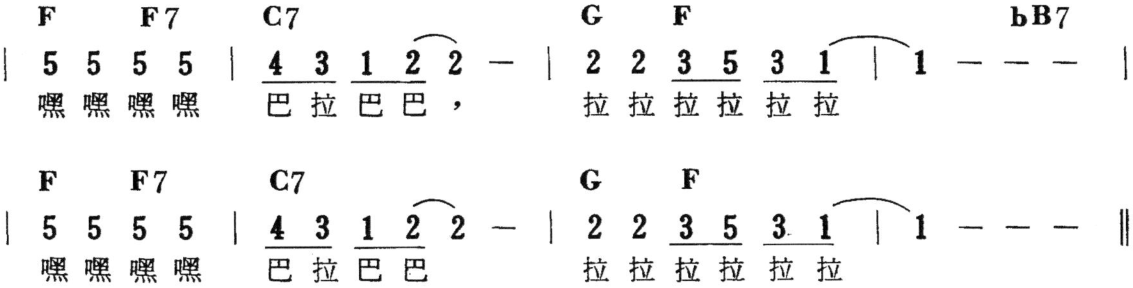
F F7 C7 G F bB7
嘿嘿嘿嘿 巴拉巴巴，拉拉拉拉拉拉
F F7 C7 G F
嘿嘿嘿嘿 巴拉巴巴 拉拉拉拉拉拉

海邊

翁清溪曲　莊奴詞

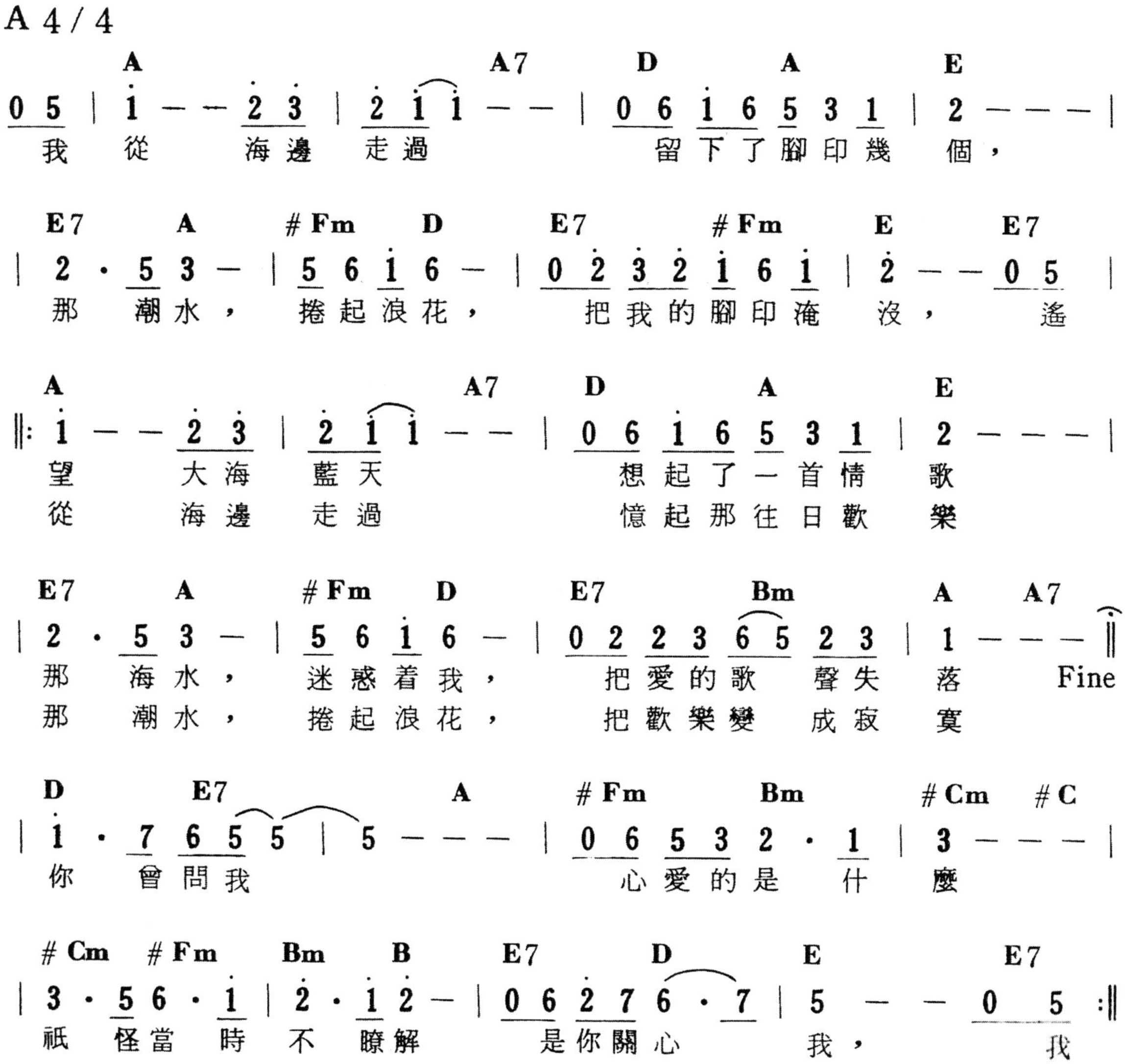

A 4 / 4

| | A | | | | A7 | D | A | E |
| 0 5 | i − − 2 3 | 2 1 1 − − | 0 6 1 6 5 3 1 | 2 − − − |
我　　從　　海邊　走過　　　　留下了腳印幾　個，

| E7 | A | #Fm | D | E7 | #Fm | E | E7 |
| 2 · 5 3 − | 5 6 1 6 − | 0 2 3 2 1 6 1 | 2 − − 0 5 |
那　潮水，　捲起浪花，　　把我的腳印淹　沒，　遙

| A | | | | A7 | D | A | E |
‖: i − − 2 3 | 2 1 1 − − | 0 6 1 6 5 3 1 | 2 − − − |
望　　大海　藍天　　　　想起了一首情　歌
從　　海邊　走過　　　　憶起那往日歡　樂

| E7 | A | #Fm | D | E7 | Bm | A | A7 |
| 2 · 5 3 − | 5 6 1 6 − | 0 2 2 3 6 5 2 3 | 1 − − − :‖
那　海水，　迷惑着我，　　把愛的歌聲失　落　　Fine
那　潮水，　捲起浪花，　　把歡樂變成寂　寞

| D | E7 | A | #Fm | Bm | #Cm | #C |
| i · 7 6 5 5 | 5 − − − | 0 6 5 3 2 · 1 | 3 − − − |
你　曾問我　　　　　　　心愛的是　什　麼

| #Cm | #Fm | Bm | B | E7 | D | E | E7 |
| 3 · 5 6 · i | 2 · i 2 − | 0 6 2 7 6 · 7 | 5 − − 0 5 :‖
祗怪當時不瞭解　　是你關心　我，　　　　我

十三、林家慶作品

林家慶（一九三四―）。一九三四年四月十七日，出生在倭竊時期的台北三峽，一九五五年畢業於台北工專，學的是機械。所以他的第一份工作在台電公司。但因對音樂的興趣，他在晚上加入樂團工作，由於對音樂的熱愛，在台電工作十年後離職，專心在音樂上的發展。他的第一首歌是為電影《天衣無縫》寫的主題曲〈小薇小薇〉，主唱人是黃溫良。

中視公司成立時（一九六八年九月三日創立，次年十月三十一日正式開播，為島內第一家彩色電視。），林家慶負責中視樂團指揮。這時期的第一首歌，是由海山唱片公司發行的〈祝你幸福〉，這首歌讓鳳飛飛因此走紅，也讓林家慶找到自己的創作方向。

他在當中視樂團指揮兼團長時，也製作多個音樂節目，如《五線譜》、《黃金五線譜》、《飛揚的音符》、《樂自心中來》等。一九八〇年代，他也曾創作兒童歌曲，如〈小瓜呆歷險記〉、〈科學小飛俠〉、〈海王子〉、〈咪咪流浪記〉等。

林家慶作曲流傳的歌，如〈祝你幸福〉、〈又是晚風吹〉、〈金色的影子〉、〈輕聲向晚風〉、〈在水一方〉、〈請你靜靜聽我〉、〈人生如夢〉、〈陽光下〉、〈青春行〉、〈楓林小橋〉、〈何日再見〉等。

在水一方

林家慶曲　林煌坤詞

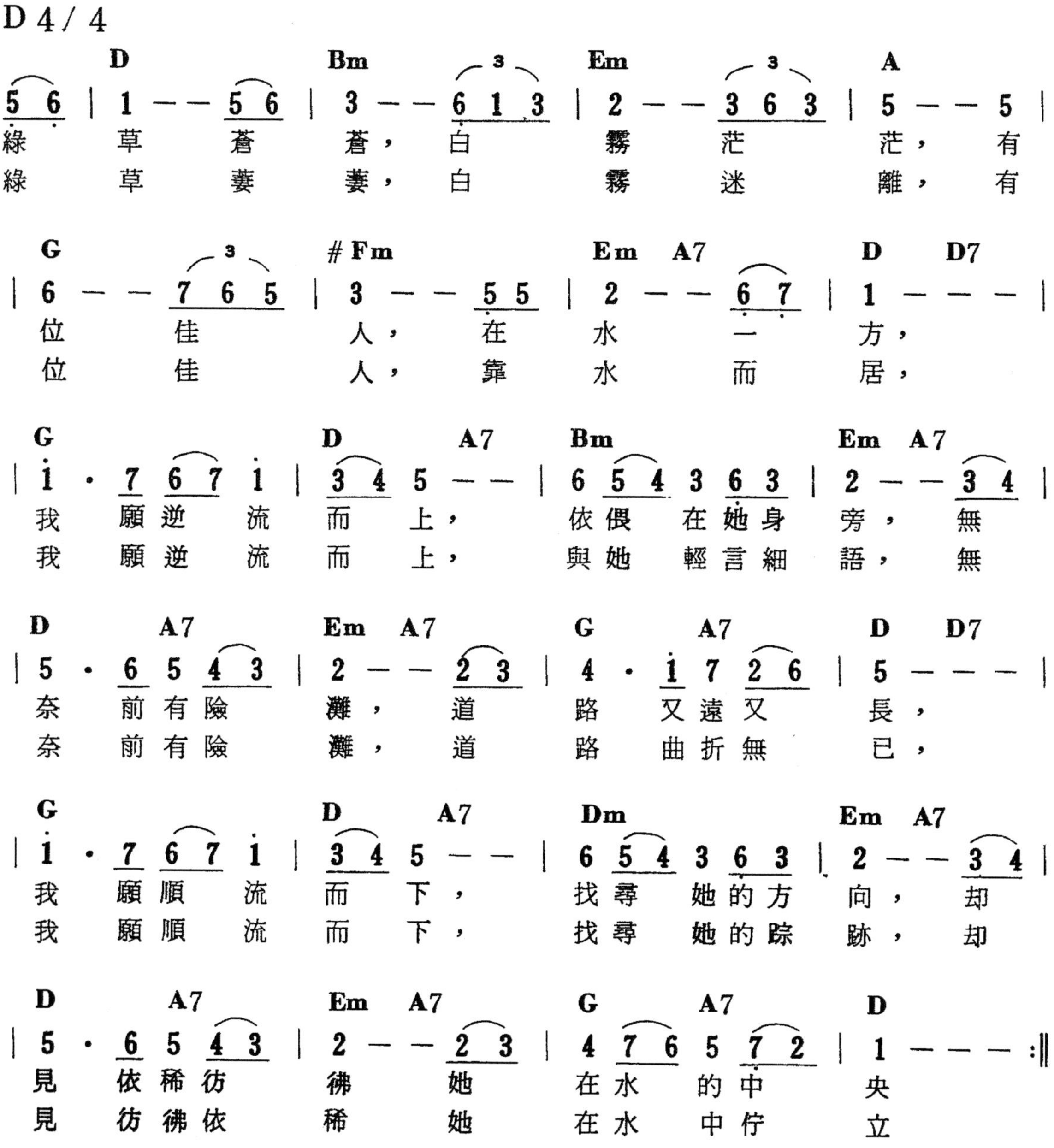
D 4/4
綠草蒼蒼，白霧茫茫，有位佳人，在水一方，
綠草萋萋，白霧迷離，有位佳人，靠水而居，
我願逆流而上，依偎在她身旁，無奈前有險灘，道路又遠又長，
我願逆流而上，與她輕言細語，無奈前有險灘，道路曲折無已，
我願順流而下，找尋她的方向，却見依稀彷彿她在水的中央
我願順流而下，找尋她的踪跡，却見彷彿依稀她在水中佇立

祝你幸福

林家慶曲　瓊瑤詞

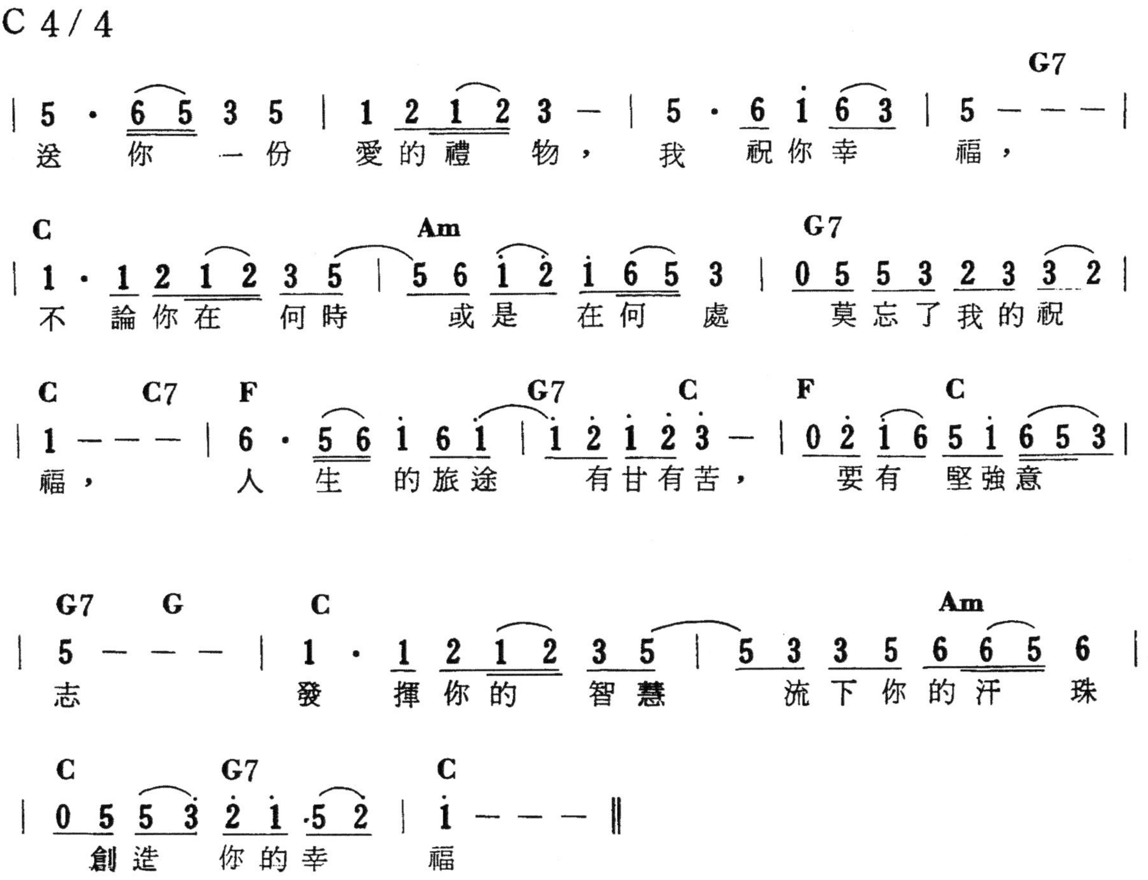
C 4/4
G7
|5 · 6 5 3 5 | 1 2 1 2 3 — | 5 · 6 i 6 3 | 5 — — —|
送你一份愛的禮物，我祝你幸福，
C   Am   G7
|1 · 1 2 1 2 3 5 | 5 6 i 2 i 6 5 3 | 0 5 5 3 2 3 3 2 |
不論你在何時或是在何處莫忘了我的祝
C   C7   F   G7   C   F   C
|1 — — — | 6 · 5 6 i 6 1 | i 2 i 2 3 — | 0 2 i 6 5 i 6 5 3 |
福，人生的旅途有甘有苦，要有堅強意
G7   G   C   Am
|5 — — — | 1 · 1 2 1 2 3 5 | 5 3 3 5 6 6 5 6 |
志發揮你的智慧流下你的汗珠
C   G7   C
|0 5 5 3 2 i · 5 2 | i — — — ‖
創造你的幸福

十四、劉家昌作品

劉家昌（一九四一—）。山東人，一九四一年三月九日出生在吾國之哈爾濱市。他是作曲家、作詞人、歌手、電影導演和演員，有華語流行音樂教父之名。他提拔的弟子都很紅，如劉文正、尤雅、甄妮、鳳飛飛、林青霞、費玉清、黃鶯鶯等。

劉家昌從小就展現音樂才華，他讀高中就已是知名的小歌手。他開始寫曲，是為潘壘導演的電影《三加三等於三》作主題曲，開始了他的作曲生涯。他的歌也很有特色，不論哪位歌星唱，都知道出自他的手筆。

劉家昌為很多歌手打造成名曲、招牌歌。如尤雅的〈往事只能回味〉、甄妮的〈誓言〉、鳳飛飛的〈有真情有活力〉、歐陽菲菲的〈嚮往〉、劉文正的〈諾言〉、翁倩玉的〈海鷗〉、江蕾的〈煙雨斜陽〉、費玉清的〈晚安曲〉、陽帆的〈揚帆〉、楊林的〈不一樣〉、沈雁的〈一串心〉等。一九六八年的〈月滿西樓〉，算是他的出道作品，他創作的歌曲不知有多少！

劉家昌也導演了數十部電影，最早是一九六八年的《二十年代》，最近是一九九四年的《梅珍》。還有不少如《雲飄飄》、《純純的愛》、《梅花》、《黃埔軍魂》、《我是中國人》、《日落北京城》、《楓林小雨》、《溫暖在秋天》等。

月滿西樓

劉家昌曲 瓊瑤詞

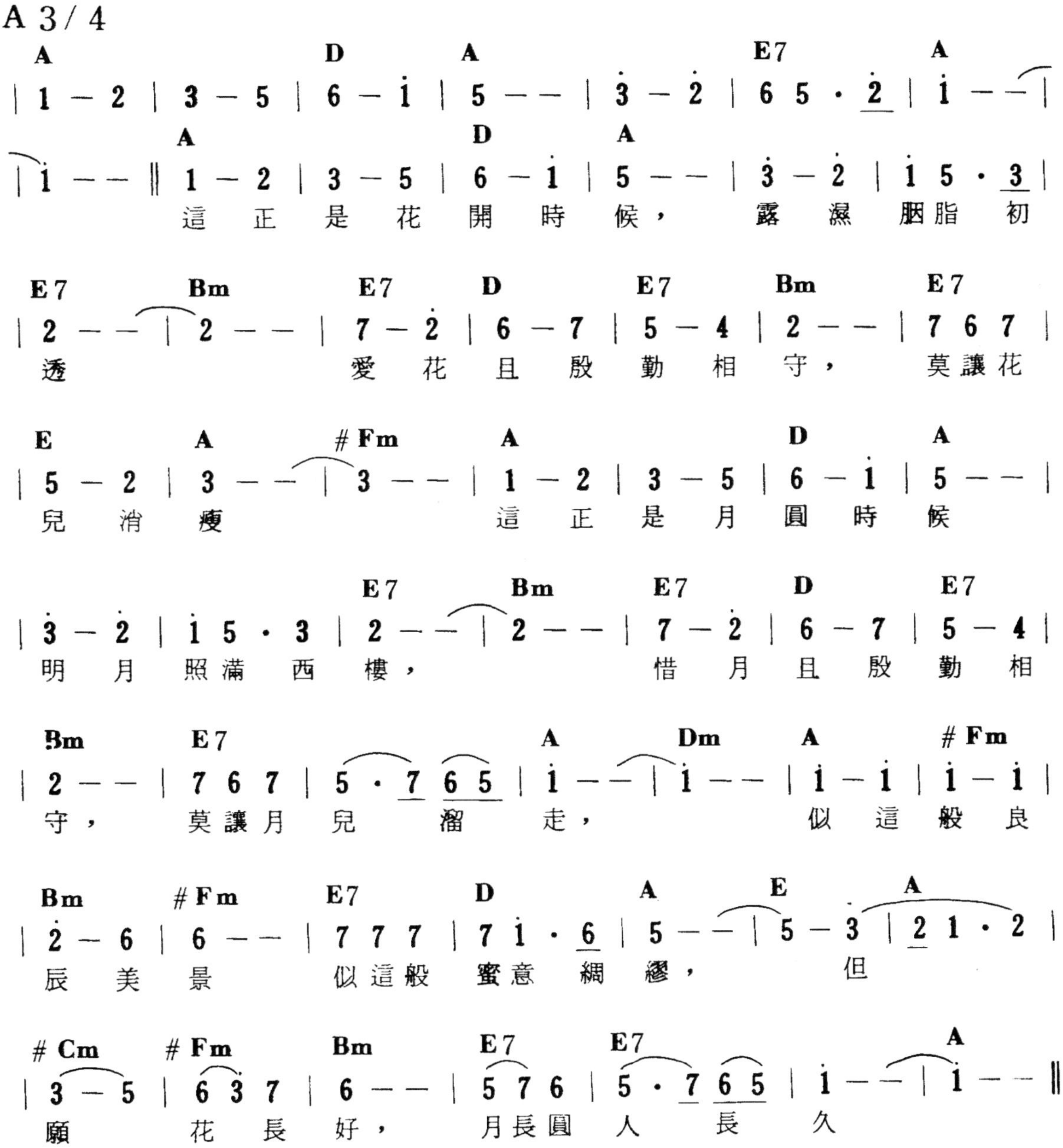
A 3/4
這 正 是 花 開 時 候， 露 濕 胭脂 初
透 愛 花 且 殷 勤 相 守， 莫讓花
兒 消 瘦 這 正 是 月 圓 時 候
明 月 照滿 西 樓， 惜 月 且 殷 勤 相
守， 莫讓月 兒 溜 走， 似 這 般 良
辰 美 景 似這般 蜜意 綢 繆， 但
願 花 長 好， 月長圓 人 長 久

往事只能回味

劉家昌曲　林煌坤詞

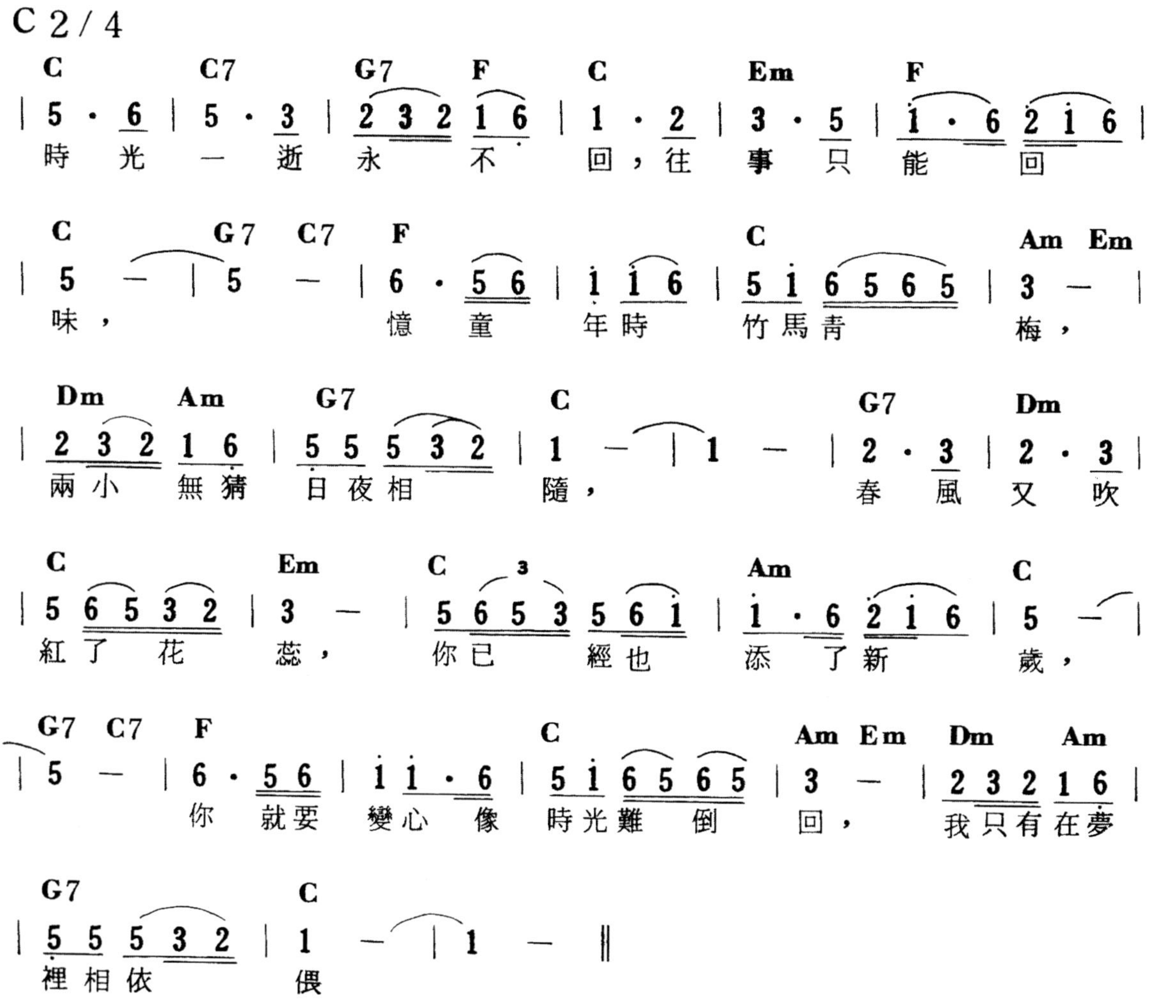
C 2/4
時光一逝永不回，往事只能回
味，憶童年時竹馬青梅，
兩小無猜日夜相隨，春風又吹
紅了花蕊，你已經也添了新歲，
你就要變心像時光難倒回，我只有在夢
裡相依偎

雲河

劉家昌詞曲

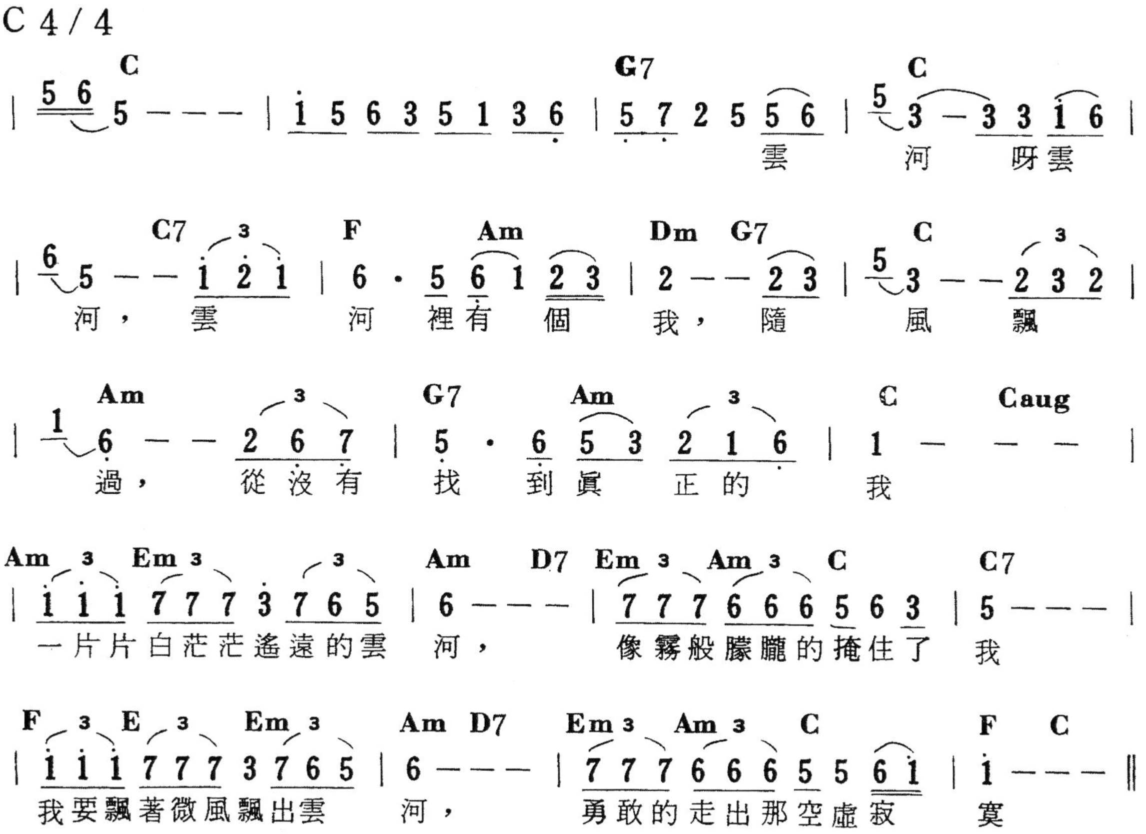

C 4 / 4

```
        C                                    G7              C
|  5  6  5  -  -  - | 1 5 6 3 5 1 3 6 | 5 7 2 5 5 6 | 5 3 - 3 3 1 6 |
                                                      雲     河  呀 雲

        C7      3     F      Am         Dm  G7          C        3
|  6  5  -  -  1 2 1 | 6 · 5  6 1  2 3 | 2 - - 2 3 | 5 3 - - 2 3 2 |
   河，   雲    河   裡 有  個  我， 隨    風  飄

        Am       3        G7      Am      3         C         Caug
|  1  6  -  -  2 6 7 | 5 · 6  5 3  2 1 6 | 1  -  -  - |
   過，     從 沒 有  找  到 真  正 的   我

   Am  3  Em  3        3        Am  D7 Em 3 Am 3  C      C7
| 1 1 1 7 7 7 3 7 6 5 | 6 - - - | 7 7 7 6 6 6 5 6 3 | 5 - - - |
  一 片 片 白 茫 茫 遙 遠 的 雲   河，   像 霧 般 朦 朧 的 掩 住 了  我

   F  3  E  3  Em  3       Am  D7  Em 3  Am 3  C        F    C
| 1 1 1 7 7 7 3 7 6 5 | 6 - - - | 7 7 7 6 6 6 5 5 6 1 | 1 - - - ‖
  我 要 飄 著 微 風 飄 出 雲   河，   勇 敢 的 走 出 那 空 虛 寂  寞
```

一簾幽夢

劉家昌曲 瓊瑤詞

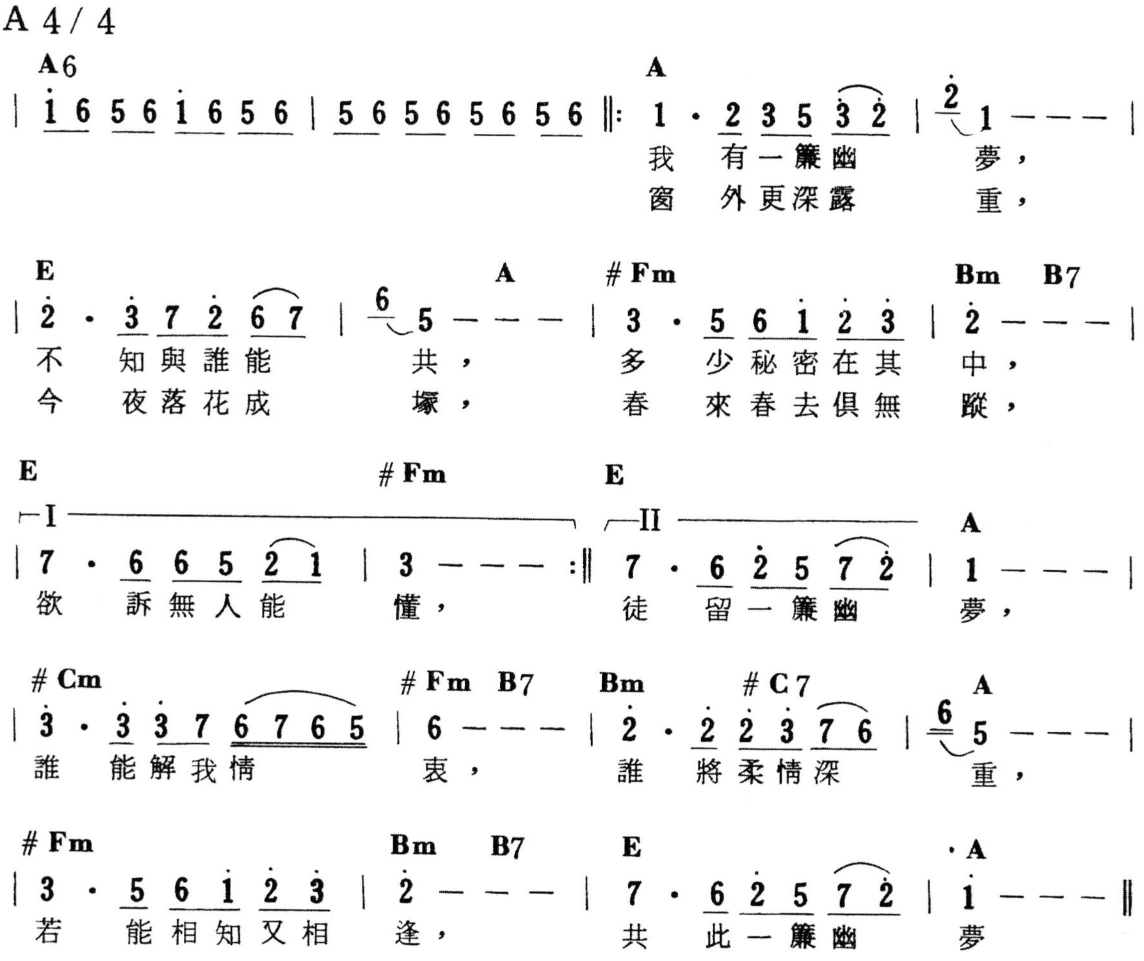
A 4/4
我有一簾幽夢，
窗外更深露重，
E　　　　　　　　　　　　A　　　#Fm　　　　　　　Bm　　B7

| 2 · 3 7 2 6 7 | 6 5 ─ ─ ─ | 3 · 5 6 i 2 3 | 2 ─ ─ ─ |
不知與誰能共，多少秘密在其中，
今夜落花成塚，春來春去俱無蹤，
E　　　　　　　　　　#Fm　　　　E

┌I──────────────────┐┌II─────────────┐A
| 7 · 6 6 5 2 1 | 3 ─ ─ ─ :‖ 7 · 6 2 5 7 2 | 1 ─ ─ ─ |
欲訴無人能懂，徒留一簾幽夢，
#Cm　　　　　　　　　　#Fm　B7　　Bm　　　#C7　　　A

| 3 · 3 3 7 6 7 6 5 | 6 ─ ─ ─ | 2 · 2 2 3 7 6 | 6 5 ─ ─ ─ |
誰能解我情衷，誰將柔情深重，
#Fm　　　　　　　　　Bm　　B7　　E　　　　　　　　　·A

| 3 · 5 6 i 2 3 | 2 ─ ─ ─ | 7 · 6 2 5 7 2 | i ─ ─ ─ ‖
若能相知又相逢，共此一簾幽夢

諾言

劉家昌曲　孫儀詞

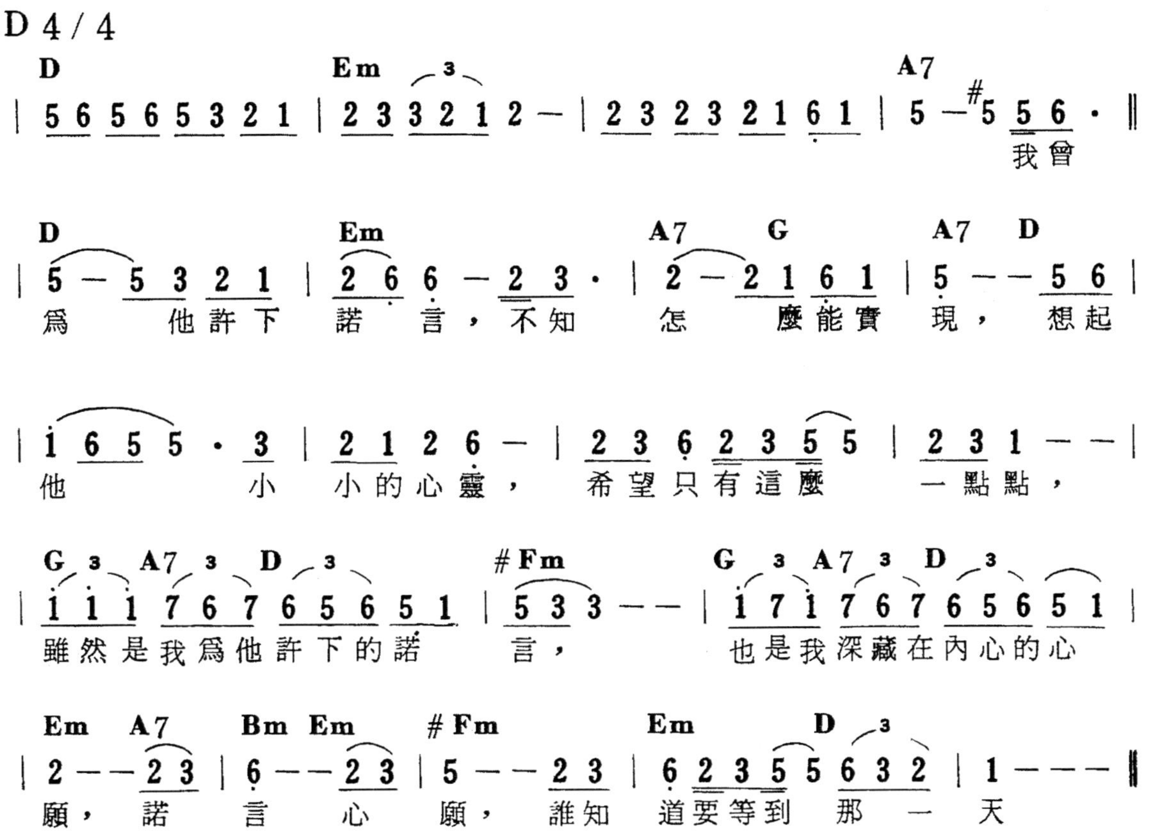

D 4／4

D
| 5 6 5 6 5 3 2 1 |

Em　³
| 2 3 3 2 1 2 — |

| 2 3 2 3 2 1 6 1 |

A7
| 5 — #5 5 6 · |
　　　　　　　　我曾

D
| 5 — 5 3 2 1 |
為　　他許下

Em
| 2 6 6 — 2 3 · |
諾　言，不知

A7　　　G
| 2 — 2 1 6 1 |
怎　　麼能實現，

A7　　D
| 5 — — 5 6 |
想起

| 1 6 5 5 · 3 |
他　　小

| 2 1 2 6 — |
小的心靈，

| 2 3 6 2 3 5 5 |
希望只有這麼

| 2 3 1 — — |
一點點，

G　³　A7　³　D　³
| 1 1 1 7 6 7 6 5 6 5 1 |
雖然是我為他許下的諾

#Fm
| 5 3 3 — — |
言，

G　³　A7　³　D　³
| 1 7 1 7 6 7 6 5 6 5 1 |
也是我深藏在內心的心

Em　　A7
| 2 — — 2 3 |
願，諾

Bm　Em
| 6 — — 2 3 |
言心

#Fm
| 5 — — 2 3 |
願，誰知

Em
| 6 2 3 5 5 6 3 2 |
道要等到那一

D　³
| 1 — — — |
天

〈月滿西樓〉是劉家昌的出道曲，瓊瑤作詞的電影主題曲，幕後主唱是張明麗，男聲主唱是夏心，編曲人是翁清溪，早期劉家昌的作品大半由翁清溪編曲。

〈一簾幽夢〉，蕭孋珠唱的很成功，唱出每個少女心中的夢，這位「蕃茄姑娘」因而走紅，她的悟性很高。

〈諾言〉，一九七五年時，劉文正在當兵，在軍中巧遇也在補兵役的劉家昌，他們有了不錯的友情。劉文正本來唱西洋歌，退伍改唱國語歌，並無起色，直到劉家昌為他寫了〈諾言〉這首歌，他才走紅！

〈往事只能回味〉，尤雅唱這首歌而紅，作詞者是林煌坤，藝專畢業，失業在家寫了這首詞，走上作詞生涯。

十五、駱明道作品

駱明道（一九三五—）。湖南長沙人，一九三五年十二月十二日生，政工幹校（政戰）三期音樂系畢業（一九五五年）。

駱明道除了寫流行歌，也幫電影寫插曲、主題曲、配樂等。他和劉家昌、翁清溪、左宏元（古月），並稱台灣60、70年代，四大流行音樂作曲家。

一九五五年他從政工幹校畢業後，在空軍電台擔任音樂指導工作，一九五九年離開電台到軍事單位。此時他利用閒暇為電影配樂，包括邵氏公司出品的《山歌姻緣》、《情人石》，中影公司的《蚵女》。

一九六二年他奉命到越南做心戰工作，兩年後回台他自軍職退役，開始他熱愛的音樂工作。在他的時代，許多當紅女星都唱過他作曲的歌，鳳飛飛唱的〈楓葉情〉、〈片片楓葉片片情〉、〈流雲〉；甄妮唱的〈海誓山盟〉、〈愛情長跑〉、〈一對鳥兒飛〉；鄧麗君唱的〈翠湖寒〉；蕭孋珠唱的〈踩在夕陽下〉等。

駱明道歌曲的旋律偏向黃梅調曲風，古意盎然。他也寫愛國歌曲，如〈成功嶺上〉、〈風雨生信心〉、〈海棠血淚〉等。他大部份的歌曲都集中在海山唱片時代的歌手專輯中，如鳳飛飛、甄妮、尤雅、張琍敏、田路路。在他的時代，他也曾經很風光。

默默祝福你

駱明道曲　孫儀詞

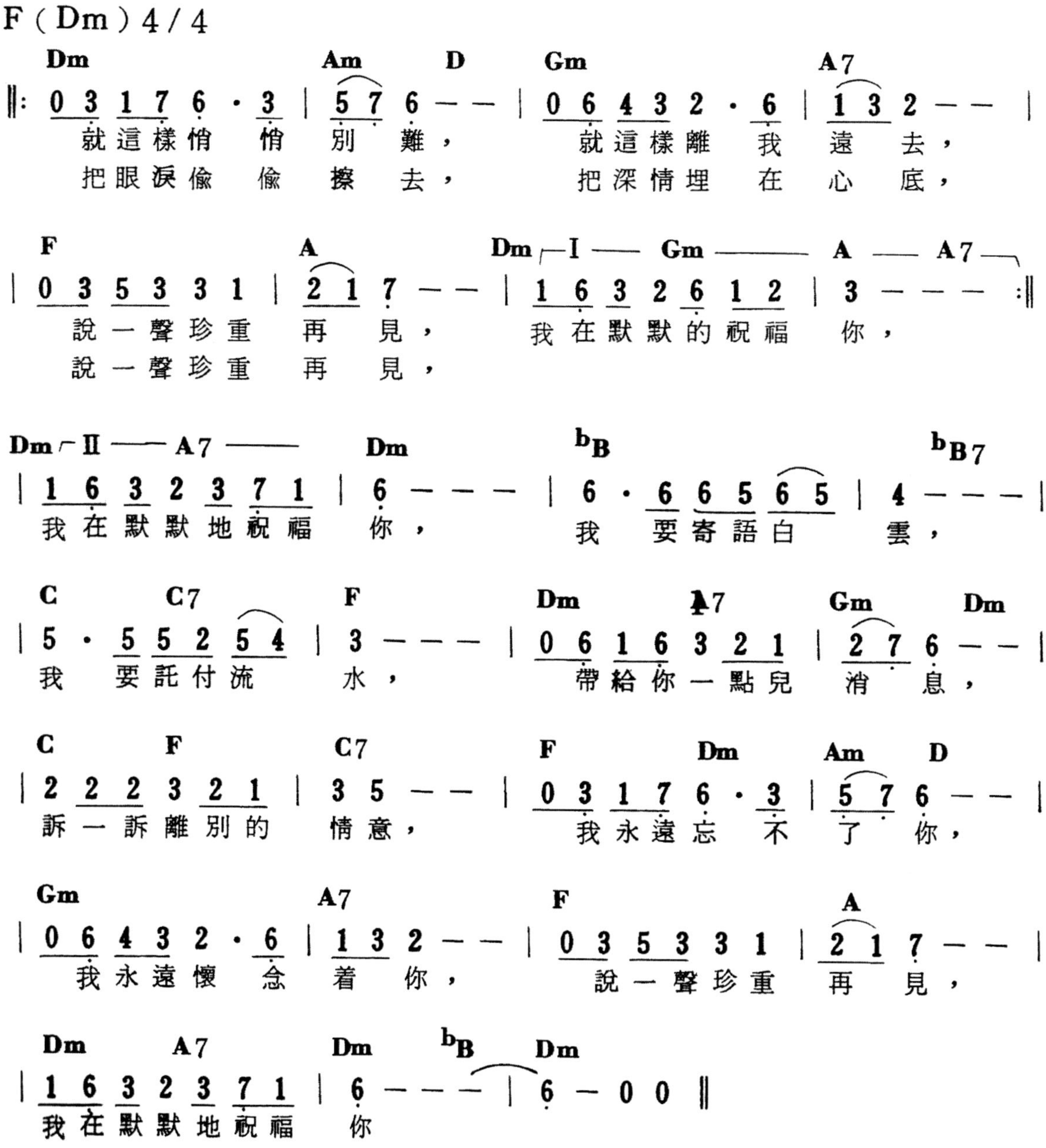
F（Dm）4/4
就這樣悄悄別離，就這樣離我遠去，
把眼淚偷偷擦去，把深情埋在心底，
說一聲珍重再見，我在默默的祝福你，
說一聲珍重再見，
我在默默地祝福你，我要寄語白雲，
我要託付流水，帶給你一點兒消息，
訴一訴離別的情意，我永遠忘不了你，
我永遠懷念着你，說一聲珍重再見，
我在默默地祝福你

楓葉情

駱明道曲 林煌坤詞

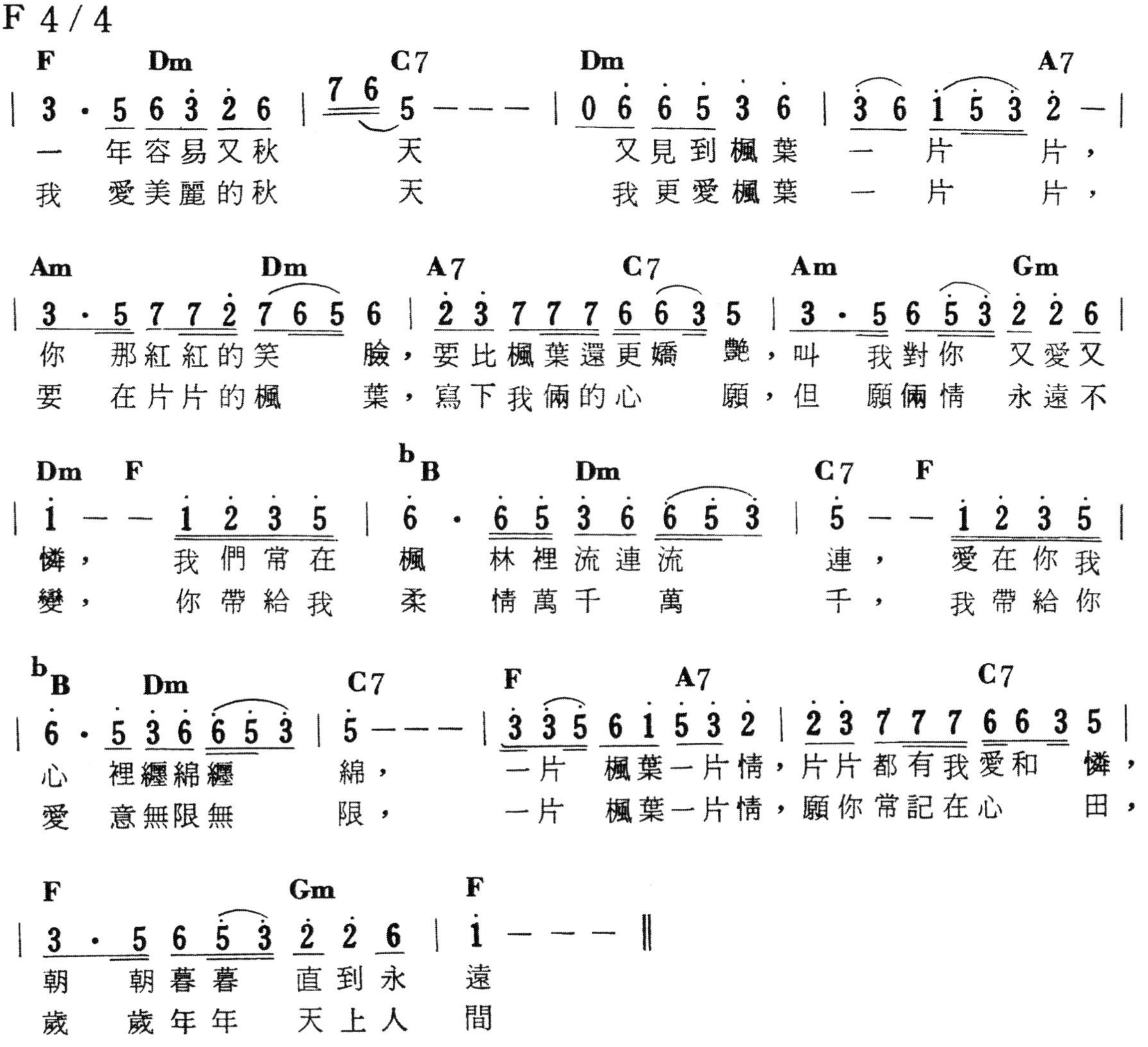
F 4/4
F   Dm   C7   Dm   A7
| 3 · 5 6 3 2 6 | 7 6 5 — — — | 0 6 6 5 3 6 | 3 6 1 5 3 2 — |
一 年容易又秋 天 又見到楓葉 一 片 片，
我 愛美麗的秋 天 我更愛楓葉 一 片 片，

Am   Dm   A7   C7   Am   Gm
| 3 · 5 7 7 2 7 6 5 6 | 2 3 7 7 7 6 6 3 5 | 3 · 5 6 5 3 2 2 6 |
你 那紅紅的笑 臉，要比楓葉還更嬌 艷，叫 我對你 又愛又
要 在片片的楓 葉，寫下我倆的心 願，但 願倆情 永遠不

Dm   F   bB   Dm   C7   F
| 1 — — 1 2 3 5 | 6 · 6 5 3 6 6 5 3 | 5 — — 1 2 3 5 |
憐， 我們常在 楓 林裡流連流 連， 愛在你我
變， 你帶給我 柔 情萬千 萬 千， 我帶給你

bB   Dm   C7   F   A7   C7
| 6 · 5 3 6 6 5 3 | 5 — — — | 3 3 5 6 1 5 3 2 | 2 3 7 7 7 6 6 3 5 |
心 裡纏綿纏 綿， 一片 楓葉一片情，片片都有我愛和 憐，
愛 意無限無 限， 一片 楓葉一片情，願你常記在心 田，

F   Gm   F
| 3 · 5 6 5 3 2 2 6 | 1 — — — ‖
朝 朝暮暮 直到永 遠
歲 歲年年 天上人 間

片片楓葉片片情

駱明道曲　曉燕詞

G 4 / 4

```
       G      〔前奏〕              C                           Em
| 1· 1 1 0 5· 6 1 0 | 1· 1 1 0 5· 6 1 0 | 1· 1 1 0 5· 6 1 0 |
  Gm                            G7              C
| 1· 1 1 0 5 5 6 1 | i — — i | i· i 6 5 6 1 | i — — |
  G                G7              C              D7   Am    D7
| 1 — 5 5 6 1 | i — — | i· i 6 5 6 2 | 2 — — 2 | 2 — — |
```

```
  G        B7   Am    Em      Bm          Em   D    C    Em
| 3 3 3 3 2 3 2 | 2 2 6 1 — | 3 5 7 7 2 | 6 6 3 5 — | 6 5 6 5 3 |
  又見那楓葉  飄落身邊，   楓紅映上了   我的  臉，   片片都有着
```

```
  Am        Em    B7   D7      G    G7      C                    Em
| 2 3 6 6 — | 2 3 7 6 5 | i — — — | 6· 5 6 · 5 6 6· 5 6 6· 5 | 6· 5 |
  情和意，    難忘秋的纏   綿         甜  甜蜜  蜜甜  甜蜜  蜜
```

```
         D    Bm    Em    G    D7      C                    Em
| 3 6 3 5 — | 3 3 5 6 1 | 1 5 3 2 — | 6· 5 6 · 5 6 6· 5 6 6· 5 | 6· 5 |
  在我心田，    只因爲有你  依偎身邊，   甜  甜蜜  蜜甜  甜蜜  蜜
```

```
  Bm     C    Bm   Em      E7          D      B7        Am    Em
| 3 5 3 6 — | 3 5 6 3 | 5 6 5 5 — | 3 3 3 3 2 3 2 | 2 2 6 1 — |
  倆情不變，    直到永    遠          又見那彩雲  飄在天邊，
```

```
  Bm          Em   D    Em          Am          B7   D7
| 3 5 7 7 2 | 6 6 3 5 — | 6 5 6 5 3 | 2 3 6 6 — | 2 3 7 6 5 |
  晚霞映上了   我的  臉，   片片揚溢着   情和意，    難忘秋的纏
```

```
  G
| i — — — |
  綿
```

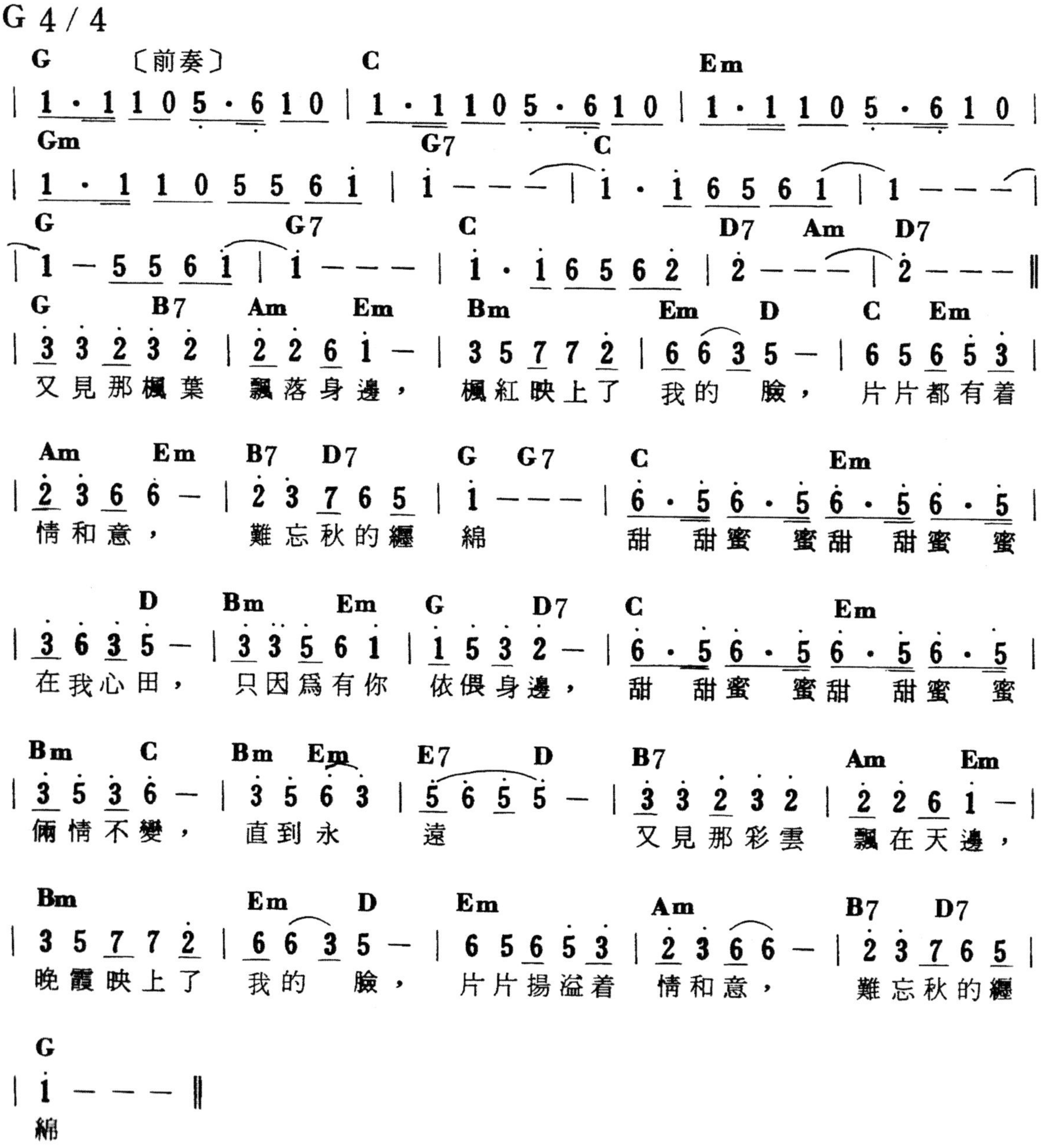

《楓葉情》是一九七六年的一部電影，同名〈楓葉情〉主題曲由鳳飛飛主唱，電影由林青霞主演。這部電影由駱明道擔任音樂指導和作曲，林煌坤作詞，電影上市創下當時最高票房記錄。

但電影尚未演出，就引起一場「幕後主唱」的競爭。原先駱明道是為鳳飛飛的特性而寫，片商又找了甄妮來唱，駱明道發表意見「對歌不對人」，並答應為甄妮再寫一首〈片片楓葉片片情〉。最後片商決定，這兩首都由鳳飛飛主唱。或許這就是「市場導向」吧！

鳳飛飛在臨終時（約春節前），考量粉絲們要過節，叫律師保密，等過完春節（好像元宵後）才公佈死訊。她是一個可敬可佩的女明星，很叫人永遠懷念！

第二部　稀有的經典作品輯

一、黃友棣作品

黃友棣（一九一二—二〇一〇）。廣東高要縣人，一九一二年元月十二日出生在高要，二〇一〇年七月四日在中國之高雄逝世，高壽九十八歲。

黃友棣也是我們中國現代著名的作曲家、音樂家，有「音樂菩薩」之美名。他和韋瀚章、林聲翕三人，被史稱「歲寒三友」。

黃友棣作曲的歌也多，如〈杜鵑花〉、〈問鶯燕〉、〈輕笑〉、〈遺忘〉、〈黑霧〉、〈秋花秋蝶〉、〈中秋怨〉、〈當晚霞滿天〉等。

黃友棣所有作品中，最通俗、流行又能流傳後世，就是這首〈杜鵑花〉。作詞者是方蕪君，原名方健鵬，畢業於中山大學哲學系，後任教於廣西桂林師範。可惜他在旅行時為救落水的學生，而遭滅頂，相當令人惋惜，「古哥」查無他的生卒之年。

黃友棣創作的類型也多元，合唱曲、民謠、校歌、宗教歌、愛國歌都有。如新竹中學校歌、輔仁大學校歌、海洋大學校歌、文化、逢甲、中正理工、新亞書院、孔子學院……可能數十院校校歌。

其他還有很多藝術歌、合唱曲、鋼琴獨奏曲、小提琴獨奏曲、歌劇、舞劇等，這些東西曲高和寡，難以流行。最流行又好傳世，就是這首一九四一年創作的〈杜鵑花〉。

杜鵑花

無軍詞　黃友棣曲

D調 4/4

| D | | #F | D |
| 1·5 1 3 5 5 6 5 0 | 5 5 6 5 3 1 6 5 0 | 3 3 4 3 2 1 6 5 0 |

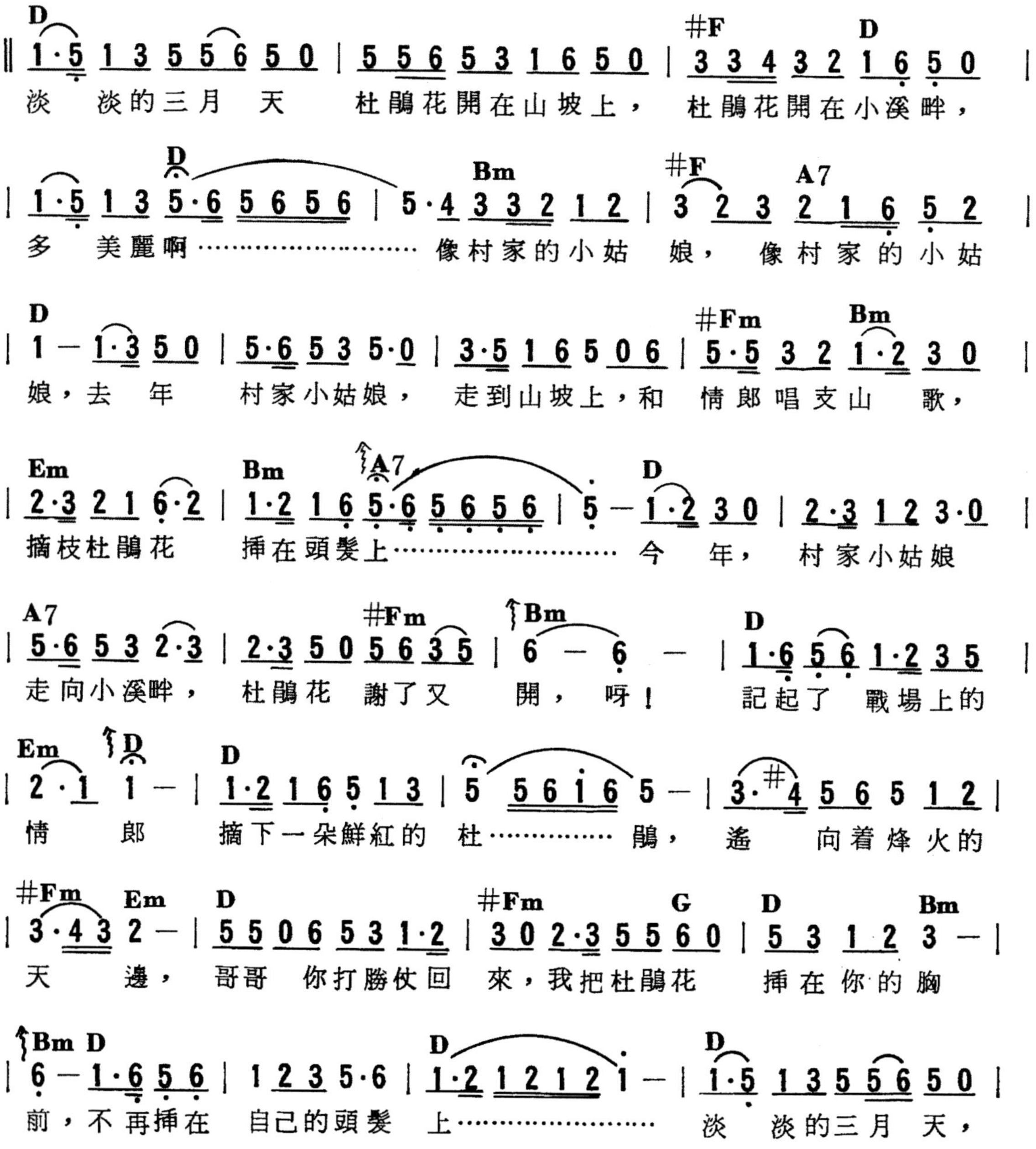
淡　淡的三月　天　杜鵑花開在山坡上，杜鵑花開在小溪畔，
多　美麗啊……………………像村家的小姑　娘，像村家的小姑

| D | | | #Fm | Bm |
| 1 - 1·3 5 0 | 5·6 5 3 5·0 | 3·5 1 6 5 0 6 | 5·5 3 2 1·2 3 0 |
娘，去　年　村家小姑娘，　走到山坡上，和　情郎唱支山　歌，

| Em | Bm | A7 | D |
| 2·3 2 1 6·2 | 1·2 1 6 5·6 5 6 5 6 | 5 - 1·2 3 0 | 2·3 1 2 3·0 |
摘枝杜鵑花　插在頭髮上……………………今　年，村家小姑娘

| A7 | #Fm | Bm | D |
| 5·6 5 3 2·3 | 2·3 5 0 5 6 3 5 | 6 - 6 - | 1·6 5 6 1·2 3 5 |
走向小溪畔，　杜鵑花　謝了又　開，　呀！　記起了　戰場上的

| Em | D | | |
| 2·1 1 - | 1·2 1 6 5 1 3 | 5 5 6 1 6 5 - | 3·#4 5 6 5 1 2 |
情　郎　摘下一朵鮮紅的　杜……………鵑，遙　向着烽火的

| #Fm | Em | D | #Fm | G | D | Bm |
| 3·4 3 2 - | 5 5 0 6 5 3 1·2 | 3 0 2·3 5 5 6 0 | 5 3 1 2 3 - |
天　邊，哥哥　你打勝仗回　來，我把杜鵑花　插在你的胸
前，不再揷在　自己的頭髮　上……………………淡　淡的三月　天，

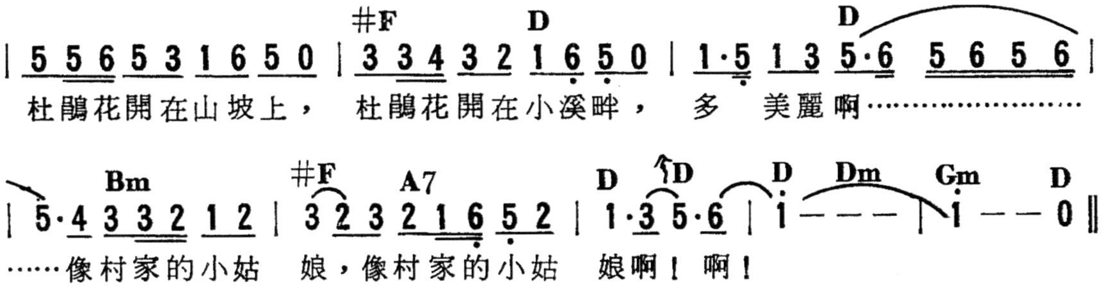

#F	D	D

| 5 5 6 5 3 1 6 5 0 | 3 3 4 3 2 1 6 5 0 | 1·5 1 3 5·6 5 6 5 6 |

杜鵑花開在山坡上， 杜鵑花開在小溪畔， 多 美麗啊…………………

Bm	#F A7	D D D Dm Gm D

| 5·4 3 3 2 1 2 | 3 2 3 2 1 6 5 2 | 1·3 5·6 | i — — — | i — — 0 ‖

……像村家的小姑 娘，像村家的小姑 娘啊！ 啊！

二、蕭而化作品

蕭而化（一九〇六—一九八五）。一九〇六年六月廿九日，出生在江西省萍鄉縣赤山鄉。他是吾國現代作曲家、作詞家、音樂教育家。

蕭而化，民國十三年，考入上海藝術師範大學繪畫系，次年轉讀立達學院，民國二十年留倭習音樂。台灣光復初，師範學院設音樂系，他奉命來台主持該系，不久戴粹倫教授來台，蕭氏讓賢於戴氏，自己專教和聲作曲。

蘇武牧羊是公元前一百年漢武帝時代的故事，但〈蘇武牧羊〉歌詞不知出現在何時，有說是蔣蔭棠。

蘇武牧羊

古詞　蕭而化曲

C調2/4

‖: 5 1 | 2 5 5̂ 4 2 | 1 — | 1̇ 2̇ 1̇ 6 | 5 — | 4 2 4 6 | 5 — |

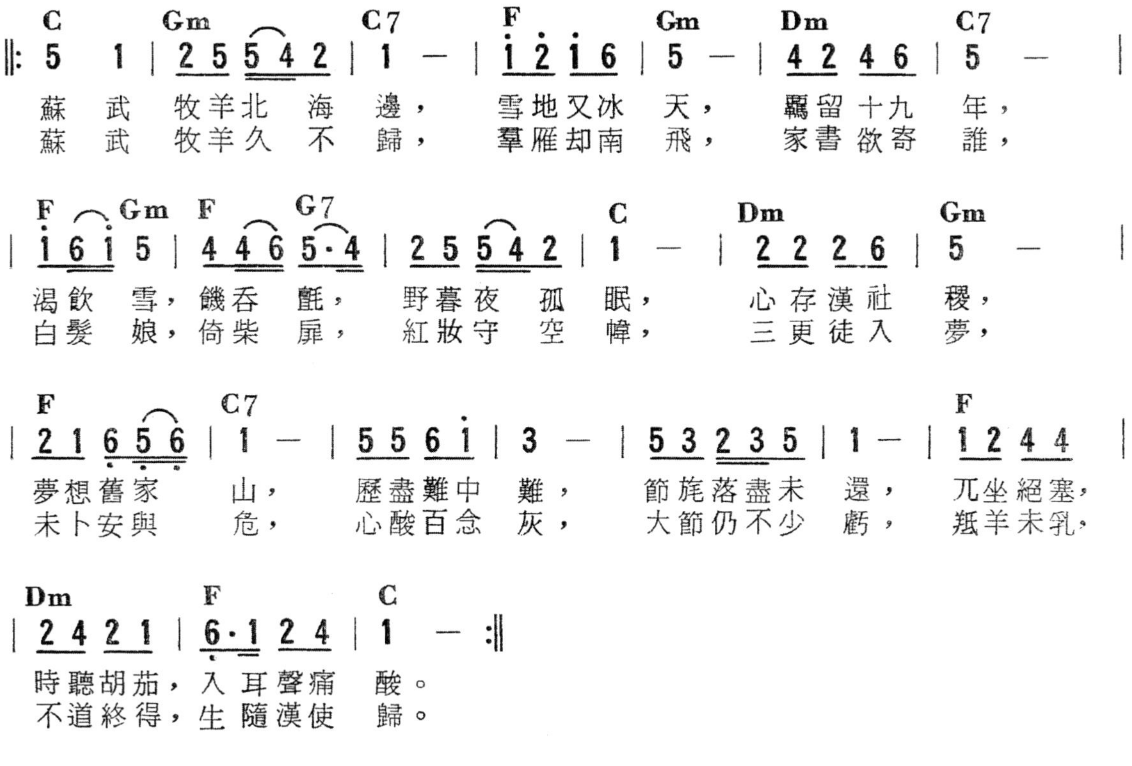
蘇武牧羊北海邊，雪地又冰天，羈留十九年，
蘇武牧羊久不歸，羣雁却南飛，家書欲寄誰，
渴飲雪，饑吞氈，野暮夜孤眠，心存漢社稷，
白髮娘，倚柴扉，紅妝守空幃，三更徒入夢，

| 2 1 6 5 6 | 1 — | 5 5 6 1̇ | 3 — | 5 3 2 3 5 | 1 — | 1 2 4 4 |

夢想舊家山，歷盡難中難，節旄落盡未還，兀坐絕塞，
未卜安與危，心酸百念灰，大節仍不少虧，羝羊未乳，
時聽胡笳，入耳聲痛酸。
不道終得，生隨漢使歸。

阿華賣豆腐

蘇武牧羊

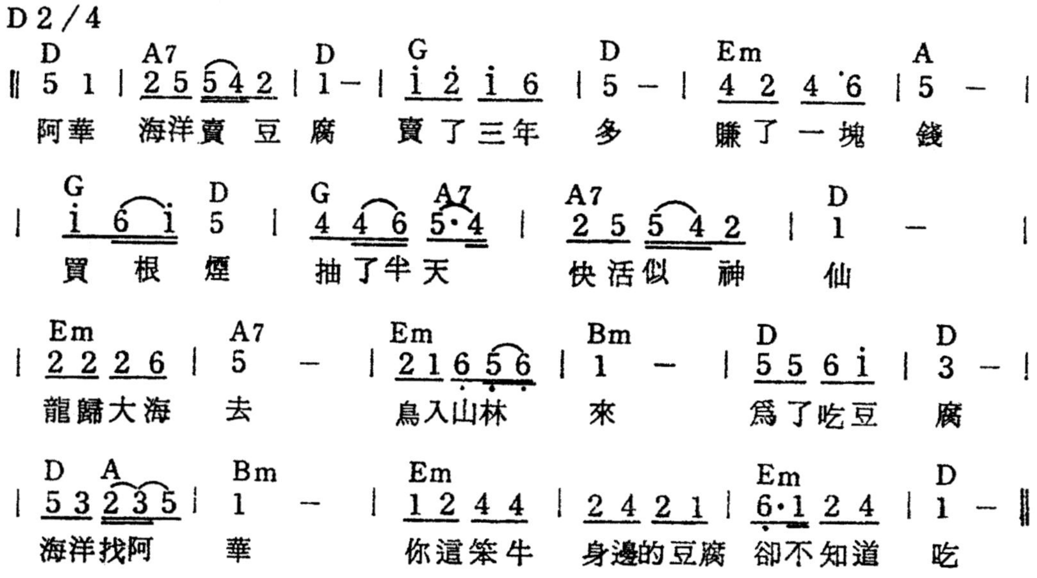

D 2/4

```
      D           A7          D        G          D         Em              A
|| 5  1 | 2 5 5 4 2 | 1 - | i 2 i 6 | 5 - | 4 2 4 ˙6 | 5 - |
   阿華  海洋賣 豆 腐  賣了三年  多    賺了一塊 錢
```

```
      G           D       G         A7         A7            D
| i 6 i  5 | 4 4 6 5˙4 | 2 5 5 4 2 | 1 - |
   買 根 煙   抽了半天   快活似 神  仙
```

```
      Em          A7        Em          Bm        D          D
| 2 2 2 6 | 5 - | 2 1 6 5 6 | 1 - | 5 5 6 i | 3 - |
   龍歸大海  去   鳥入山林 來    為了吃豆  腐
```

```
   D A    Bm           Em          Em              D
| 5 3 2 3 5 | 1 - | 1 2 4 4 | 2 4 2 1 | 6˙1 2 4 | 1 - ||
   海洋找阿  華     你這笨牛  身邊的豆腐 卻不知道  吃
```

〈蘇武牧羊〉一曲，不知何時由何人弄出一個「搞笑版」，〈阿華賣豆腐〉也很流行，許多歌本有收錄。但查不到出處！

蕭而化作品也多。作詞或譯詞，如〈白髮吟〉、〈老黑爵〉、〈散塔露琪亞〉、〈哦！蘇珊娜〉。作曲如〈織女歌〉、〈遠別離〉、〈西湖好〉、〈黃鶴樓〉等。而以〈蘇武牧羊〉最流行，各級學校更是流行。

蕭而化也寫很多校歌，如福建立農學院校歌、台灣師大校歌、高雄市市歌。另外為中學寫的校歌更多，約有數十中學都是，如北一女、中山女高、台南忠孝、嘉義女中、台中二中、花蓮女中、金甌高中等。

三、岳飛作品

岳飛（一一〇三—一一四二）。岳飛的〈滿江紅〉流傳已久，現在流行有兩種版，一種是古典，另一種由林聲翕作曲，詞同古詞。

〈滿江紅〉古典，在清初《九宮大成》（古代歌曲集）已有。後至一九二〇年，北京大學音樂研究所編《音樂雜誌》，也刊出曲調。一九二五年，有一位叫楊蔭瀏也譜過曲。

「滿江紅」本是一個詞牌名，歷史上（現代也有）有多人寫過〈滿江紅〉，以岳飛的〈滿江紅〉最有名。

滿江紅

岳飛詞 古曲

D調 4／4

D	Em	D	Bm	D	Em	A7
3 5 5̇6 1	2 3̇2 1 −	6̣ 5̣6̣ 1 2 3 5	2 − − 0

怒髮衝 冠 憑欄 處， 瀟瀟 雨 歇，

D		Em	D		A	D
3 1̇3 5 −	1̇ 5 6̇3 2 −	1·3 2̇1 6̣ 5 −	5 5̇6 3 3̇1

抬望 眼， 仰天 長 嘯， 壯懷 激 烈， 三十 功名

A7 Em	D G	D			Bm
2·3 2 −	3·5 1̇ 6 5	3 2̇3 2 1 −	5̣ 1 2 3 5	1·2 3 −

塵與土， 八千里路 雲和 月， 莫等閒白了 少年頭，

Em G A7	D	Em	D	Bm	D
2 1̇6 5 −	5 − 5̇6 1	2 3̇2 1 −	6̣ 5̣6̣ 1 2 3 5

空悲 切。 靖康 恥，猶未 雪， 臣子恨，何 時

A7 Em	D		A7	D	A7
2 − − 0	3 1̇3 5 −	1̇ 5 6̇3 2 −	1·3 2̇1 6̣ 5̣ −

滅， 駕長 車， 踏 破 賀蘭 山 缺。

D	Em A7	D G	D	
5 5̇6 3 3̇1	2·3 2 −	3·5 1̇ 6 5	3 2̇3 2 1 −

壯志 飢餐 胡虜肉， 笑談渴飲 匈奴 血，

	#Fm	A7 G	D
5̣ 1 2 3 5	1·2 3 −	2̇ 1̇ 6 5 − ‖

待從頭 收拾 舊山河， 朝天 闕。

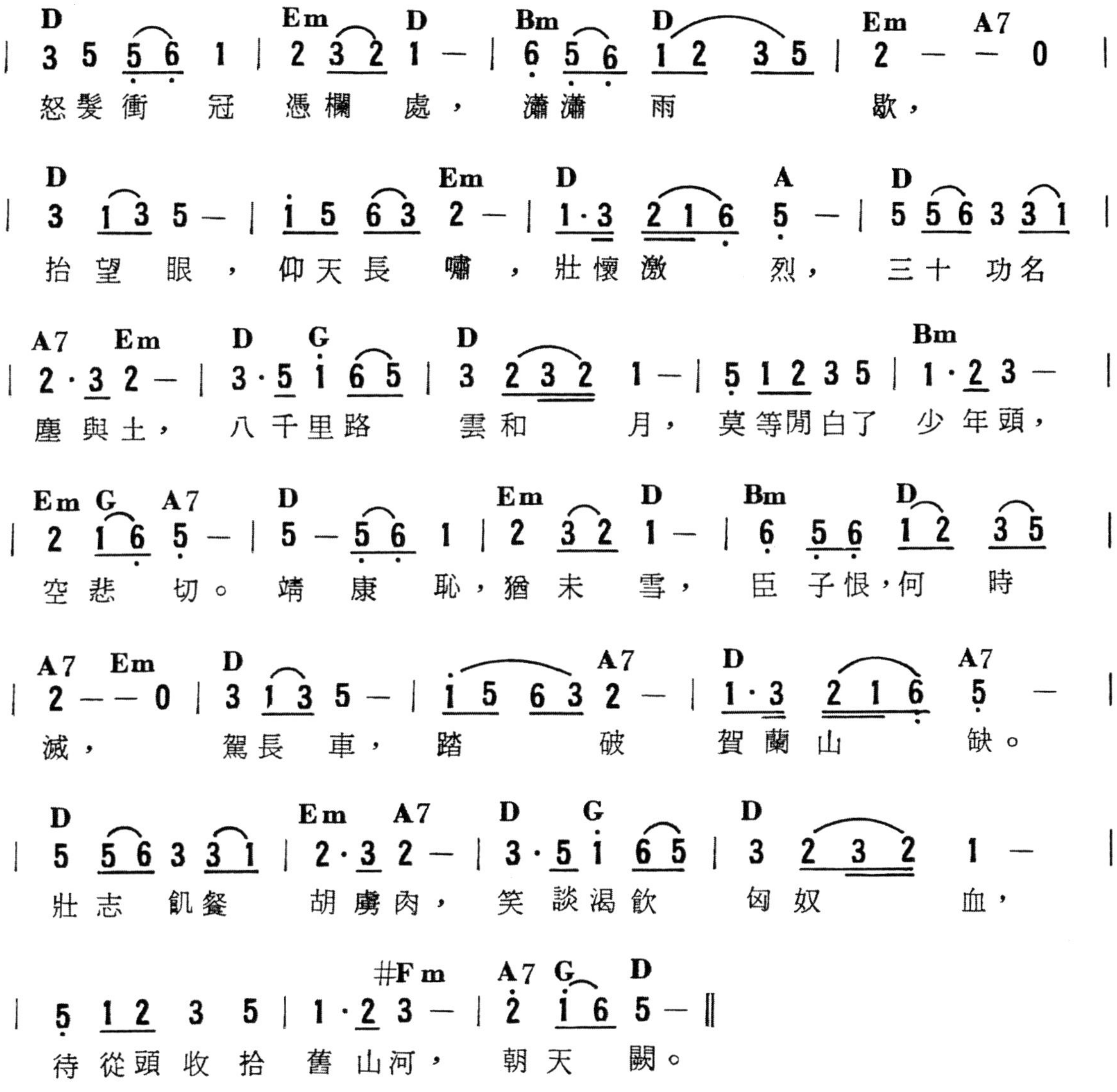

滿江紅

岳飛詞　林聲翕曲

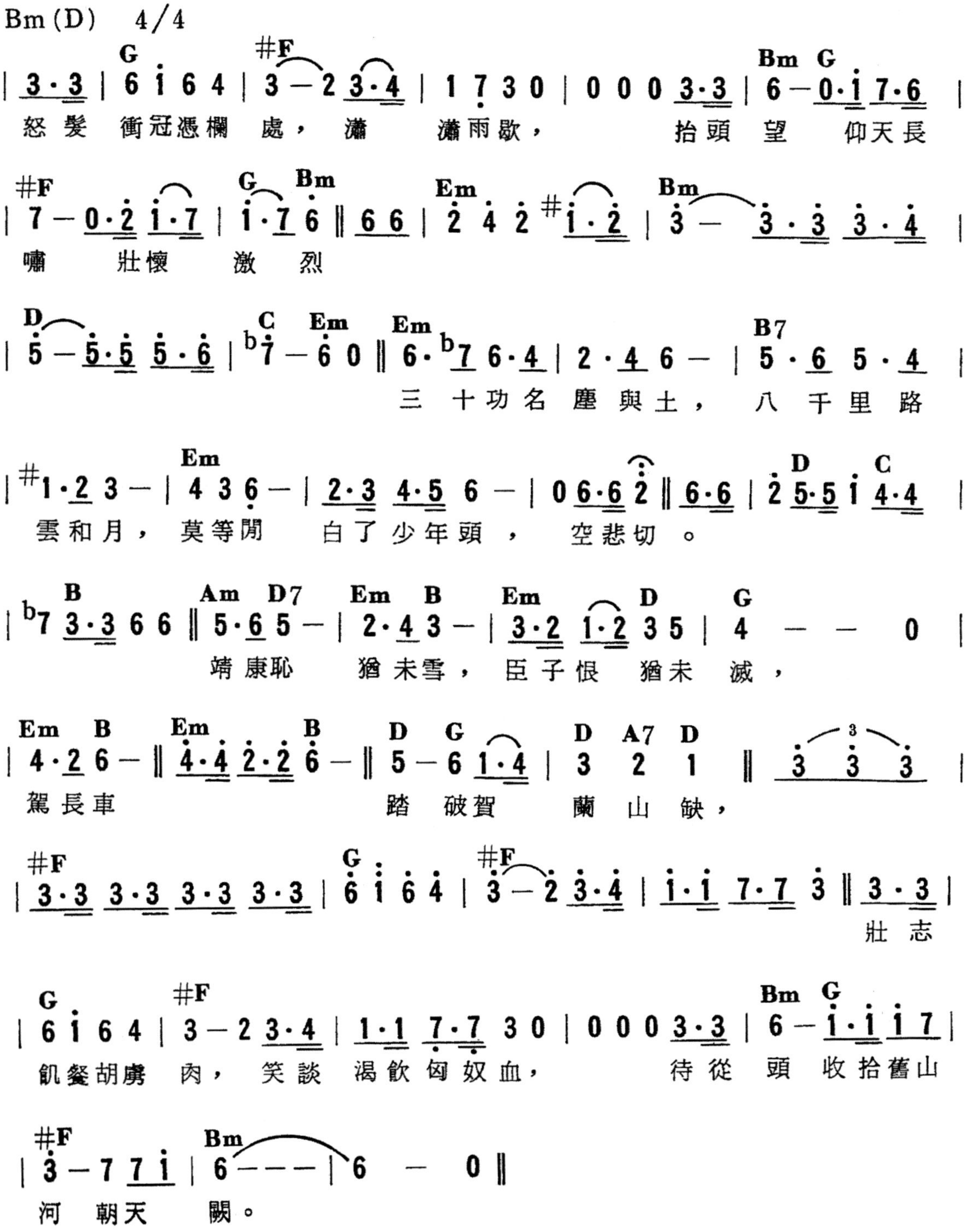
Bm(D) 4/4
怒髮衝冠憑欄處，瀟瀟雨歇，抬頭望仰天長
嘯壯懷激烈
三十功名塵與土，八千里路
雲和月，莫等閑白了少年頭，空悲切。
靖康恥猶未雪，臣子恨猶未滅，
駕長車踏破賀蘭山缺，
壯志
飢餐胡虜肉，笑談渴飲匈奴血，待從頭收拾舊山
河朝天闕。

林聲翕（一九一四－一九九一）。廣東新會人，一九一四年九月五日生，一九九一年七月十四日，在香港逝世。他是作曲家、音樂教育家。

林聲翕作品有多種。管絃樂如〈海．帆．港〉、〈西藏風光〉、〈寒山寺之鐘聲〉；歌劇如〈鵲橋的想像〉；管絃樂及合唱曲如〈抗戰史詩〉、〈中華頌歌〉；歌曲如〈白雲故鄉〉、〈滿江紅〉、〈掀起妳的蓋頭來〉、〈晚晴〉、〈你的夢〉等。

據聞，李抱忱也把新調〈滿江紅〉，編成男聲四部合唱，成為美帝國防語文學院合唱團的演唱重要曲目，廣受歡迎。只不知，美帝軍人是否認識吾國之民族英雄岳飛？

四、李叔同作品

李叔同（一八八〇—一九四二）。就是弘一大師。一八八〇年十月廿三日，出生在吾國之天津市，一九四二年十月十三日，在泉州圓寂。

大師俗名李叔同，譜名文濤，幼名成蹊，學名廣侯，字息霜，別號漱筒，出家後法名演音，號弘一。晚號晚晴老人，他是全方位藝術家，書法、音樂、劇作、篆刻、詩詞、作曲等無所不通，亦為佛教南山律宗重要傳人。

大師流傳的各類作品很多。歌曲部分如〈春遊〉、〈悲秋〉、〈送別〉等，數十年來雖未很流行仍有傳唱者。

送別

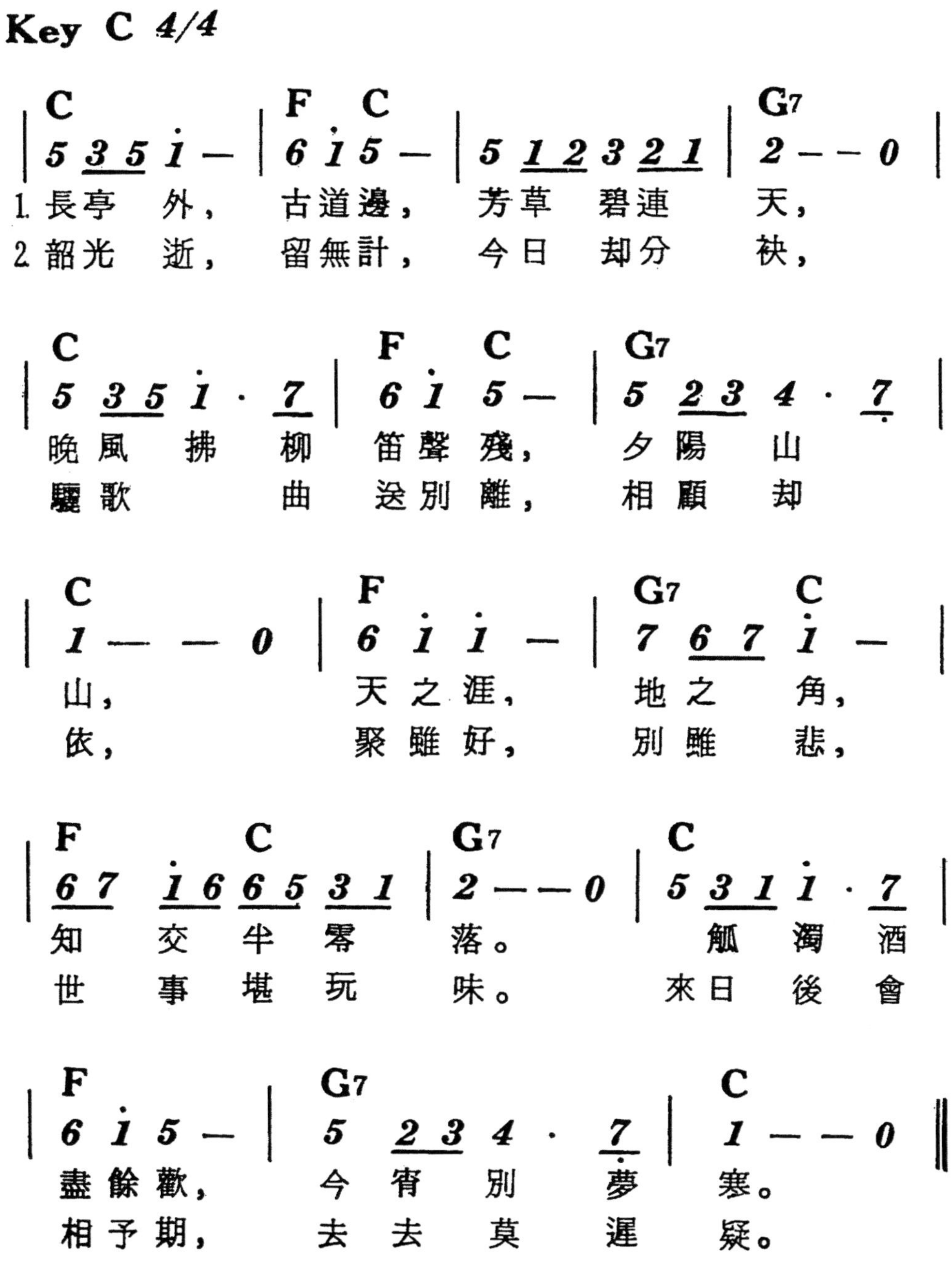

Key C *4/4*

```
C                   F   C              G7
| 5 35 1 -  | 6 1 5 -  | 5 1 2 3 2 1 | 2 - - 0 |
```
1.長亭 外， 古道邊， 芳草 碧連 天，
2.韶光 逝， 留無計， 今日 却分 袂，

```
C                       F   C          G7
| 5 35 1 · 7 | 6 1 5 -  | 5 2 3 4 · 7 |
```
晚風 拂柳 笛聲殘， 夕陽 山
驪歌 曲 送別離， 相顧 却

```
C               F           G7         C
| 1 - - 0  | 6 1 1 -  | 7 6 7 1 -  |
```
山， 天之涯， 地之 角，
依， 聚雖好， 別雖 悲，

```
F   C               G7         C
| 6 7 1 6 6 5 3 1 | 2 - - 0  | 5 3 1 1 · 7 |
```
知 交半零 落。 觚濁酒
世 事堪玩 味。 來日後會

```
F               G7             C
| 6 1 5 -  | 5 2 3 4 · 7 | 1 - - 0 ‖
```
盡餘歡， 今宵 別夢 寒。
相予期， 去去 莫遲 疑。

五、呂泉生作品

呂泉生（一九一六－二〇〇八）。筆名呂玲朗，一九一六年七月一日，出生在倭竊的台中神岡鄉三角村。他是創作台灣歌（民謠）的先驅之一，另在〈台灣老歌民謠〉輯中介紹。一九五七年，他受辜偉甫（漢奸辜顯榮第六子、辜振甫之弟，一九一八到一九八二）邀請，創辦榮星合唱團，並擔任團長到一九九一年十一月退休為止。

呂泉生流傳的作品，台語如〈搖嬰兒歌〉、〈杯底不可飼金魚〉等，國語如這首〈流水〉。

流水

呂泉生曲

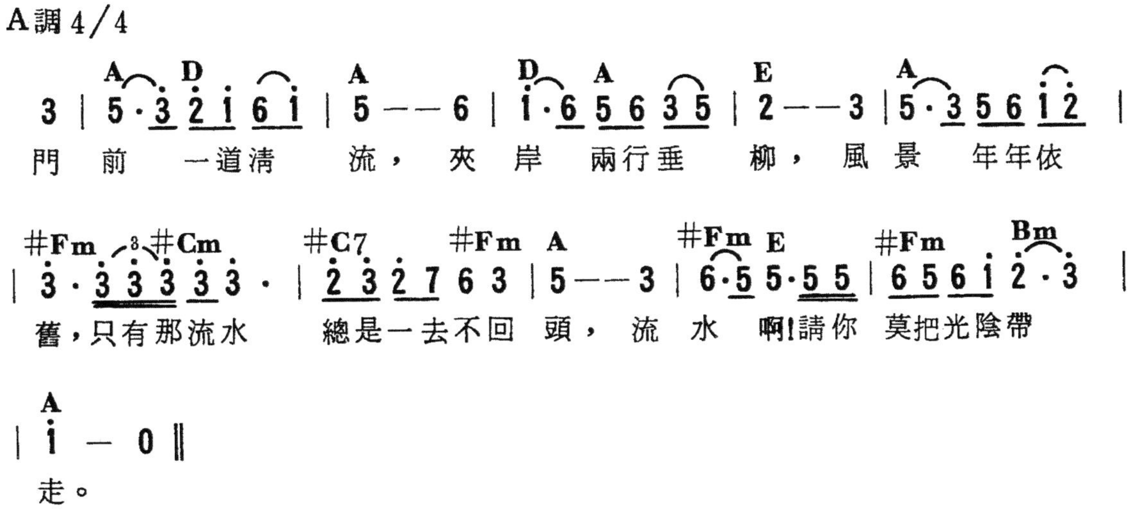

A調 4/4

```
         A   D        A         D  A        E         A
3 | 5·3 2 1 6 1 | 5 — — 6 | 1·6 5 6 3 5 | 2 — — 3 5·3 5 6 1 2 |
  門 前  一道清  流，  夾岸 兩行垂 柳，  風景  年年依
```

```
 #Fm    #Cm        #C7      #Fm  A      #Fm  E      #Fm      Bm
| 3·3 3 3 3 3 · | 2 3 2 7 6 3 | 5 — — 3 | 6·5 5·5 5 | 6 5 6 1 2·3 |
  舊，只有那流水   總是一去不回 頭， 流 水 啊!請你 莫把光陰帶
```

```
  A
| 1 — 0 ‖
  走。
```

六、紀雲程作品

紀雲程（？—一九九六）。筆名吳蒙、天馬，有「紀才子」之名，是《世界日報》副總編輯，一生都在報界工作。他寫過不少好文章，如〈人物浮雕〉、〈邊緣漫步〉、〈群情百態〉、〈三言兩語〉。而〈相思河畔〉，可能是他唯一寫的歌詞。

〈相思河畔〉是泰國民謠，早期歌手顧媚、崔萍算是首唱者。這首歌曲原創何時何人？有說是泰國一個叫 Virginia Pereira，又有說是菲律賓的 Vic O. Cristobal。詳情如何？就交給考古學家了。

相思河畔

（泰國民謠） 紀雲程詞

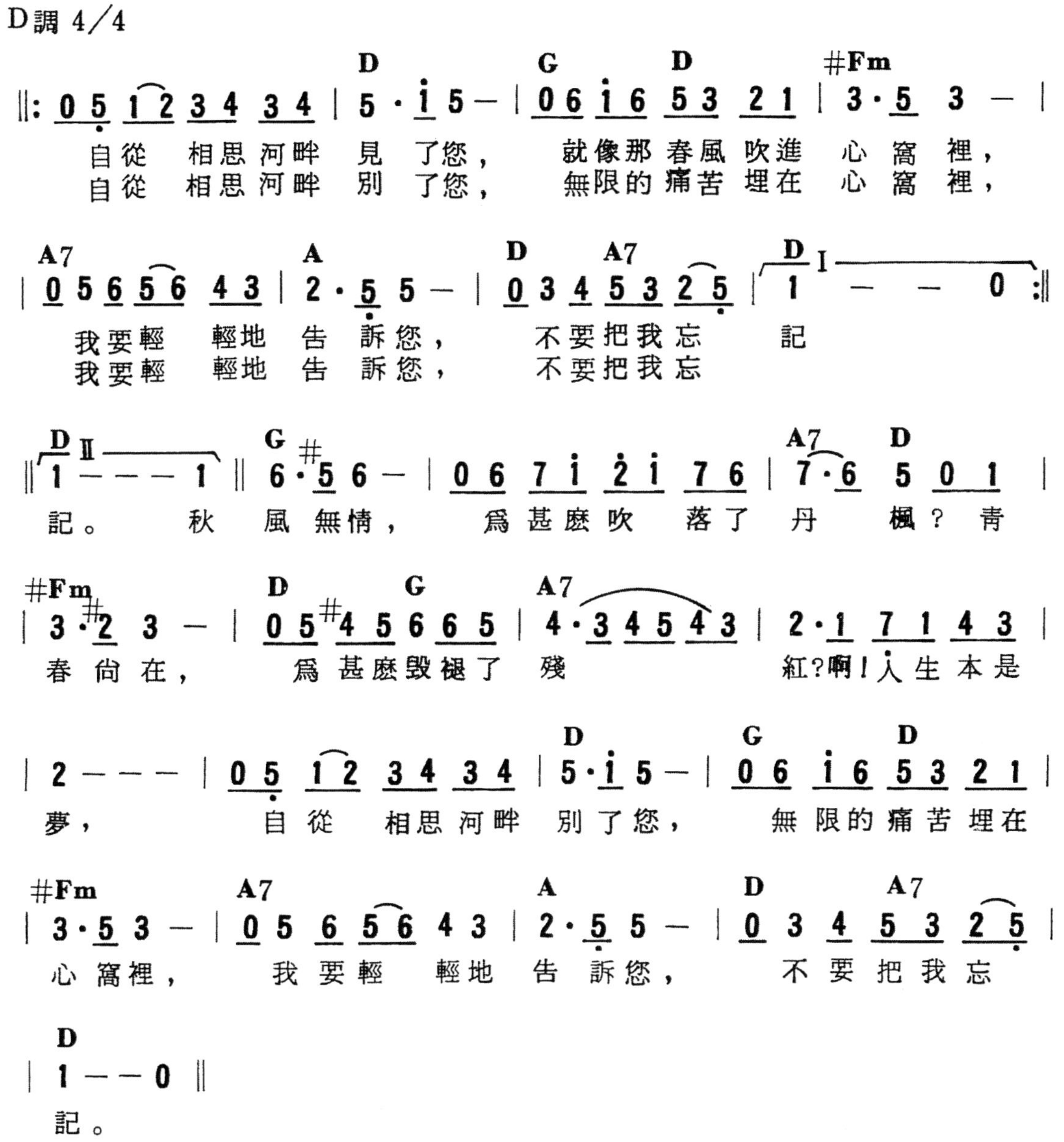
D調 4／4
D   G   D   #Fm
‖: 0 5̣ 1̂ 2 3 4 34 | 5·1̇ 5 — | 0 6̇ 1̇ 6 53 21 | 3·5 3 — |
自從 相思河畔 見 了您， 就像那春風吹進 心 窩 裡，
自從 相思河畔 別 了您， 無限的痛苦埋在 心 窩 裡，

A7   A   D   A7   D I
| 0 5 6 5̂ 6 43 | 2·5 5 — | 0 3 4 5 3 2 5̣ | 1 — — 0 :‖
我要輕 輕地 告 訴您， 不要把我忘 記
我要輕 輕地 告 訴您， 不要把我忘

D II   G #
‖ 1 — — 1 ‖ 6·5 6 — | 0 6 7 1̇ 2̇ 1̇ 76 | 7·6 5 0 1 |
記。 秋 風 無情， 爲甚麽吹 落了 丹 楓？青

#Fm #   D   G   A7   D
| 3·2 3 — | 0 5 #4 5 6 6 5 | 4·3 4 5 4 3 | 2·1 7 1 4 3 |
春尙在， 爲甚麽毀褪了 殘 紅？啊！人生本是

D   G   D
| 2 — — — | 0 5̣ 1̂ 2 3 4 34 | 5·1̇ 5 — | 0 6̇ 1̇ 6 53 21 |
夢， 自 從 相思 河畔 別了您， 無 限的痛苦埋在

#Fm   A7   A   D   A7
| 3·5 3 — | 0 5 6 5̂ 6 43 | 2·5 5 — | 0 3 4 5 3 2 5̣ |
心 窩裡， 我 要輕 輕地 告 訴您， 不 要 把 我 忘
記。

七、田豐作品

〈紅花襟上插〉是一首很流行，也必能流傳的好歌。在《凌晨之歌》第九集，屬名田豐作曲，葉綠作詞。這田豐就是姚敏，葉綠就是陳蝶衣，詳看前輯介紹。〈紅花襟上插〉一曲，許多著名歌手都唱，並列入自己的專輯中，如鳳飛飛、蔡幸娟、于飛、林淑容、王芷蕾、韓寶儀、王雯萱等。

姚敏和陳蝶衣，都是二十世紀國語流行歌壇的大作曲家、大作詞家。從筆者上一代人到筆者小時候，幾乎都聽他們的歌長大的，很多是可再流傳百年的好歌。

紅花襟上揷

田豐曲　葉綠詞

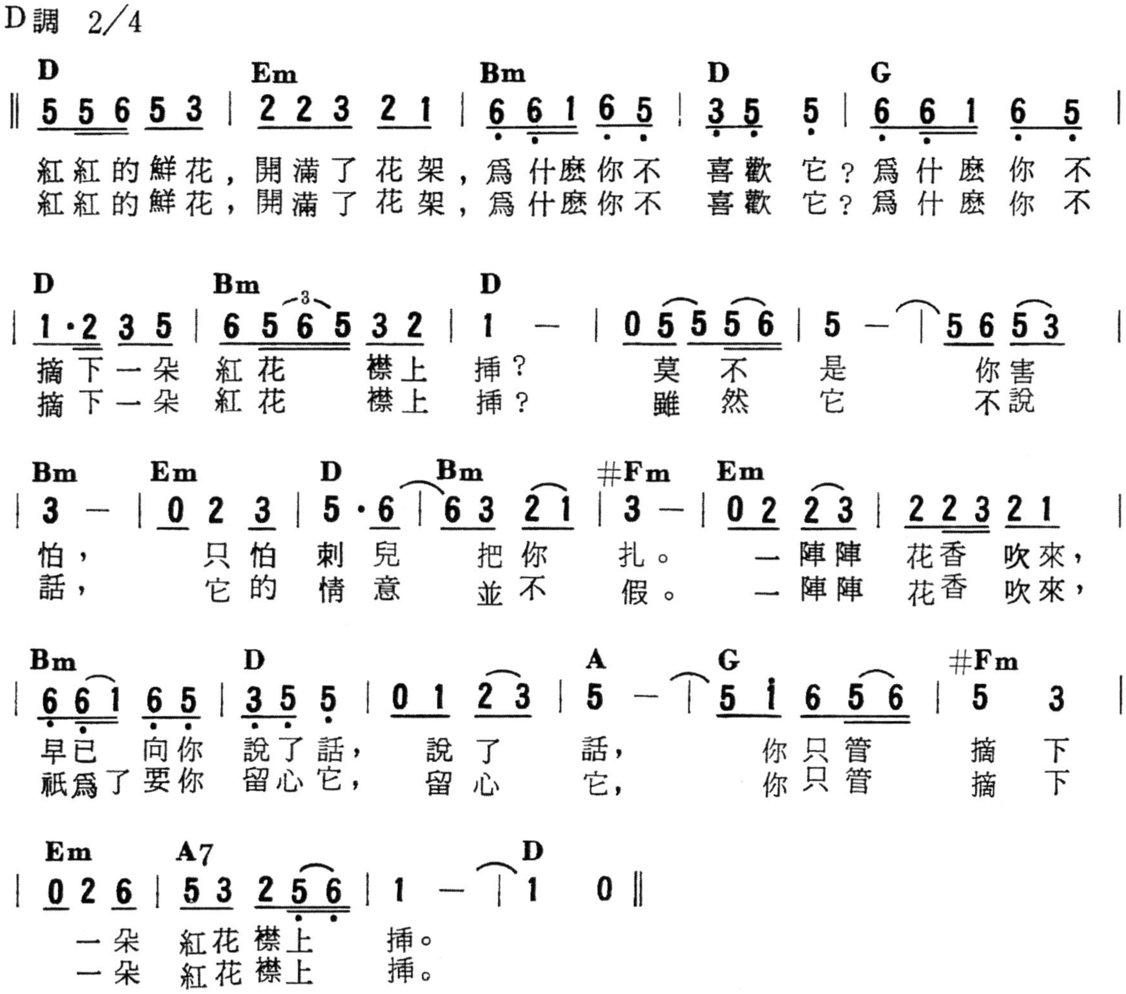
D調 2/4
紅紅的鮮花，開滿了花架，爲什麽你不喜歡它？爲什麽你不
紅紅的鮮花，開滿了花架，爲什麽你不喜歡它？爲什麽你不
摘下一朵紅花襟上揷？莫不是你害
摘下一朵紅花襟上揷？雖然它不說
怕，只怕刺兒把你扎。一陣陣花香吹來，
話，它的情意並不假。一陣陣花香吹來，
早已向你說了話，說了話，你只管摘下
祇爲了要你留心它，留心它，你只管摘下
一朵紅花襟上揷。
一朵紅花襟上揷。

八、上官流雲作品

上官流雲（一九二二—二〇〇二）。他是馬來亞華人，原名（馬來語）：Shang Kuan Liu Yun，生於雪蘭莪州。一九四〇到一九五〇年代，南洋的知名創作歌手。

他創作的國語歌，〈午夜香吻〉、〈新馬來情歌〉，都很流行。尤其〈午夜香吻〉，是一九四一年倭軍入侵前夕，他在馬來亞檳城一處叫關子角的海濱，紀念和一個女孩的初戀而寫。由新加坡歌手巫美玲演唱，一砲而紅。

他也寫粵語歌，如〈行快啲啦〉是一九六五年披頭四的歌〈Can't Buy Me Love〉，重新填詞的粵語歌曲。

午夜香吻

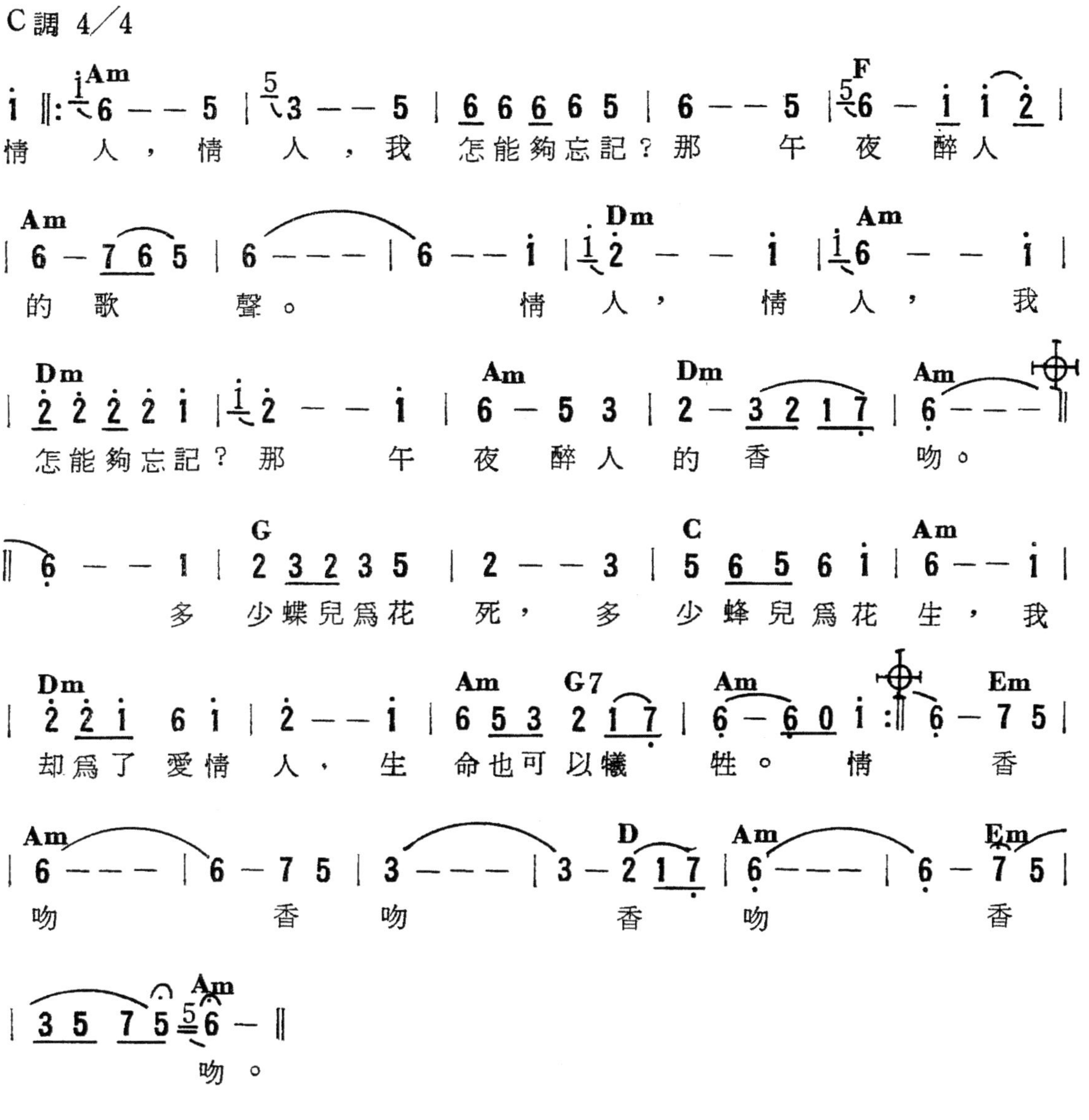

C調 4／4

Am

1 ‖: 1̇<u>6</u> — — 5 | <u>5</u>3̇ — — 5 | <u>6 6 6 6</u> 5 | 6 — — 5 | **F** <u>5</u>6 — 1̇ 1̇ 2̇ |
情　人　，　情　人　，我　　怎能夠忘記？那　　午　夜　醉　人

Am
| 6 — <u>7 6</u> 5 | 6 — — — | 6 — — 1̇ | **Dm** 1̇ 2̇ — — 1̇ | **Am** 1̇ 6 — — 1̇ |
的　歌　　　聲。　　　　　　　情　人，　情　人，　我

Dm
| 2̇ 2̇ 2̇ 1̇ | 1̇ 2̇ — — 1̇ | 6 — 5 3 | **Am** 2 — <u>3 2</u> <u>1 7</u> | **Dm** 6̣ — — — |
怎能夠忘記？那　　午　夜　醉　人　的　香　　吻。

‖ 6̣ — — 1 | 2 3 2 3 5 | 2 — — 3 | **G** 5 6 5 6 1̇ | **C** 6 — — 1̇ |
　　多　少蝶兒爲花　死，　多　少蜂兒爲花　生，我 **Am**

Dm
| 2̇ 2̇ 1̇ 6 1̇ | 2̇ — — 1̇ | **Am** 6 5 3 **G7** 2 <u>1 7</u> | **Am** 6̣ — 6̣ 0 1̇ :‖ **Em** 6̣ — 7 5 |
却爲了愛情人，生　命也可以犧　牲。　情　　香

Am
| 6̣ — — — | 6̣ — 7 5 | 3 — — — | **D** 3 — 2 <u>1 7</u> | **Am** 6̣ — — — | **Em** 6̣ — 7 5 |
吻　　　香　吻　　　香　吻　　　香

Am
| 3 5 7 5 <u>5</u>6̣ — ‖
吻　。

九、顧嘉煇作品

顧嘉煇（一九三一—二〇二三）。在《淩晨之歌》第九集，〈不了情〉屬名作曲人是顧家輝。另在《淩晨之歌》第十集，〈明日天涯〉屬名作曲人是顧嘉輝。到底「顧家輝」和「顧嘉輝」，是否同一人，文人總是弄好幾個筆名、別名！

經查「古哥」維基百科，顧嘉煇是本名，別名有顧嘉輝、顧家輝、張志雲等，以下行文統一用本名顧嘉煇。

顧嘉煇，一九三一年二月廿五日出生在廣州，二〇二三年元月三日逝世。現代著名音樂家、音樂製作人，擅於作曲、編曲和指揮，為很多電影、電視配樂、作曲。

顧嘉煇合作過的歌手不計其數，如凌波、靜婷、徐小鳳、仙杜拉、鄭少秋等。一九七〇到一九八〇年代中後期是他事業的高峰，一九九〇年代才淡出樂壇。之後移居溫哥華，仍投身藝術創作。

大約一九七五年，香港有一部電影叫《明日天涯》，這是有「香港瓊瑤」之稱的依達所著小說改編，全片的音樂指導和同名主題曲〈明日天涯〉作者，正是顧嘉煇。他有個妹妹叫顧媚，也是著名歌手。

他在香港曾經大大風光，一九九八年《顧嘉煇黃霑真友情演唱會》、二〇一二年《顧嘉煇大師經典演唱會》、二〇一五年《顧嘉煇榮休盛典演唱會》……

不了情（不了情）

顧家輝曲　陶秦詞

C調4/4

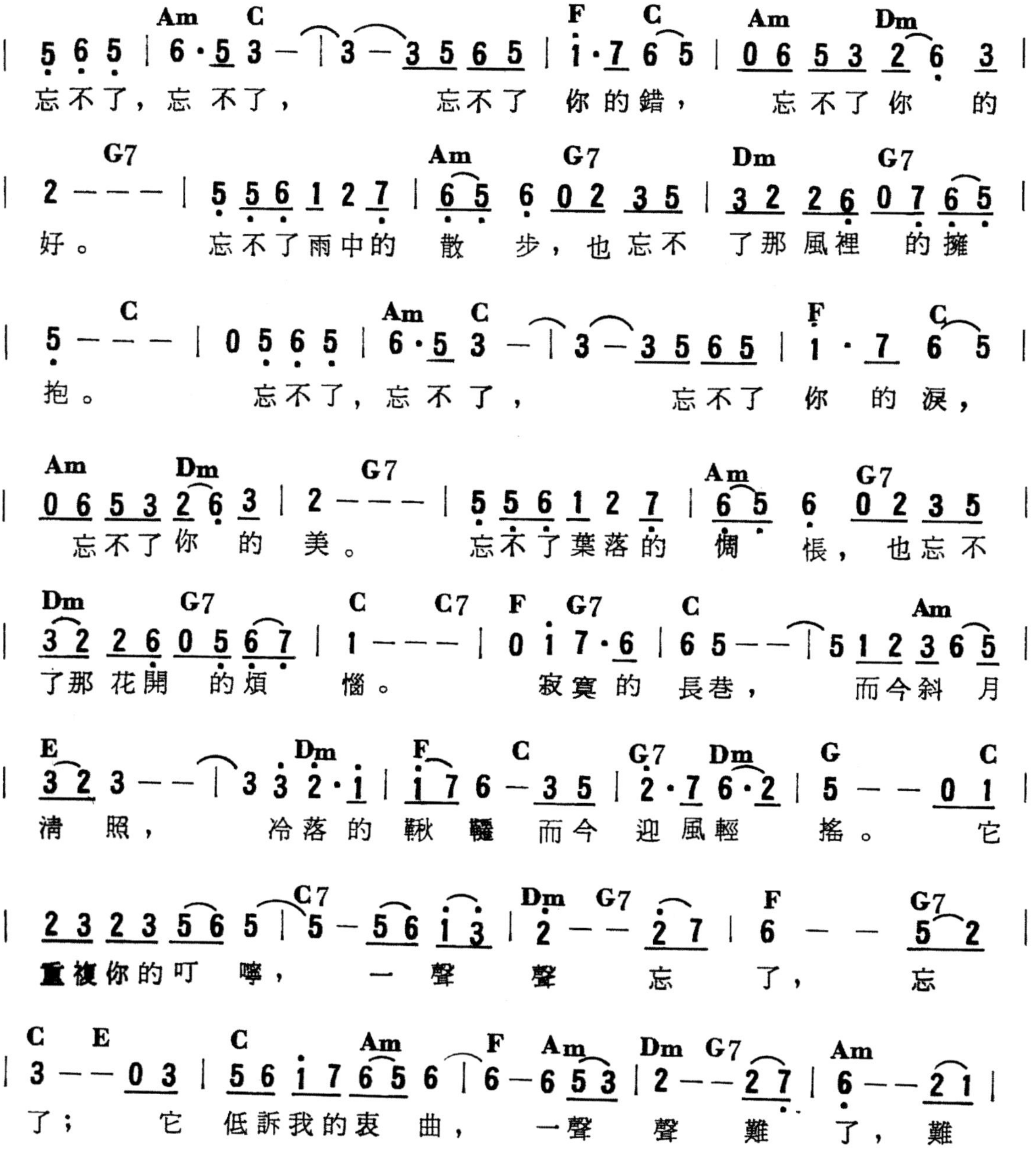
忘不了，忘不了，忘不了你的錯，忘不了你的
好。忘不了雨中的散步，也忘不了那風裡的擁
抱。忘不了，忘不了，忘不了你的淚，
忘不了你的美。忘不了葉落的惆悵，也忘不
了那花開的煩惱。寂寞的長巷，而今斜月
清照，冷落的鞦韆而今迎風輕搖。它
重複你的叮嚀，一聲聲忘了，忘
了；它低訴我的衷曲，一聲聲難了，難

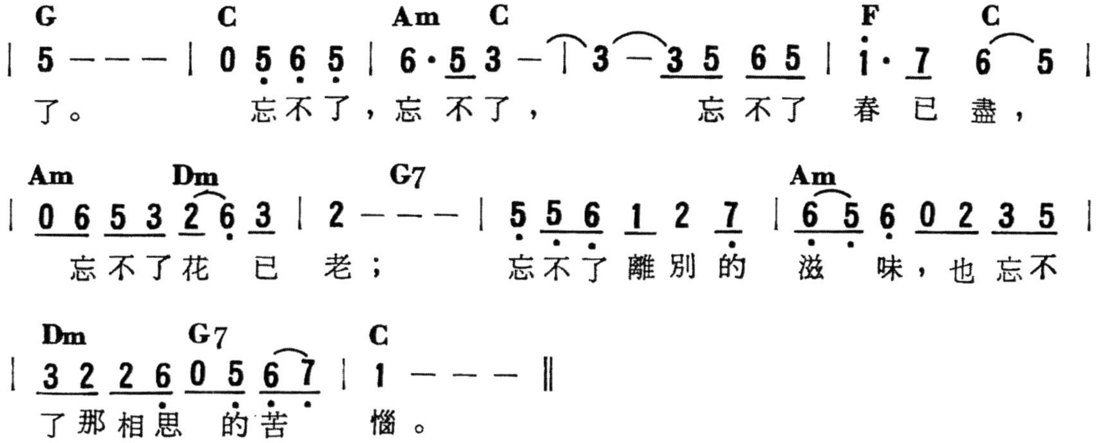

G   C   Am C   F   C

| 5 － － － | 0 5 6 5 | 6·5 3 － 3 － 3 5 6 5 | 1· 7 6 5 |

了。   忘不了，忘 不 了，   忘 不 了 春 已 盡，

Am   Dm   G7   Am

| 0 6 5 3 2 6 3 | 2 － － － | 5 5 6 1 2 7 | 6 5 6 0 2 3 5 |

忘不了花 已 老；   忘不了離別的 滋 味，也忘不

Dm   G7   C

| 3 2 2 6 0 5 6 7 | 1 － － － ‖

了那相思 的苦 惱。

明日天涯

顧嘉輝曲

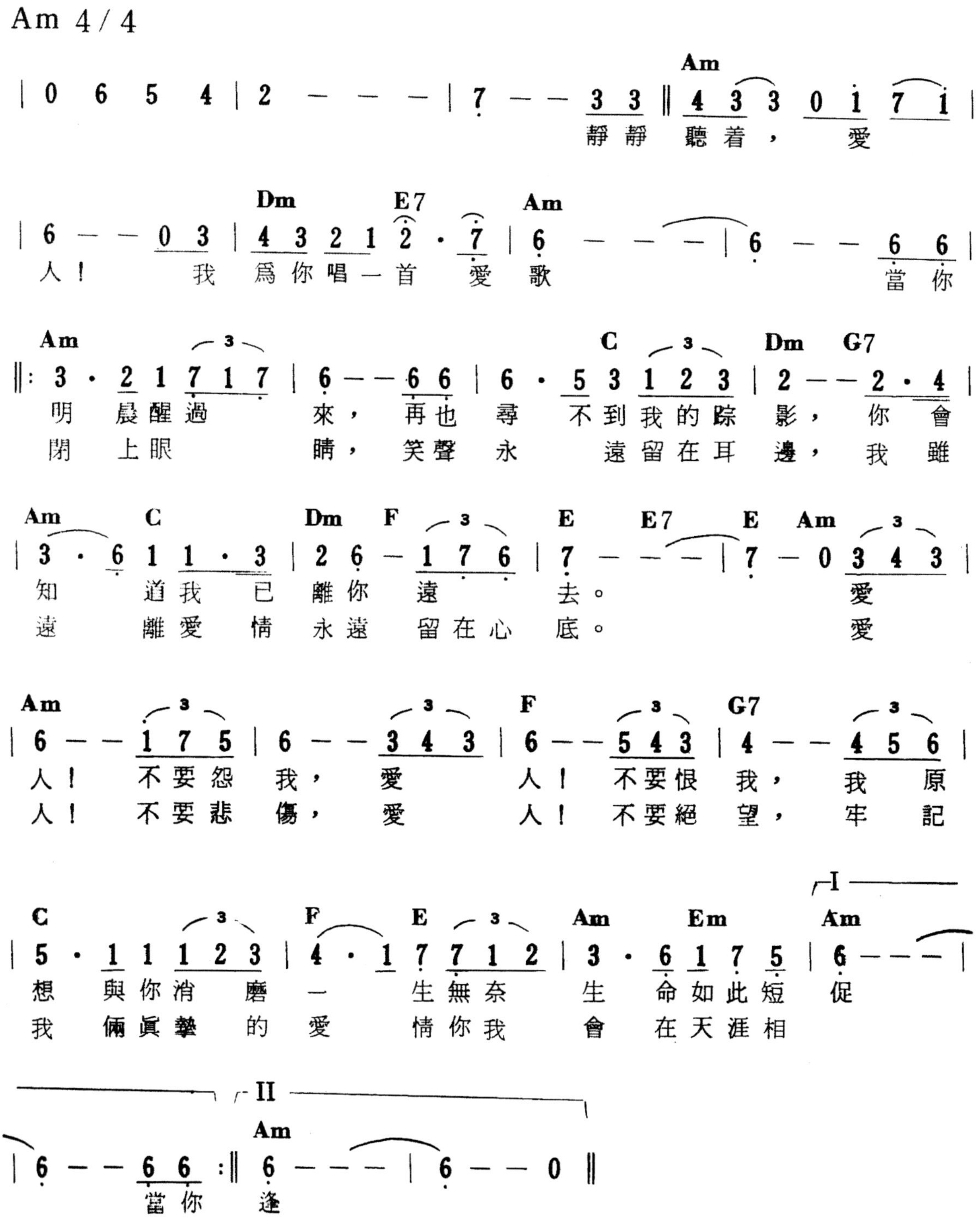

Am 4 / 4

| 0　6　5　4 | 2　－　－　－ | 7·　－　－　3 3 ‖ **Am** 4 3　3　0 | 1　7　1 |

靜　靜　聽　着，　愛

| 6　－　－　0 3 | **Dm** 4 3　2 1 | **E7** 2·　7· | **Am** 6·　－　－　－ | 6·　－　－　6　6 |

人！　我　爲你唱一首　愛歌　　　　　　當你

‖: **Am** 3·　2 1 7 1　7 | 6·　－　－　6　6 | 6·　5 3　**C** 1 2 3 | 2　－　－ **Dm** 2· **G7** 4 |

明　晨醒過　　來，　再也　尋　不到我的踪影，　你　會
閉　上眼　　睛，　笑聲　永　遠留在耳　邊，　我　雖

| **Am** 3·　6· | 1 1·　3 **C** | **Dm** 2 6　－　1 7 6 **F** | **E** 7·　－　－　－ | **E7** 7·　－　0　3 | **E** 4 **Am** 3 |

知　道我　已　離你　遠　　　去。　　　　　愛
遠　離愛　情　永遠　留在心　底。　　　　　愛

| **Am** 6　－　－　1 7 5 | 6　－　－　3 4 3 | **F** 6　－　5 4 3 | **G7** 4　－　－　4 5 6 |

人！　不要怨　我，　愛　人！　不要恨　我，　我　原
人！　不要悲　傷，　愛　人！　不要絕　望，　牢　記

| **C** 5·　1 1　1 2 3 | **F** 4·　1 7 **E** 7 1 2 | **Am** 3·　6 1 7 5 | **Em** 6 **Am** ⌐I― 6　－　－　－ |

想　與你消　磨　一　生無奈　生　命如此短　促
我　倆眞摯　的　愛　情你我　會　在天涯相

⌐II―
| 6　－　－　6　6 :‖ **Am** 6·　－　－　－ | 6·　－　－　0 ‖

當你逢

十、王菲作品

在《凌晨之歌》第九集，〈當我們小的時候〉是王菲作詞作曲。但查維基百科，沒有顯示王菲創作這首歌。

以「當我們小的時候」鍵入再查，出現多筆資料，一說這首歌是黃河作詞、李慧倫作曲；另說這首歌是方勝作詞、周藍萍作曲。查證過程中，意外發現一個秘密。

原來李慧倫是周藍萍之妻，按李所述，周藍萍的經典作品〈綠島小夜曲〉不是指綠島，而是台灣島，是周追她時創作的浪漫曲。此事，周的女兒周揚明也證實。

此處對〈當我們小的時候〉這首歌，何人是原創者？就暫時以《凌晨之歌》第九集為準，詞曲皆王菲所作。

當我們小的時候

王菲詞曲

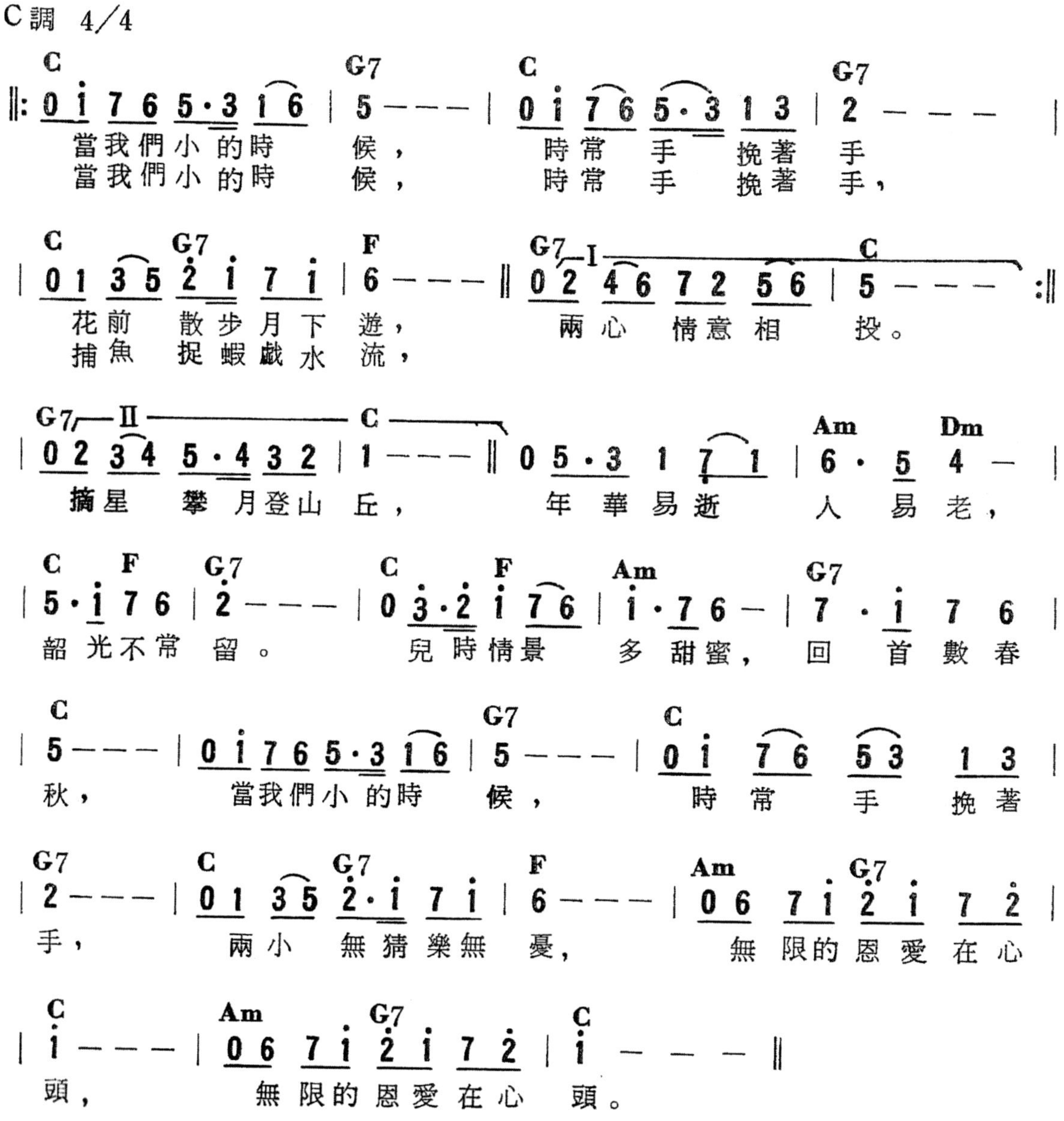
C調 4/4
當我們小的時候，時常手挽著手
當我們小的時候，時常手挽著手，
花前散步月下遊，兩心情意相投。
捕魚捉蝦戲水流，
摘星攀月登山丘，年華易逝人易老，
韶光不常留。兒時情景多甜蜜，回首數春
秋，當我們小的時候，時常手挽著
手，兩小無猜樂無憂，無限的恩愛在心
頭，無限的恩愛在心頭。

十一、翁倩玉作品

翁倩玉（一九五〇—）。祖籍是廣東汕頭澄海，一九五〇年元月廿四日生在台北。他祖父翁俊明（一八九二—一九四三），是第一個參加同盟會和抗日的台灣人，曾和杜聰明計畫暗殺袁世凱未成。

翁倩玉從小在倭國長大，也在倭國走紅，當台視仍是全台唯一時，她的返台受到各界重視，台視為她做專集。

中國電影製片廠，找她拍一部倫理片，片名正是《溫情滿人間》，主題曲也是同名，由她自己作曲自己唱。值得注意是，這首歌的作詞人翁炳榮，正是翁倩玉的父親。

溫情滿人間

翁倩玉曲　翁炳榮詞

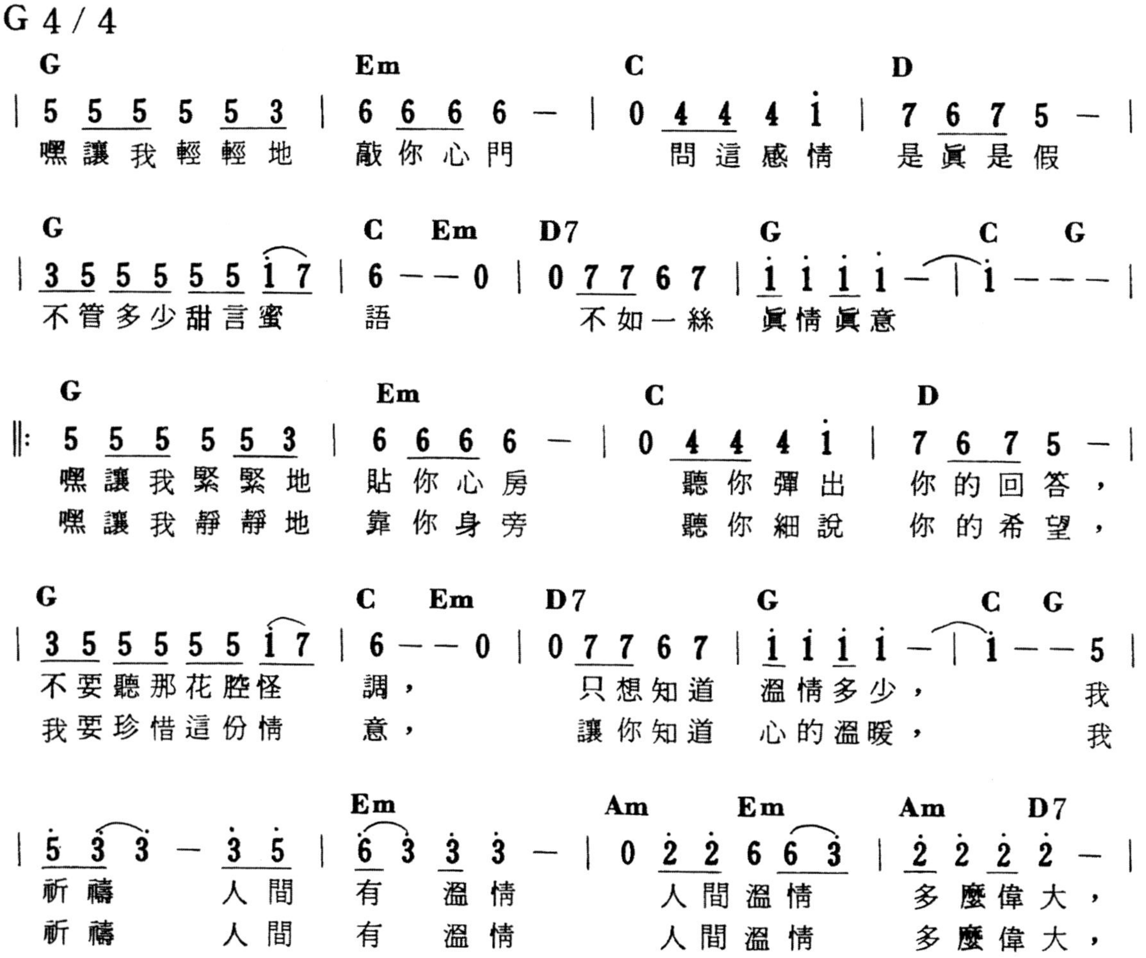
G 4/4
G Em C D
嘿讓我輕輕地 敲你心門 問這感情 是真是假
G C Em D7 G C G
不管多少甜言蜜 語 不如一絲 真情真意
G Em C D
嘿讓我緊緊地 貼你心房 聽你彈出 你的回答，
嘿讓我靜靜地 靠你身旁 聽你細說 你的希望，
G C Em D7 G C G
不要聽那花腔怪 調， 只想知道 溫情多少， 我
我要珍惜這份情 意， 讓你知道 心的溫暖， 我
Em Am Em Am D7
祈禱 人間 有 溫情 人間溫情 多麼偉大，
祈禱 人間 有 溫情 人間溫情 多麼偉大，

G　　　　　　　　　　Em　　　　D7　　　　　G
| 3 5 5 5 5 1 7 | 6 · 3 6 — | 0 7 7 6 7 | 1 1 1 1 5 |
它　使那枯樹　發　了芽，　冰霜也會　被它融化啦
它　使那枯樹　發　了芽，　冰霜也會　被它融化啦

　　　　　　D7　C
| 3 — — 2 3 | 2 1 7 6 —
啦……………………………………
啦……………………………………

A7　　　　3　G
| 2 — — 1 2 | 1 7 6 5 5
……………………………………
……………………………………

　　　　　　D7　C
| 3 — — 2 3 | 2 1 7 6 —
…………………　…………………
…………………　…………………

D7　　　　　G
| 0 7 7 6 7 | 1 — — — :||
溫情多偉　大！
溫情多偉　大！

十二、江明旺作品

江明旺（一九三八—）。吾國之台灣省台北人，一九三八年六月十八日生。育達商職畢業，因愛玩吉他，和朋友組樂隊從事演奏工作，這首〈難忘的初戀情人〉，是台視很紅的節目「三朵花」的主題曲。

狄珊（一九四五—）河北人，由她作詞的歌不少，如〈人兒不歸〉、〈到底愛我不愛〉、〈春風吹向天涯〉、〈愛的花朵會開放〉、〈含淚的星星〉、〈難忘的初戀情人〉。

江明旺最早曾和左宏元（古月），在〈情旅〉這首歌用上幾個簡單的和弦，效果很好，可惜他不常寫歌。

難忘的初戀情人

江明旺編曲　狄珊詞

D 4 / 4

D	G7	D	Bm	G
5 · 5 5 1 6 5 3	5 — — 1 2	3 · 3 3 2 1 6	1 — — 6 5 6

D			D	Em	G
5 · 3 3 2 1 2	1 — — — ‖ 0 3 3 3 —	0 2 1 2 6 —

是愛情　　不夠深
從早晨　　到黃昏

A7	D	Em A7	D	#Fm	Bm
0 5 5 6 1 · 2 3	2 — — —	0 1 2 3 5 —	0 3 2 1 6 —

還是 沒緣 份？　希望 你　告訴 我，
為你 抹淚 痕，　盼望 你　告訴 我，

A7	D Gm	D	Bm	D A7
0 5 5 6 5 · 2 3	1 — — —	0 5 5 6 1 6 3	5 — — —

初戀 的 情 人，　你我 各分東 西，
再來 我 家 門，　我要 向你傾 訴，

D	G	#Fm A7	Bm	G	#Fm
0 5 5 6 1 6 5	3 · 5 2 —	0 3 2 1 6 5	1 1 6 5 3 6 5

這是 誰 的 責 任？　我對你永難忘 我對你 情意真，
心中 無 限 苦 悶，　只要你心不變 我依舊 情意深，

D	#Fm	G	Gm	D	A7	C
0 1 1 2 3 5 3	6 — — —	5 6 5 3 3 2 6	1 — — — ‖

直到 海枯石 爛，　難 忘的初戀情 人
直到 海枯石 爛，　難 忘的初戀情 人

D	G	D	#Fm Em	D
5 — 5 3 2 1	6 — — 5 6	5 3 3 3 3 2 6	1 — — — ‖

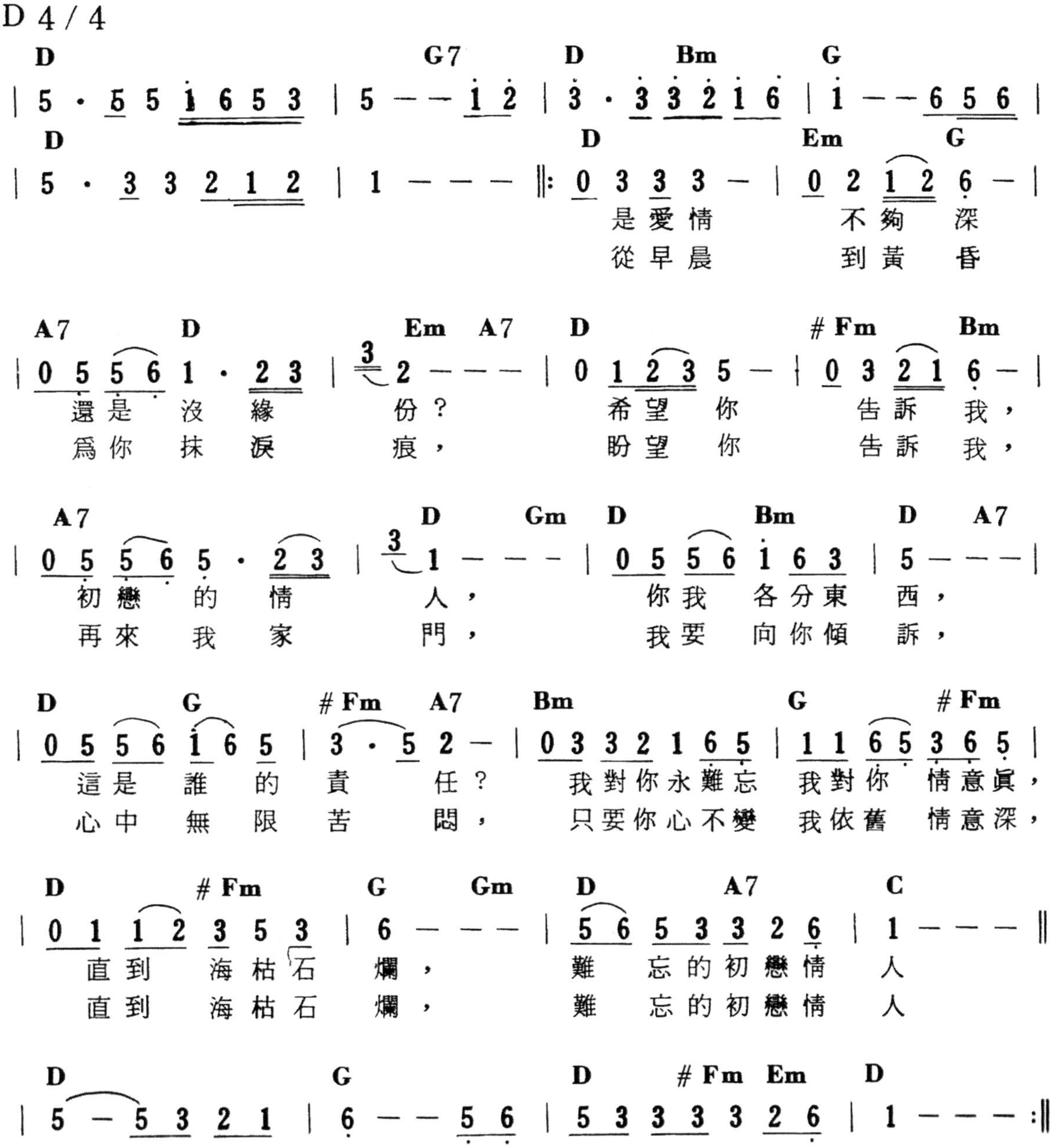

十三、蔡榮吉作品

蔡榮吉（一九四四—）。台中沙鹿人，一九四四年二月十九日生，從小喜歡音樂，玩吉他最為拿手。一九六六年世新廣電畢業後，在高雄一個樂隊擔任貝斯手。

不久回沙鹿碰到兒時玩伴陳貽蒼，改變了他的人生方向。陳貽蒼家開麵粉廠，經濟雄厚，想開唱片公司，請蔡負責策劃，蔡就一面唱片公司工作，一面作曲。

蔡榮吉的作品中，這首〈濛濛細雨憶當年〉，是當代寫雨歌曲中最突出的。甄妮、方晴都唱過這首歌，但直到李雅芳唱才成功塑造這首歌的新風格，可見歌手特質很重要。

濛濛細雨憶當年

蔡榮吉曲 慎芝詞

C 4 / 4

C 〔前奏〕　　　　　　　　　　　　　　　Am
| 3 · 4 3 2 1 2 | 3 - - - | 6 · 7 6 5 3 5 | 6 - - - |

C　　　　　　　　　　　G7　　　　　　　　　C
| 3 · 1 6 5 6 5 | 3 - - - | 5 · 3 2 6 1 2 | 1 - - - ‖

C　　　　　　　　　　　　　　　C7　F　　　　　　G7
‖ 3 · 4 3 2 1 3 | 5 - - - | 6 · 7 1 2 1 6 | 5 - - - |

窗　外下著濛濛　雨，　　心　裡一段衷　曲，
窗　外下著濛濛　雨，　　心　裡一段衷　曲，

C　　　　　　　　　　　　G7　　　　　　　　　C
| 3 3 1 5 1 3 | 2 - - - | 5 · 3 2 1 2 | 1 - - - |

向誰去傾　　　吐，　　向　誰去細　訴，
難忘記往　　　日，　　難　忘記舊　事，

F　　　C　　　　Am　　　F　　C　　　　G7
| 1 · 5 6 5 3 5 | 6 - - - | 1 · 6 5 3 1 3 | 2 - - - |

細雨一絲　絲，　　就　是我的淚　珠，
彷彿一場　夢，　　夢　醒人在何　處？

Dm　　　C　　　G7　　　　F　　G7　　F　C
| 2 · 1 2 3 · 0 | 5 · 3 5 6 · 0 | 5 3 2 6 1 2 | 1 - - - ‖

既　　然　　遠離去，　　你　何必當　初
窗　　外　　依舊是　　濛　濛的細　雨

C 〔間奏〕　　　　　　　　Am　　　G7　　　　　　C
| 3 · 5 3 2 1 2 | 6 - - - | 5 · 3 2 6 1 2 | 1 - - - ：‖

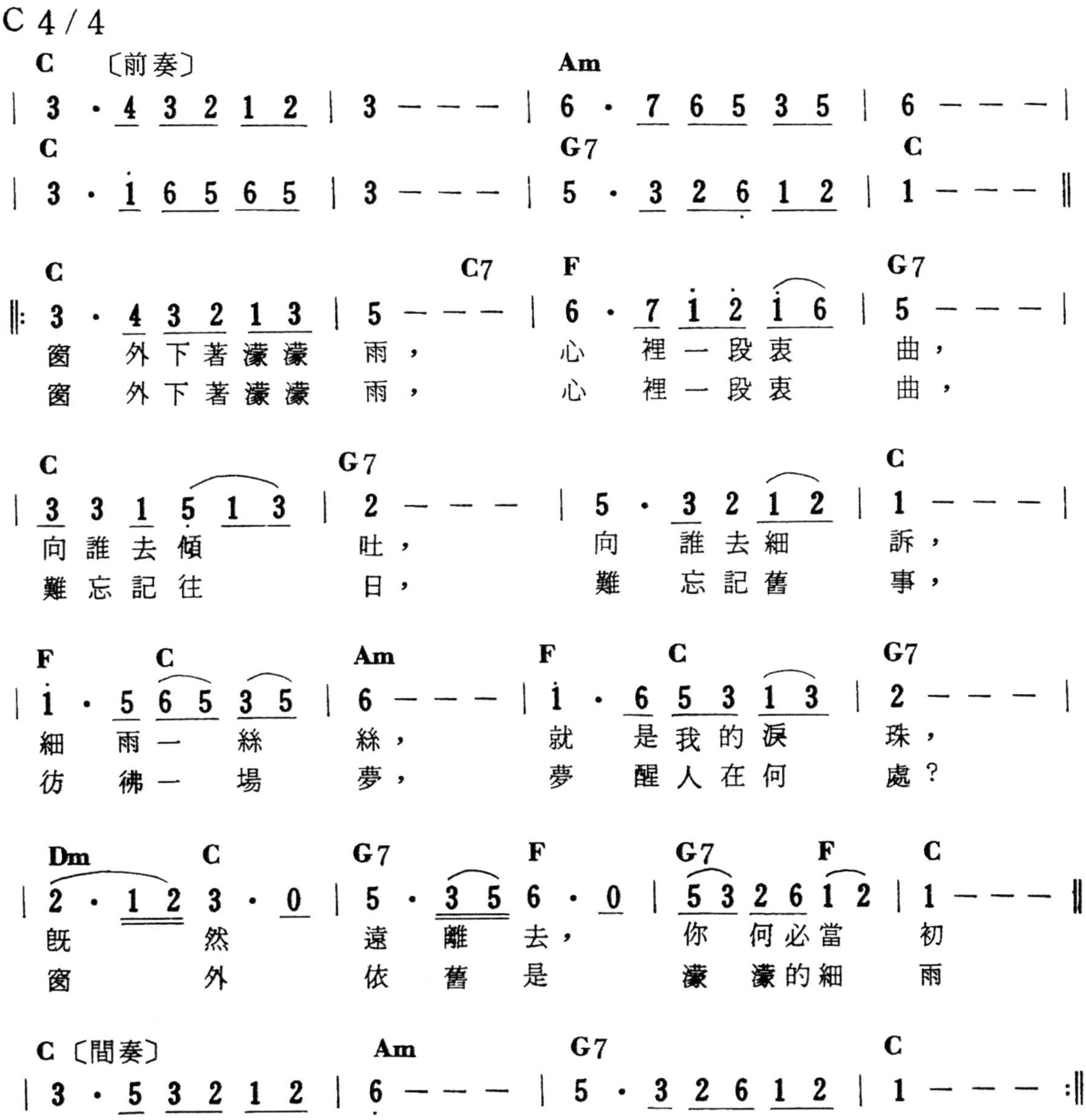

十四、陳彼德作品

陳彼德（得）（一九四三）。四川成都人，一九四三年八月十二日生。他本名陳曉因，曾用藝名夏雲飛，是歌手與作詞作曲家，台灣流行歌第一位採用「饒舌」音樂，使國語歌曲出現新風格的歌手。

在各種文獻中，陳彼德的「德」有時是「得」。他的籍貫在《凌晨之歌》介紹是廣東汕東，但維基百科記的是四川成都，不知道哪一個是正確。

歌手能兼作曲的人不多，陳彼德是難得的一位。一九六九年他開始作曲，第一曲是陳蘭麗唱的〈寂寞的小花〉。真正受到重視是為余天寫的〈含淚的微笑〉，很可惜余天在歌壇大紅，晚節不保，去當漢奸搞台獨了。

〈含淚的微笑〉之流行，作詞人林煌坤（一九四七—）功勞不小，他是台南人。他作詞的歌如〈往事只能回味〉、〈祝你幸福〉、〈路邊的野花不要採〉等，都很成功又能流行。

林煌坤也熱心於保存台灣一些老歌（民謠）資料。二〇〇四年間，他和汪笨湖主持一個《黑狗來了：台灣歌謠一百年》，解說一些老歌背後的故事。

陳彼德二〇〇二年起，置產北京並長住，創辦音樂工作室作曲。二〇〇八年參加《經典詠流傳》、《二〇一八中國好聲音》等，廣受好評，前進北京就是正確方向！

含淚的微笑

陳彼德曲　林煌坤詞

F 4 / 4

〔前奏〕

F		bB		C7		F	
5 6 5 | 5 − − 3 2 1 | 6 − − 5 6 5 | 2 − − 7 6 5 | 1 − 0 3 5 6 ‖							

　　　　　　　　　　　　　　　　　　　　　　　　　　含 着 眼

F			Dm	Gm	C7
1 − − 2 1 6 | 5 3 3 − 5 6 1 | 3 − 3 6 5 1 | 2 − − 5 6 5 |					

淚，　帶 着 微 笑，　好 夢 已　了　愛 情 遠 飄，　往

F	Dm	C7	F Fm
5 − 5 3 2 1 | 6 − 6 3 5 6 | 5 · 3 2 5 3 2 | 1 − − 1 2 |			

事　知 多　少，　留 下 我 徘 徊 在 今　宵，　縱 然

Am	C7	F	C7
3 − − 2 1 6 | 5 − − 1 2 | 3 − 3 6 5 1 | 2 − − 3 4 |			

是　相 思 難 了　我 也 要　忘 掉 煩 惱，　我 只

F	bB	C7	F
5 − 5 3 2 1 | 6 − 6 6 7 1 | 2 − 2 5 5 3 2 | 1 − − − ‖			

有　帶 着 那　含　淚　的 微　笑

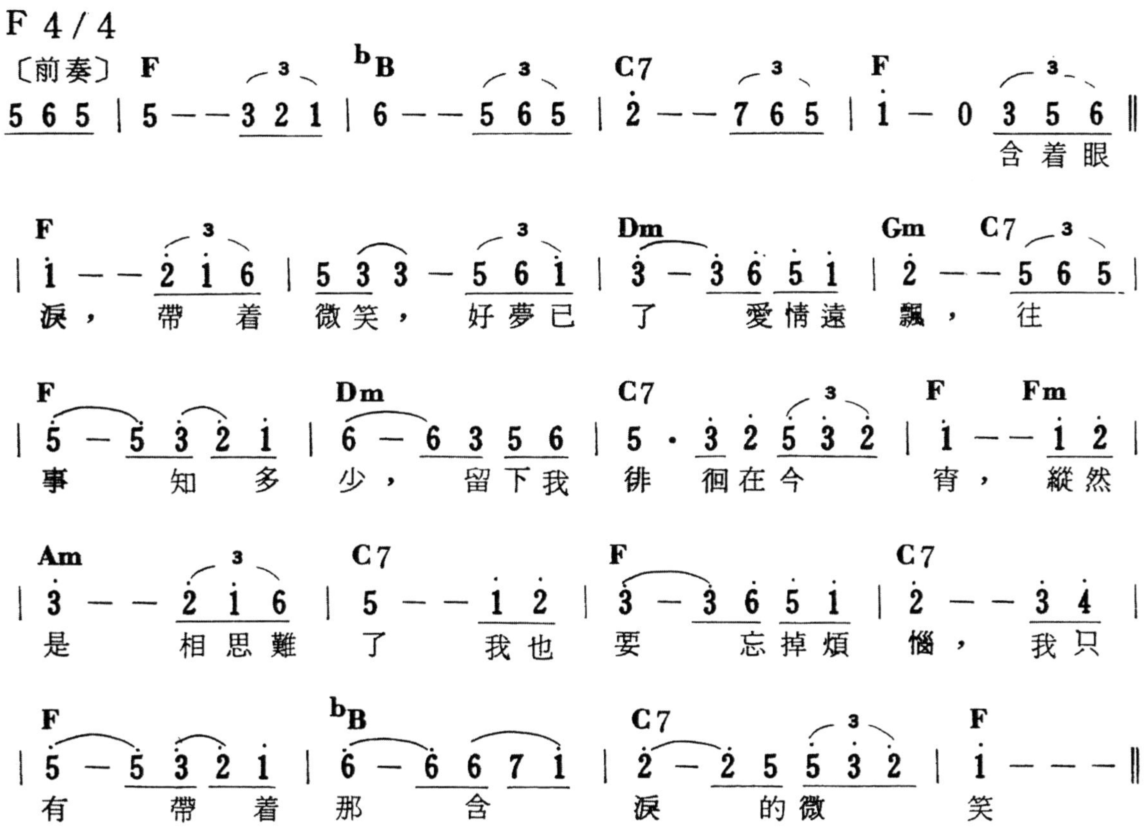

歡樂年華

陳彼德曲

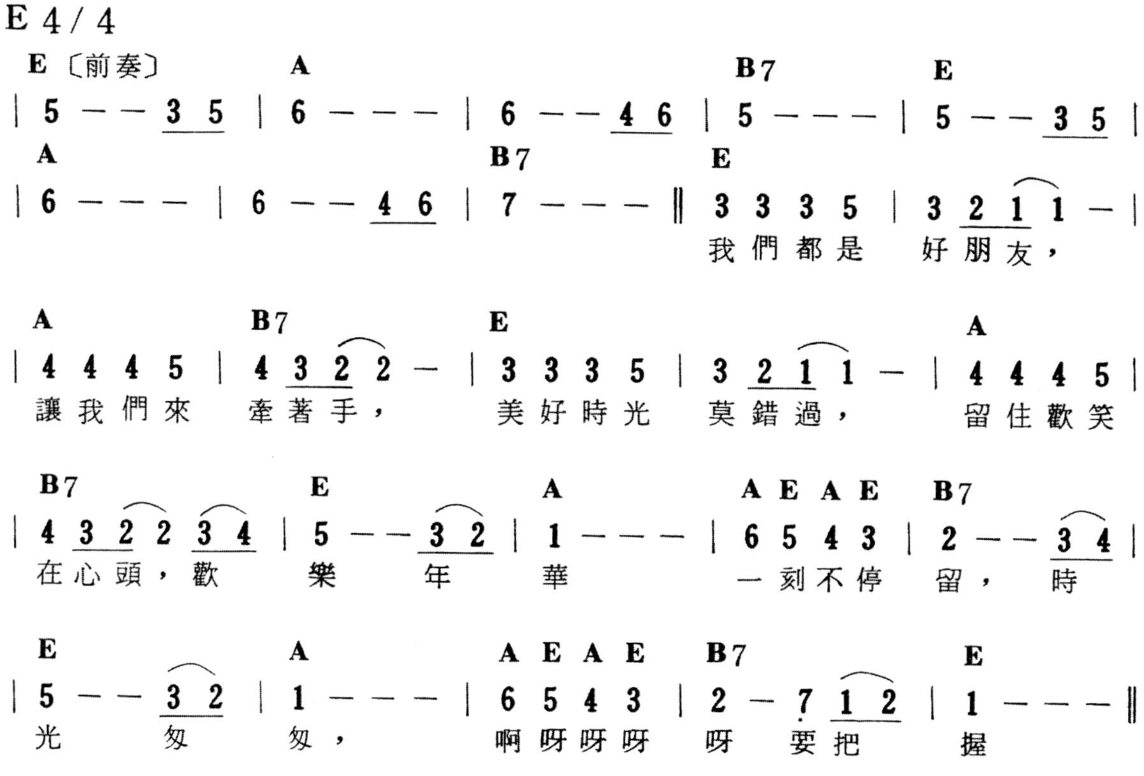

E 4 / 4

E〔前奏〕　　　　A

| 5 − − 3 5 | 6 − − − | 6 − − 4 6 | 5 − − − | 5 − − 3 5 |
　　　　　　　　　　　　　　　　　　　　　　　　　B7　　　　E

A　　　　　　　　　　　B7　　　　E

| 6 − − − | 6 − − 4 6 | 7 − − − ‖ 3 3 3 5 | 3 2 1 1 − |
　　　　　　　　　　　　　　　　　　　我 們 都 是　好 朋 友，

A　　　　　　B7　　　　　E　　　　　　　　　　　A

| 4 4 4 5 | 4 3 2 2 − | 3 3 3 5 | 3 2 1 1 − | 4 4 4 5 |
讓 我 們 來　牽 著 手，　美 好 時 光　莫 錯 過，　留 住 歡 笑

B7　　　　　　　E　　　　　A　　　　　AE A E　B7

| 4 3 2 2 3 4 | 5 − − 3 2 | 1 − − − | 6 5 4 3 | 2 − − 3 4 |
在 心 頭，歡　樂　年　華　　　一 刻 不 停 留，　時

E　　　　　　　A　　　　　AE A E　B7　　　　　E

| 5 − − 3 2 | 1 − − − | 6 5 4 3 | 2 − 7 1 2 | 1 − − − ‖
光　匆　匆，　　　啊 呀 呀 呀　呀 要 把　握

十五、洪小喬作品

洪小喬（一九四六—）。原名洪天秀，淡江文理學院（今淡江大學）外文系畢業，中視《金曲獎》首任主持人，台灣女歌手、作家。

一九七一年三月，中視《金曲獎》開播，節目主持人洪小喬以「神秘女郎」形像出現，頭戴寬邊草帽，半遮面，手抱吉他自彈自唱，令人耳目一新。她的成名曲如〈愛之旅〉、〈牽掛〉、〈你說過〉、〈我的歌〉、〈信任〉等，她標榜唱自己的歌。

洪小喬有一點很叫人折服，她能臨場修改觀眾投稿的歌詞，現場譜曲唱出來，這是她的才華，難怪她紅。

但洪小喬作曲不多，書籍作品很多。如《溫柔壞女人》、《寧為女人》、《男歡女愛》、《楚楚動人》、《做個妻子真好》、《女人一千零一問》等約二十本。內容都在男歡女愛範圍內，有的也成暢銷書。

洪小喬的神秘形像，不知風靡了多少看節目的觀眾，大家猜測更是紛紜。她的歌聲有鄉村味，她自己做的曲更有流浪、解放的感覺，如這首〈愛之旅〉，很適合吉他伴奏，唱一個女孩四出流浪的灑脫。

二〇一六年十二月廿一日，洪小喬在台北中山堂中正廳，舉辦首場個人演唱會。她不是天王級的歌手，但她是一個讓人想念的女歌手。

愛之旅

洪小喬曲詞

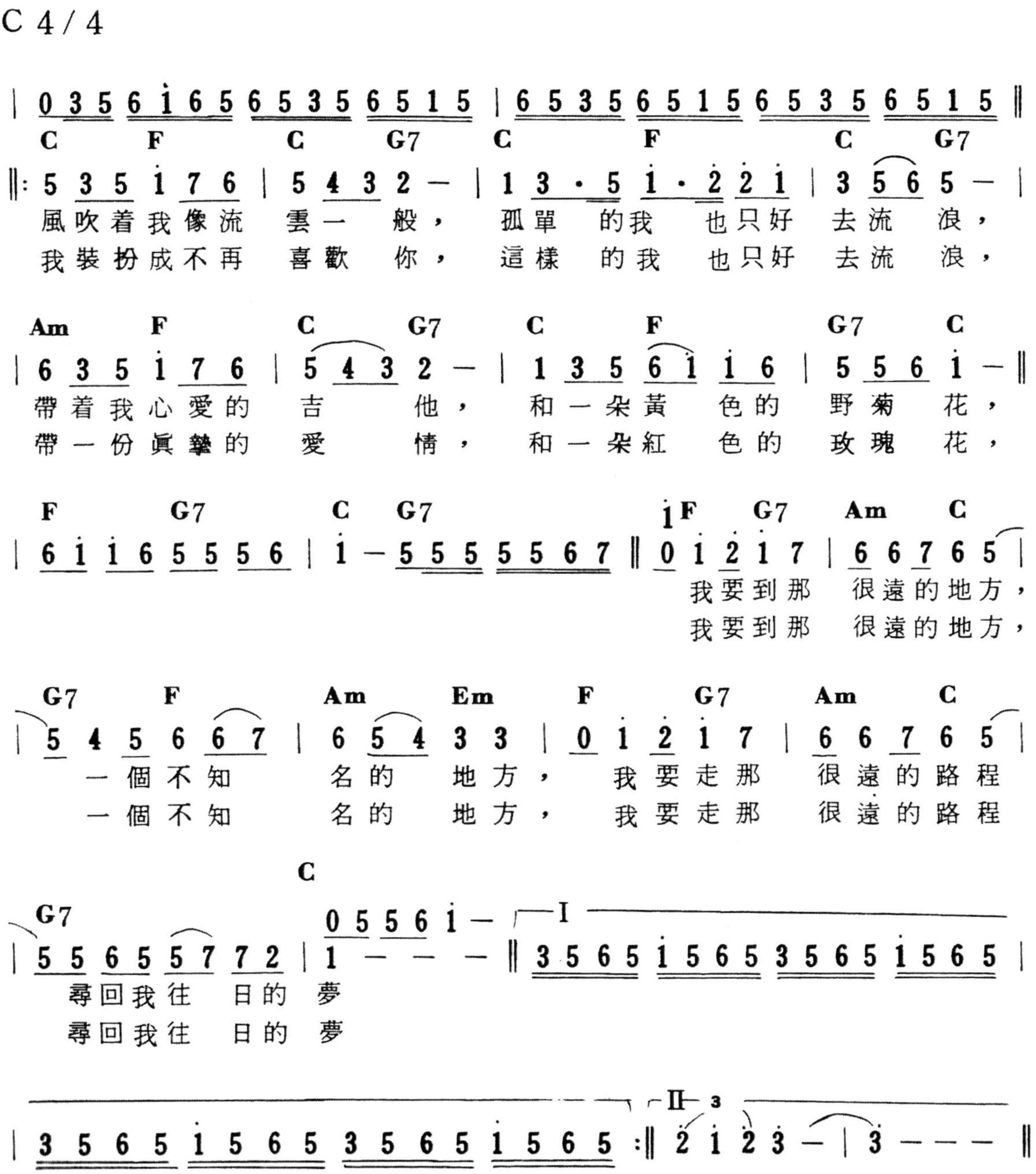

C 4 / 4

```
| 0 3 5 6 i 6 5 6 5 3 5 6 5 1 5 | 6 5 3 5 6 5 1 5 6 5 3 5 6 5 1 5 ‖
   C      F        C      G7        C      F        C      G7
‖: 5 3 5 i 7 6 | 5 4 3 2 - | 1 3 · 5 i · 2 2 1 | 3 5 6 5 - |
   風吹着我像流   雲 一 般，  孤 單 的我    也只好   去 流 浪，
   我裝扮成不再   喜 歡 你，  這 樣 的我    也只好   去 流 浪，

   Am      F        C      G7        C      F     G7        C
| 6 3 5 i 7 6 | 5 4 3 2 - | 1 3 5 6 i 6 | 5 5 6 i - ‖
   帶着我心愛的   吉 他，    和一朵黃   色的   野 菊 花，
   帶一份眞摯的   愛 情，    和一朵紅   色的   玫 瑰 花，

   F      G7       C     G7              i F  G7    Am     C
| 6 i i 6 5 5 5 6 | i - 5 5 5 5 5 6 7 ‖ 0 1 2 1 7 | 6 6 7 6 5 |
                                          我要到那  很遠的地方，
                                          我要到那  很遠的地方，

   G7        F        Am       Em       F     G7      Am      C
| 5 4 5 6 6 7 | 6 5 4 3 3 | 0 1 2 1 7 | 6 6 7 6 5 |
   一個不知   名的   地方，   我要走那  很遠的路程
   一個不知   名的   地方，   我要走那  很遠的路程

                        C
   G7                 0 5 5 6 i -  ┌─ I
| 5 5 6 5 5 7 7 2 | 1 - - - ‖ 3 5 6 5 1 5 6 5 3 5 6 5 1 5 6 5 |
   尋回我往   日的 夢
   尋回我往   日的 夢

```

十六、李泰祥作品

李泰祥（一九四一——二〇一四）。台東馬蘭部落阿美族音樂家，一生致力於將古典音樂通俗化，將中國民歌重新賦予現代化編曲，創作出有藝術歌味的流行歌。如〈橄欖樹〉、〈不要告別〉等。

他另有不少很「嚴肅」的作品，如《弦樂四重奏》、《太虛吟》、《幻境三章》等。還有大型劇如《大神祭》、《大風起兮》，及為雲門舞集創作的舞劇音樂等。

李泰祥於二〇一四年元月二日病逝。同年四月，他的弟子齊豫舉行追思演唱會，向一代作曲家致敬。

不要告別

李泰祥曲

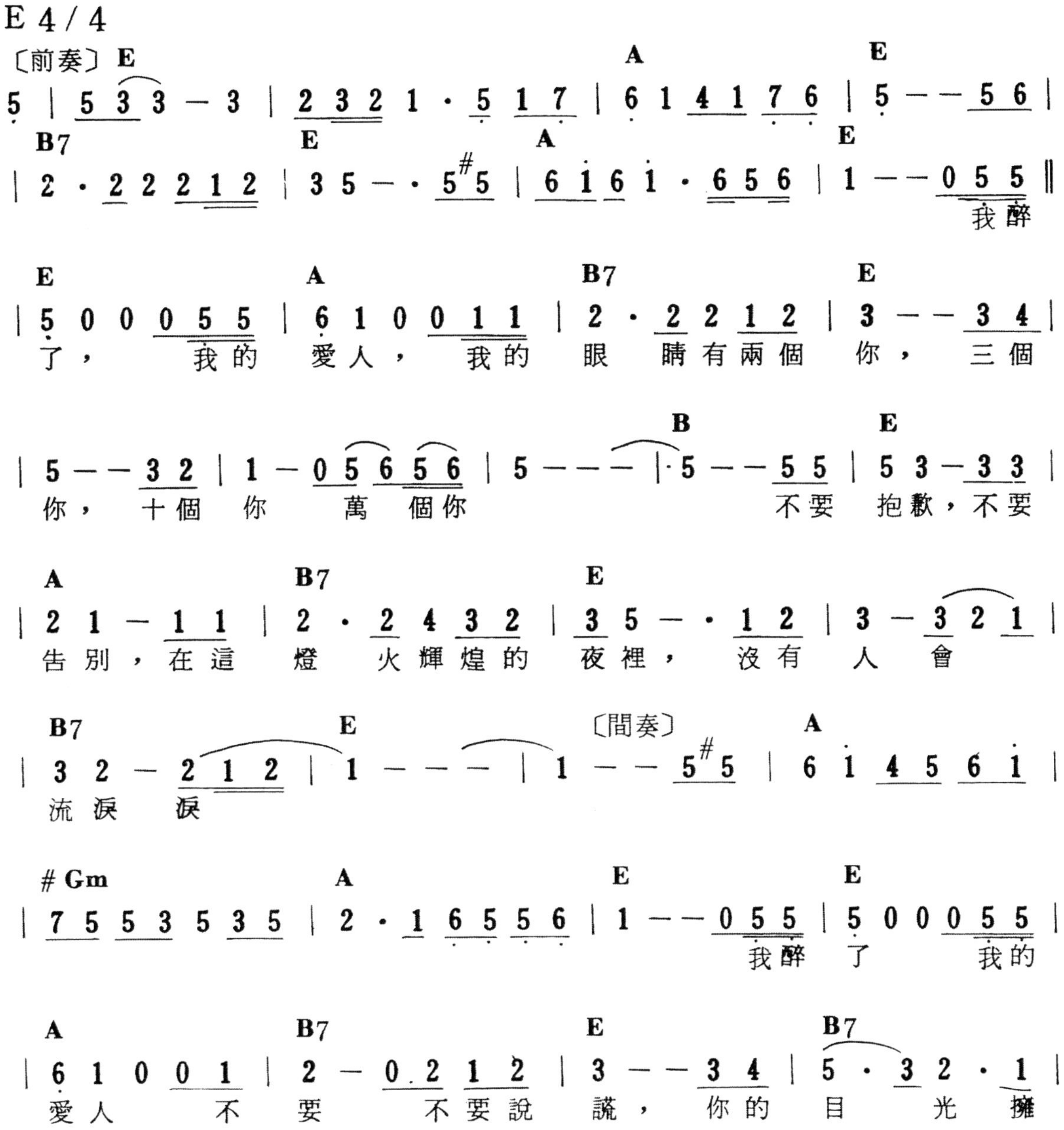

E 4 / 4

〔前奏〕E ... A ... E

5 | 5 3 3 － 3 | 2 3 2 1 ·5 1 7 | 6 1 4 1 7 6 | 5 －－ 5 6 |

B7 ... E ... A ... E

| 2 ·2 2 2 1 2 | 3 5 － ·5 #5 | 6 1 6 1 ·6 5 6 | 1 －－ 0 5 5 ‖
　　　　　　　　　　　　　　　　　　　　　　　　　我 醉

E ... A ... B7 ... E

| 5 0 0 0 5 5 | 6 1 0 0 1 1 | 2 ·2 2 1 2 | 3 －－ 3 4 |
了，　　我 的　愛 人，　我 的　眼 睛 有 兩 個 你，　三 個

| 5 －－ 3 2 | 1 － 0 5 6 5 6 | 5 －－ ·5 －－ 5 5 | 5 3 － 3 3 |
你，　十 個 你　萬 個 你　　　　　　不 要　抱 歉，不 要

A ... B7 ... E

| 2 1 － 1 1 | 2 ·2 4 3 2 | 3 5 － ·1 2 | 3 － 3 2 1 |
告 別，在 這　燈　火 輝 煌 的　夜 裡，　沒 有　人 會

B7 ... E ... 〔間奏〕... A

| 3 2 － 2 1 2 | 1 －－－ | 1 －－ 5 #5 | 6 1 4 5 6 1 |
流 淚　淚

#Gm ... A ... E ... E

| 7 5 5 3 5 3 5 | 2 ·1 6 5 5 6 | 1 －－ 0 5 5 | 5 0 0 0 5 5 |
　　　　　　　　　　　　　　　我 醉 了　　　我 的

A ... B7 ... E ... B7

| 6 1 0 0 1 | 2 － 0 ·2 1 2 | 3 －－ 3 4 | 5 ·3 2 ·1 |
愛 人　　不 要　不 要 說 謊，　你 的　目　光 擁

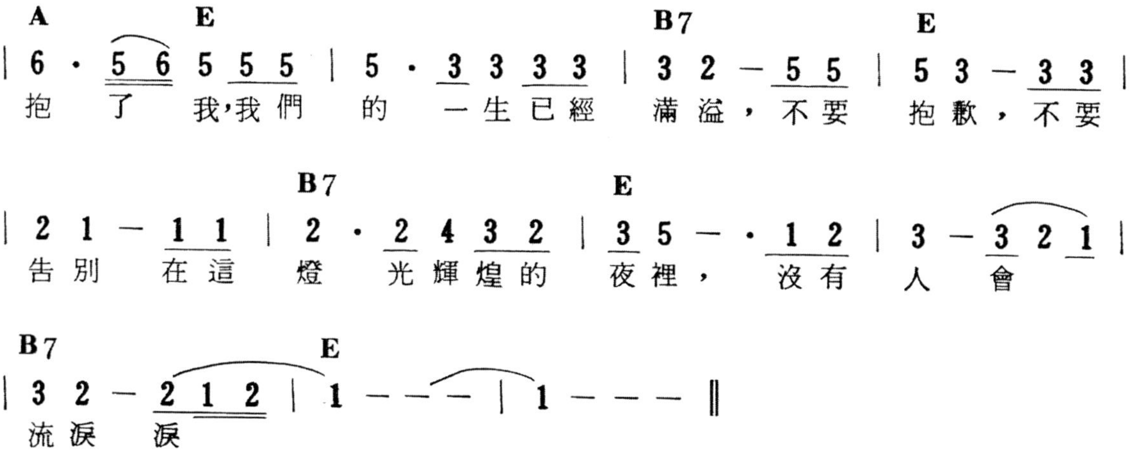

```
   A              E
| 6 · 5 6 5 5 5 | 5 · 3 3 3 3 |
  抱   了   我，我們 的   一生已經
```

| 3 2 – 5 5 | 5 3 – 3 3 |

```
  B7              E
```

滿溢，不要　　抱歉，不要

```
               B7              E
| 2 1 – 1 1 | 2 · 2 4 3 2 | 3 5 – · 1 2 | 3 – 3 2 1 |
  告 別   在這 燈   光輝煌的   夜裡，   沒有 人 會
```

```
  B7              E
| 3 2 – 2 1 2 | 1 – – – | 1 – – – ‖
  流 淚   淚
```

十七、林文隆作品

林文隆（一九四六—二〇一四）。台灣花蓮人，花蓮高工畢業後去當兵，由於從小愛唱歌玩吉他，民國五十五年參加部隊歌唱比賽，被選入大宛歌劇隊。從此，開啟他的歌唱表演事業。

〈友情〉這首歌是林文隆自己作曲作詞，在他第二次《金曲獎》節目中發表，由他抱著吉他在電視上演唱，成為他的成名曲。在青年學子聚會中，這首歌很流行。

林文隆的形像，以一種樸拙、粗曠的特質，加上一襲恤衫、一把吉他，一個特殊的造型，以自然真誠吸引人。

友情

林文隆曲詞

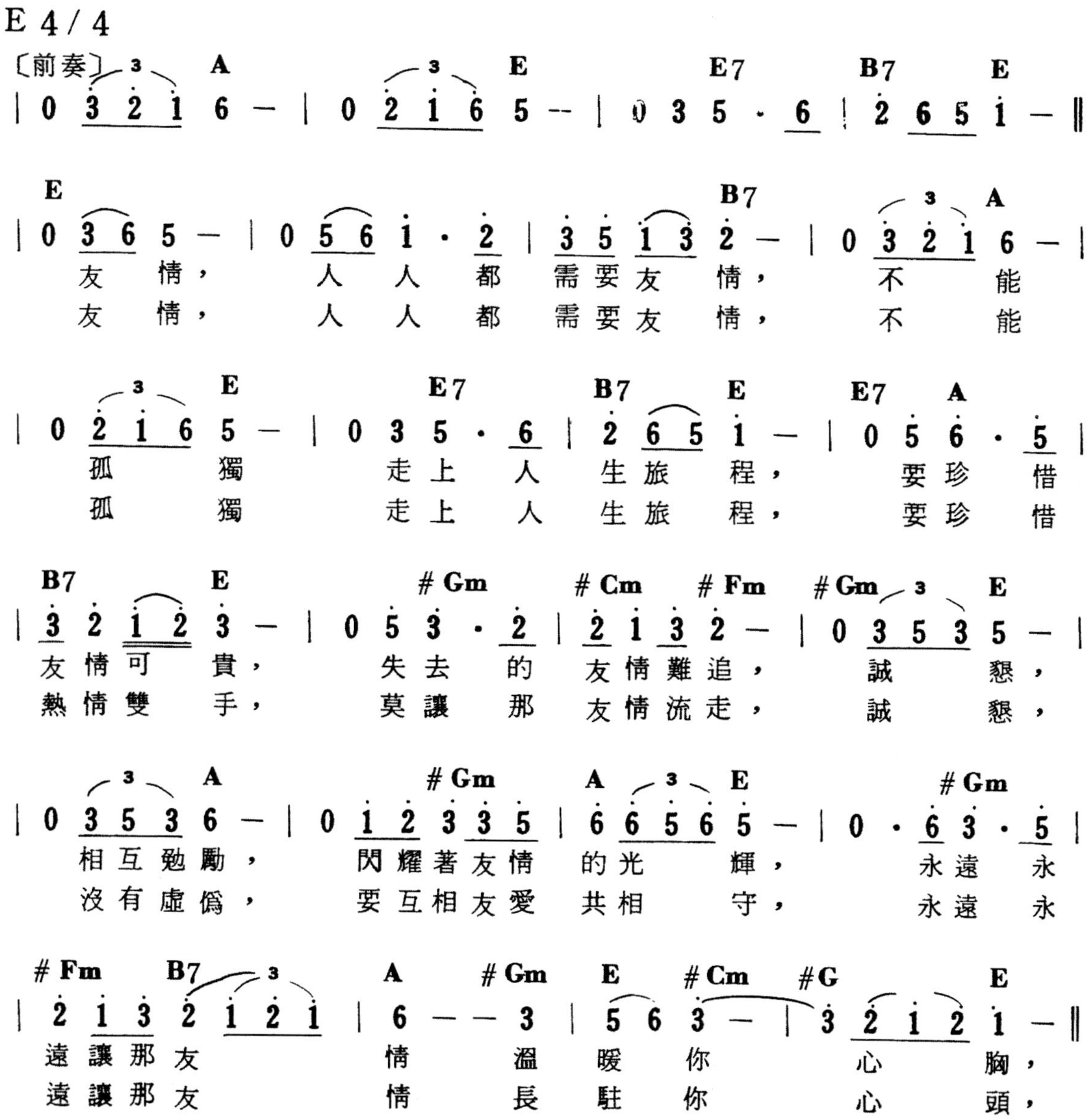

E 4 / 4

〔前奏〕

```
| 0 3 2 1 6 - | 0 2 1 6 5 -- | 0 3 5 · 6 | 2 6 5 1 - ‖
```

```
| 0 3 6 5 - | 0 5 6 1 · 2 | 3 5 1 3 2 - | 0 3 2 1 6 - |
```
友情，　　人人都需要友情，　不　　能
友　情，　人人都需要友情，　不　　能

```
| 0 2 1 6 5 - | 0 3 5 · 6 | 2 6 5 1 - | 0 5 6 · 5 |
```
孤　獨　　走上人生旅程，　要珍惜
孤　獨　　走上人生旅程，　要珍惜

```
| 3 2 1 2 3 - | 0 5 3 · 2 | 2 1 3 2 - | 0 3 5 3 5 - |
```
友情可貴，　失去的友情難追，　誠　　懇，
熱情雙手，　莫讓那友情流走，　誠　　懇，

```
| 0 3 5 3 6 - | 0 1 2 3 3 5 | 6 6 5 6 5 - | 0 · 6 3 · 5 |
```
相互勉勵，　閃耀著友情的光　輝，　永遠　永
沒有虛偽，　要互相友愛共相　守，　永遠　永

```
| 2 1 3 2 1 2 1 | 6 -- 3 | 5 6 3 - | 3 2 1 2 1 - ‖
```
遠讓那友　　情溫暖你　心　　胸，
遠讓那友　　情長駐你　心　　頭，

十八、凌峰作品

這個凌峰，應該不是做《八千里路雲和月》節目那位凌峰（本名王正琛、一九四五年出生在吾國之青島市。）但查維基百科，查不到〈桃花舞春風〉作曲作詞的凌峰。《金曲獎》開播後，廣徵曲譜，不少音樂愛好者紛紛投稿。民國六十年，《金曲獎》節目就介紹了〈桃花舞春風〉這首歌，作曲作詞者是一位住在中壢龍岡，名叫凌峰。不知這位凌峰，是否有其他作品。

第一個唱這首歌，是歌林的新星李曉青。歌曲明亮而激昂，推出之後使人心神為之一振，是此曲受歡迎的原因。

桃花舞春風

凌峰曲詞

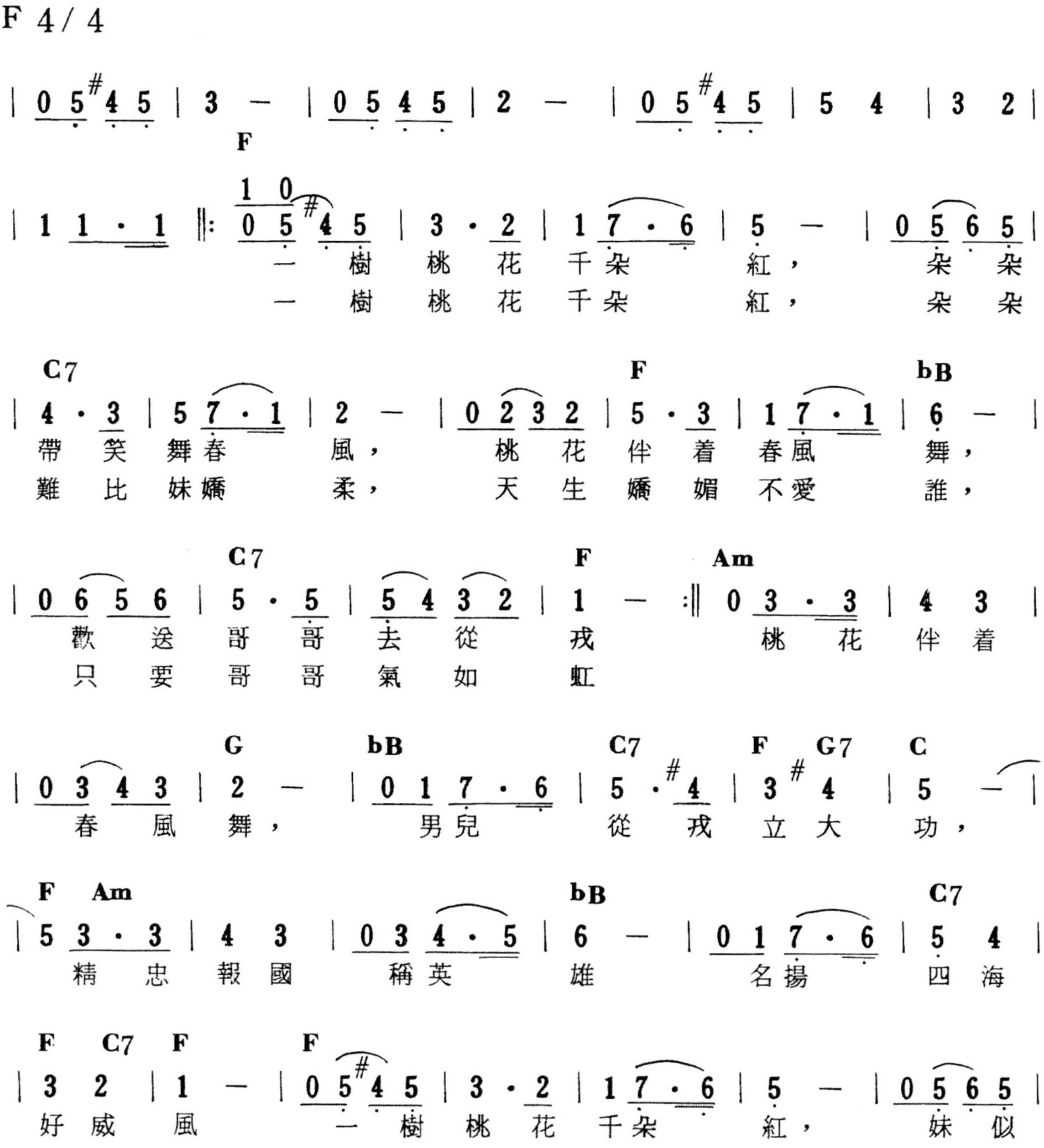
F 4/4
一樹桃花千朵紅，朵朵帶笑舞春風，桃花伴着春風舞，歡送哥哥去從戎
一樹桃花千朵紅，朵朵難比妹嬌柔，天生嬌媚不愛誰，只要哥哥氣如虹
桃花伴着春風舞，男兒從戎立大功，精忠報國稱英雄，名揚四海好威風
一樹桃花千朵紅，妹似

C7

| 4 · 3 | 5 7 · 1 | 2 — | 0 2 3 2 | 5 · 3 | 1 7 · 1 | 6 — |

花　來　哥似　　風，　　　立　功　回　來　花下　　會，

C7　　　　　　　　F

| 0 6 5 6 | 5 · 5 | 5 4 3 2 | 1 — ‖

一　切　都　在　不　言　中

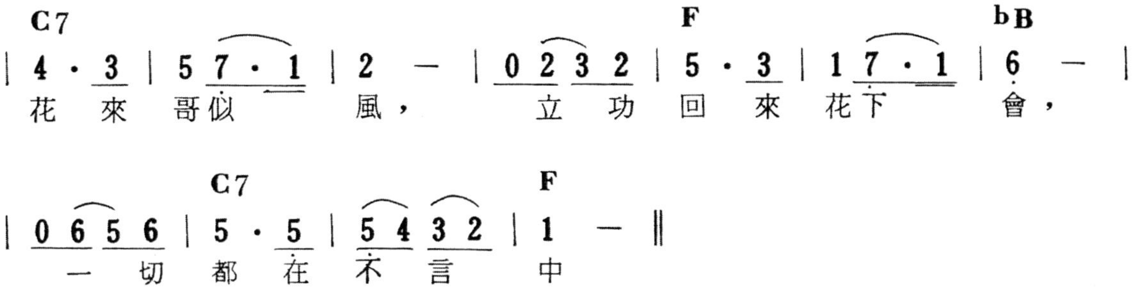

十九、金山作品

大約一九七二年左右，韓國有一部電影《寄語白雲》，主題曲亦同名，查維基百科，作曲作詞都是韓國作曲家吉屋潤（一九二七—一九九五），由金蓮子演唱。

台灣的片商請蔣榮伊去看片，並請他把歌詞寫成國語歌詞，在台灣宣傳仍用〈寄語白雲〉歌名。不久又居於某種原因，把歌名改〈離情〉，歌曲用詞均未改，就發生了一曲兩個歌名的事。

李雅芳唱這首歌用〈離情〉，方晴唱時用〈寄語白雲〉，兩人都使這首歌流行起來，電影內容就是述離情。

寄語白雲

金山曲 曉燕詞

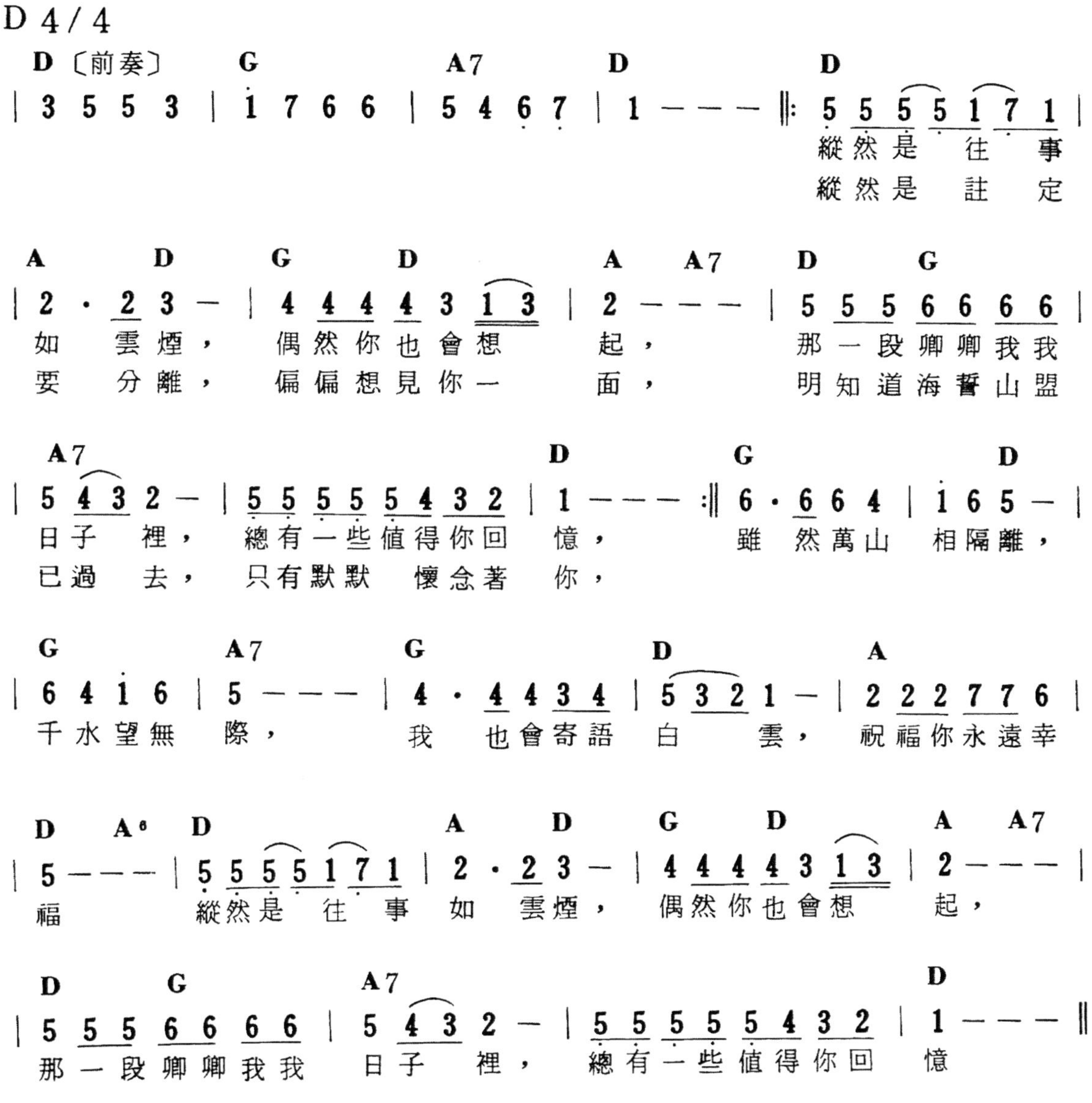

D 4 / 4

D〔前奏〕　　　G　　　　　A7　　　D　　　　　D
| 3 5 5 3 | 1 7 6 6 | 5 4 6 7 | 1 − − − ‖ 5 5 5 5 1 7 1 |
　　　　　　　　　　　　　　　　　　　　縱然是　往　事
　　　　　　　　　　　　　　　　　　　　縱然是　註　定

A　　D　　G　　　D　　　　A　　A7　D　　　G
| 2 · 2 3 − | 4 4 4 4 3 1 3 | 2 − − − | 5 5 5 6 6 6 6 |
如　雲煙，　偶然你也會想　　起，　　那一段卿卿我我
要　分離，　偏偏想見你一　　面，　　明知道海誓山盟

A7　　　　　　　　　　　　　　　　　D　　　G　　　　D
| 5 4 3 2 − | 5 5 5 5 5 4 3 2 | 1 − − − :‖ 6 · 6 6 4 | 1 6 5 − |
日子　裡，　總有一些值得你回　憶，　　雖然萬山　相隔離，
已過　去，　只有默默　懷念著　你，

G　　　　　A7　　　G　　　　　D　　　　A
| 6 4 1 6 | 5 − − − | 4 · 4 4 3 4 | 5 3 2 1 − | 2 2 2 7 7 6 |
千水望無　際，　　我　也會寄語白　雲，　祝福你永遠幸

D　　A6　D　　　　　　A　　D　G　D　　A　　A7
| 5 − − − | 5 5 5 5 1 7 1 | 2 · 2 3 − | 4 4 4 4 3 1 3 | 2 − − − |
福　　縱然是　往事　如雲煙，　偶然你也會想　　起，

D　　　G　　　　A7　　　　　　　　　　　　　　D
| 5 5 5 6 6 6 6 | 5 4 3 2 − | 5 5 5 5 5 4 3 2 | 1 − − − ‖
那一段卿卿我我　日子　裡，　總有一些值得你回　憶

二十、紀利男作品

紀利男（一九四〇—二〇一六）。台灣雲林人，台灣流行歌、善歌作曲家，二〇一六年十月四日病逝於台北。

他家境清寒，高中畢業出外做零工。由於愛好音樂，他到樂隊工作當學徒，他積極請教前輩並自修樂理。苦學幾年他幾乎能玩各種樂器和作曲，約一九七〇年，他應聘任新加坡海燕歌劇院音樂指導，也娶了太太上官萍（也是歌手）。

他為余天創作的〈又是黃昏〉大暢銷，可惜余天晚節不保，最後竟當了漢奸搞起台獨，實在是大大的可惜了！

又是黃昏

紀利男曲　莊奴詞

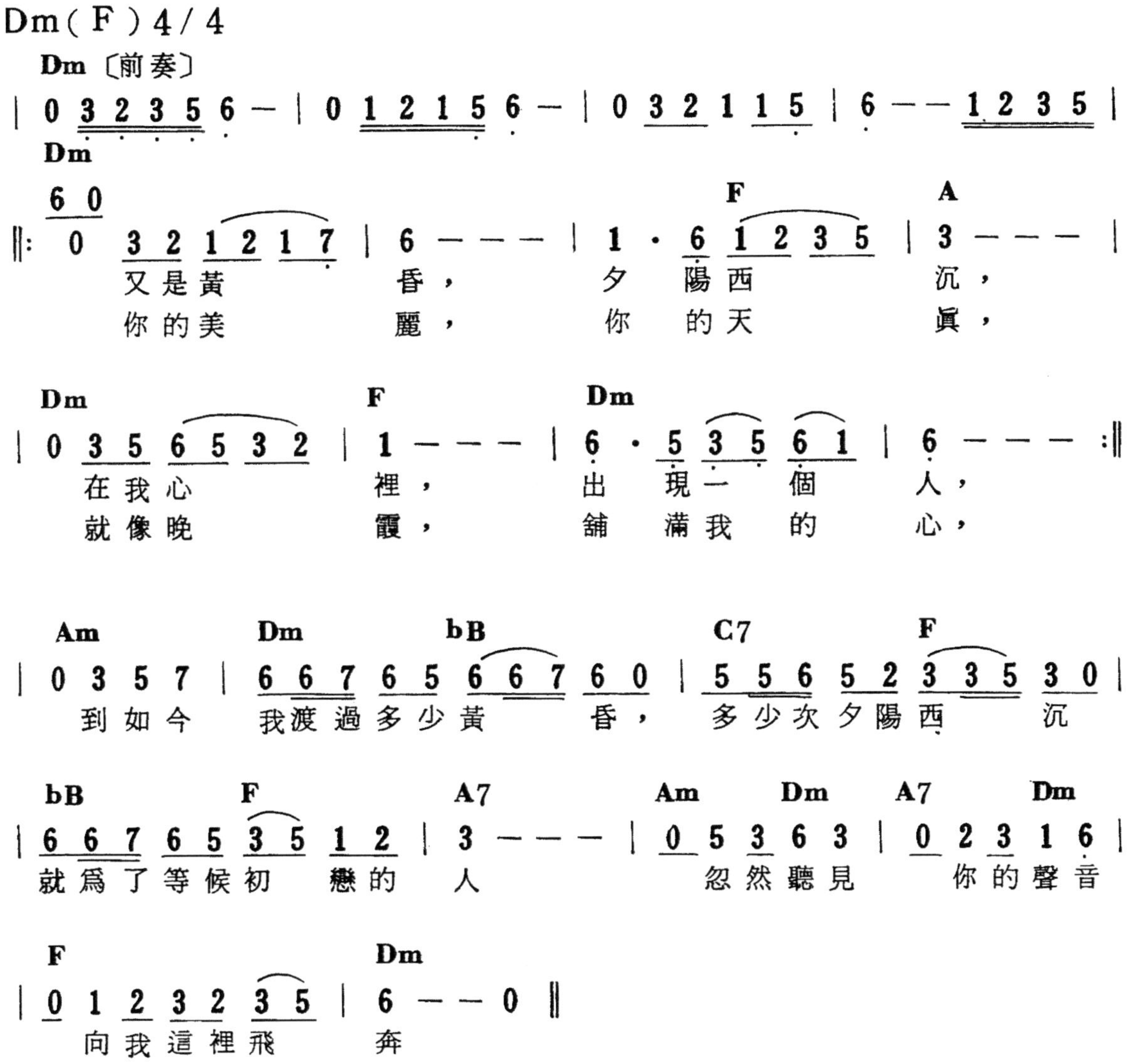
Dm（F）4/4
Dm〔前奏〕
又是黃昏，夕陽西沉，
你的美麗，你的天眞，
在我心裡，出現一個人，
就像晚霞，舖滿我的心，
到如今我渡過多少黃昏，多少次夕陽西沉
就爲了等候初戀的人
忽然聽見你的聲音
向我這裡飛奔

廿一、李達濤作品

李達濤（一九四一—）。廣東開平人，一九四一年元月一日生，在南台灣東港海濱成長，那裡民風純樸。

由於對音樂愛好，他初中起就自學鋼琴，參與學校音樂活動，高中畢業後加入樂團當鋼琴手。一九七五年以〈愛情彌堅〉一曲，被新聞局錄用，激起寫國語歌曲的興趣。

〈睡蓮〉的詞作者是黃以功，不知是否那位電視、電影導演？據說為他大學時代女友而寫，空靈飄逸！

李達濤的作品不多，如〈睡蓮〉、〈奈何〉、〈為你唱的那首歌〉、〈再別康橋〉（徐志摩詞）。前三首由歌林唱片公司，收錄在《劉文正專輯》唱片。

睡蓮

李達濤曲　黃以功詞

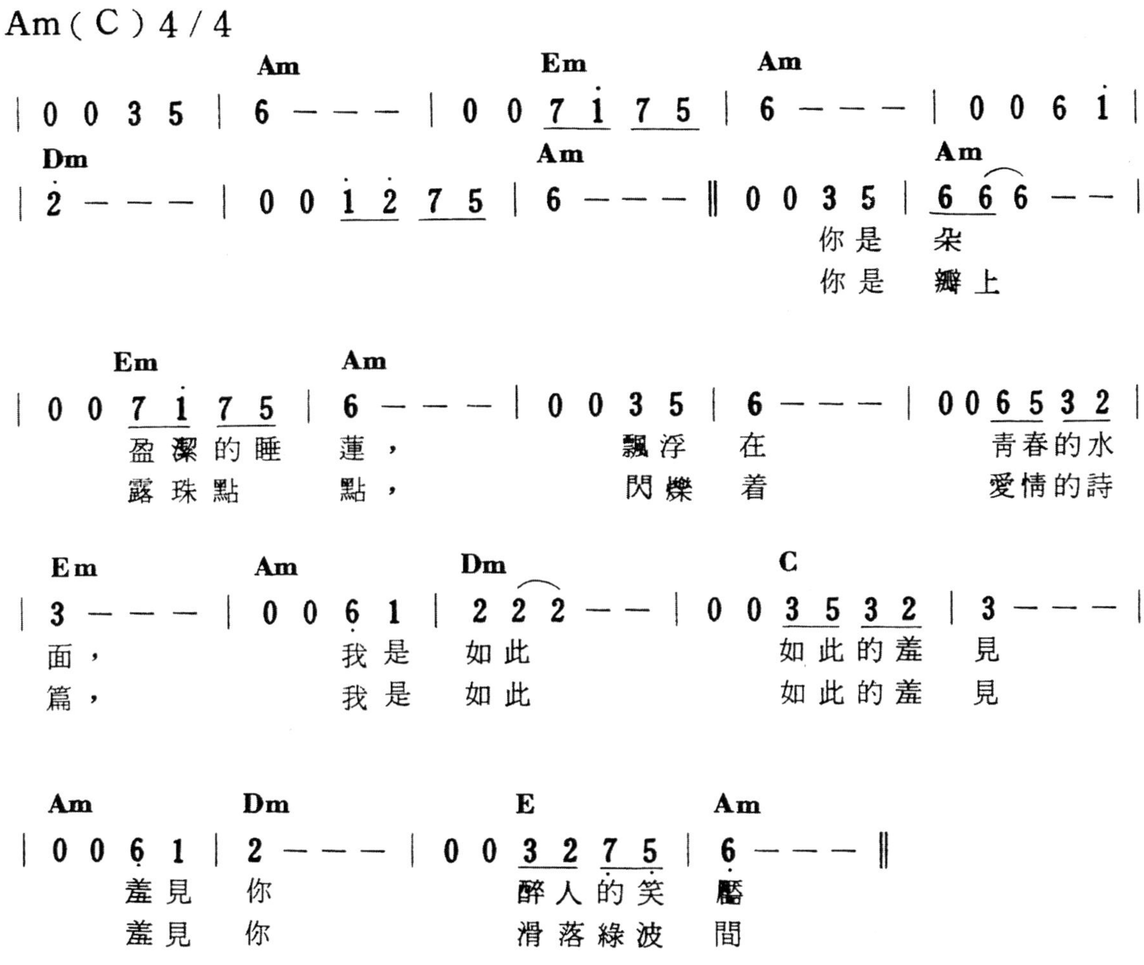

Am（C）4／4

```
          Am                Em           Am
|0 0 3 5|6 — — —|0 0 7 1 7 5|6 — — —|0 0 6 1|
Dm                        Am              Am
|2 — — —|0 0 1 2 7 5|6 — — —‖0 0 3 5|6 6 6 — —|
                                你 是　朵
                                你 是　瓣 上
```

```
      Em            Am
|0 0 7 1 7 5|6 — — —|0 0 3 5|6 — — —|0 0 6 5 3 2|
  盈 潔 的 睡　蓮，　　飄 浮 在　　　青 春 的 水
  露 珠 點　　點，　　閃 爍 着　　　愛 情 的 詩
```

```
Em          Am        Dm              C
|3 — — —|0 0 6 1|2 2 2 — —|0 0 3 5 3 2|3 — — —|
 面，　　　我 是　如 此　　如 此 的 羞　見
 篇，　　　我 是　如 此　　如 此 的 羞　見
```

```
Am          Dm        E            Am
|0 0 6 1|2 — — —|0 0 3 2 7 5|6 — — —‖
 羞 見　你　　　醉 人 的 笑　靨
 羞 見　你　　　滑 落 綠 波　間
```

廿二、鄭貴昶作品

鄭貴昶（一九四五—）。廣東中山人，在韓國成長，高中畢業後來台灣大學會計系，二年級時轉到美國休士頓大學改習音樂，另也拿到電腦、數學的學士學位，再又取得音樂和會統碩士，真是少有的天才。

學業完成，他回台時碰到兒時老友劉家昌，開始他的玩票性作曲工作。在劉家昌力邀下，他作了〈我怎麼能忘記〉、〈惜別〉等，也都很受歡迎，讓人回味懷念。

鄭貴昶參與音樂不久就去經商。之後他的〈惜別〉一曲也仍常聽歌星唱，有一年春節特別節目，劉文正和張艾嘉合唱這首歌。

惜別

鄭貴昶曲　林煌坤詞

G 4 / 4

```
      G                        Em           Am          D7          D
| 0 5 6 1 2 3 · 2 | 1 2 6 6 — — | 0 2 6 2 3 2 1 7 6 | 5 — — — |
  為何不回頭 再 望一眼？        為何不輕輕揮你的 手？

      G                        D7                     D
| 3 5 6 1 — | 5 6 1 5 3 3 | 0 2 3 7 6 7 2 2 6 7 | 7 6 5 5 — — |
  你就這樣    離我而遠去，  留下一份淡淡 的離 愁

      G                        Em           Am          D7          D
| 0 5 6 1 2 3 · 2 | 1 2 6 6 — — | 0 2 6 2 3 2 1 7 6 | 5 — — — |
  為何不回頭 再 看看我，    我想再緊緊握你的 手

      G                        D7                     G
| 3 5 6 1 — | 5 6 1 5 3 3 | 0 2 3 7 6 7 6 6 5 | 1 — — — |
  向你訴說    你可不要走    願你再能那樣愛 我

  Em                  Am        D7              D
| 0 1 2 1 2 3 2 1 6 | 2 — — — | 0 2 3 2 3 7 6 7 6 | 5 — — — |
  問你到底這是誰 錯，      相愛何必又要分 手，

  Em        B7              D7            G
| 0 6 5 6 1 1 — | 5 6 1 2 3 — | 0 2 3 7 6 7 2 6 7 | 7 6 5 5 — — |
  無奈·何 輕輕一聲，    但願你可不要忘了 我
```

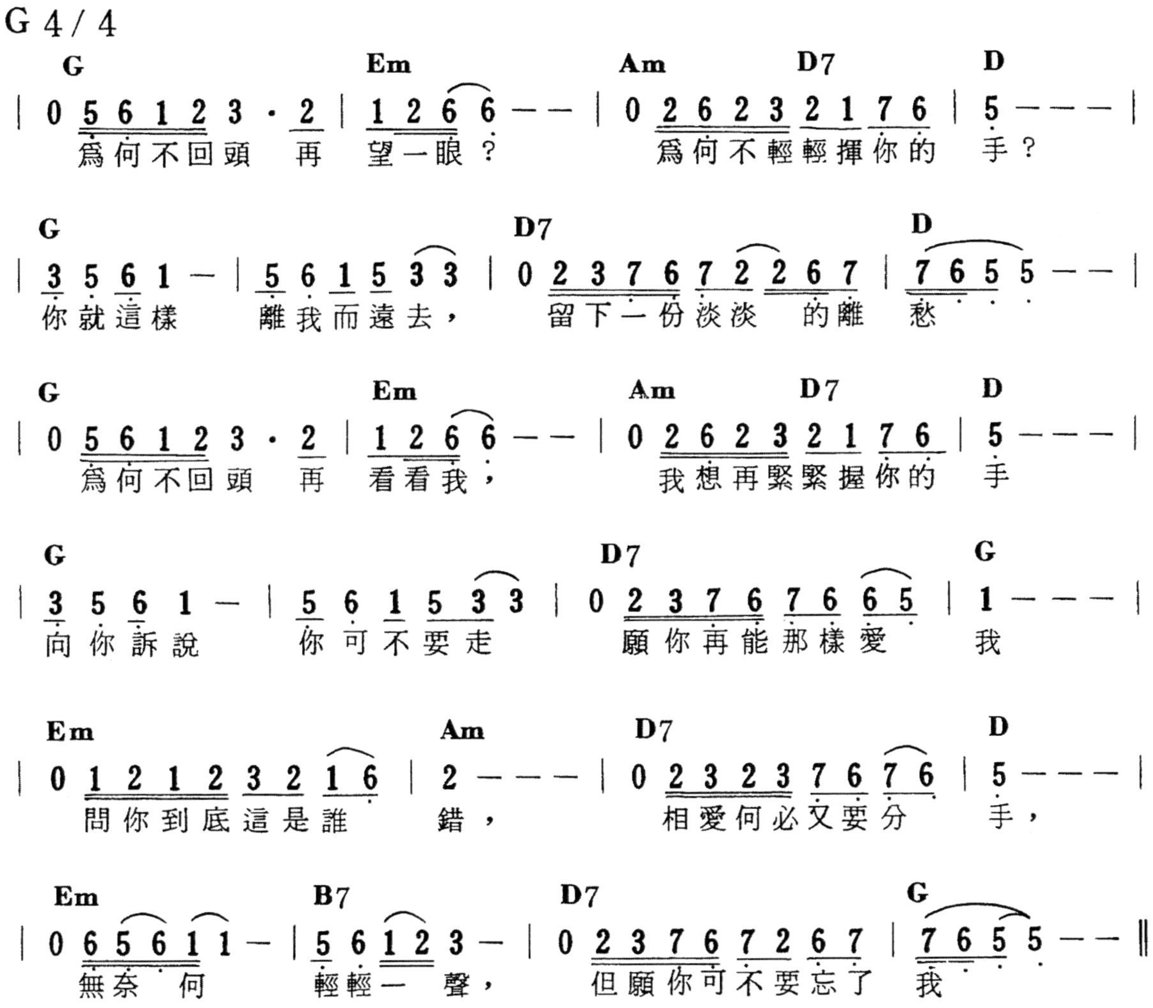

廿三、徐晉淵作品

一九七〇年，政府為了淨化社會，希望作曲家們能作一些「淨化歌曲」。這首〈晚霞滿漁船〉於民國六十五年被推出，徐晉淵作曲，嚴友梅作詞，很受青年學子歡迎。

這首歌的美，不在曲而在詞，其詞如詩，詩中有畫，正是一幅中國標準的農村牧歸圖。給人怡然的感覺。

第一位唱紅這首歌是歌林新星胡文武，氣質優雅，才華洋溢的歌手。用兩部和聲加吉他伴唱，效果特佳！

嚴友梅（一九二五—二〇〇七）。河南信陽人，是著名的兒童文學作家，可以是台灣地區兒童文學的拓荒者。

晚霞滿漁船

徐晉淵曲　嚴友梅詞

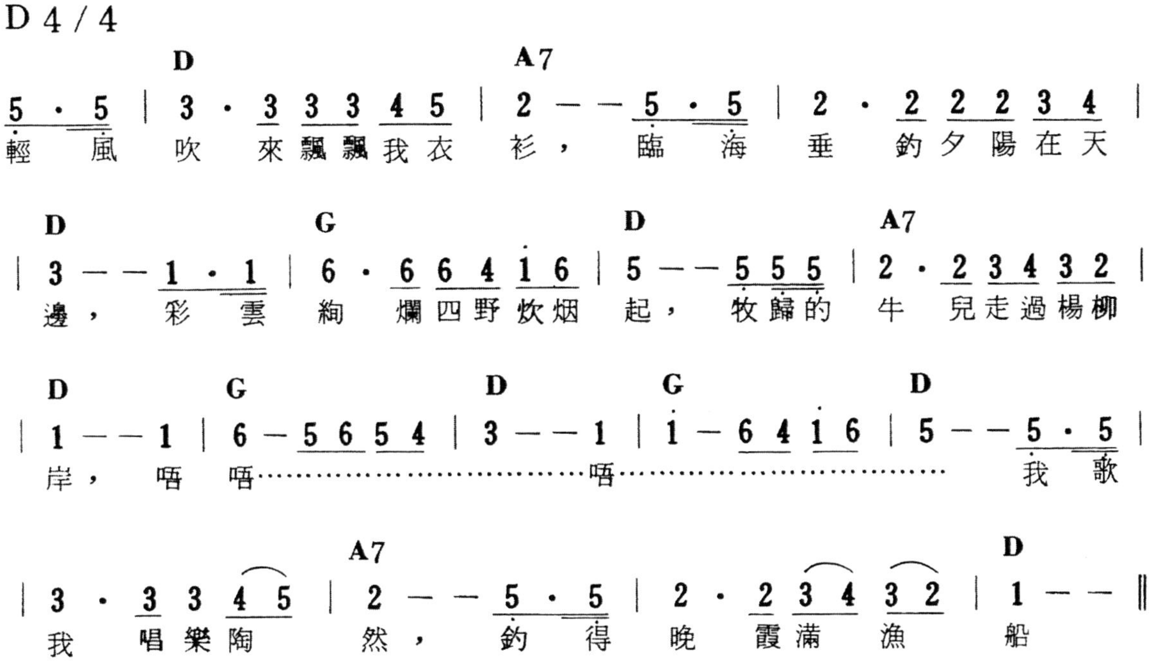
D 4/4
D　A7
5 · 5 | 3 · 3 3 3 4 5 | 2 — — 5 · 5 | 2 · 2 2 2 3 4 |
輕風吹來飄飄我衣衫，臨海垂釣夕陽在天
D　G　D　A7
| 3 — — 1 · 1 | 6 · 6 6 4 1 6 | 5 — — 5 5 5 | 2 · 2 3 4 3 2 |
邊，彩雲絢爛四野炊烟起，牧歸的牛兒走過楊柳
D　G　D　G　D
| 1 — — 1 | 6 — 5 6 5 4 | 3 — — 1 | 1 — 6 4 1 6 | 5 — — 5 · 5 |
岸，唔唔……………………唔……………………我歌
A7　D
| 3 · 3 3 4 5 | 2 — — 5 · 5 | 2 · 2 3 4 3 2 | 1 — — |
我唱樂陶然，釣得晚霞滿漁船

廿四、愼芝作品

很早韓國有一部電影《淚的小花》，主題同電影名，編曲人 Terence Teo，作曲者「佚名」，主題曲造成大流行。大約一九七〇年左右，台灣也大大風行〈淚的小花〉。

先後有台灣版《淚的小花》上映，關山主演，陳芬蘭主唱〈淚的小花〉；接著有《台語大悲劇：淚的小花》（台語廣播劇。前後熱了幾年，熱潮就冷下來了。）

愼芝作詞的〈淚的小花〉，最早唱這歌是陳芬蘭和青山。民國五十七年前後，全台灣所有商店街，天天都播放這首歌，影片和主題曲在當時，轟動了一段時間。

淚的小花

韓國歌曲 慎芝詞

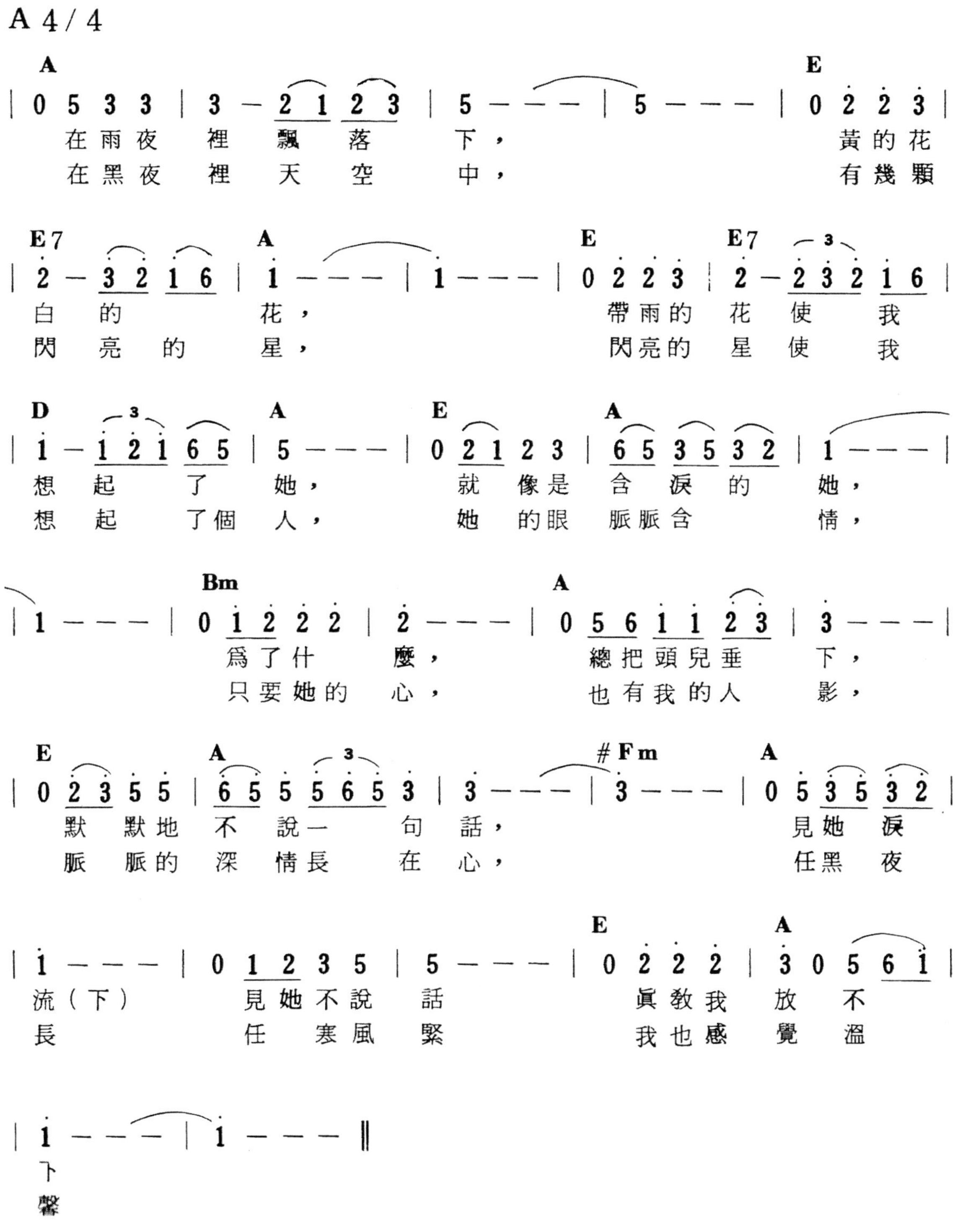
A 4/4

A
| 0 5 3 3 | 3 — 2 1 2 3 | 5 — — — | 5 — — — | 0 2 2 3 | （E）

在雨夜裡飄落下，黃的花
在黑夜裡天空中，有幾顆

E7　　　　　　　　A　　　　　　E　　　　E7
| 2 — 3 2 1 6 | 1 — — — | 1 — — — | 0 2 2 3 | 2 — 2 3 2 1 6 |

白的花，帶雨的花使我
閃亮的星，閃亮的星使我

D　　　　A　　　　　E　　　　A
| 1 — 1 2 1 6 5 | 5 — — — | 0 2 1 2 3 | 6 5 3 5 3 2 | 1 — — — |

想起了她，就像是含淚的她，
想起了個人，她的眼脈脈含情，

Bm　　　　　　　　　A
| 1 — — — | 0 1 2 2 2 | 2 — — — | 0 5 6 1 1 2 3 | 3 — — — |

為了什麼，總把頭兒垂下，
只要她的心，也有我的人影，

E　　　A　　　　　　　　#Fm　　　A
| 0 2 3 5 5 | 6 5 5 5 6 5 3 | 3 — — — | 3 — — — | 0 5 3 5 3 2 |

默默地不說一句話，見她淚
脈脈的深情長在心，任黑夜

E　　　A
| 1 — — — | 0 1 2 3 5 | 5 — — — | 0 2 2 2 | 3 0 5 6 1 |

流（下）見她不說話真教我放不
長任寒風緊我也感覺溫
下
馨

第三部　各省民謠老歌輯

一、甘肅民謠

我中華民族是有五千年歷史文化的偉大民族，民歌古已有之。民謠或民歌的流傳，通常年代較久遠，甚至要考證到數百年，同一首歌會因時空環境不同，出現多種曲調和內容。且其原作曲、作詞者，也難以確定，只是各地方都在傳唱，久之成了民謠。

以〈茉莉花〉這首歌為例，從流傳的年代來看，從明朝、清朝、民國到現在兩岸，橫跨五個世紀五百年了。其形成有三個階段：㈠明末以前是醞釀與產生期、㈡清初到乾隆間是興起期、㈢嘉慶以後是承衍期。之後再流傳到亞洲、歐洲諸邦。

在《凌晨之歌》第六集（一九七七年出版），把〈茉莉花〉定位為甘肅民謠。按張繼光著《民歌〈茉莉花〉研究（台北：文史哲出版社，二〇〇〇年三月）》，並未將這首民歌定為甘肅民歌，因為經過五個世紀流傳，幾乎全中國（含港台）各地區都流傳這首歌。很難說是哪一省的民歌，而是全中國人的民歌、中華民族的民歌。

經數百年在我神州大地的流傳，〈茉莉花〉有各種不同曲調，光是東北就十多種。歌名也有所不同，如〈鮮花調〉、〈雙疊翠〉，也是〈茉莉花〉的別名。

按張繼光考證，中國各省區雖都流傳〈茉莉花〉，但以江蘇、浙江一帶最盛，甘肅等西部省區較衰。

茉莉花

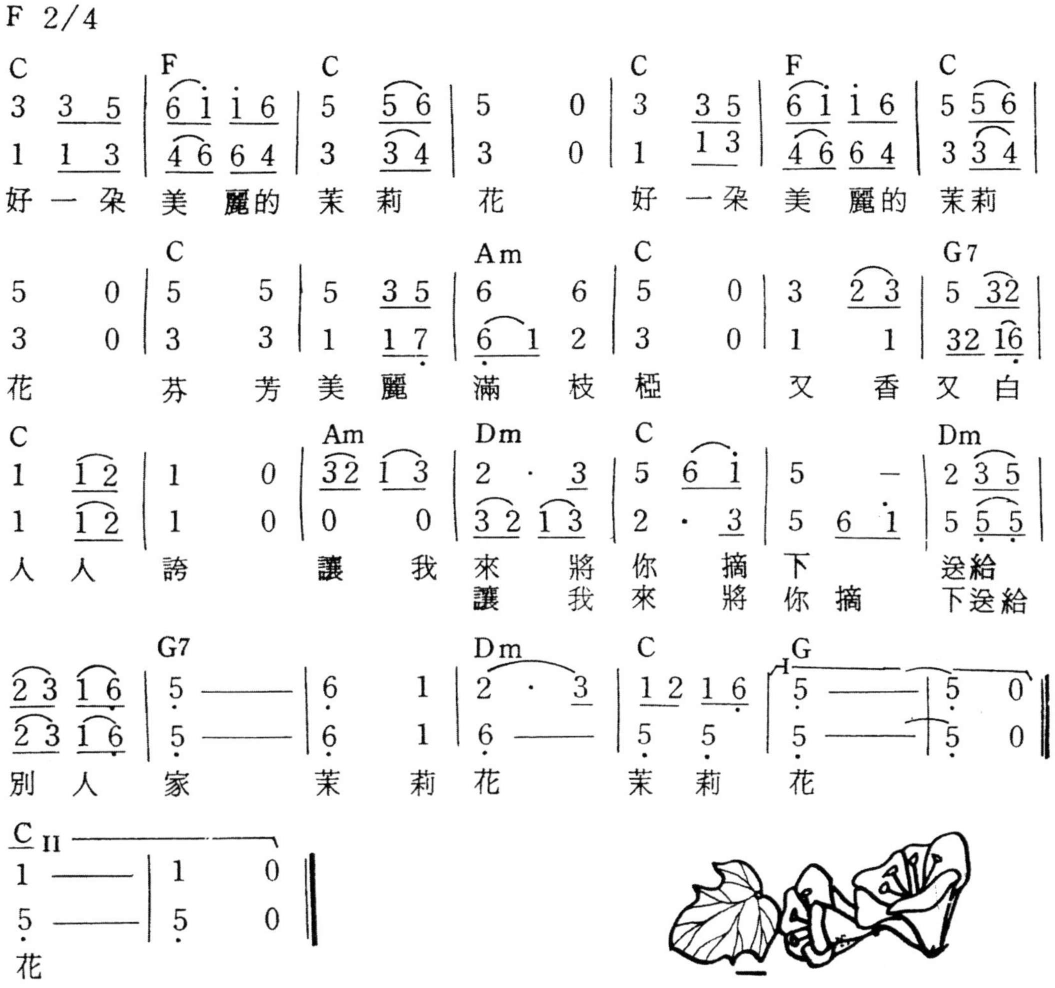

F 2/4

```
C           F        C              C        F        C
3  3 5 | 6 1 1 6 | 5  5 6 | 5   0 | 3  3 5 | 6 1 1 6 | 5  5 6 |
1  1 3 | 4 6 6 4 | 3  3 4 | 3   0 | 1  1 3 | 4 6 6 4 | 3  3 4 |
好 一 朵  美 麗 的  茉 莉 花        好 一 朵  美 麗 的  茉 莉
```

```
            C                    Am       C              G7
5   0 | 5   5 | 5  3 5 | 6   6 | 5   0 | 3  2 3 | 5  3 2 |
3   0 | 3   3 | 1  1 7 | 6 1 2 | 3   0 | 1   1 | 3 2 1 6 |
花       芬  芳  美 麗  滿 枝 椏    又 香 又 白
```

```
C               Am         Dm       C              Dm
1  1 2 | 1   0 | 3 2 1 3 | 2 · 3 | 5  6 1 | 5   — | 2 3 5 |
1  1 2 | 1   0 | 0   0 | 3 2 1 3 | 2 · 3 | 5 6 1 | 5 5 5 |
人 人 誇  讓  我  來  將 你 摘 下      送 給
              讓  我  來  將 你 摘  下 送 給
```

```
         G7               Dm       C        G
2 3 1 6 | 5   — | 6   1 | 2 · 3 | 1 2 1 6 | 5   — | 5   0 |
2 3 1 6 | 5   — | 6   1 | 6   1 | 5   5 | 5   — | 5   0 |
別 人 家  茉  莉  花    茉  莉  花
```

```
C  II
1   — | 1   0 |
5   — | 5   0 |
花
```

二、安徽民謠

〈鳳陽花鼓〉在明朝、清代就很流行，也因年代久遠衍生不同版本。較原始的內容講安徽鳳陽地區，在明朝時居民的生活苦況，暗諷朱元璋未照料故鄉的百姓，使他們無法在故鄉安身立命。

香港歌手汪明荃在一九七八年，有〈鳳陽花鼓〉粵語版，收在《山歌情誼長》專輯。一九九四年鄭秀文在《大頭綠衣鬥殭屍》片中，也演唱粵語，香港街頭常見有人唱。

這首歌的原始作用之一，是百姓用來避災荒或跑江湖用的，唱法都較誇張動作以吸引人，亦有談諧意味。

鳳陽花鼓

安徽民謠

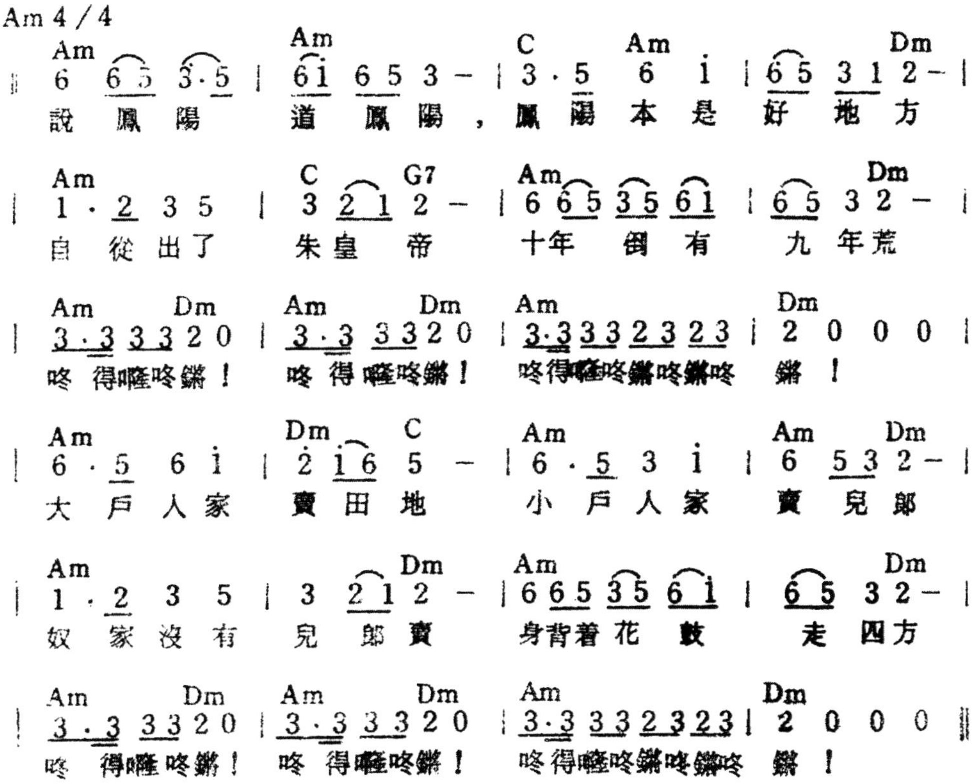

Am 4 / 4

|Am| | |Am| | | |C| |Am| | |Dm|
6 6̣ 5 3·5 | 6̇1 6 5 3 - | 3·5 6 i̇ | 6 5 3 1 2 - |
說　鳳　陽　　道　鳳　陽　，鳳　陽　本　是　好　地　方

|Am| | | |C| |G7| |Am| | | |Dm|
1 ·2 3 5 | 3 2̇ 1 2 - | 6 6̇ 5 3 5 6̇1 | 6 5 3 2 - |
自　從　出　了　朱　皇　帝　　十　年　倒　有　九　年　荒

|Am| |Dm| |Am| |Dm| |Am| | | |Dm|
3·3 3 3 3 2 0 | 3·3 3 3 3 2 0 | 3·3 3 3 2 3 2 3 | 2 0 0 0 |
咚　得　隆咚　鏘！　咚　得　隆咚　鏘！　咚得隆咚鏘咚鏘咚　鏘！

|Am| |Dm| |C| |Am| | |Am| |Dm|
6 ·5 6 i̇ | 2̇ 1̇ 6 5 - | 6 ·5 3 i̇ | 6 5 3 2 - |
大　戶　人　家　賣　田　地　　小　戶　人　家　賣　兒　郎

|Am| | | | | |Dm| |Am| | | |Dm|
1 ·2 3 5 | 3 2̇ 1 2 - | 6 6̇ 5 3 5 6̇1 | 6 5 3 2 - |
奴　家　沒　有　兒　郎　賣　　身　背　着　花　鼓　走　四　方

|Am| |Dm| |Am| |Dm| |Am| | |Dm|
3·3 3 3 3 2 0 | 3·3 3 3 3 2 0 | 3·3 3 3 2 3 2 3 | 2 0 0 0 ‖
咚　得　隆咚　鏘！　咚　得　隆咚　鏘！　咚得隆咚鏘咚鏘咚　鏘！

鳳陽花鼓

安徽民謠

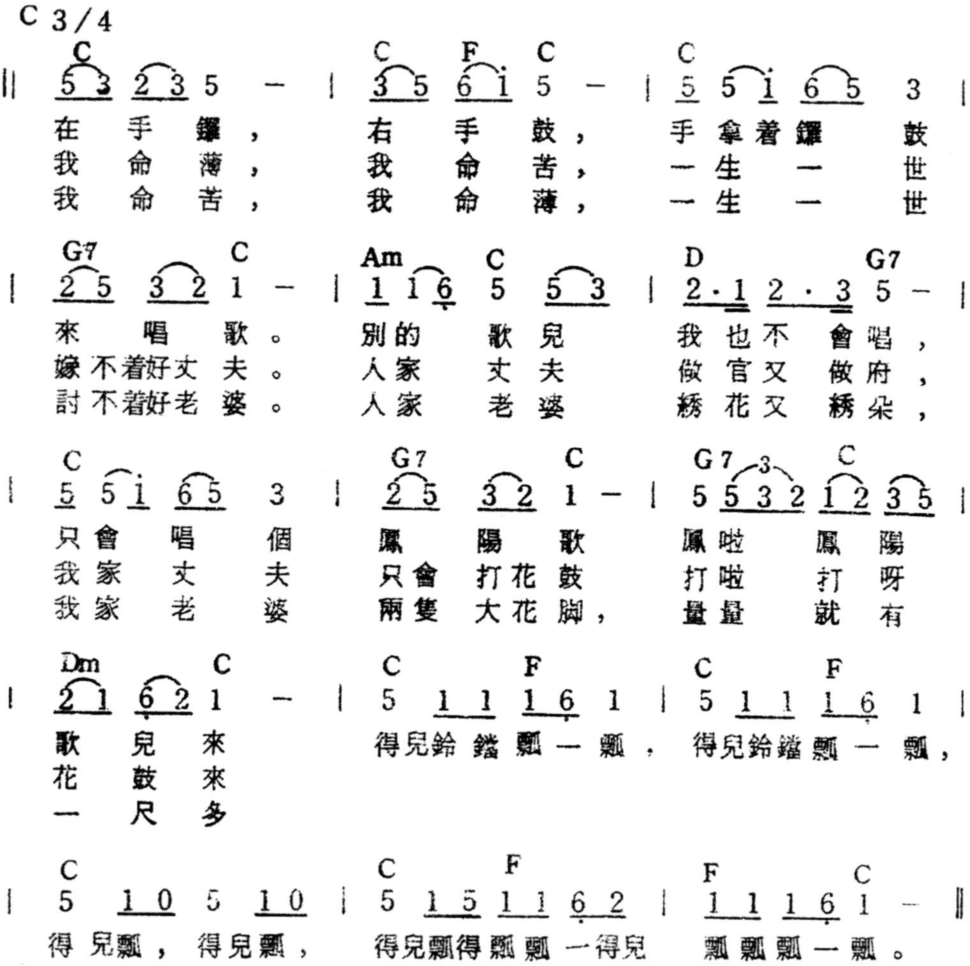

C 3/4

```
  C                    C    F   C        C
|| 5 3 2 3 5  -  | 3 5 6 i 5  -  | 5 5 i 6 5   3 |
   在 手 鑼，      右 手 鼓，    手 拿 着 鑼   鼓
   我 命 薄，      我 命 苦，    一 生 一     世
   我 命 苦，      我 命 薄，    一 生 一     世
```

```
  G7            C      Am    C        D          G7
| 2 5  3 2 1  - | 1 1 6  5  5 3 | 2·1 2·3 5  - |
  來 唱 歌。      別的 歌兒  我 也 不 會 唱，
  嫁 不着好丈夫。  人家 丈夫  做 官 又 做 府，
  討 不着好老婆。  人家 老婆  綉 花 又 綉 朶，
```

```
  C                        G7            C      G7      C
| 5 5 i 6 5  3 | 2 5  3 2 1  - | 5 5 3 2 1 2 3 5 |
  只 會 唱 個        鳳 陽 歌    鳳啦 鳳 陽
  我 家 丈 夫        只會打花鼓   打啦 打 呀
  我 家 老 婆        兩隻大花腳，  量量 就 有
```

```
  Dm            C        C        F        C        F
| 2 1 6 2 1  -  | 5 1 1 1 6 1 | 5 1 1 1 6 1 |
  歌 兒 來        得兒鈴鐺飄一飄，  得兒鈴鐺飄一飄，
  花 鼓 來
  一 尺 多
```

```
  C                        C      F              F        C
| 5 1 0 5 1 0 | 5 1 5 1 1 6 2 | 1 1 1 6 1  - ||
  得兒飄， 得兒飄，  得兒飄得飄飄一得兒   飄 飄 飄 一 飄。
```

新鳳陽歌

（男女對唱） 中國民歌

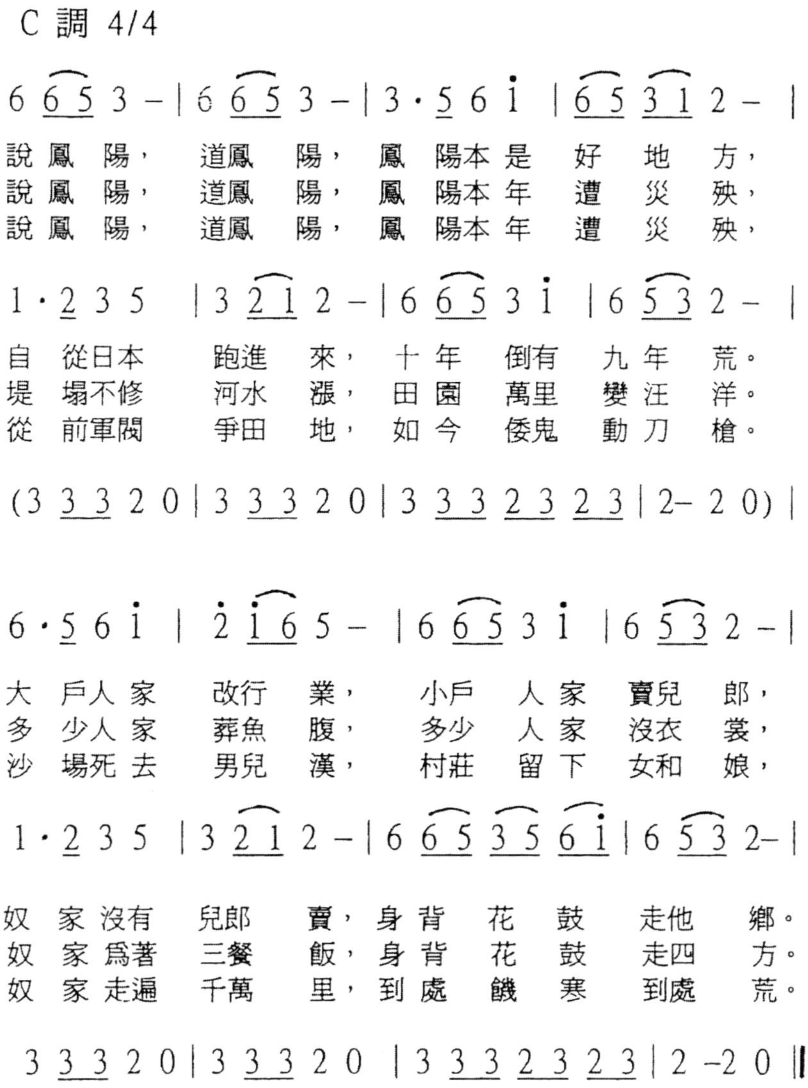
C 調 4/4
說鳳陽，道鳳陽，鳳陽本是好地方，
說鳳陽，道鳳陽，鳳陽本年遭災殃，
說鳳陽，道鳳陽，鳳陽本年遭災殃，
自從日本跑進來，十年倒有九年荒。
堤塌不修河水漲，田園萬里變汪洋。
從前軍閥爭田地，如今倭鬼動刀槍。
大戶人家改行業，小戶人家賣兒郎，
多少人家葬魚腹，多少人家沒衣裳，
沙場死去男兒漢，村莊留下女和娘，
奴家沒有兒郎賣，身背花鼓走他鄉。
奴家爲著三餐飯，身背花鼓走四方。
奴家走遍千萬里，到處饑寒到處荒。

三、江蘇民謠

〈太湖船〉這首民謠，源自明朝到清季之間，太湖上有一種戲曲〈蕩湖船〉，曲調名為「鬧五更」。久之成江蘇一帶歌謠，這首歌於倭國明治維新時傳入，再傳台灣。

現在常聽到的〈太湖船〉，大概是一九六〇年左右，林福裕填詞的版本，慎芝也曾作詞，另外更有白虹的演唱本。其他還有台語、客語、倭語等，各種不同版本。

在一九九三年時，張繼光教授從圖書館中，找到一本附工尺譜的清代百本張抄錄的曲本，其中有一曲〈蕩湖船〉，證明正是〈太湖船〉的前身。

太湖船

江蘇民謠

D調 4/4

```
        D                        #Fm Bm      Em                  G      A7
‖: 3 5 3 2 3 | 5 3 2 3 - | 3 5 3 2 1 | 2 3 5 2·3 | 1 1 6 5·6 |
```

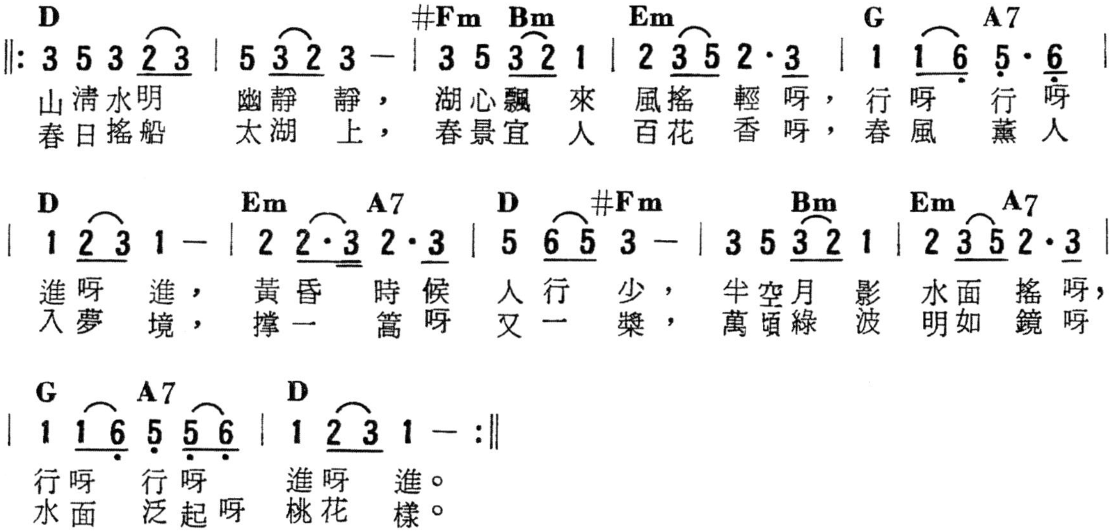
山清水明 幽靜 靜，湖心飄 來 風搖 輕呀，行呀 行呀
春日搖船 太湖 上，春景宜 人 百花 香呀，春風 薰人

```
   D                 Em      A7        D        #Fm          Bm       Em   A7
| 1 2 3 1 - | 2 2·3 2·3 | 5 6 5 3 - | 3 5 3 2 1 | 2 3 5 2·3 |
```
進呀 進，黃昏 時候 人行 少，半空月 影 水面 搖呀，
入夢 境，撐一 篙呀 又一 槳，萬頃綠 波 明如 鏡呀

```
   G      A7        D
| 1 1 6 5 5 6 | 1 2 3 1 - :‖
```
行呀 行呀 進呀 進。
水面 泛起呀 桃花 樣。

四、新疆民謠

不知道何樣因緣？筆者小時候到年輕時代，所聽到我們中國各省民謠，以新疆民謠最多。如〈青春舞曲〉、〈沙里洪巴〉、〈掀起你的蓋頭來〉、〈馬車夫之戀〉（含衍生的〈大板城的姑娘〉和〈杭州姑娘〉等）。

另有一首四川民歌也叫〈馬車夫之戀〉（曲不同），有的文獻說是綏遠民歌。這種情況大約就和〈茉莉花〉一樣，流傳廣了，日久各省都可以說是自己的民謠。

但新疆民謠版的〈馬車夫之戀〉，為何？或何時又衍生出〈大板城的姑娘〉和〈杭州姑娘〉？已難以考證。

一九三八年時，西北抗戰劇團的演員王洛賓，改編（採集）成〈馬車夫之歌〉之名，傳唱於蘭州地區。後有人改歌詞成〈達板城的姑娘〉，再有人改成合乎江南風光的〈杭州姑娘〉。一九六〇年代，又有人改編成童謠〈大笨象會跳舞〉，流行於廣東、港澳地區。

據聞，〈達板城的姑娘〉原是維吾爾族民謠，原名康巴爾罕（Qambarxan），旨在男生對喜歡的女生，表達真情愛意之歌。現在所聽的新疆民謠〈馬車夫之戀〉，是陳健華編曲，他原籍浙江，生於廣州，曾任香港清華書院音樂系教授。

〈沙里洪巴〉，傳說是當地酒店女孩拉客唱的歌，引起一些爭論。不必用有色眼光看，民謠流傳定有真情。

馬車夫之戀

新疆民謠

Bm(D) 4／4

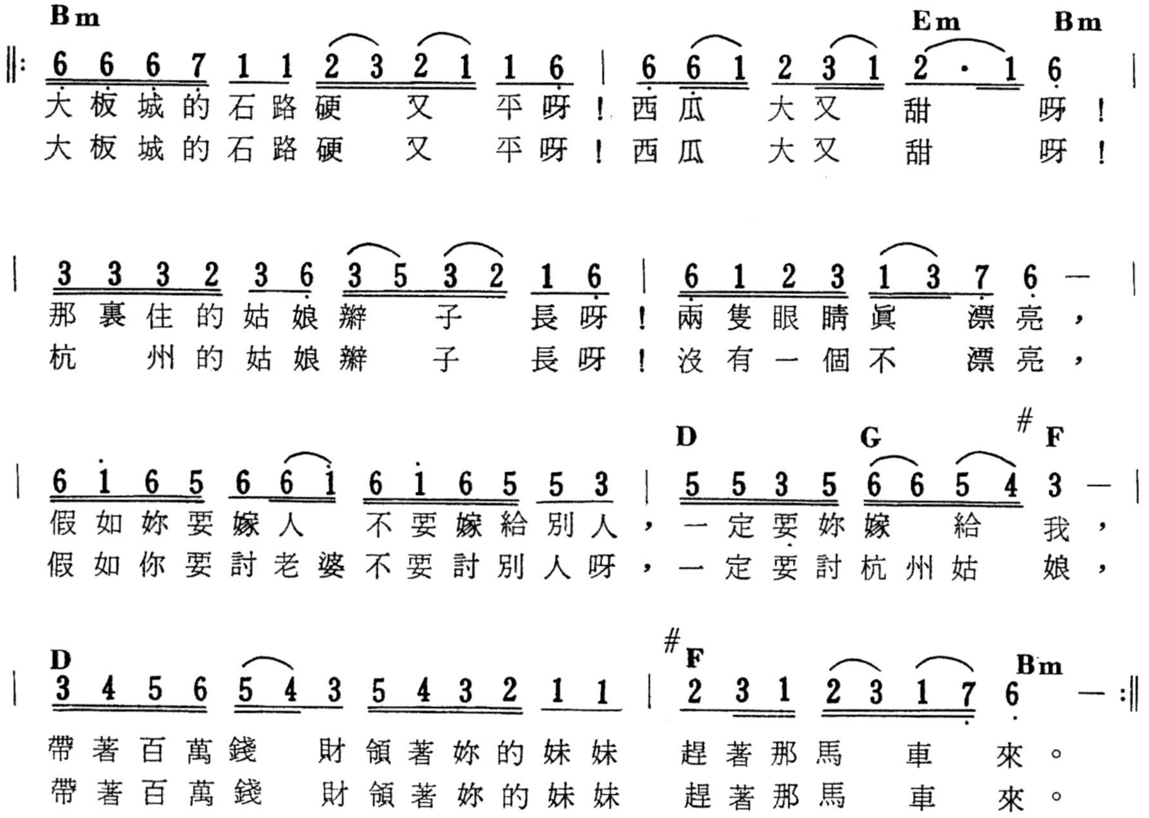
Bm

‖: 6 6 6 7 1 1 2 3 2 1 1 6 | 6 6 1 2 3 1 2·1 6
Em
Bm
大板城的石路硬又平呀！西瓜大又甜呀！
大板城的石路硬又平呀！西瓜大又甜呀！

| 3 3 3 2 3 6 3 5 3 2 1 6 | 6 1 2 3 1 3 7 6 — |
那裏住的姑娘辮子長呀！兩隻眼睛眞漂亮，
杭州的姑娘辮子長呀！沒有一個不漂亮，
D
G
#F

| 6·1 6 5 6 6 1 6 1 6 5 5 3 | 5 5 3 5 6 6 5 4 3 — |
假如妳要嫁人不要嫁給別人，一定要妳嫁給我，
假如你要討老婆不要討別人呀，一定要討杭州姑娘，
D
#F
Bm

| 3 4 5 6 5 4 3 5 4 3 2 1 1 | 2 3 1 2 3 1 7 6 — :‖
帶著百萬錢財領著妳的妹妹趕著那馬車來。
帶著百萬錢財領著妳的妹妹趕著那馬車來。

杭州姑娘

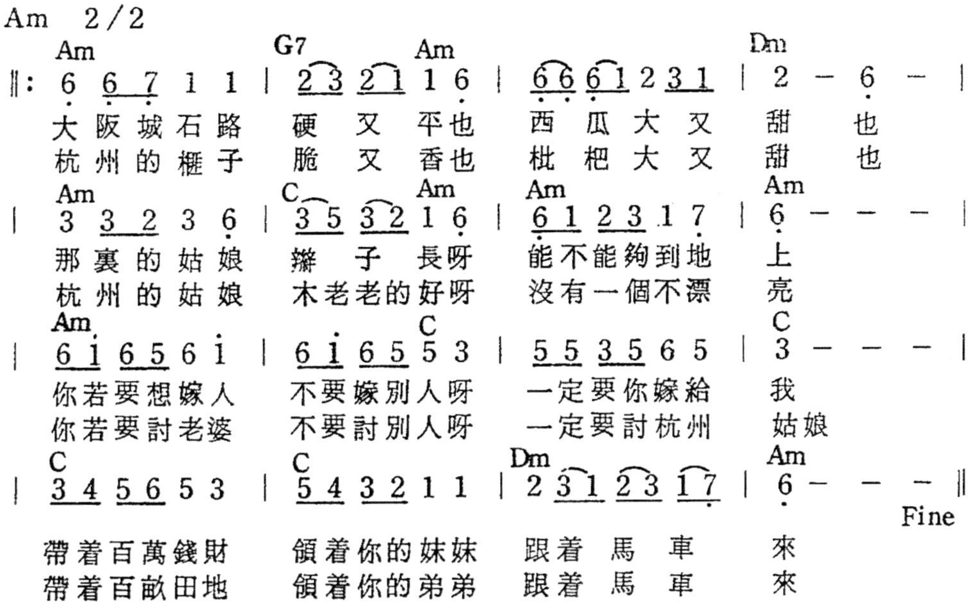

Am　2/2

```
  Am                G7        Am                    Dm
‖: 6 6 7 1 1 | 2 3 2 1 1 6 | 6 6 6 1 2 3 1 | 2 — 6 — |
   大 阪 城 石 路   硬 又 平 也   西 瓜 大 又 甜   也
   杭 州 的 榧 子   脆 又 香 也   枇 杷 大 又 甜   也
  Am            C         Am        Am
 | 3 3 2 3 6 | 3 5 3 2 1 6 | 6 1 2 3 1 7 | 6 — — — |
   那 裏 的 姑 娘   辮 子 長 呀   能 不 能 夠 到 地   上
   杭 州 的 姑 娘   木 老 老 的 好 呀   沒 有 一 個 不 漂   亮
  Am                          C
 | 6 1 6 5 6 1 | 6 1 6 5 5 3 | 5 5 3 5 6 5 | 3 — — — |
   你 若 要 想 嫁 人   不 要 嫁 別 人 呀   一 定 要 你 嫁 給   我
   你 若 要 討 老 婆   不 要 討 別 人 呀   一 定 要 討 杭 州   姑 娘
  C             C          Dm             Am
 | 3 4 5 6 5 3 | 5 4 3 2 1 1 | 2 3 1 2 3 1 7 | 6 — — — ‖
   帶 着 百 萬 錢 財   領 着 你 的 妹 妹   跟 着 馬 車   來
   帶 着 百 畝 田 地   領 着 你 的 弟 弟   跟 着 馬 車   來
```
Fine

大板城姑娘

（馬車夫之歌）　新疆民謠

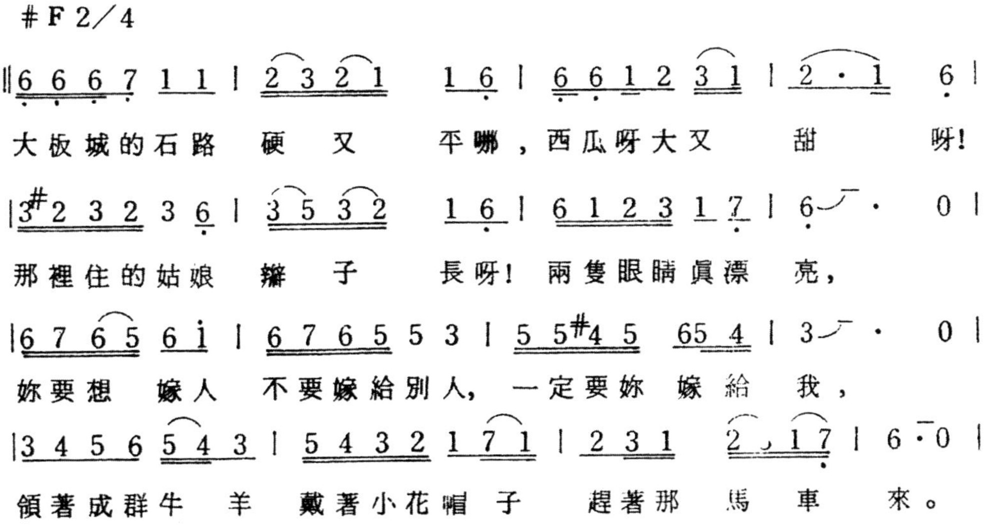

#F 2/4

```
‖6 6 6 7 1 1 | 2 3 2 1   1 6 | 6 6 1 2 3 1 | 2 · 1   6 |
 大 板 城 的 石 路   硬 又   平 嘛，西 瓜 呀 大 又 甜   呀！
 |#2 3 2 3 6 | 3 5 3 2   1 6 | 6 1 2 3 1 7 | 6 —   ·   0 |
  那 裡 住 的 姑 娘   辮 子   長 呀！ 兩 隻 眼 睛 真 漂   亮，
 | 6 7 6 5 6 1 | 6 7 6 5 5 3 | 5 5 #4 5   6 5 4 | 3 —   ·   0 |
  妳 要 想   嫁 人   不 要 嫁 給 別 人，  一 定 要 妳 嫁 給   我，
 | 3 4 5 6 5 4 3 | 5 4 3 2 1 7 1 | 2 3 1   2 1 7 | 6 · 0 |
  領 著 成 群 牛 羊   戴 著 小 花 帽 子   趕 著 那   馬 車   來。
```

青春舞曲

新疆民謠

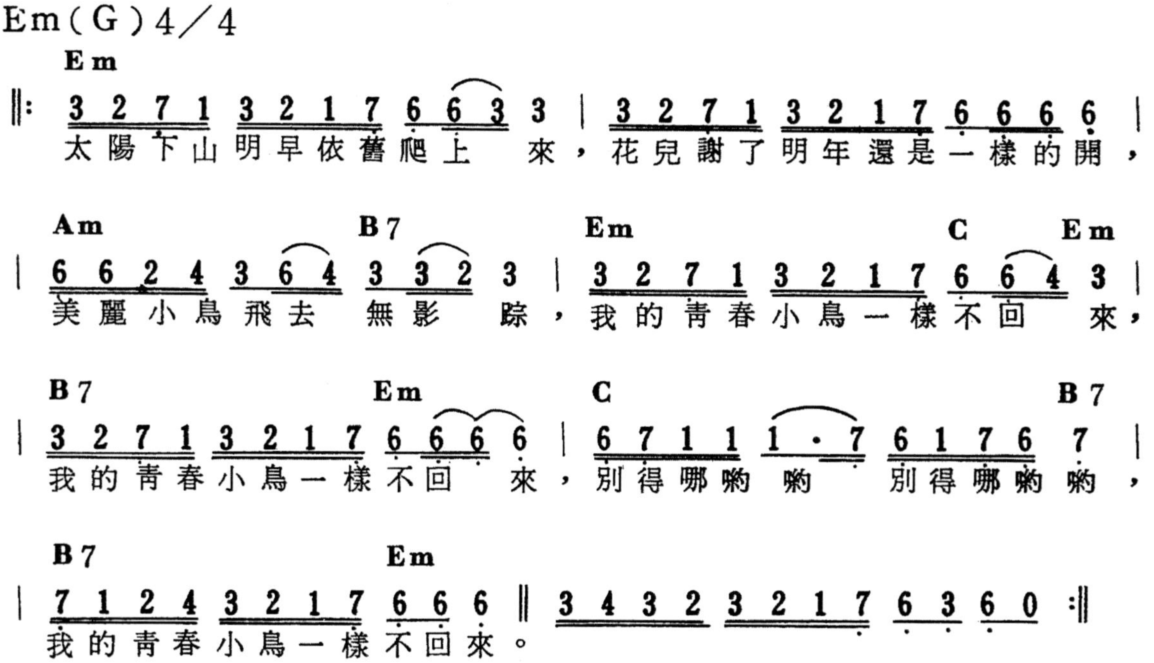

Em（G）4／4

‖: Em
3 2 7 1　3 2 1 7　6 6 3　3 ｜ 3 2 7 1　3 2 1 7　6 6 6　6 ｜
太陽下山　明早依舊爬上　來，　花兒謝了　明年還是　一樣的開，

Am　　　　　　　　B7　　　　　　Em　　　　　　　　　C　　Em
6 6 2 4　3 6 4　3 3 2　3 ｜ 3 2 7 1　3 2 1 7　6 6 4　3 ｜
美麗小鳥　飛去　無影　踪，　我的青春　小鳥一樣　不回　來，

B7　　　　　　　　Em　　　　　　C　　　　　　　　　　B7
3 2 7 1　3 2 1 7　6 6 6　6 ｜ 6 7 1 1　1 · 7　6 1 7 6　7 ｜
我的青春　小鳥一樣　不回　來，　別得哪喲　喲　別得哪喲　喲，

B7　　　　　　　　Em
7 1 2 4　3 2 1 7　6 6 6　6 ‖ 3 4 3 2　3 2 1 7　6 3 6　0 :‖
我的青春　小鳥一樣　不回來。

沙里洪巴

新疆民謠

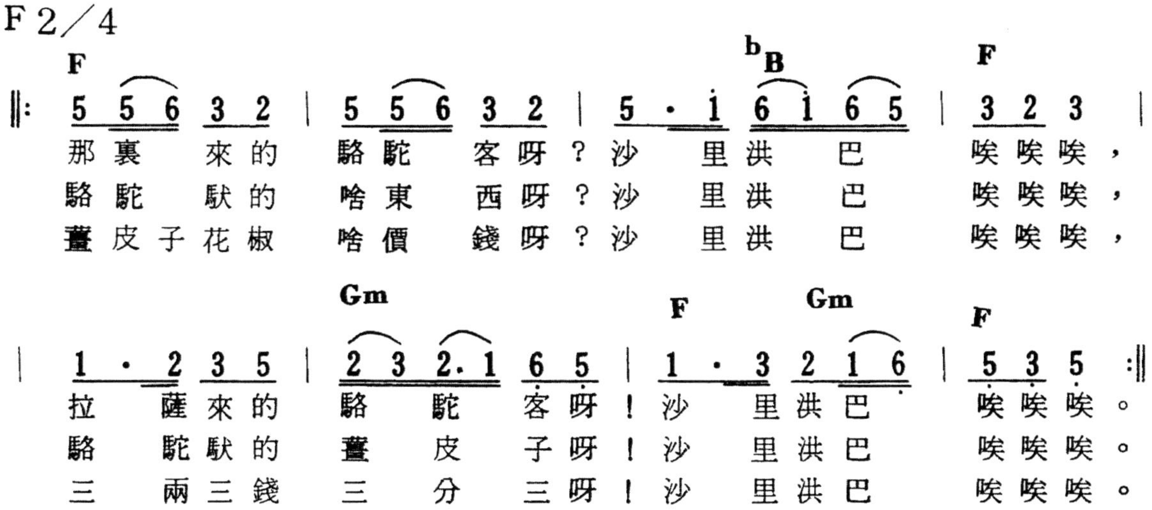

F 2／4

```
        F                                          ᵇB              F
‖: 5  5  6  3  2 | 5  5  6  3  2 | 5 · 1  6  1  6  5 | 3  2  3  3 |
   那 裏 來 的 駱 駝  客 呀？沙  里 洪 巴    唉 唉 唉，
   駱 駝 馱 的 啥 東  西 呀？沙  里 洪 巴    唉 唉 唉，
   薑 皮 子 花 椒 啥 價  錢 呀？沙  里 洪 巴    唉 唉 唉，

               Gm                      F      Gm           F
 | 1 · 2  3  5 | 2  3 2.1  6  5 | 1 · 3  2  1  6 | 5  3  5 :‖
   拉 薩 來 的 駱 駝  客 呀！沙  里 洪 巴    唉 唉 唉。
   駱 駝 馱 的 薑 皮  子 呀！沙  里 洪 巴    唉 唉 唉。
   三 兩 三 錢 三 分  三 呀！沙  里 洪 巴    唉 唉 唉。
```

掀起你的蓋頭來

新疆民謠

G 4／4
G
5 1 1 1 3 2 3 4 3 | 5 1 1 1 3 2 3 4 3 |
掀起了妳的蓋頭來，讓我來看看妳的眉，
掀起了妳的蓋頭來，讓我來看看妳的眼，
掀起了妳的蓋頭來，讓我來看看妳的嘴，
掀起了妳的蓋頭來，讓我來看看妳的臉，
Am G
3 2 3 3 2 3 5 3 2 1 1 | 2 2 4 3 3 2 1 5 5 |
妳的眉兒細又長呀，好像那樹上的彎月亮，
妳的眼兒明又亮呀，好像那珍珠一模樣，
妳的嘴兒紅又小呀，好像那五月的甜櫻桃，
妳的臉兒紅又圓呀，好像那蘋果到秋天，
Am G
3 3 2 3 3 2 3 5 3 2 1 1 | 2 2 4 3 3 2 1 1 1 :
妳的眉兒細又長呀，好像那樹上的彎月亮。
妳的眼兒明又亮呀，好像那珍珠一模樣。
妳的嘴兒紅又小呀，好像那五月的甜櫻桃。
妳的臉兒紅又圓呀，好像那蘋果到秋天。

五、四川民謠

四川民謠版的〈馬車夫之戀〉，從網路上查，少數記錄是綏遠民歌，大多數仍登記是四川民謠。原始作詞作曲者和年代，已難以確定，有說是改編自越劇《盤夫索夫》而來。詳情如何？不得而知。

惟知這首川版的〈馬車夫之戀〉流傳很廣，許多著名歌唱家、教本、專集，都收錄這首歌。如《邱垂秀四川民謠南胡教本》、《姜成濤中國藝術民謠獨唱集》等。

這首歌也被當成綏遠民謠傳唱，例如一個叫「信樂團」的，把詞曲都註明是信樂團。惟本書暫依《凌晨之歌》認定，是四川民謠。

馬車夫之戀

四川民歌

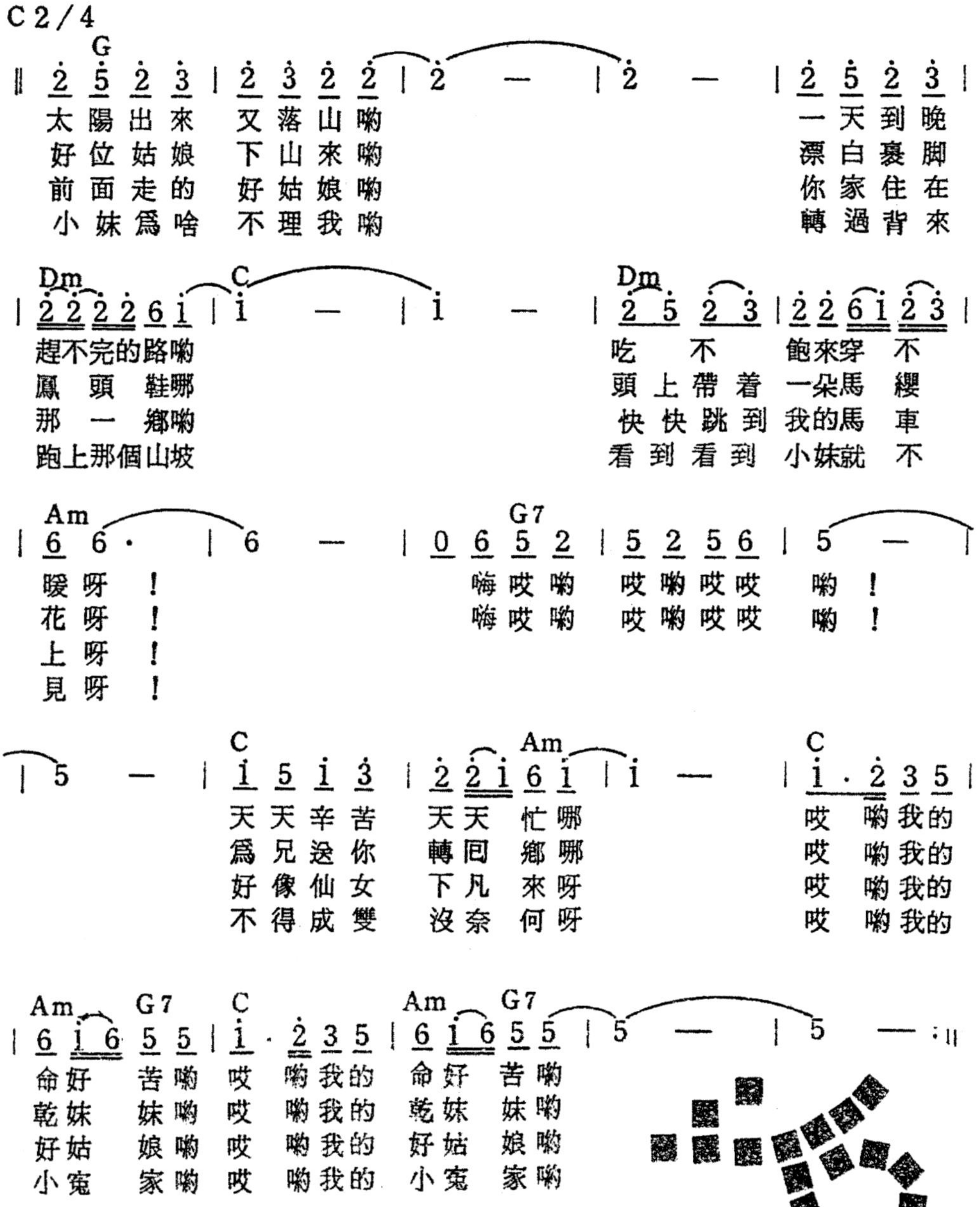
C 2/4
太陽出來 又落山喲 一天到晚
好位姑娘 下山來喲 漂白裹脚
前面走的 好姑娘喲 你家住在
小妹爲啥 不理我喲 轉過背來
趕不完的路喲 吃 不 飽來穿 不
鳳 頭 鞋哪 頭上帶着 一朵馬 纓
那 一 鄉喲 快快跳到 我的馬 車
跑上那個山坡 看到看到 小妹就 不
暖呀！ 嗨哎喲 哎喲哎哎 喲！
花呀！ 嗨哎喲 哎喲哎哎 喲！
上呀！
見呀！
天天辛苦 天天 忙哪 哎 喲我的
爲兄送你 轉回 鄉哪 哎 喲我的
好像仙女 下凡 來呀 哎 喲我的
不得成雙 沒奈 何呀 哎 喲我的
命好 苦喲 哎 喲我的 命好 苦喲
乾妹 妹喲 哎 喲我的 乾妹 妹喲
好姑 娘喲 哎 喲我的 好姑 娘喲
小寃 家喲 哎 喲我的 小寃 家喲

六、雲南民謠

〈彌度山歌〉是雲南漢族山歌，彌度縣在大理白族自治州東南部，馬幫商業繁榮，彌度山歌如史詩般流傳。

一九七〇年十一月，黃友棣為香港明儀合唱團編《雲南民歌組曲》，曾用〈彌度山歌〉為迴旋曲的主題。

一九七三年第三屆中國藝術歌曲之夜，演唱〈彌度山歌〉是用何志浩先生的新詞：「山對山來崖對崖，門對門來街對街。芭蕉葉上鴛鴦字，只勞喜鵲啣過來；山對山來崖對崖，花帽恰配鳳頭鞋。繡球拋落粉牆外，願借東風吹過來。」

〈小河淌水〉也是雲南流傳久遠的民歌，一九四七年時，尹宜公（一九二四—二〇〇五）採集素材，再創作的民歌，被稱「東方小夜曲」。

彌度山歌

雲南民謠

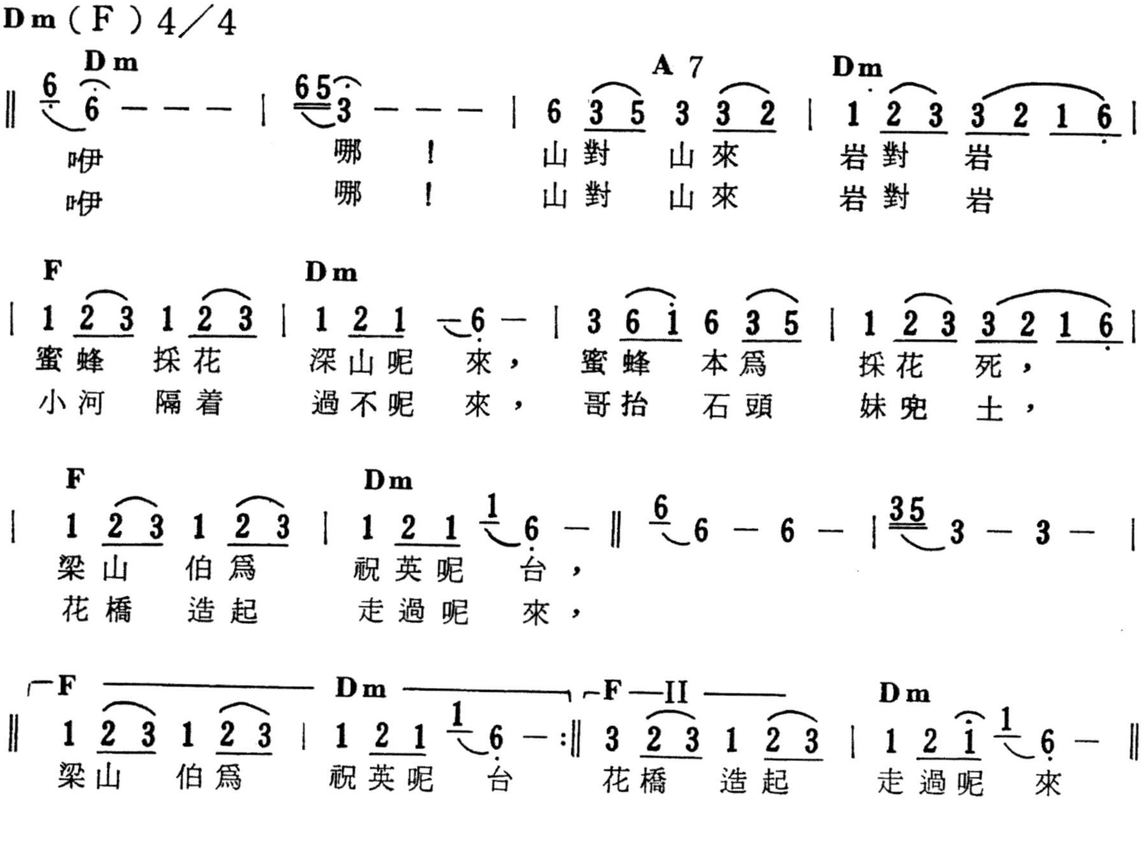
Dm（F）4／4
Dm
A 7
Dm
咿　哪！　山對山來　岩對岩
咿　哪！　山對山來　岩對岩
F
Dm
蜜蜂採花深山呢來，蜜蜂本爲採花死，
小河隔着過不呢來，哥抬石頭妹兜土，
F
Dm
梁山伯爲祝英呢台，
花橋造起走過呢來，
F
Dm
F—II
Dm
梁山伯爲祝英呢台　花橋造起走過呢來

小河淌水

雲南民謠

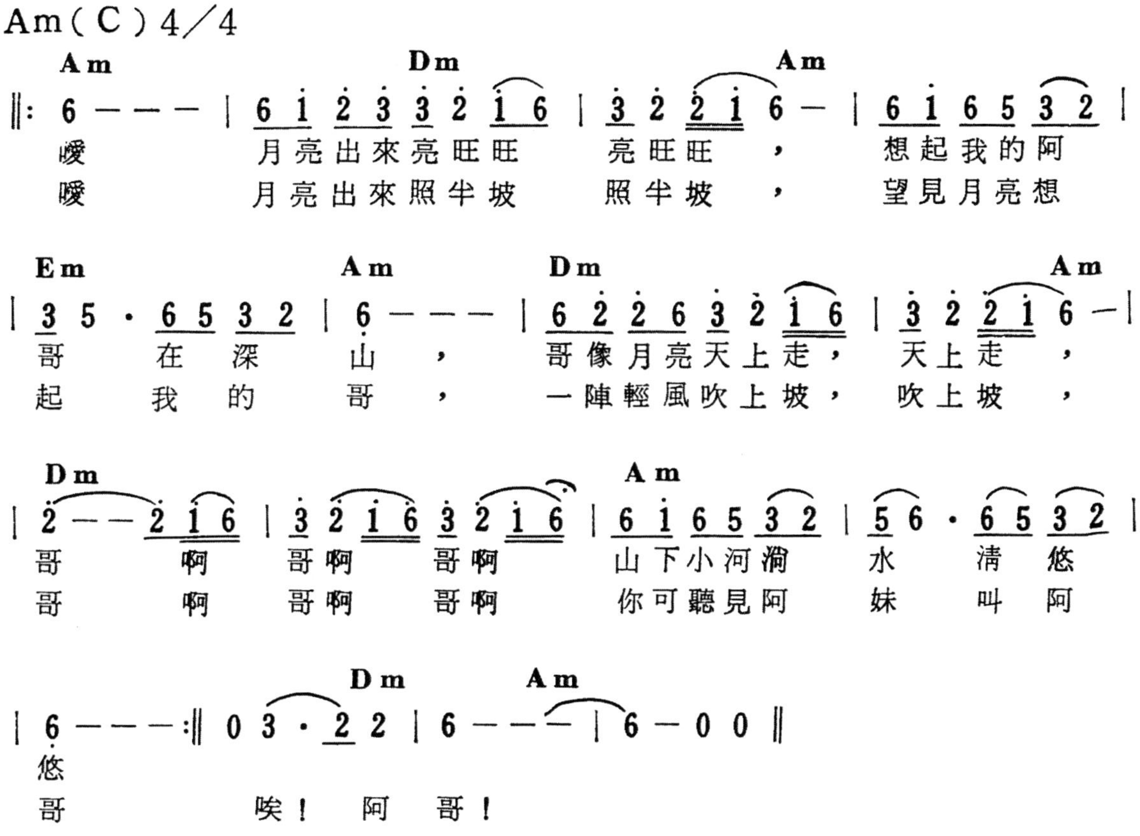
Am（C）4／4
Am Dm Am
噯 月亮出來亮旺旺 亮旺旺， 想起我的阿
噯 月亮出來照半坡 照半坡， 望見月亮想
Em Am Dm Am
哥 在 深 山， 哥像月亮天上走， 天上走，
起 我 的 哥， 一陣輕風吹上坡， 吹上坡，
Dm Am
哥 啊 哥啊 哥啊 山下小河淌 水 清 悠
哥 啊 哥啊 哥啊 你可聽見阿 妹 叫 阿
Dm Am
悠
哥 唉！ 阿 哥！

七、青海民謠

〈在那遙遠的地方〉原是我國西北民歌，由音樂家王洛賓整理改編，原曲是哈薩克族民歌〈悲慘的時代〉。

一九三九年，王洛賓受鄭君里邀請到青海湖畔的金銀灘大草原，參與紀錄片《民族萬歲》的拍攝。片中牧羊女由藏族姑娘薩耶卓瑪扮演。拍片結束後，不久王洛賓為紀念她，寫下〈在那遙遠的地方〉，是民歌中之經典。

〈青海青〉，同名有兩首，本書所引是羅家倫的詞，呂泉生作曲。另一是徐信閣、張衛和張超填詞，張超譜曲，洛桑尖措原唱。張超，素有「神曲教父」之名。

在那遙遠的地方

青海民謠

D4／4

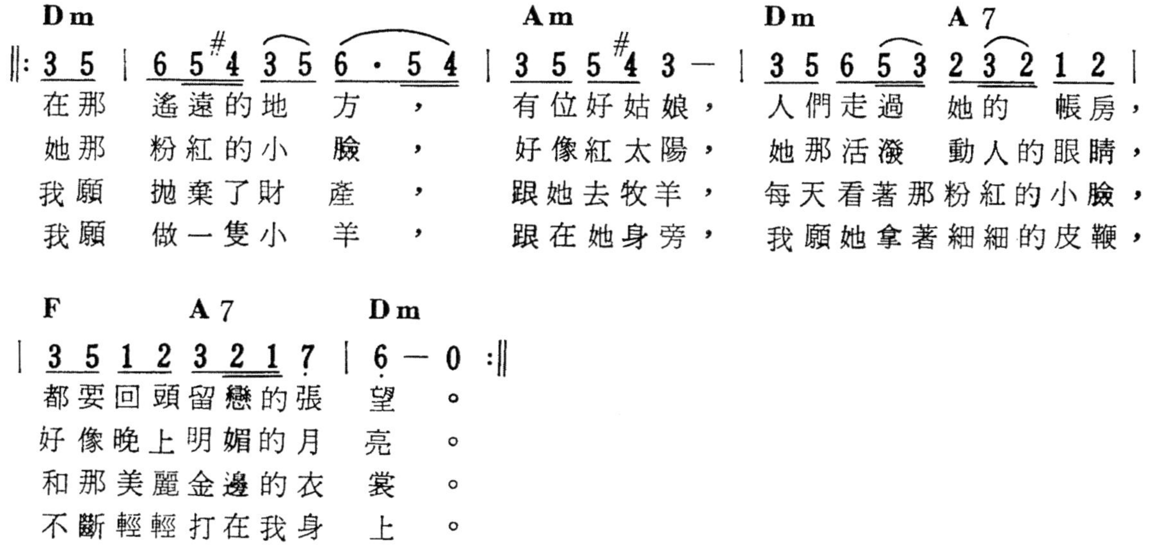
Dm
Am
Dm
A7
在那 遙遠的地 方 ， 有位好姑娘， 人們走過 她的 帳房，
她那 粉紅的小 臉 ， 好像紅太陽， 她那活潑 動人的眼睛，
我願 拋棄了財 產 ， 跟她去牧羊， 每天看著那粉紅的小臉，
我願 做一隻小 羊 ， 跟在她身旁， 我願她拿著細細的皮鞭，
F
A7
Dm
都要回頭留戀的張 望 。
好像晚上明媚的月 亮 。
和那美麗金邊的衣 裳 。
不斷輕輕打在我身 上 。

青海青

青海民謠

KEY：EM 2／4

Em　　　　Bm　　　　Am　　Em7　　Em
| 6 6 3·2 | 3 5 3 2 3 | 2 1 2 3 5 5 | 6 5 3 2 3 3 |

(1)青海青，黃河黃，更有那滔滔的金沙江，
(2)這裡有成群的駿馬，千萬匹牛羊，
(3)中華兒女來吧，來吧，拿着牧鞭騎着大馬，

D　　G　　Am　　　　G　　Bm　　Em
| 2 2 3 5·3 | 2 3 2 1 6 | 1 1 1 1 7 7 5 5 | 6 — :‖

雪皓皓，山蒼蒼，祁連山下好牧場。
馬兒肥，牛兒壯，羊兒的毛好似雪花亮。
馳騁在這高原上，瞧這偉大的崑崙山。

四季花開

青海民謠

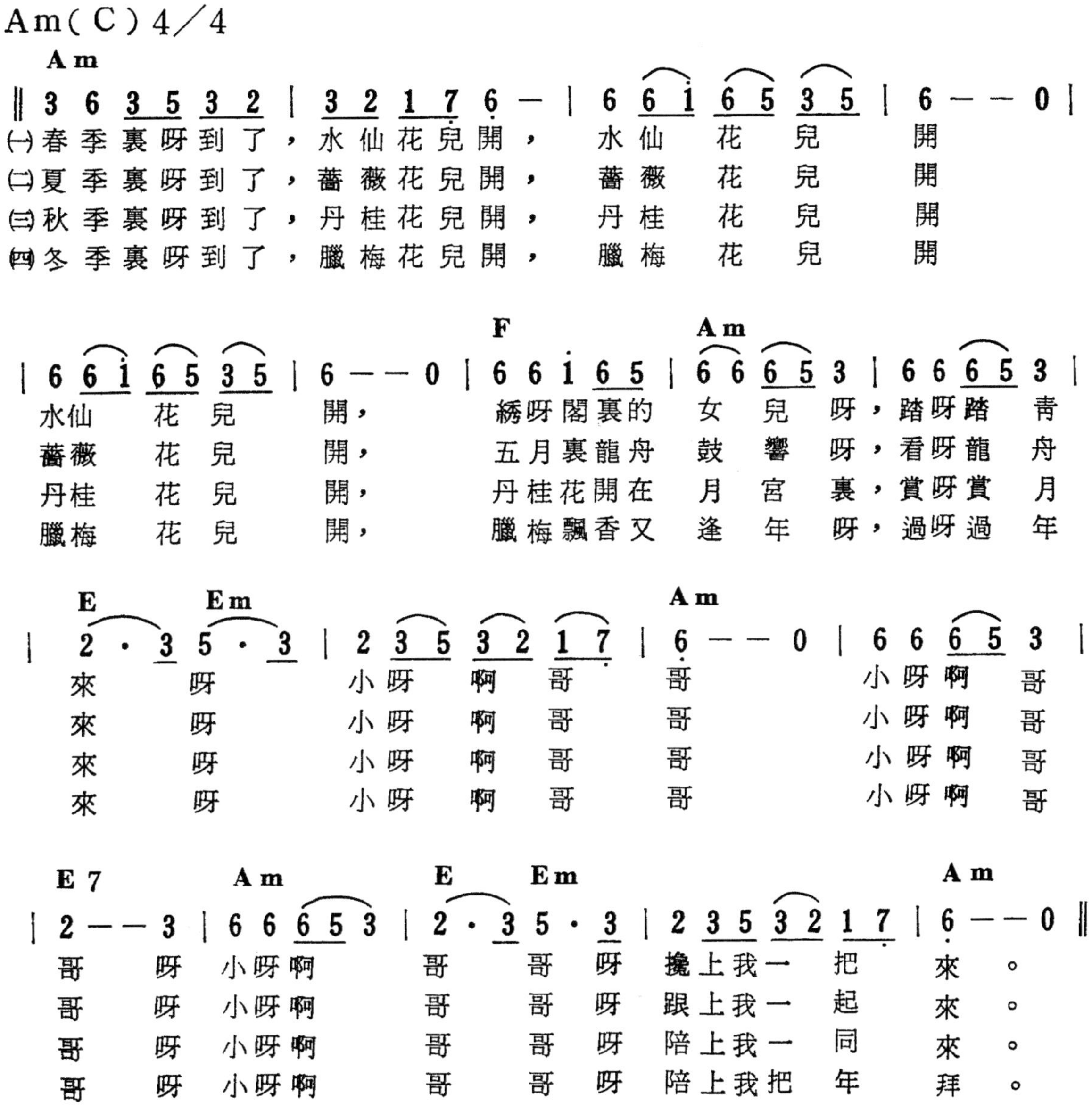
Am(C)4/4
Am

‖: 3 6 3 5 5 3 2 | 3 2 1 7 6 — | 6 6 1 6 5 3 5 | 6 — — 0 |

㈠春季裏呀到了，水仙花兒開， 水仙 花 兒 開
㈡夏季裏呀到了，薔薇花兒開， 薔薇 花 兒 開
㈢秋季裏呀到了，丹桂花兒開， 丹桂 花 兒 開
㈣冬季裏呀到了，臘梅花兒開， 臘梅 花 兒 開
F Am

| 6 6 1 6 5 3 5 | 6 — — 0 | 6 6 1 6 5 | 6 6 6 5 3 | 6 6 6 5 3 |

水仙 花 兒 開， 綉呀閣裏的 女 兒 呀，踏呀踏 青
薔薇 花 兒 開， 五月裏龍舟 鼓 響 呀，看呀龍 舟
丹桂 花 兒 開， 丹桂花開在 月 宮 裏，賞呀賞 月
臘梅 花 兒 開， 臘梅飄香又 逢 年 呀，過呀過 年
E Em Am

| 2 · 3 5 · 3 | 2 3 5 3 2 1 7 | 6 — — 0 | 6 6 6 5 3 |

來 呀 小呀 啊 哥 哥 小呀啊 哥
來 呀 小呀 啊 哥 哥 小呀啊 哥
來 呀 小呀 啊 哥 哥 小呀啊 哥
來 呀 小呀 啊 哥 哥 小呀啊 哥
E7 Am E Em Am

| 2 — — 3 | 6 6 6 5 3 | 2 · 3 5 · 3 | 2 3 5 3 2 1 7 | 6 — — 0 :‖

哥 呀 小呀啊 哥 哥 呀 攙上我一 把 來 。
哥 呀 小呀啊 哥 哥 呀 跟上我一 起 來 。
哥 呀 小呀啊 哥 哥 呀 陪上我一 同 來 。
哥 呀 小呀啊 哥 哥 呀 陪上我把 年 拜 。

八、山西民謠

〈繡荷包〉是流傳很廣的民歌，有雲南版的只有一段詞（有稱是雲南民歌）。本書所引是山西版有五段，但傳到各省則曲調有差異，四川較高亢，雲南較委婉。

按一般研究，〈繡荷包〉民歌，產生在清代嘉慶初年的南京地區。其記載見清代筆記如捧花生《畫舫餘譚》、張昀《瑣事閑錄續編》、華廣生《白雪遺音》、貯香主人《小慧集》等。

〈李大媽〉也是流傳很廣，也很著名的民歌，惟其形成年代不詳。原始作詞、作曲者，也都無從查考。

繡荷包

山西民謠

C調 2/4

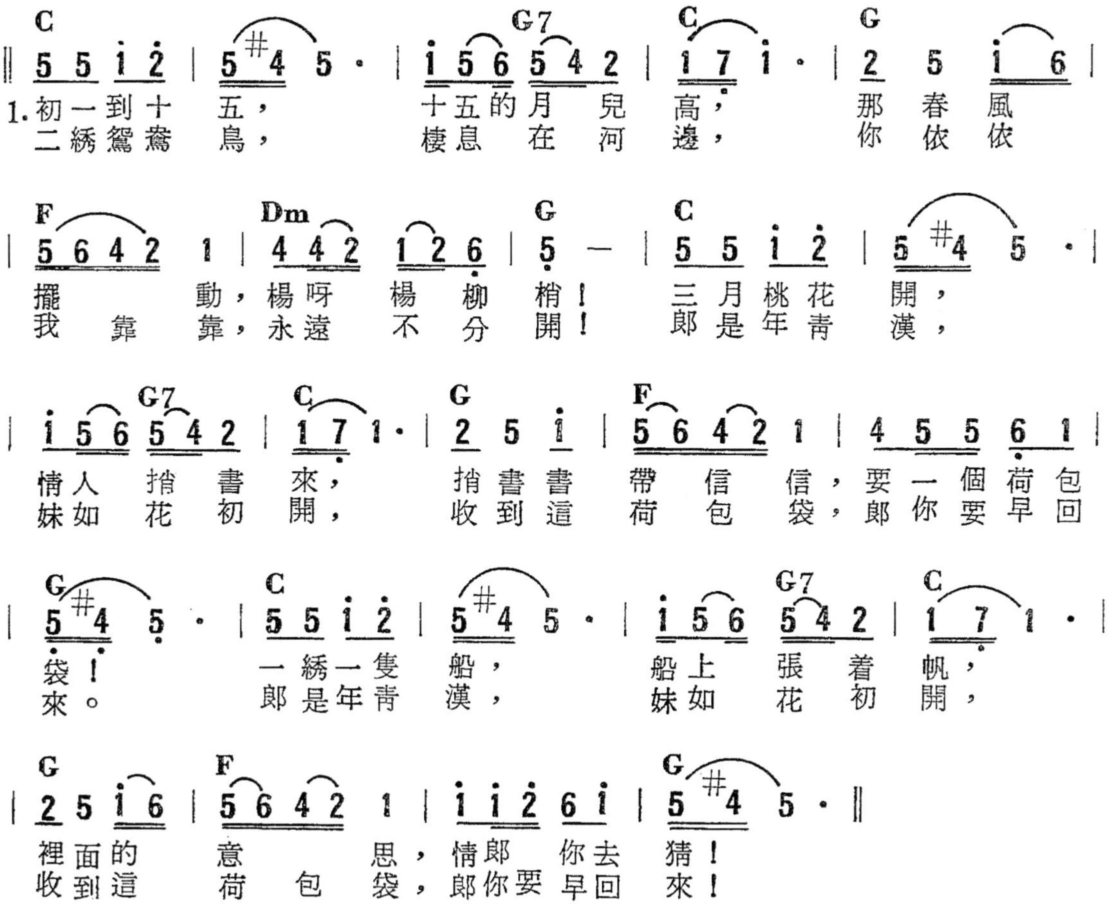
C G7 C G
1.初一到十五，十五的月兒高，那春風
二綉鴛鴦鳥，棲息在河邊，你依依
F Dm G C
擺動，楊呀楊柳梢！三月桃花開，
我靠靠，永遠不分開！郎是年青漢，
G7 C G F
情人捎書來，捎書書帶信信，要一個荷包
妹如花初開，收到這荷包袋，郎你要早回
G C G7 C
袋！一綉一隻船，船上張着帆，
來。郎是年青漢，妹如花初開，
G F G
裡面的意思，情郎你去猜！
收到這荷包袋，郎你要早回來！

李大媽

山西民謠

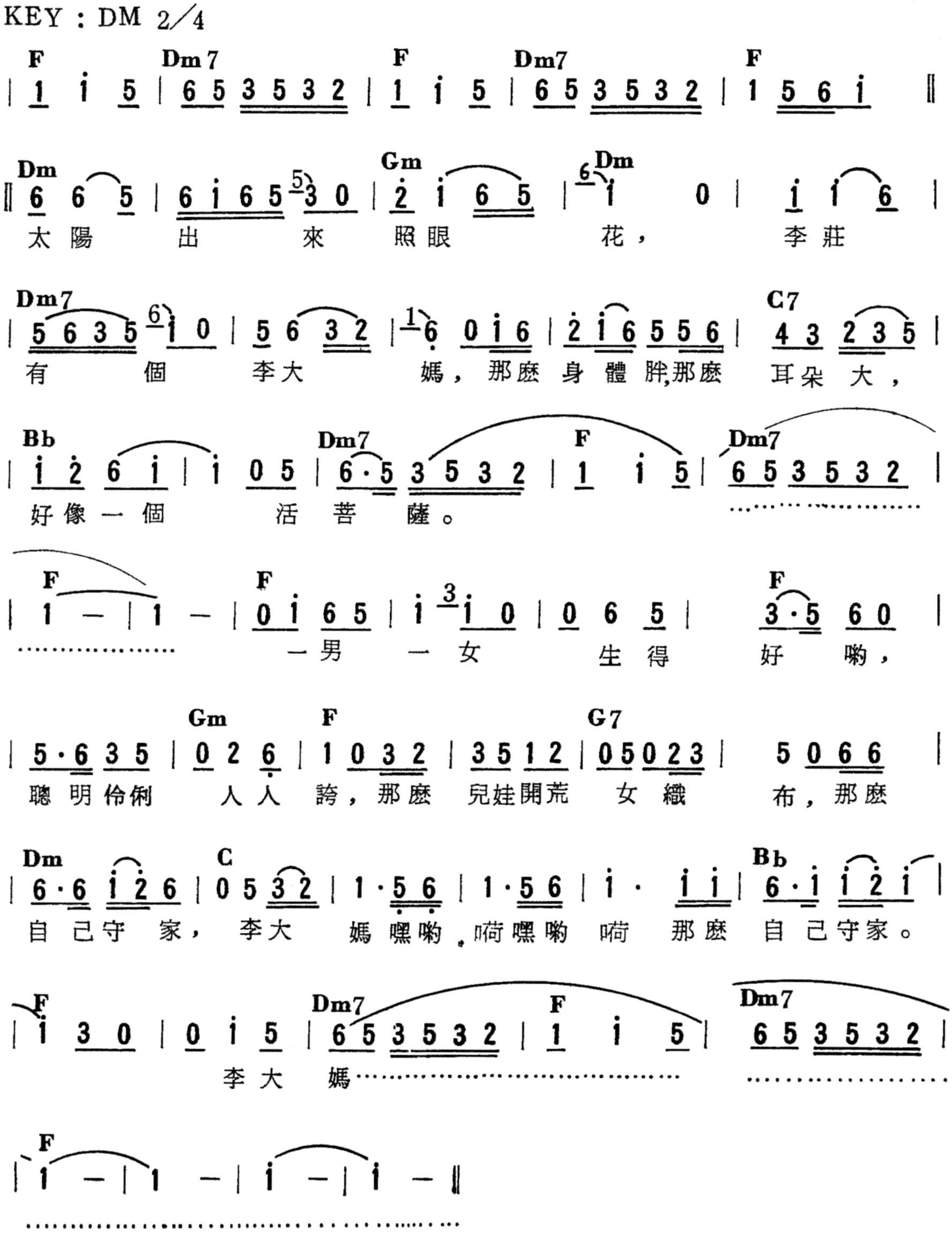

KEY：DM 2／4

|F 　　Dm7 　　　F 　　Dm7 　　　F|
| 1 i 5 | 65 35 32 | 1 i 5 | 65 35 32 | 1 5 6 i ‖

|Dm 　　　　　　Gm 　　　　Dm|
‖ 6 6 5 | 6 i 65 3 0 | 2 i 65 | i 0 | i i 6 |
太陽　出　來照眼　花，　李莊

|Dm7 　　　　　　　　　　　　C7|
| 5 6 35 i 0 | 56 32 | i 6 0 i 6 | 2 i 6 5 56 | 4 3 2 35 |
有　個　李大　媽，那麼身體胖那麼　耳朵大，

|Bb 　　　　　　Dm7 　　　　F 　　Dm7|
| i 2 6 i | i 0 5 | 6·5 35 32 | 1 i 5 | 65 35 32 |
好像一個　活菩薩。

|F 　　　　F 　　　　　　　　F|
| 1 — | 1 — | 0 i 65 | i 3 i 0 | 0 65 | 3·5 60 |
　　　　　一男　一女　生得　好喲，

|Gm 　　F 　　　　　　G7|
| 5·6 35 | 0 2 6 | 1 0 32 | 35 12 | 05 023 | 5 0 66 |
聰明伶俐　人人誇，那麼兒娃開荒　女織　布，那麼

|Dm 　　　C 　　　　　　　　　Bb|
| 6·6 i 26 | 0 5 32 | 1·5 6 | 1·5 6 | i · i i | 6·i i 2 i |
自己守家，李大　媽嘿喲．嗬嘿喲　嗬　那麼自己守家。

|F 　　　Dm7 　　　F 　　Dm7|
| i 3 0 | 0 i 5 | 65 35 32 | 1 i 5 | 65 35 32 |
　　　李大　媽

|F|
| i — | i — | i — | i — ‖

九、陝西民謠

〈一根扁擔〉，在閻荷婷《中國民謠歌曲輯》，當成河南民謠。在馬玉芬的《五族共和專輯》，說是湖北民歌。另在百度百科，說是慎芝作詞，用河南民謠曲調。

〈一根扁擔〉是中國民謠中，少見具有「虛擬實境」效果的歌曲，在歌詞中「吱格吱格拉拉」之詞句，維妙維肖地模擬了扁擔受重的聲響，堪稱是創作上之一絕。

作曲家們曾將〈一根扁擔〉重新編曲，呈現不同的音樂形式。如編曲家姜小鵬，巧妙以二胡模擬，李泰祥也重編適合卡拉ＯＫ用。本書按《淩晨之歌》，暫訂陝西民謠。

一根扁擔

陝西民謠

D調 2/4
D A D
一根 扁担 軟 溜溜的 溜呀嗬 嗨喲， 軟溜軟溜 軟溜軟溜
A
溜呀嗬 嗨喲， 肩上了 扁担我 要到荆 州， 想起了
D
荆州，就 喜樂在心 頭， 楊柳青青 花兒紅，吱咯 吱咯
A
拉拉拉拉崩 哎嗨嗨嗨 喲 我 要到荆 州 州。

一根扁担

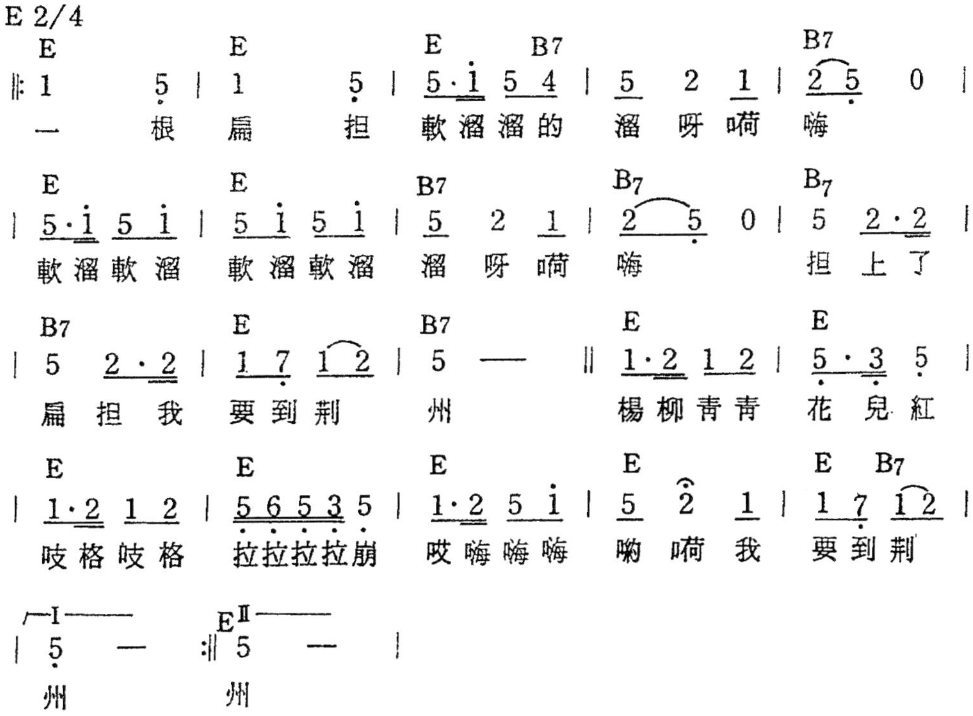

E 2/4

E	E	E B7	B7

‖: 1　　5 | 1　　5 | 5·1 54 | 5 2 1 | 2 5　0 |

一　　根　扁　担　軟溜溜的　溜呀 嗬 嗨

E	E	B7	B7	B7

| 5·1 51 | 5 1 51 | 5 2 1 | 2 5 0 | 5 2·2 |

軟溜軟溜　軟溜軟溜　溜呀 嗬　嗨　　担上了

B7	E	B7	E	E

| 5 2·2 | 17 12 | 5 — :‖ 1·2 12 | 5·3 5 |

扁担我　要到荆　州　　楊柳青青　花兒紅

E	E	E	E	E B7

| 1·2 12 | 56 53 5 | 1·2 51 | 5 2 1 | 17 12 |

吱格吱格　拉拉拉拉崩　哎嗨嗨嗨　喲 嗬 我　要到荆

┌I─┐ ┌E II┐
| 5 — :‖ 5 — |

州　　　　　州

十、蒙古民謠

〈蒙古牧歌〉也有兩首同名，一者是易鳴作詞，翁清溪作曲，劉清池編曲，鄧麗君唱，其詞和傳統的不同。

傳統的〈蒙古牧歌〉，「從軍長城外……」早期流行於蒙古、西藏、哈薩克等地，後經音樂家採集而成。

〈蒙古小夜曲〉有兩首同名，一是劉歡填詞，劉歡演唱，收錄在《蒙古小夜曲》專輯中。本書收錄的〈蒙古小夜曲〉，是由語嫣編曲，原曲從何而來也難以查考。

〈小小羊兒要回家〉，作詞作曲都是姚敏，不知為何有部分類似〈蒙古小夜曲〉，故收附於此。

蒙古牧歌

蒙古民謠

C 4／4

```
    Am
‖: 6  6  6  5  3  5 | 6 · i 6  —  |
   從  軍  長  城     外 ，
   寂  寞  望  夕     陽 ，
   蒙  古  草  原     上 ，

    C              Dm
   5  5  i 6  5  3 | 2 · 3 2  —  |
   塞  上  好  風     光 ，
   駝  鈴  響  叮     噹 ，
   敵  軍  越  邊     疆 ，
```

```
    C                  G 7
| i · 6 5 6 5 3 | 2 5 3 2 1 5 |
  草  兒  長 ，      馬  兒  壯 、
  響  叮  噹 ，      更  淒  涼 、
  沙  無  垠 ，      北  風  狂 ，

    Am                    G
| 1 6 1 3 2 2 1 6 | 5 · 6 5 — |
  蒙  古  兒  女  牧  牛  羊 ，
  蹄  兒  懶  走  路  更  長 ，
  敵  人  更  比  風  沙  狂 ，
```

```
    C                  G 7
| i · 6 5 6 5 3 | 2 5 3 2 1 5 |
  黃  河  岸 ，      陰  山  傍 ，
  天  蒼  蒼 ，      野  茫  茫 ，
  風  暴  息 ，      豺  狼  斃 ，

    Am                    G
| 1 6 1 3 2 2 1 6 | 5 · 6 5 — :‖
  英  雄  騎  馬  過  橋  樑 。
  英  雄  騎  馬  下  山  岡 。
  英  雄  騎  馬  歸  故  鄉 。
```

蒙古小夜曲

蒙古民謠

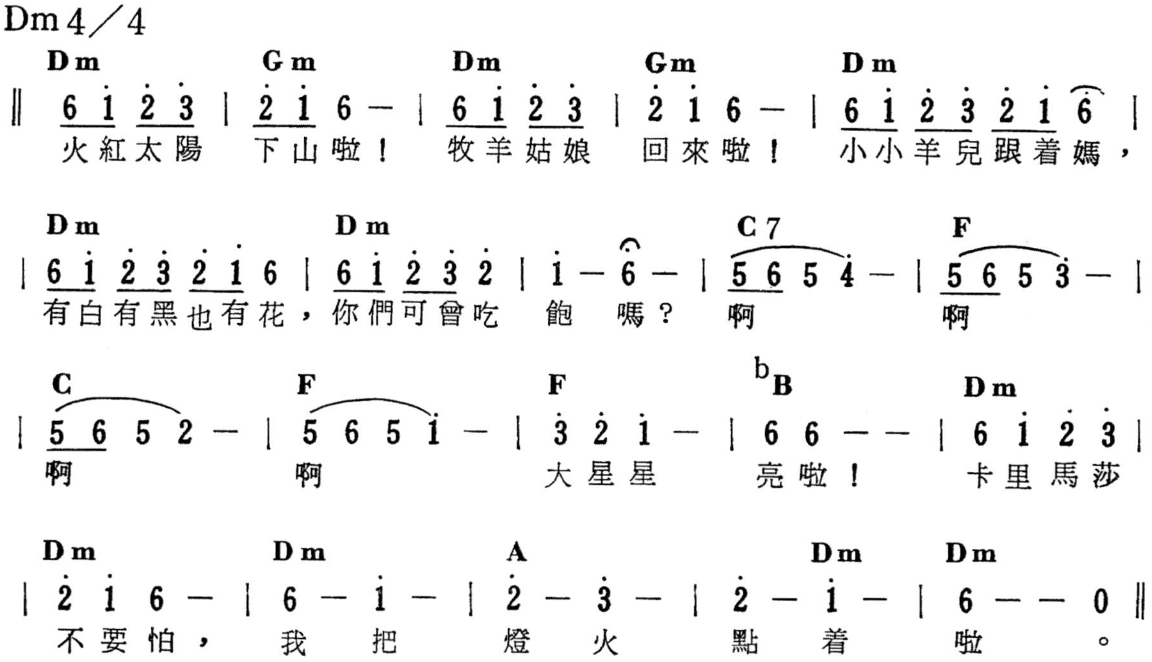

Dm 4／4

Dm	Gm	Dm	Gm	Dm
6 1 2 3	2 1 6 −	6 1 2 3	2 1 6 −	6 1 2 3 2 1 6

火紅太陽　下山啦！　牧羊姑娘　回來啦！　小小羊兒跟着媽，

Dm	Dm		C7	F
6 1 2 3 2 1 6	6 1 2 3 2	1 − 6 −	5 6 5 4 −	5 6 5 3 −

有白有黑也有花，你們可曾吃　飽　嗎？　啊　　　　啊

C	F	F	♭B	Dm
5 6 5 2 −	5 6 5 1 −	3 2 1 −	6 6 − −	6 1 2 3

啊　　　　啊　　　　大星星　亮啦！　卡里馬莎

Dm	Dm	A	Dm	Dm
2 1 6 −	6 − 1 −	2 − 3 −	2 − 1 −	6 − − 0

不要怕，　我把　燈火　點着　啦　。

小小羊兒要回家

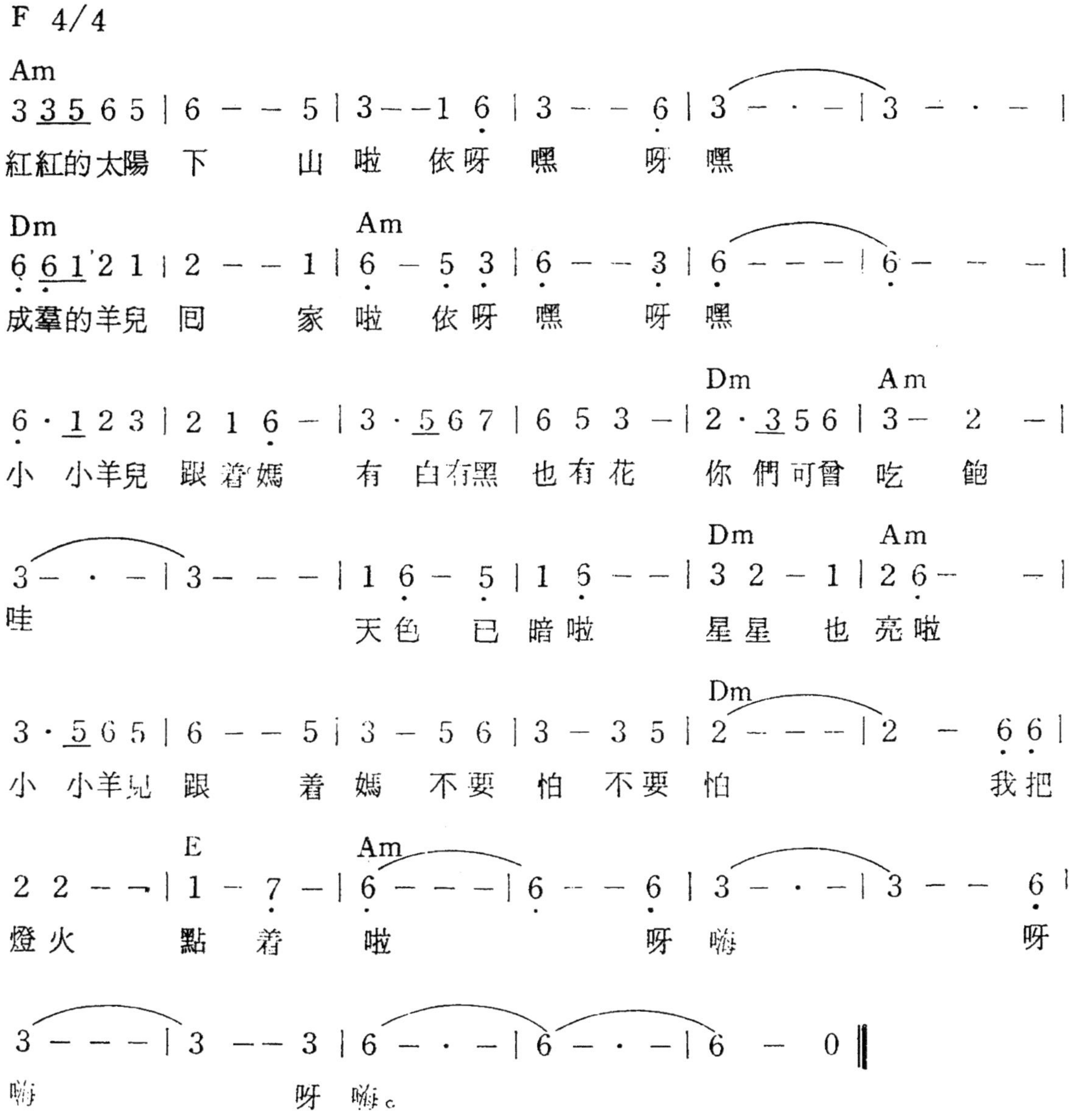

F 4/4

Am
3 3̲5̲6̲5 | 6 − − 5 | 3 − − 1 6 | 3 − − 6 | 3 − · − | 3 − · · |
紅紅的太陽　下　山啦　依呀嘿　呀嘿

Dm　　　　　　　　　　　Am
6̲6̲1̲ 2 1 | 2 − − 1 | 6 − 5 3 | 6 − − 3 | 6 − − − | 6 − − − |
成羣的羊兒　回　家啦　依呀嘿　呀嘿

　　　　　　　　　　　　　　　Dm　　　Am
6 · 1̲2̲3 | 2 1 6 − | 3 · 5̲6̲7 | 6 5 3 − | 2 · 3̲5̲6 | 3 − 2 − |
小　小羊兒　跟著媽　有　白有黑　也有花　你們可曾　吃　飽

3 − · − | 3 − − − | 1 6 − 5 | 1 6 − − | 3 2 − 1 | 2 6 − − |
哇　　　　　　　天色　已暗啦　星星　也亮啦

　　　　　　　　　　　　　　　　　　　　Dm
3 · 5̲6̲5 | 6 − − 5 | 3 − 5 6 | 3 − 3 5 | 2 − − − | 2 − 6̲6̲ |
小　小羊兒　跟　著媽　不要　怕　不要　怕　　　　我把

　　　　E　　Am
2 2 − ⌐ | 1 − 7 − | 6 − − − | 6 − − 6 | 3 − · − | 3 − − 6 |
燈火　　點著　啦　　呀嗨　　　呀

3 − − − | 3 − − 3 | 6 − · − | 6 − · − | 6 − 0 ‖
嗨　　　呀　嗨。

十一、綏遠民謠

〈虹彩妹妹〉這首很流行的民歌，源自綏遠地區（今內蒙古中部）。原曲有漢蒙結合的曲調特色，也有眾多版本，其中以朱逢博、鄧麗君、刀郎版最著名。

一九三八年時，音樂家王洛賓在蘭州參加「西北抗戰劇團」，採集原始〈虹彩妹妹〉加以整理改編，做為前往甘肅、青海各地宣傳抗日之用。

當時王洛賓改編了〈達坂城的姑娘〉、〈青春舞曲〉、〈曼麗〉、〈虹彩妹妹〉等民歌。這些都是流傳久遠的經典，每一首都成為能夠再傳世的民謠，偉大的中國文明文化。

虹彩妹妹

綏遠民謠

Am（C）調 4/4

Am　　　　　　　　　　　　　　　　　　　　　Dm
‖: 6 5 3 6 5 3 | 6 6 5 6 — | 6 5 3 6 5 3 | 2 2 1 2 — |
虹彩　妹妹　嗯唉嗨喲，長得　好那麼　嗯　唉　嗨　喲，
三月　裏來　嗯唉嗨喲，桃花　開那麼　嗯　唉　嗨　喲，

Em　Am　　　　Em　C　　Am　E　　Am
| 3 3 5 6·1 6 5 | 3 3 5 1 — | 3 3 3 3 3 | 6 6 5 6 — :‖
櫻桃　小　嘴　嗯唉嗨喲，一點點那麼　嗯　唉　嗨　喲。
八月　中　秋　嗯唉嗨喲，想起了妹妹　嗯　唉　嗨　喲。

十二、西康民謠

〈康定情歌〉，是康定北關外「雅拉溝」一帶，農民牧民的民歌，屬於「溜溜調」。這首歌原始的功能（流傳），是青年男女在「伴花夜」（陪新娘歡度婚前之夜）所唱。詞中「李家大姐、張家大哥」，通常隨新婚男女兩方姓氏而改變。

抗戰時，最早採集這首歌是音樂家鄭沙海，他當時是國立戲劇專科學校教授。一九四四年在西康採集民歌，康定學生曹素芳、喬淑媛、李培源、孫玉華等人，為他唱了不少西康一帶民歌。

關於〈康定情歌〉的來源，另有一些考證（說法）。抗戰時期，吳文季在中央訓練團受訓時，或在瀘縣青年軍夏令營工作時採集的。但據了解，當時這兩個單位內，都沒有康定青年。

最先公開演唱這首歌，是抗戰時期湖北師範學院音樂系主任喻宜萱，鄭沙梅（海）也曾在該院任教。解放前，所印民歌集，〈康定情歌〉的詞曲作者都是佚名。

按《康定縣誌》也錄了〈康定情歌〉，也沒有詞曲作（編）者。歌詞「跑馬溜溜的山」，山在康定縣城邊。

康定是我國千年古城，有著名的公主橋和將軍橋。往上走可遙想當年文成公主和松贊干布相遇行禮的情景。流水千年，人事改變，跑馬山依舊，〈康定情歌〉代代傳唱。

康定情歌

西康民謠

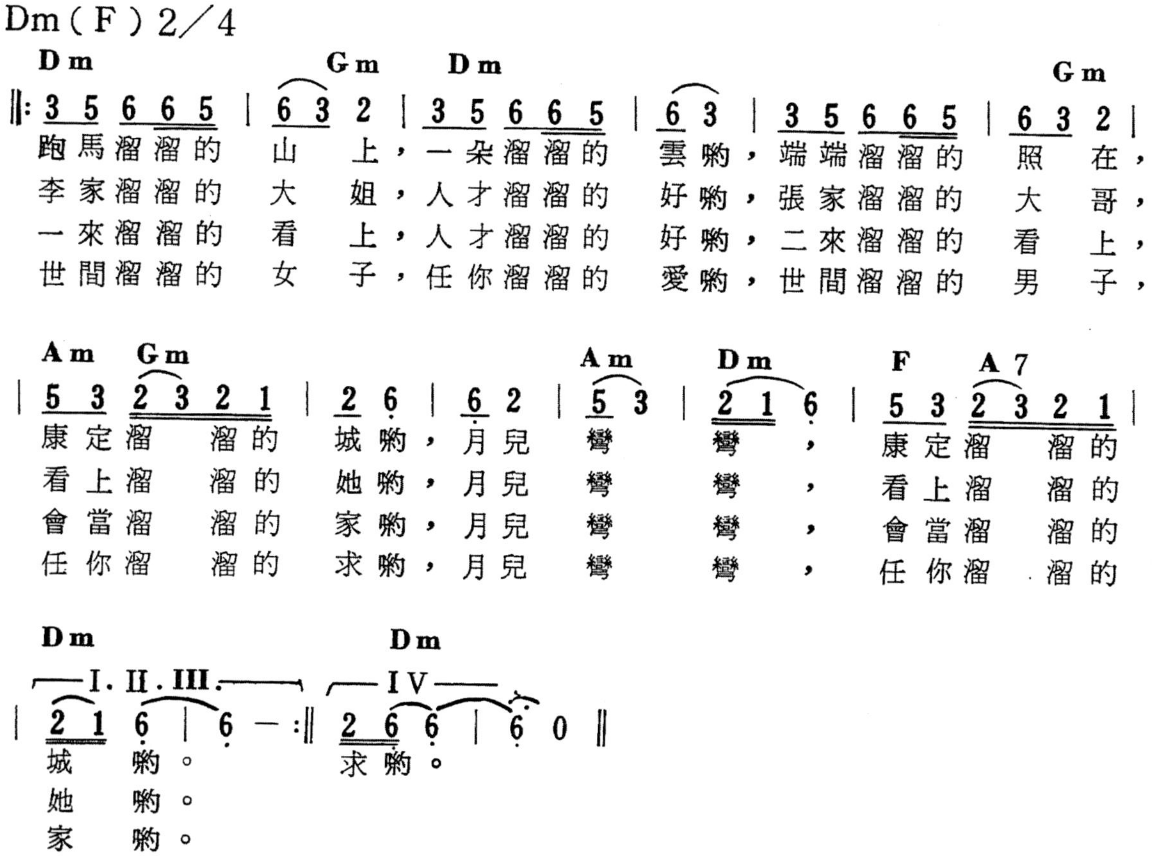

Dm（F）2／4

```
         Dm                    Gm       Dm                            Gm
‖: 3 5  6 6 5  | 6 3  2 | 3 5  6 6 5  | 6 3 | 3 5  6 6 5 | 6 3 2 |
   跑 馬 溜 溜 的  山   上 ，一 朵 溜 溜 的  雲 喲，端 端 溜 溜 的  照   在，
   李 家 溜 溜 的  大   姐 ，人 才 溜 溜 的  好 喲，張 家 溜 溜 的  大   哥，
   一 來 溜 溜 的  看   上 ，人 才 溜 溜 的  好 喲，二 來 溜 溜 的  看   上，
   世 間 溜 溜 的  女   子 ，任 你 溜 溜 的  愛 喲，世 間 溜 溜 的  男   子，
```

```
   Am   Gm                            Am      Dm        F      A 7
|  5 3  2 3 2 1  | 2 6 | 6 2  | 5 3 | 2 1 6 | 5 3 2 3 2 1 |
   康 定 溜   溜 的  城 喲，月 兒   彎   彎  ， 康 定 溜   溜 的
   看 上 溜   溜 的  她 喲，月 兒   彎   彎  ， 看 上 溜   溜 的
   會 當 溜   溜 的  家 喲，月 兒   彎   彎  ， 會 當 溜   溜 的
   任 你 溜   溜 的  求 喲，月 兒   彎   彎  ， 任 你 溜   溜 的
```

```
   Dm                            Dm
   ┌─ I . II . III ─┐  ┌─ IV ─┐
|  2 1 6 | 6  - :‖ 2 6 6 | 6 0 ‖
   城   喲 。        求 喲 。
   她   喲 。
   家   喲 。
```

十三、台灣民謠（另見下輯）

筆者是生長在台灣的中國人，台灣是中國的一個省，我一輩子就住在這台灣省。很自然的，我從小到大也聽過（吉他彈唱）很多台灣早期倭竊時代的歌謠。這裡先舉最有代表性的〈望春風〉和〈雨夜花〉，下輯再詳述。

李臨秋（一九一〇—一九七九）。出生在倭竊時期的台北牛埔庄（含雙連），他一生有作品八十多首，最知名是〈望春風〉，李臨秋作詞，鄧雨賢作曲。

鄧雨賢（一九〇六—一九四四）。出生在桃園龍潭的客家作曲家，一生創作近百首曲目。他有「台灣歌謠之父」之美譽，代表作如〈望春風〉、〈雨夜花〉、〈月夜愁〉、〈四季紅〉等。

對中國古典小說有研究的李臨秋，從《西廂記》得到了靈感，想寫一首表達女人心中話的歌。一九三三年，廿四歲的李臨秋把〈望春風〉的詞，交給廿七歲的鄧雨賢譜曲。兩個年輕人首次合作的〈望春風〉，立刻造成轟動，並成為傳世經典。

〈雨夜花〉是周添旺作詞，鄧雨賢作曲。周添旺（一九一一—一九八八）。出生在台北艋舺剝皮寮（萬華），早期台語流行歌作詞家，代表作如〈雨夜花〉、〈孤戀花〉、〈秋風夜雨〉等。

台灣因為被倭竊佔五十年，台灣人也當了五十年「三腳」，又因民風很保守。因此，歌謠內涵大多是很悲情。

雨夜花

（台灣民謠）　周添旺詞　鄧雨賢曲　鳳飛飛唱

C 3/4
Borele Soul
（歌林唱片）

Gm

| g C3 | C3 | C3 | Gm3 | C3 | C3 | C3 | G73 | C |

5123·1 | 3465— | 3465·3 | 2312— | 5123·1 | 3465— | 3465·3 | 2371— ‖: 5653 |

雨　　夜花
雨　　水滴
雨　　夜花

| C | C | Gm | C | Am | Gm |

3 2 1 6 5 | 1 2 3 5 1 2 | 3 3 2 — | 5 5 5 3 5 3 | 3 2 3 2 1 6 | 5 6 6 5 3 |

雨　夜　花　受　風雨　　吹落地　無人看　見　每日　怨嗟　花謝落土
雨　水　滴　引　阮入　　受難池　怎樣給　阮　離葉　離枝　永遠無人
雨　夜　花　受　風雨　　吹落地　無人看　見　每日　怨嗟　花謝落土

| C | C | C | C | Gm | C |

3 2 1 — | 5 6 5 3 | 3 2 1 6 5 | 1 2 3 5 1 2 | 3 3 2 — | 5 5 5 3 5 3 |

不再回　雨　無情　雨　無　情　無　想阮　的前程　並無看　顧
通看見　花　落土　花　落　土　有　誰人　通看顧　無情風　雨
不再回　雨　無情　雨　無　情　無　想阮　的前程　並無秀　顧

| Am | G7 ┌—1-3—┐ C | C | C | G7 | C | ┌G7-2—┐ |

3 2 3 2 1 6 ‖ 5 6 5 3 | 3 2 1 — ‖ 5 5 5 3 5 3 | 3 2 3 2 1 6 | 5 6 5 3 | 3 2 1 —: ‖ 5 6 5 5 3 |

軟弱　心　性　誤阮前途　失光明　　　　　　　　　　　　　　　花蕊若落
誤阮　前　途
軟弱　心　性　誤阮前途　失光明

| C | C | Am | G7 rit — C7 |

3 2 1 —: ‖ 5 5 5 3 5 3 | 3 2 3 2 1 6 | 5 6 5 3 | 3 2 1 — ‖

要如何　　　　　　　　　　　　　　Fine

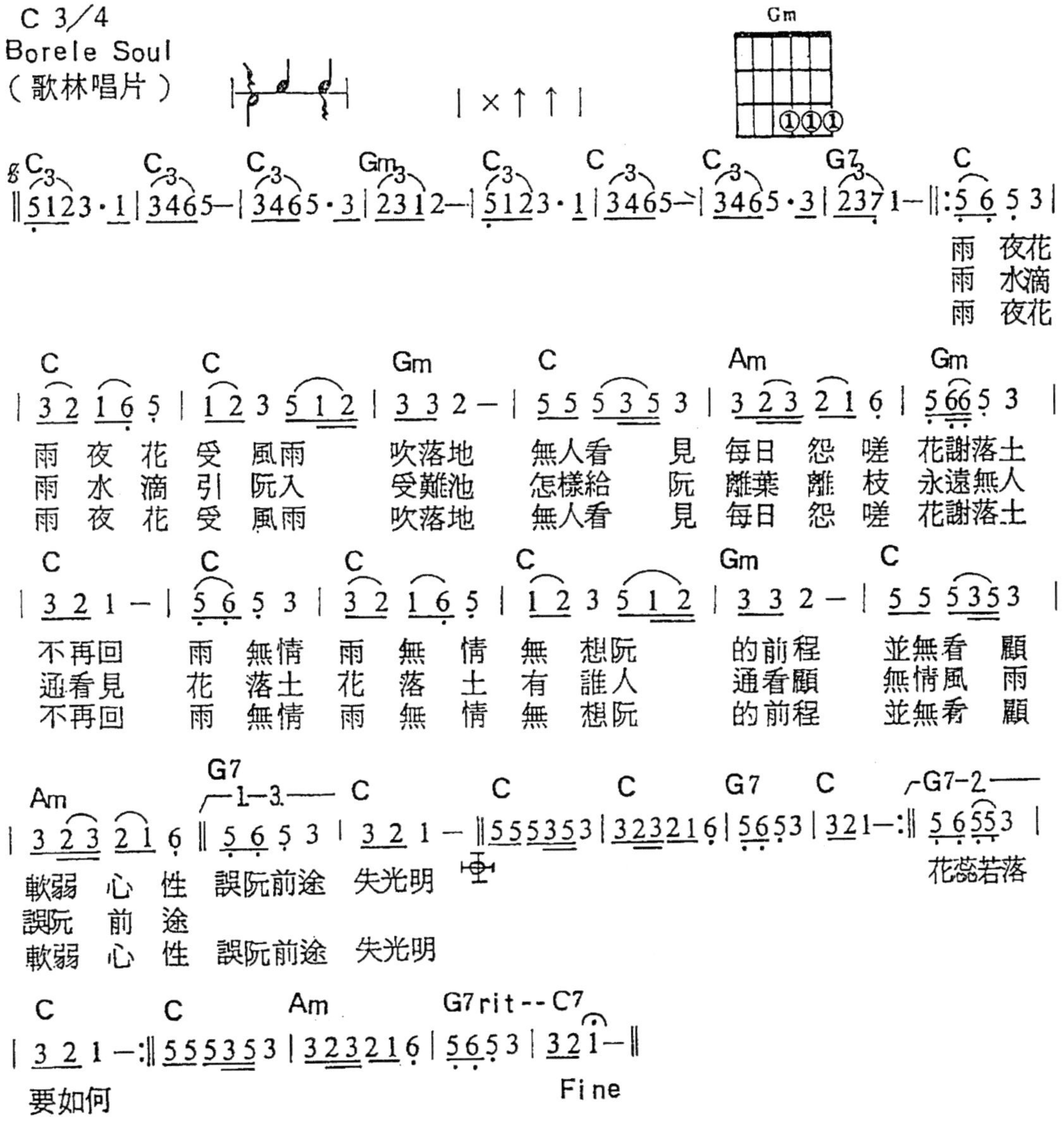

望春風

李臨秋詞　鄧雨賢曲

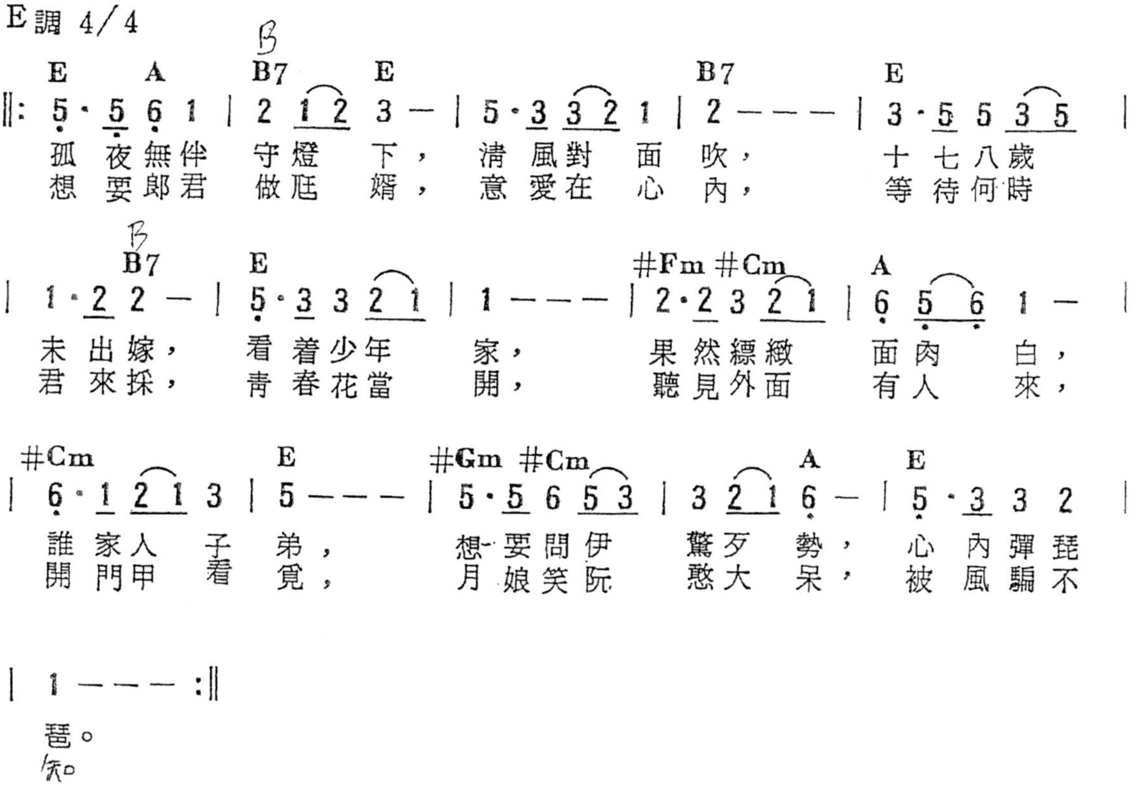
E調 4/4
孤夜無伴守燈下，清風對面吹，十七八歲
想要郎君做尪婿，意愛在心內，等待何時
未出嫁，看着少年家，果然標緻面肉白，
君來採，青春花當開，聽見外面有人來，
誰家人子弟，想要問伊驚歹勢，心內彈琵
開門甲看覓，月娘笑阮憨大呆，被風騙不
琶。
知

第四部　台灣早期歌謠輯

一、周添旺作品

周添旺（一九一〇—一九八八）。台北萬華人，他一生創作的經典作品，如〈雨夜花〉、〈春風歌聲〉、〈台北上午零時〉、〈月夜愁〉、〈春宵吟〉、〈河邊春夢〉、〈秋風夜雨〉等。

最有代表性、也是他最喜歡的四首：〈雨夜花〉、〈月夜愁〉、〈河邊春夢〉、〈秋風夜雨〉。一九八八年四月廿一日，周添旺逝世，這四首歌刻在他位於淡水八里的墓碑上。

〈河邊春夢〉作曲者曾有爭論，原因是周添旺以筆名「黎明」投稿領取稿費。所以，這首歌詞曲作者都是周添旺。

河邊春風（台語）

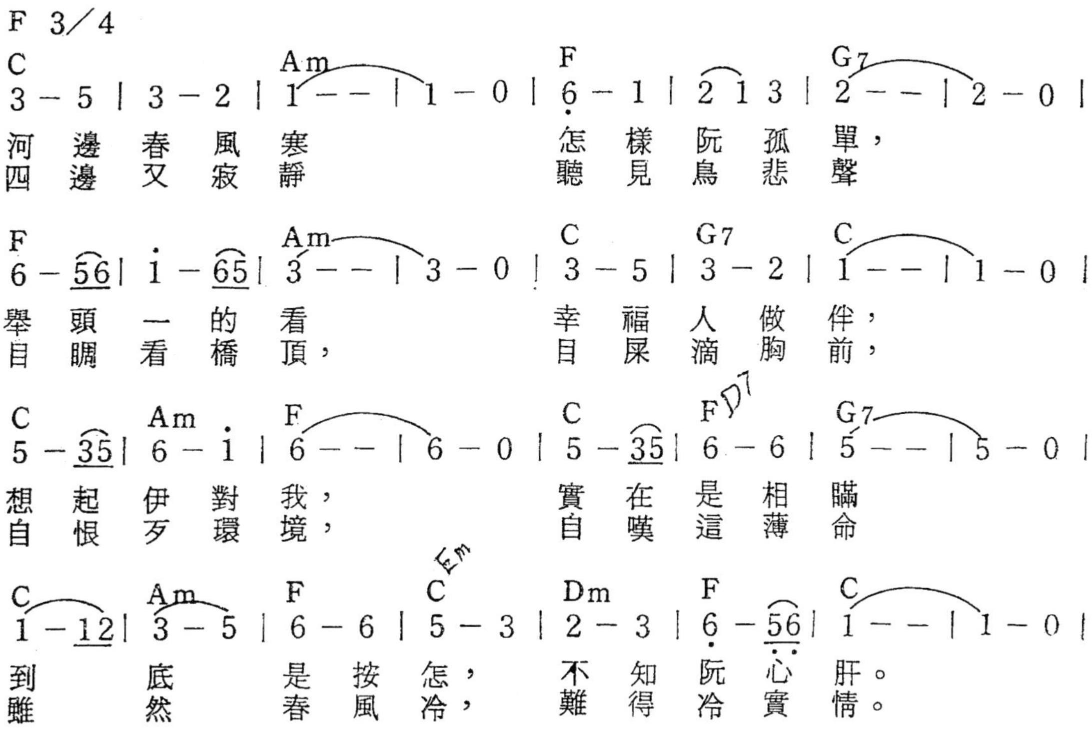
F 3／4
C   Am   F   G7
3 - 5 | 3 - 2 | 1 - - | 1 - 0 | 6 - 1 | 2 1 3 | 2 - - | 2 - 0 |
河邊春風寒　怎樣阮孤單，
四邊又寂靜　聽見鳥悲聲
F   Am   C   G7   C
6 - 56 | 1 - 65 | 3 - - | 3 - 0 | 3 - 5 | 3 - 2 | 1 - - | 1 - 0 |
舉頭一的看　幸福人做伴，
目睭看橋頂，目屎滴胸前，
C   Am   F   C   F D7   G7
5 - 35 | 6 - 1 | 6 - - | 6 - 0 | 5 - 35 | 6 - 6 | 5 - - | 5 - 0 |
想起伊對我，實在是相瞞
自恨歹環境，自嘆這薄命
C   Am   F   C   Dm   F   Em   C
1 - 12 | 3 - 5 | 6 - 6 | 5 - 3 | 2 - 3 | 6 - 56 | 1 - - | 1 - 0 |
到底是按怎，不知阮心肝。
雖然春風冷，難得冷實情。

Disappointment is the nurse of wisdom.

——*German proverb*

失望爲智慧之褓姆。

——德國諺語

二、姚讚福、陳達儒作品

姚讚福（一九〇七—一九六七）。生於彰化。一九二四年舉家遷台北松山。音樂家、作曲家，他和陳達儒合作的歌，如〈心酸酸〉、〈悲戀的酒杯〉、〈欲怎樣〉、〈我的青春〉等。

〈悲戀的酒杯〉到了國語歌流行年代，不知何人填上國語詞，改名〈苦酒滿杯〉由謝雷所唱，一時轟動全台。姚讚福於一九六七年四月十二日病逝台北，他一生窮困潦倒，有如他的成名歌〈心酸酸〉。

陳達儒（一九一七—一九九二）。出生在台北萬華，他是質優量豐的作詞家，在台灣早期歌謠創作群中，陳達儒和周添旺作詞超過一半。光是陳達儒寫的歌詞有三百多首，流行的有五十多首。

陳達儒幼讀私塾，有極佳的文學詩歌基礎，使他的很多作品得以流傳。如〈白牡丹〉、〈農村曲〉、〈雙雁影〉、〈滿山春色〉、〈港邊惜別〉、〈心茫茫〉、〈阮不知啦〉等。

一九八九年，首屆金曲獎頒「特別獎」給他，表達他對台灣歌謠界的貢獻給予最高致意。

一九九二年十月廿四日，病逝於台北。

文夏唱紅了〈悲戀的酒杯〉，謝雷唱紅了〈苦酒滿杯〉。這歌誕生快百年了，再百年仍有人在傳唱！

悲戀的酒杯

（1936 年作品）　陳達儒作詞　姚讚福作曲

別 人 捧 杯 爽快塊合 歡
自 嘆 自 恨 看破了當 初
帶 著 酒 氣 暝日迭迭(tiān)紅
阮 捧 酒 杯 悽慘又失 戀
吐 氣 無 奈 一杯又一 杯
目 的 不 是 貪著燒酒 香
世 間 幾 個 親像阮這 款 哎 唷
毋 管 人 笑 酒醉倒在 地 哎 唷
看 破 世 情 一切像眠 夢 哎 唷
哎 唷 愛 是 目 屎 佮 憔 煩
哎 唷 誰 知 阮 為 啥 問 題
哎 唷 第 一 悽 慘 失 戀 人

苦酒滿杯

謝雷唱

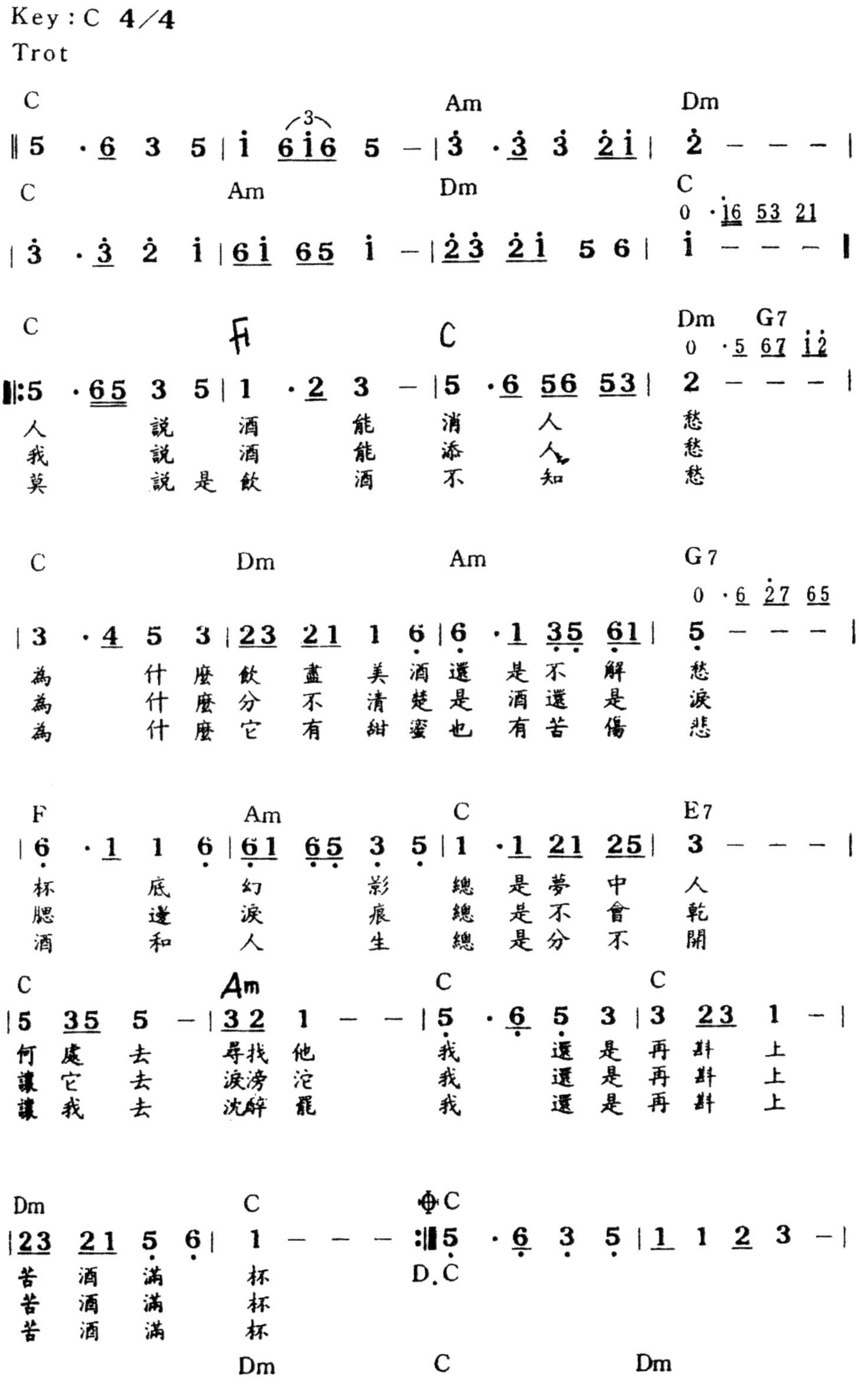
Key : C 4/4
Trot
人說酒能消人愁
我說酒能添人愁
莫說是飲酒不知愁
為什麼飲盡美酒還是不解愁
為什麼分不清楚是酒還是淚
為什麼它有甜蜜也有苦傷悲
杯底幻影總是夢中人
腮邊淚痕總是不會乾
酒和人生總是分不開
何處去尋找他我還是再斟上
讓它去淚滂沱我還是再斟上
讓我去沈醉罷我還是再斟上
苦酒滿杯
苦酒滿杯
苦酒滿杯
D.C

三、吳成家作品

吳成家（一九一六—一九八二）。出生在台北橋頭，他是早期台灣歌謠創作者中，唯一有軍人身份者，而且還是警備總部的中校。

吳成家作曲的歌，如〈港邊惜別〉、〈心茫茫〉、〈阮不知拉〉等，都是可以再流傳的作品。其他如〈海邊月〉、〈相思鳥〉、〈心事我了解〉也有代表性。

吳成家在戰後成立了「興亞管弦樂團」，吳三連任台北市長時改為「台北市交響樂團」。不久又改歸警備總部，樂團始終由吳成家負責，警總授給他中校官階。後來樂團又改制成「台灣省交響樂團」。

港邊惜別

吳成家曲 陳達儒詞 方瑞娥唱

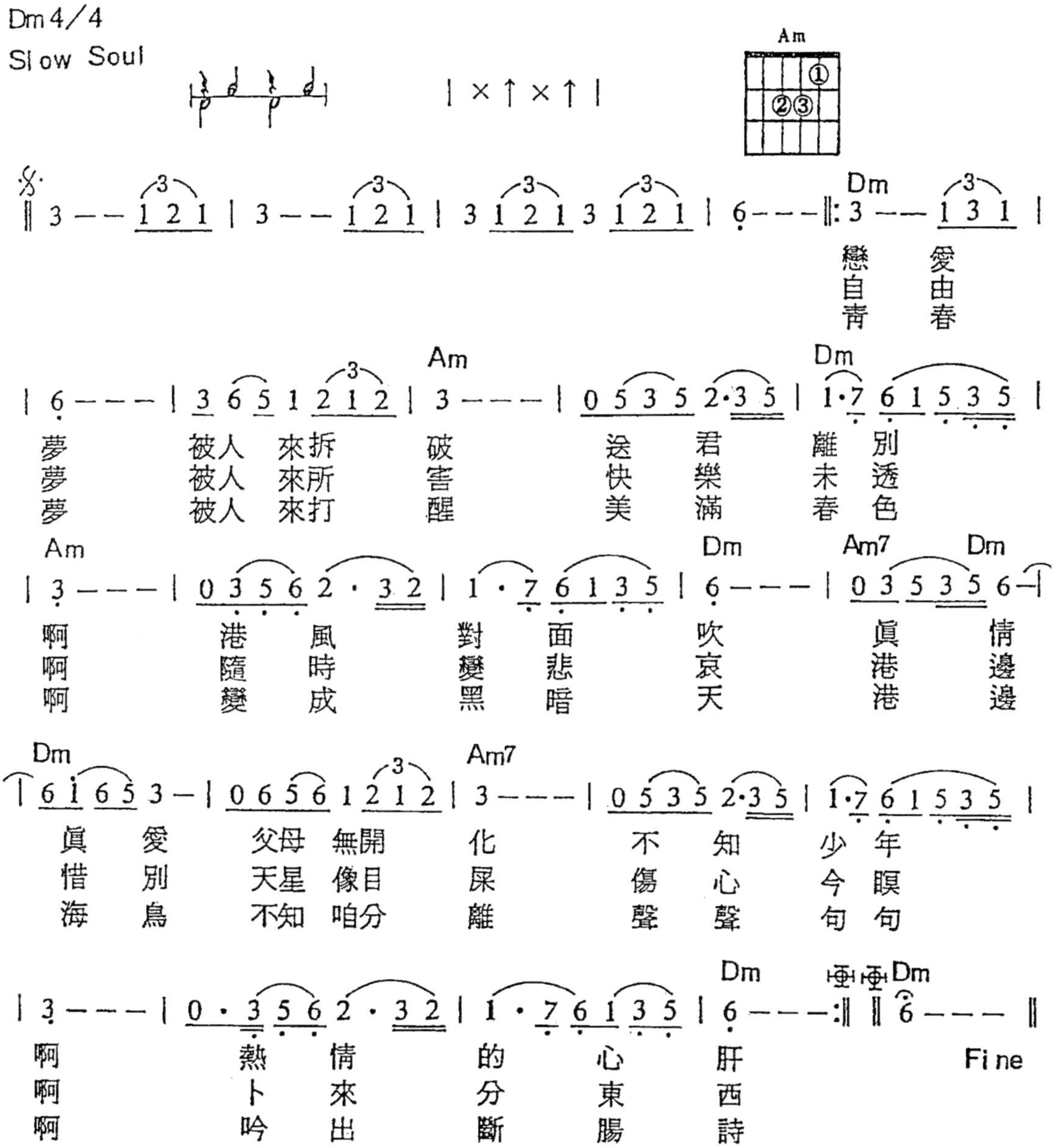
Dm 4/4
Slow Soul
Am

| | 3 − − 1 2 1 | 3 − − 1 2 1 | 3 1 2 1 3 1 2 1 | 6 − − − :‖ 3 − − 1 3 1 |

Dm
戀 愛
自 由
青 春

| 6 − − − | 3 6 5 1 2 1 2 | 3 − − − | 0 5 3 5 2·3 5 | 1·7 6 1 5 3 5 |

Am
Dm
夢 被人 來拆 破 送 君 離 別
夢 被人 來所 害 快 樂 未 透
夢 被人 來打 醒 美 滿 春 色
Am
Dm
Am7
Dm

| 3 − − − | 0 3 5 6 2·3 2 | 1·7 6 1 3 5 | 6 − − − | 0 3 5 3 5 6 − |

啊 港 風 對 面 吹 眞 情
啊 隨 時 變 悲 哀 港 邊
啊 變 成 黑 暗 天 港 邊
Dm
Am7
眞 愛 父母 無開 化 不 知 少 年
惜 別 天星 像目 屎 傷 心 今 暝
海 鳥 不知 咱分 離 聲 聲 句 句
Dm
Dm
啊 熱 情 的 心 肝
啊 卜 來 分 東 西
啊 吟 出 斷 腸 詩
Fine

四、楊三郎作品

楊三郎（一九一九—一九八九）。出生在台北永和一農家，一九四六年，楊三郎組樂團加入中央電台，樂團裡的鼓手那卡諾寫了〈望你早歸〉的歌詞，請楊三郎作曲。這首歌成了他倆的成名作，也是有代表性的經典作品。

楊三郎作曲的歌，如〈孤戀花〉、〈思念故鄉〉、〈異鄉夜月〉、〈望你早歸〉、〈秋風夜雨〉、〈秋怨〉等，都能刻劃人心深處的感情，故能流行流傳。

那卡諾（一九一八—一九九三）。本名黃仲鑫，楊三郎組「黑貓歌舞團」時任鼓手，也任舞蹈指導。他的作品不多，最著名就是〈望你早歸〉、〈苦戀歌〉。

望你早歸

那卡諾詞 楊三郎曲

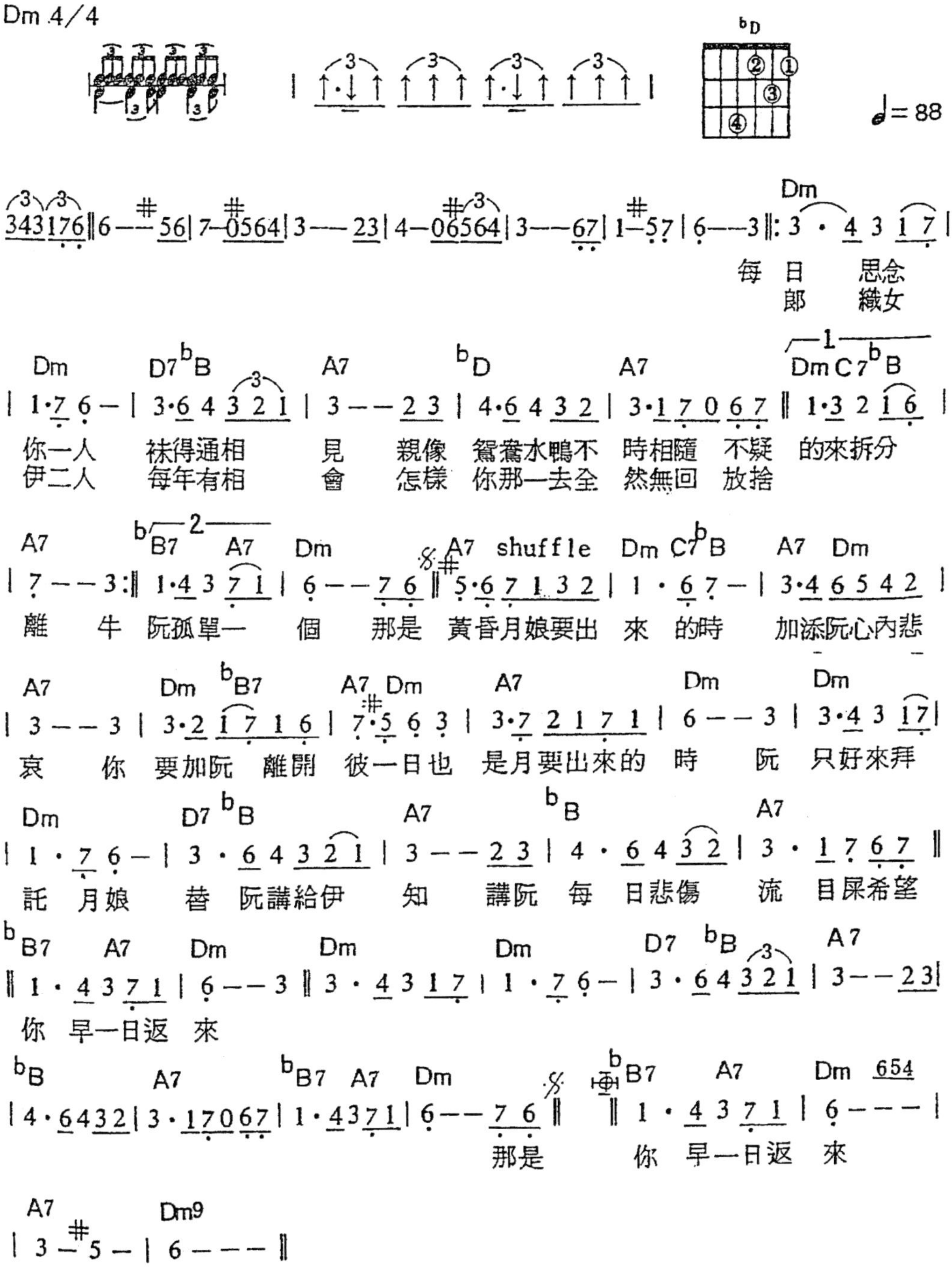
Dm 4/4
♩= 88
shuffle
每日 思念
郎 織女
你一人 袂得通相 見 親像 鴛鴦水鴨不 時相隨 不疑 的來拆分
伊二人 每年有相 會 怎樣 你那一去全 然無回 放捨
離 牛 阮孤單一 個 那是 黃昏月娘要出 來 的時 加添阮心內悲
哀 你 要加阮 離開 彼一日也 是月要出來的 時 阮 只好來拜
託 月娘 替 阮講給伊 知 講阮 每 日悲傷 流 目屎希望
你 早一日返 來
那是 你 早一日返 來

五、呂傳梓作品

呂傳梓（一九〇九－一九九九）。出生在台北舊中和的潭漧。一九五一年時，楊三郎在基隆的國際聯誼社當樂師，雨都引發靈感，寫了一首「雨的布魯斯」（有曲無詞）給樂團演奏，大受歡迎。

樂團裡的吉他手呂傳梓，覺得有曲無詞很可惜，經楊三郎同意他寫了詞，又經王雲峰修改，歌名定為〈港都夜雨〉。這首歌成了呂傳梓成名作，也是代表作品。

一九五二年，呂傳梓加入楊三郎的「黑貓歌舞團」。後來離開，曾在美軍俱樂部、五月花酒家等地演奏。

港都夜雨

楊三郎曲 呂傳梓詞 郭金發唱

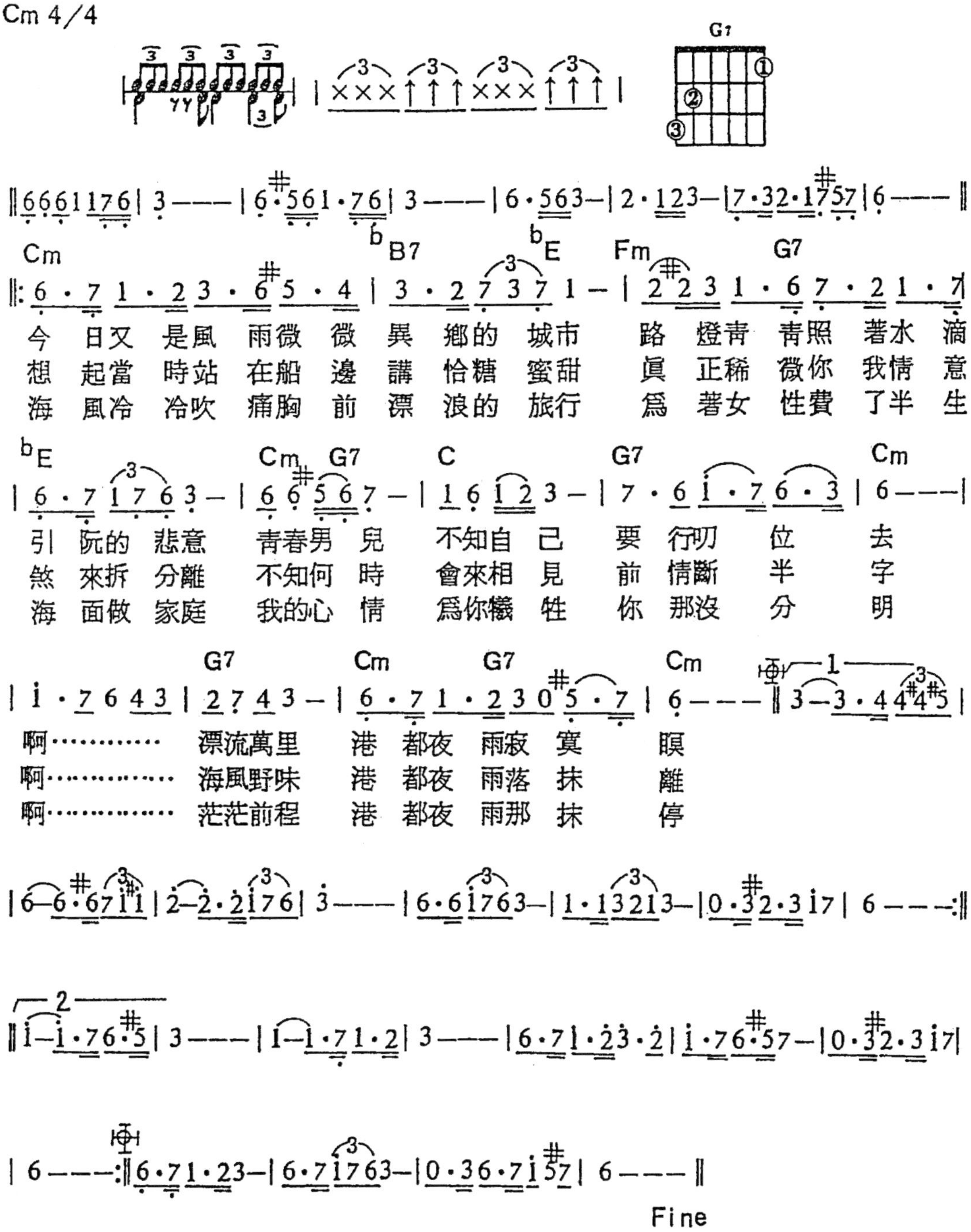
Cm 4/4
G7
今 日又 是風 雨微 微 異 鄉的 城市 路 燈青 青照 著水 滴
想 起當 時站 在船 邊 講 恰糖 蜜甜 眞 正稀 微你 我情 意
海 風冷 冷吹 痛胸 前 漂 浪的 旅行 爲 著女 性費 了半 生
引 阮的 悲意 青春男 兒 不知自 己 要 行叨 位 去
煞 來拆 分離 不知何 時 會來相 見 前 情斷 半 字
海 面做 家庭 我的心 情 爲你犧 牲 你 那沒 分 明
啊………… 漂流萬里 港 都夜 雨寂 寞 暝
啊…………… 海風野味 港 都夜 雨落 抹 離
啊…………… 茫茫前程 港 都夜 雨那 抹 停
Fine

六、張邱東松作品

張邱東松（一九〇三—一九五九）。出生在台中豐原，一九四六年時，張邱東松受到當時在台灣廣播電台任演藝股長的呂泉生鼓勵，自作詞曲寫出〈收酒矸〉。推出後非常流行，廣受歡迎。

一九四九年，再度寫出〈燒肉粽〉，寫出了小市民維持生計的困苦。他的兩首歌都反映當時台灣社會現狀，底層人民的困境，曾經被列為禁唱的歌。

〈燒肉粽〉後來由郭金發演唱，紅遍全台。後來郭金發退出歌壇後，真的去賣肉粽，據說生意好到不行！

賣肉粽

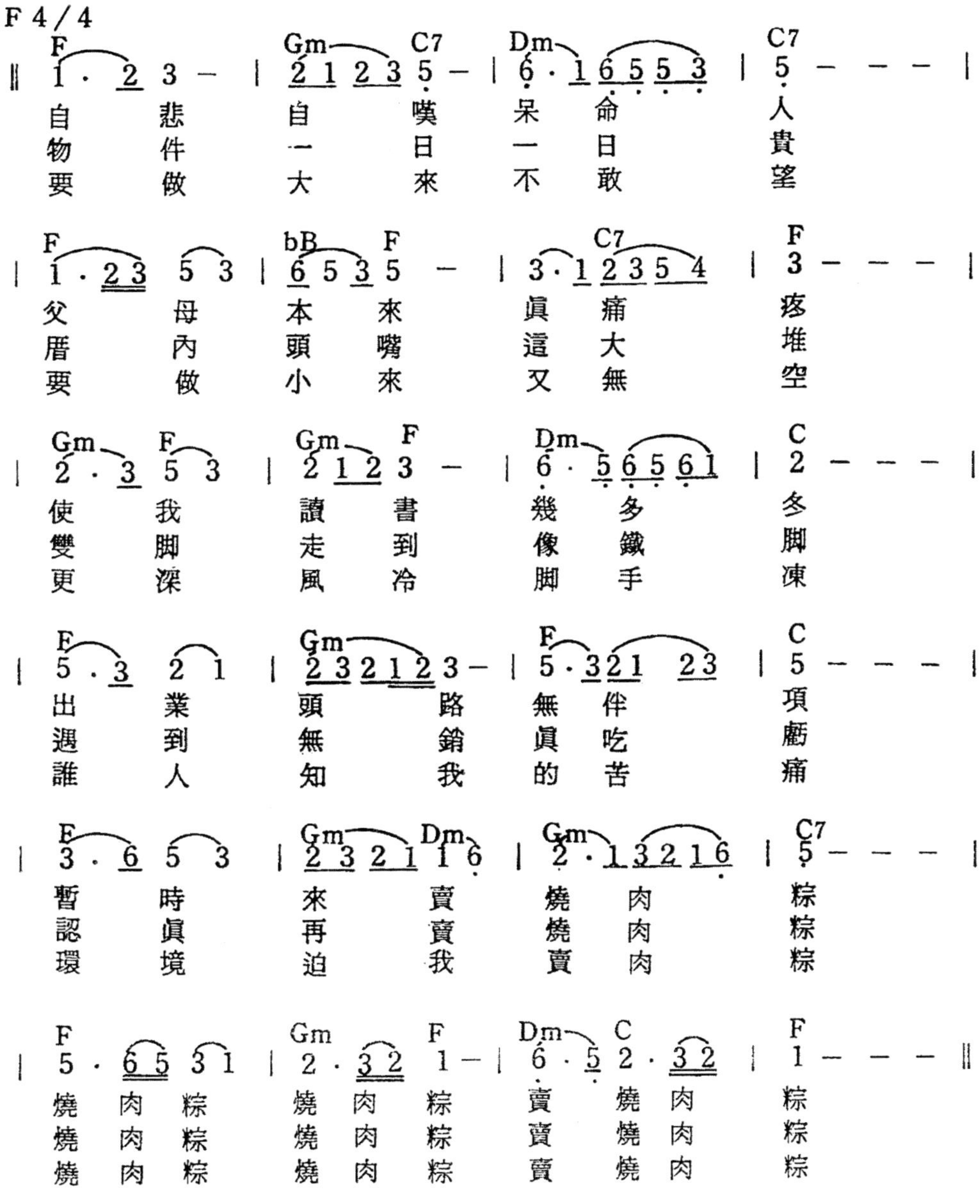
F 4/4
F Gm C7 Dm C7
自 悲 自 嘆 呆 命 人
物 件 一 日 一 日 貴
要 做 大 來 不 敢 望
F bB F C7 F
父 母 本 來 眞 痛 疼
厝 內 頭 嘴 這 大 堆
要 做 小 來 又 無 空
Gm F Gm F Dm C
使 我 讀 書 幾 多 冬
雙 脚 走 到 像 鐵 脚
更 深 風 冷 脚 手 凍
F Gm F C
出 業 頭 路 無 件 項
遇 到 無 銷 眞 吃 虧
誰 人 知 我 的 苦 痛
F Gm Dm Gm C7
暫 時 來 賣 燒 肉 粽
認 眞 再 賣 燒 肉 粽
環 境 迫 我 賣 肉 粽
F Gm F Dm C F
燒 肉 粽 燒 肉 粽 賣 燒 肉 粽
燒 肉 粽 燒 肉 粽 賣 燒 肉 粽
燒 肉 粽 燒 肉 粽 賣 燒 肉 粽

七、洪一峰作品

洪一峰（本名洪文路）（一九二七—二〇二〇）。出生在台北，十九歲那年就自譜詞曲寫下〈蝶戀花〉。一九五七年認識作詞家葉俊麟，兩人合作陸續完成〈舊情綿綿〉、〈淡水暮色〉、〈思慕的人〉、〈寶島四季謠〉等。這些歌奠定他在歌唱界的地位。

一九六一年，他自組「洪一峰歌舞團」，全台巡迴公演，所到之處大受歡迎，創造了輝煌的「洪一峰時代」。

一九八〇年代，他兒子洪榮宏成了台語歌新星。洪一峰、葉俊麟等，再為洪榮宏寫新歌，創造了台語歌壇前所未有的父子檔榮景。

思慕的人

葉俊麟詞 洪一峰曲 洪一峰唱

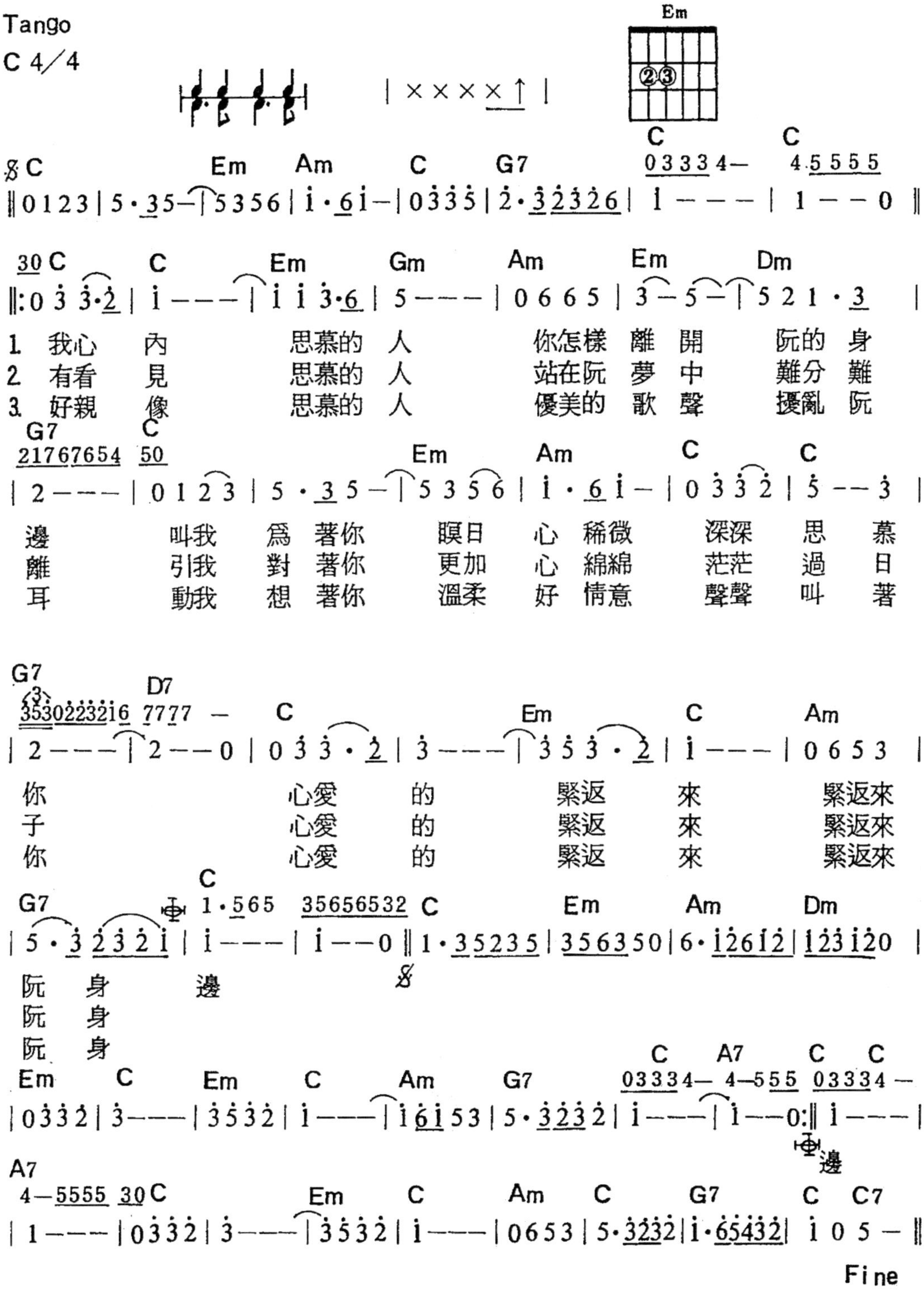
Tango
C 4/4
Em
1. 我心內 思慕的人 你怎樣離開 阮的身
2. 有看見 思慕的人 站在阮夢中 難分離
3. 好親像 思慕的人 優美的歌聲 擾亂阮
邊 叫我為著你 瞑日心稀微 深深思慕
離 引我對著你 更加心綿綿 茫茫過日
耳 動我想著你 溫柔好情意 聲聲叫著
你 心愛的 緊返來 緊返來
子 心愛的 緊返來 緊返來
你 心愛的 緊返來 緊返來
阮身邊
阮身
阮身
邊
Fine

八、吳晉淮作品

吳晉淮（一九一六－一九九一）。出生在台南柳營，一九九一年五月十二日病逝。在他過世後五年，台南縣政府在柳營鄉尖山埤水庫風景區，為他塑立銅像，是少數音樂家被立銅像之一。

吳晉淮能唱又能作曲，如和葉俊麟合作的〈暗淡的月〉、和許丙丁寫出〈可愛的花蕊〉、和周添旺合作的〈黃昏的海邊〉，以及〈關仔嶺之戀〉等，都很受歡迎。

吳晉淮也認真培養後代音樂人，他的學生蔡一紅、蕭麗珠、郭金發、黃乙玲，個個都是非常有實力的歌手。

暗淡的月

葉俊麟詞 吳晉淮曲 吳晉淮唱

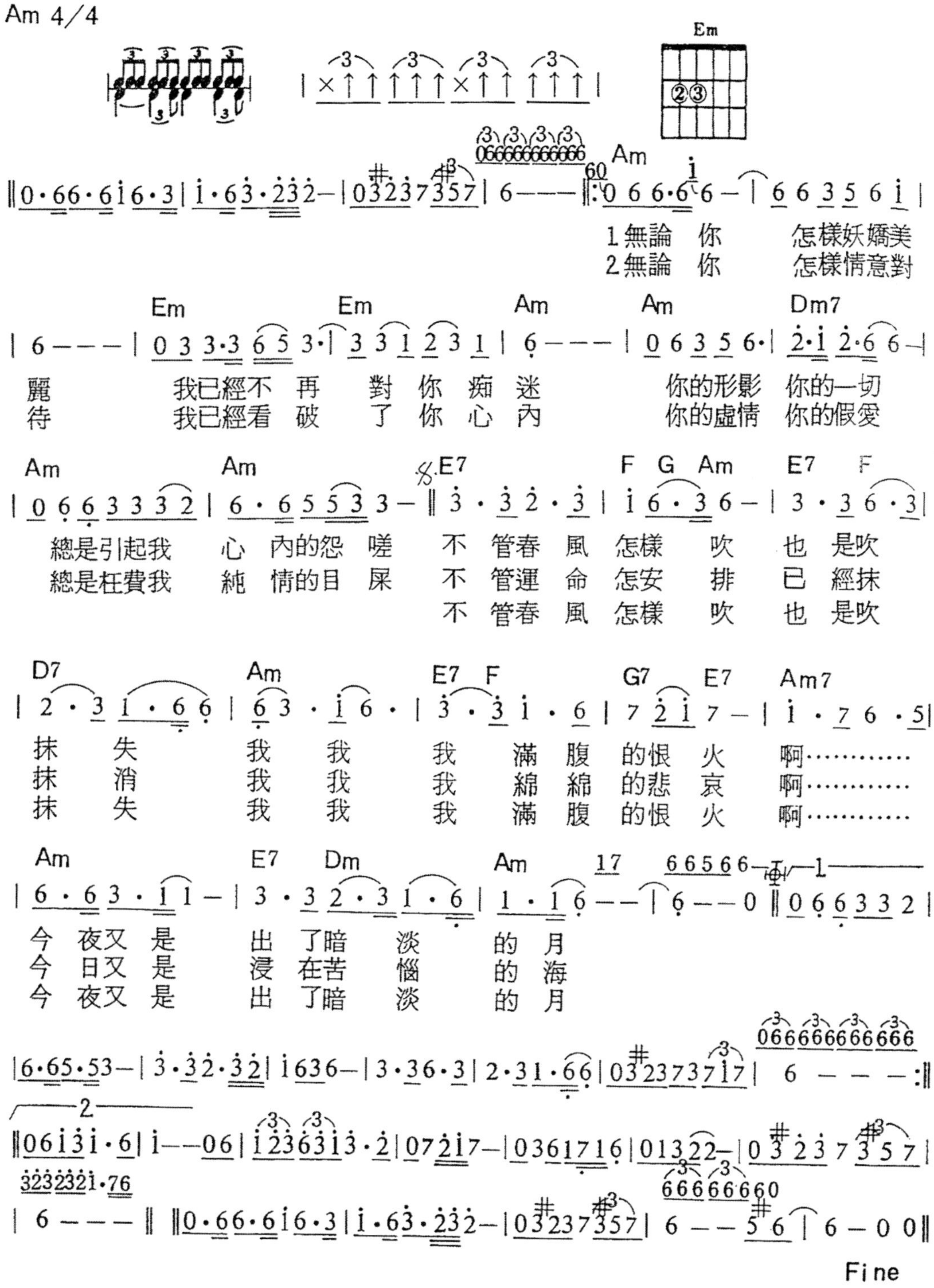
Am 4/4
1.無論 你 怎樣妖嬌美 麗
2.無論 你 怎樣情意對 待
我已經不 再 對 你 痴 迷 你的形影 你的一切
我已經看 破 了 你 心 內 你的虛情 你的假愛
總是引起我 心 內的怨 嗟 不 管春 風 怎樣 吹 也 是吹
總是枉費我 純 情的目 屎 不 管運 命 怎安 排 已 經抹
不 管春 風 怎樣 吹 也 是吹
抹 失 我 我 我 滿 腹 的恨 火 啊…………
抹 消 我 我 我 綿 綿 的悲 哀 啊…………
抹 失 我 我 我 滿 腹 的恨 火 啊…………
今 夜又 是 出 了暗 淡 的 月
今 日又 是 浸 在苦 惱 的 海
今 夜又 是 出 了暗 淡 的 月
Fine

九、許石作品

許石（一九二〇—一九八〇）。出生在台南，他是作曲、歌唱、彈琴的多才者。一九五〇年他和作詞家陳達儒合作完成〈安平追想曲〉，成了他的代表作品。

許石和周添旺也合作不少作品，如〈夜半路燈〉、〈初戀日記〉、〈風雨夜曲〉、〈搖子歌〉等。

一九五二年，他創設了「中國唱片公司」，後改「大王唱片公司」。出版作品有〈安平追想曲〉、〈港都夜雨〉、〈孤戀花〉、〈夜半路燈〉等。許石育有一男八女，一九八〇年八月二日病逝於台北。

安平追想曲

陳達儒詞 許石曲

Bm（C）調 3/4
Bm   #Fm
‖: 6 3 2 1 2 1 6 5 | 6 − − | 3 6 5 3 2 1 2 | 3 − − |

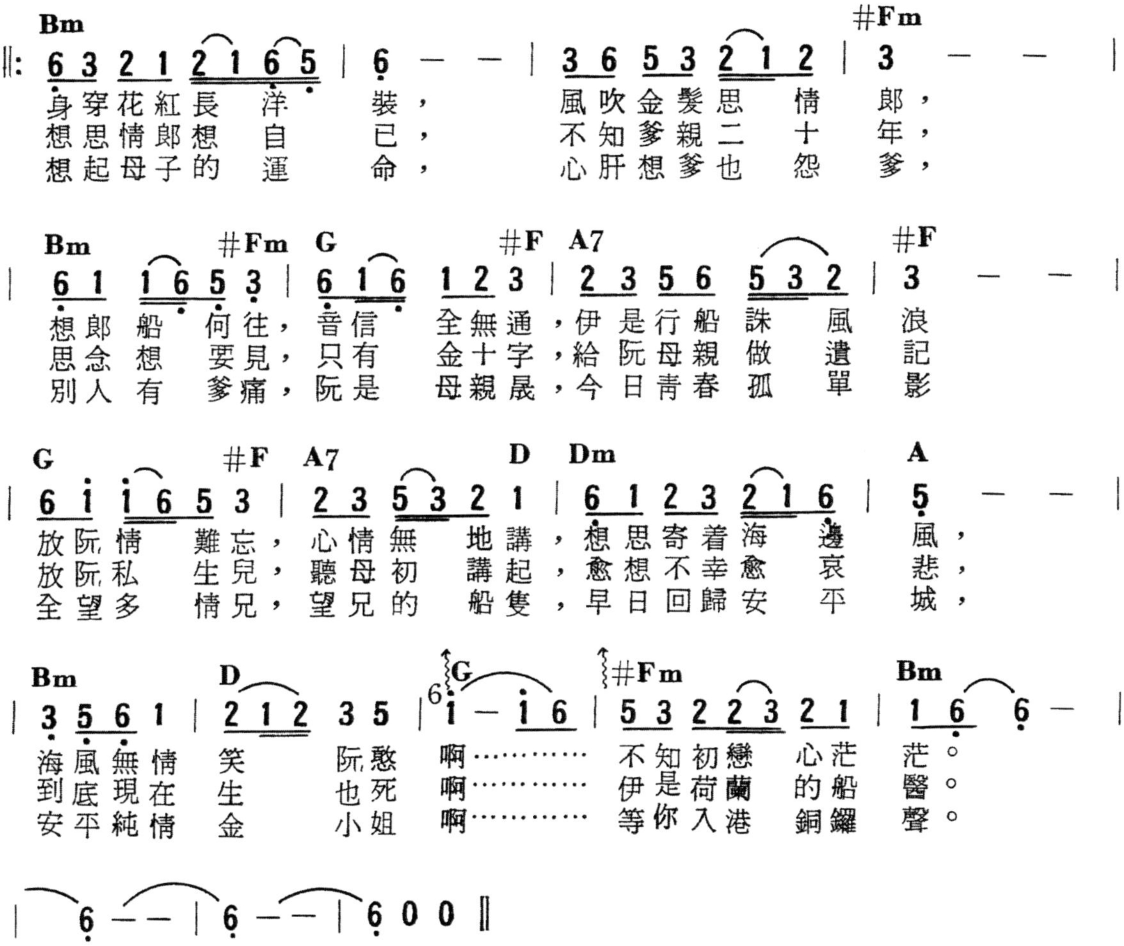
身穿花紅長洋裝，風吹金髮思情郎，想思情郎想自已，不知爹親二十年，想起母子的運命，心肝想爹也怨爹，想郎船何往，音信全無通，伊是行船誅風浪思念想要見，只有金十字，給阮母親做遺記別人有爹痛，阮是母親晟，今日青春孤單影

Bm   #Fm G   #F A7   #F
6 1 1 6 5 3 | 6 1 6 1 2 3 | 2 3 5 6 5 3 2 | 3 − − |

G   #F A7   D Dm   A
6 1 1 6 5 3 | 2 3 5 3 2 1 | 6 1 2 3 2 1 6 | 5 − − |
放阮情難忘，心情無地講，想思寄着海邊風，
放阮私生兒，聽母初講起，愈想不幸愈哀悲，
全望多情兄，望兄的船隻，早日回歸安平城，
海風無情笑阮憨啊…………不知初戀心茫茫。
到底現在生也死啊…………伊是荷蘭的船醫。
安平純情金小姐啊…………等你入港銅鑼聲。

十、葉俊麟作品

葉俊麟（本名葉鴻卿）（一九二一—一九九八）。出生在基隆，從小在漢塾飽讀詩書，古文基礎很好，有「才子」之名。這對他以後創作很有幫助。

早期他和洪一峰合作，完成〈舊情綿綿〉、〈思慕的人〉、〈淡水暮色〉、〈放浪人生〉、〈寶島四季謠〉等。這些歌不光捧紅了洪一峰，也讓葉俊麟在歌謠界佔有了一席之地。

葉俊麟作詞深入人的情感，如〈暗淡的月〉、〈孤女的願望〉、〈可憐戀花再會吧〉，都使聽者迴腸不已。

可憐戀花再會吧

洪一峰唱

演唱：女F 男♭A
定調：
C 4／4
Tango

原調 ♭A
♩＝84

C
‖0 1 2 3 5 5 6｜5·3 5 —｜

Am　　　　G7　　　⌒3⌒　C
0 3 5 6 i i 3｜2 — — 3 2 3｜

C
5·3 2 i 6 5 3｜5·6 5 —｜

C　G7　　C
5·3 3 2 5 3 2｜i i — —‖:

C
0 1 2 3 5 —｜

C
0 5 6 5 3 2 1 —｜

C
0 5 3 5 3 3 2 i｜

　　　雖然　是　　無　顧　意　　甲　伊　來分
　　　雖然　是　　十　五　暝　　月　色　帶柔
　　　雖然　是　　不　得　已　　看　破　了情

G7
2 — — —｜

C
0 1 i i·5｜

Am　　　　C
3 2 i 6 5·i｜

F
i·2 i 6 5 3 6｜

C
5 — — —｜

G7
0 2 2 1 2·3｜

離　　　一旦被風　拆　散　去抱　恨　無了　時　　　只好　忍着
意　　　水鴨單隻　在　水　墘聲　聲　訴哀　悲　　　已經　破去
義　　　夜蟲因何　嘆　秋　風凄　慘　哭歸　暝　　　只是　令人

C
0 5 5 6 i 5 —｜

C
0 3 3 5 6 i·2 3 5 3｜

Am　　　　Dm　G7
2 — — 3 2 3｜

C　　　　E
5·6 5 0 3 2 3｜

傷心　淚　　孤　單　到　湖　邊　啊　　啊………薄命
青春　夢　　何　必　再　想　起　啊　　啊………無緣
添稀　微　　大　氣　喘　不　離　啊　　啊………可憐

F　C
i·6 5 0 3 2 3｜

G7
5·3 0 2 5 3 2｜

C
i — — —‖

⊕C — 1
0 — 0 3 i 6 5｜3 — — —｜

戀　花　再　　會啊　再　會　啊
戀　花　再　　會啊　再　會　啊
戀　花　再　　會啊　再　會　啊

⌐C — 2
0 1 i 3 5 5 6 2｜i — — —:‖ 0 3 2 i 5 3 5 6｜i — — —‖

C
5 ♯5 i 2｜i i i i｜i — ‖

⊕C Fm C G

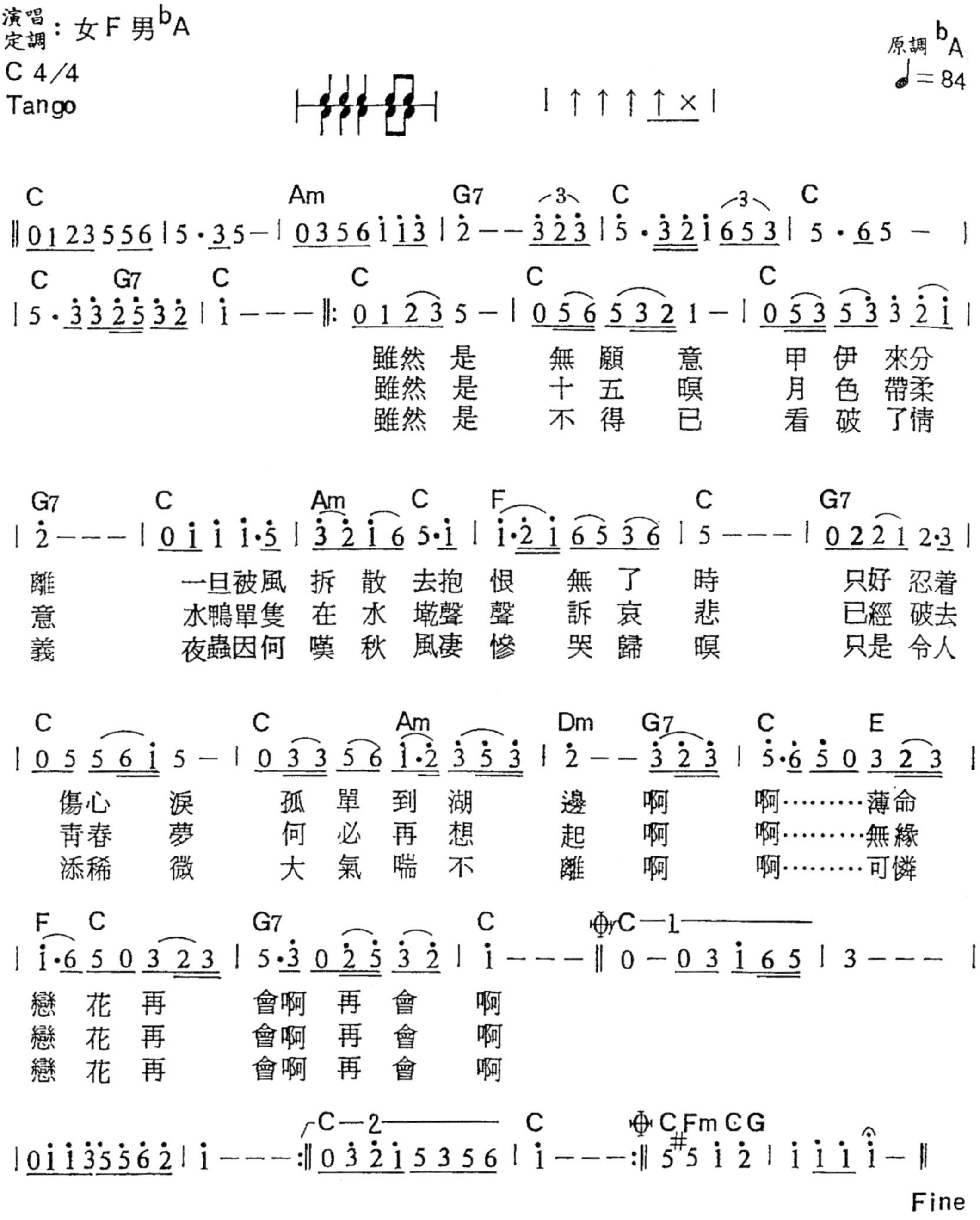

十一、恒春民謠〈思想起〉

大約是明清之季，唐山過台灣時，一批拓荒的漢人來到恒春。久之離鄉背井的孤寂難耐，勾起無限鄉愁，「思想起」的旋律就隨興而唱，日久流傳到台灣各地。

〈思想起〉詞曲流傳已久，唱詞各地也小有不同。查維基百科，採曲是許丙丁（一八九九—一九七七），採詞是許石，許丙丁是倭竊時期的音樂家，台南人。

台灣老一輩人，個個都能吟唱幾句〈思想起〉，可見這歌的流行。恒春陳達老先生彈唱這首歌，最能引人感傷，而每次唱詞都不一樣，隨時表達不同的境遇。

思想起

台灣民謠

A調 2/4

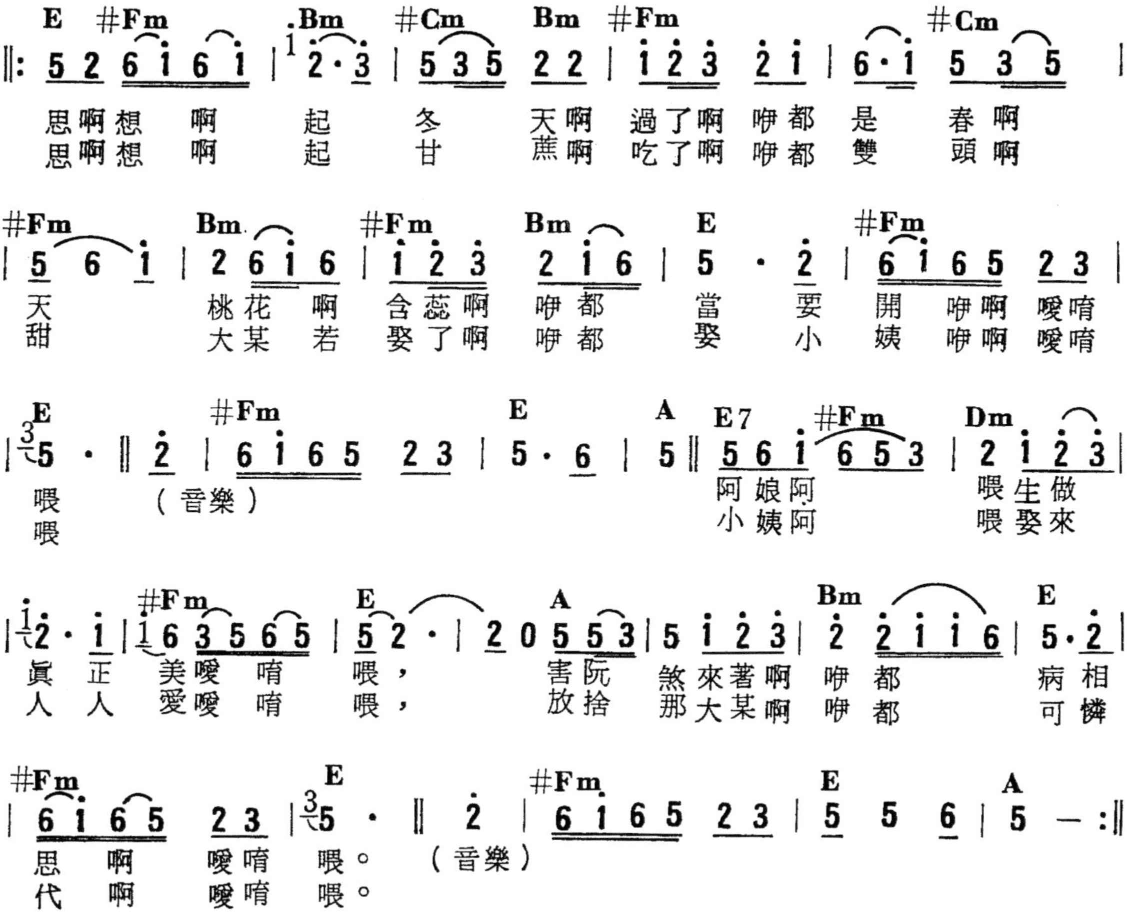
思啊想 啊 起 冬 天啊 過了啊 咿都 是 春啊
思啊想 啊 起 甘 蔗啊 吃了啊 咿都 雙 頭啊
天 桃花 啊 含蕊啊 咿都 當 要 開 咿啊 噯唷
甜 大某 若 娶了啊 咿都 娶 小 姨 咿啊 噯唷
喂 （音樂） 阿娘阿 喂生做
喂 小姨阿 喂娶來
眞 正 美噯 唷 喂， 害阮 煞來著啊 咿 都 病 相
人 人 愛噯 唷 喂， 放捨 那大某啊 咿 都 可 憐
思 啊 噯唷 喂。 （音樂）
代 啊 噯唷 喂。

十二、宜蘭民謠〈丟丟銅〉

「丟丟銅」是早期的賭錢遊戲，孔方兄銅板叫銅錢仔。一般人把丟銅錢仔說成「丟銅仔」或「丟丟銅仔」。

大約最早宜蘭有火車（一九二一年左右），當時火車只有平台沒有車廂，且開的很慢。年輕人跳上火車歡呼，歌詞中的「火車行到阿伊都……」就出現了，整首歌的詞句生動貼切，表達了當時人們的喜悅。

另據考證，這首歌最早源自宜蘭童謠，一九四三年時，呂泉生按宋非我（一九一六—一九九二，本名宋慶章）的唱詞，加以採集、整理而成，後又編成合唱曲。

丟丟銅

宜蘭民謠

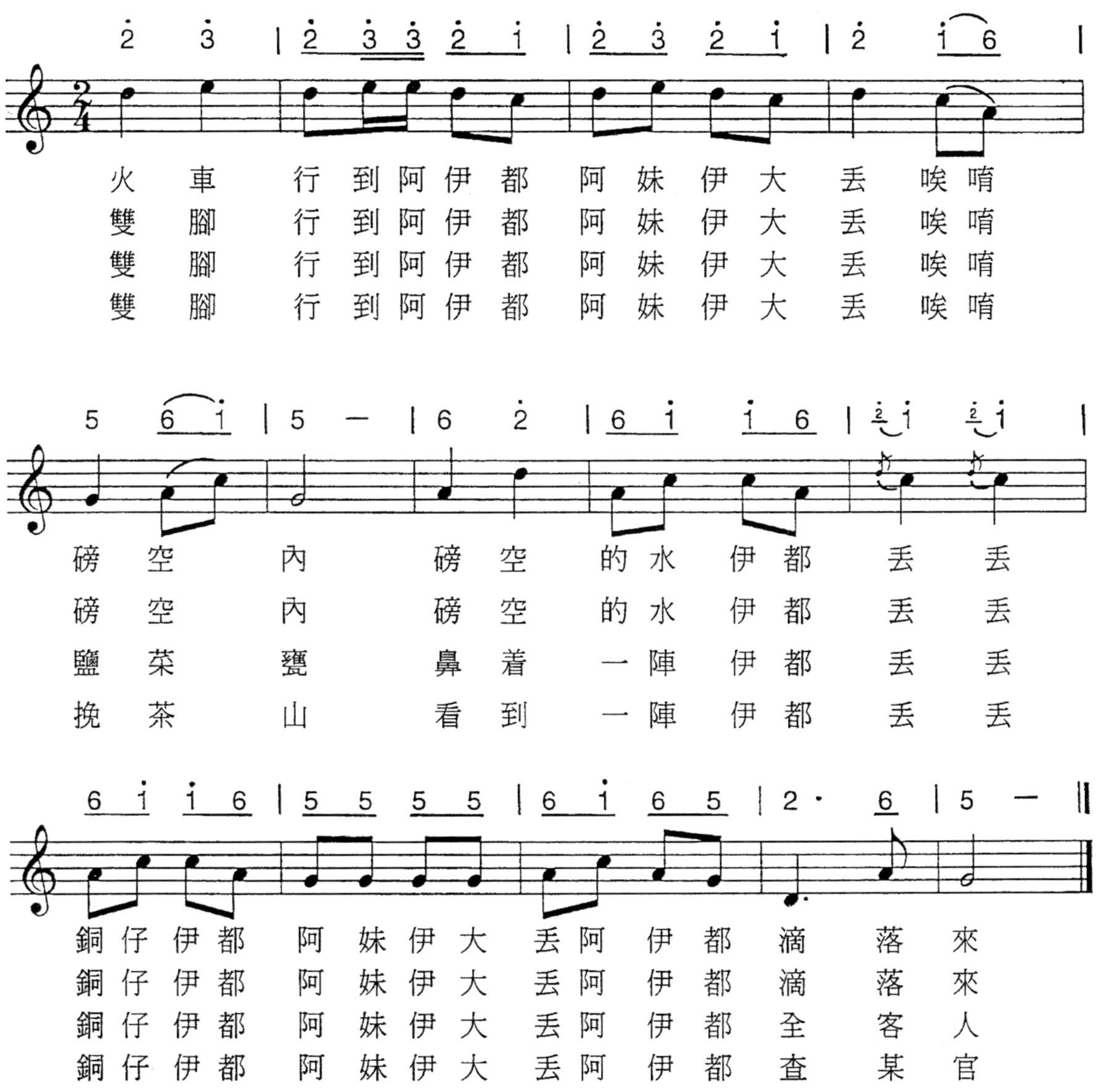
火 車 行 到 阿 伊 都 阿 妹 伊 大 丟 唉 唷
雙 腳 行 到 阿 伊 都 阿 妹 伊 大 丟 唉 唷
雙 腳 行 到 阿 伊 都 阿 妹 伊 大 丟 唉 唷
雙 腳 行 到 阿 伊 都 阿 妹 伊 大 丟 唉 唷
磅 空 內 磅 空 的 水 伊 都 丟 丟
磅 空 內 磅 空 的 水 伊 都 丟 丟
鹽 菜 甕 鼻 着 一 陣 伊 都 丟 丟
挽 茶 山 看 到 一 陣 伊 都 丟 丟
銅 仔 伊 都 阿 妹 伊 大 丟 阿 伊 都 滴 落 來
銅 仔 伊 都 阿 妹 伊 大 丟 阿 伊 都 滴 落 來
銅 仔 伊 都 阿 妹 伊 大 丟 阿 伊 都 全 客 人
銅 仔 伊 都 阿 妹 伊 大 丟 阿 伊 都 查 某 官

十三、從福建民謠到台灣民謠〈勸世歌〉

〈勸世歌〉是一種「江湖調」，又叫「賣藥仔調」，為早期說唱藝人走江湖所唱的曲調。因歌詞都勸人為善，所以叫〈勸世歌〉。依據考證，這歌從福建傳來，久之成了台灣民謠。

〈勸世歌〉都是七字調，也是歌仔戲音樂中的主題音樂，七字詞連篇演唱有劇情的故事。內容大多是中國歷史故事，如薛平貴與王寶釧、唐山過台灣等。

〈勸世歌〉的歌詞，不同地方或不同人唱，往往也有不同。而最早的曲和詞，如何形成？何人採集？也難以考證。

勸世歌

台灣民謠

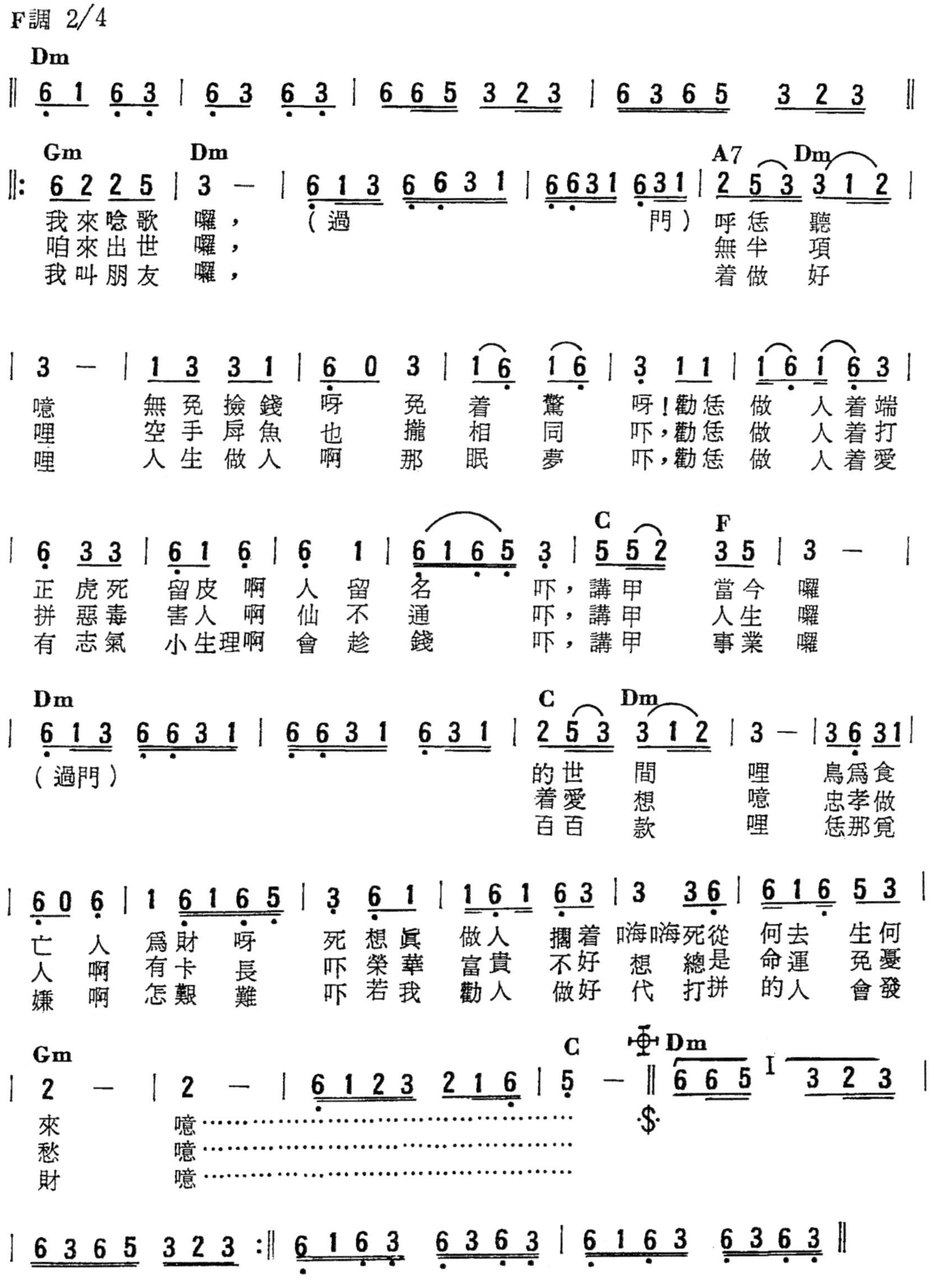
F調 2/4
Dm
Gm Dm
A7 Dm
我來唸歌 囉， （過 門） 呼恁 聽
咱來出世 囉， 無半 項
我叫朋友 囉， 着做 好
噫 無免撿錢 呀 免 着 驚 呀！勸恁 做 人着端
哩 空手戽魚 也 攏 相 同 吓，勸恁 做 人着打
哩 人生做人 啊 那 眠 夢 吓，勸恁 做 人着愛
C F
正 虎死 留皮 啊 人 留 名 吓，講甲 當今 囉
拼 惡毒 害人 啊 仙 不 通 吓，講甲 人生 囉
有 志氣 小生理啊 會 趁 錢 吓，講甲 事業 囉
Dm C Dm
（過門） 的世 間 哩 鳥爲食
着愛 想 噫 忠孝做
百百 款 哩 恁那覓
亡 人 爲財 呀 死想眞 做人 攏着 嗨嗨死從 何去 生何
人 啊 有卡 長 吓榮華 富貴 不好 想 總是 命運 免憂
嫌 啊 怎艱 難 吓若我 勸人 做好 代 打拼 的人 會發
Gm C Dm
來 噫……
愁 噫……
財 噫……

十四、林福裕〈天黑黑〉

〈天黑黑〉本來是一首童謠，後由林福裕譜曲而成。林福裕（一九三一—二〇〇四），出生在台北木柵，音樂家、作曲家，一九六九年創立台北兒童合唱團。

一九六〇年，林福裕創辦「幸福男聲合唱團」，〈天黑黑〉灌錄在黑膠唱片中。當時一個月就賣出廿三萬張唱片，這是〈天黑黑〉首次出現。

另據考證，在倭竊時期，泰平唱片也灌錄一首〈天黑黑〉，漂舟作詞，快齋作曲。漂舟本名是黃耀麟，快齋本名是邱創忠，都是當時文壇中人。

天黑黑

台灣民謠

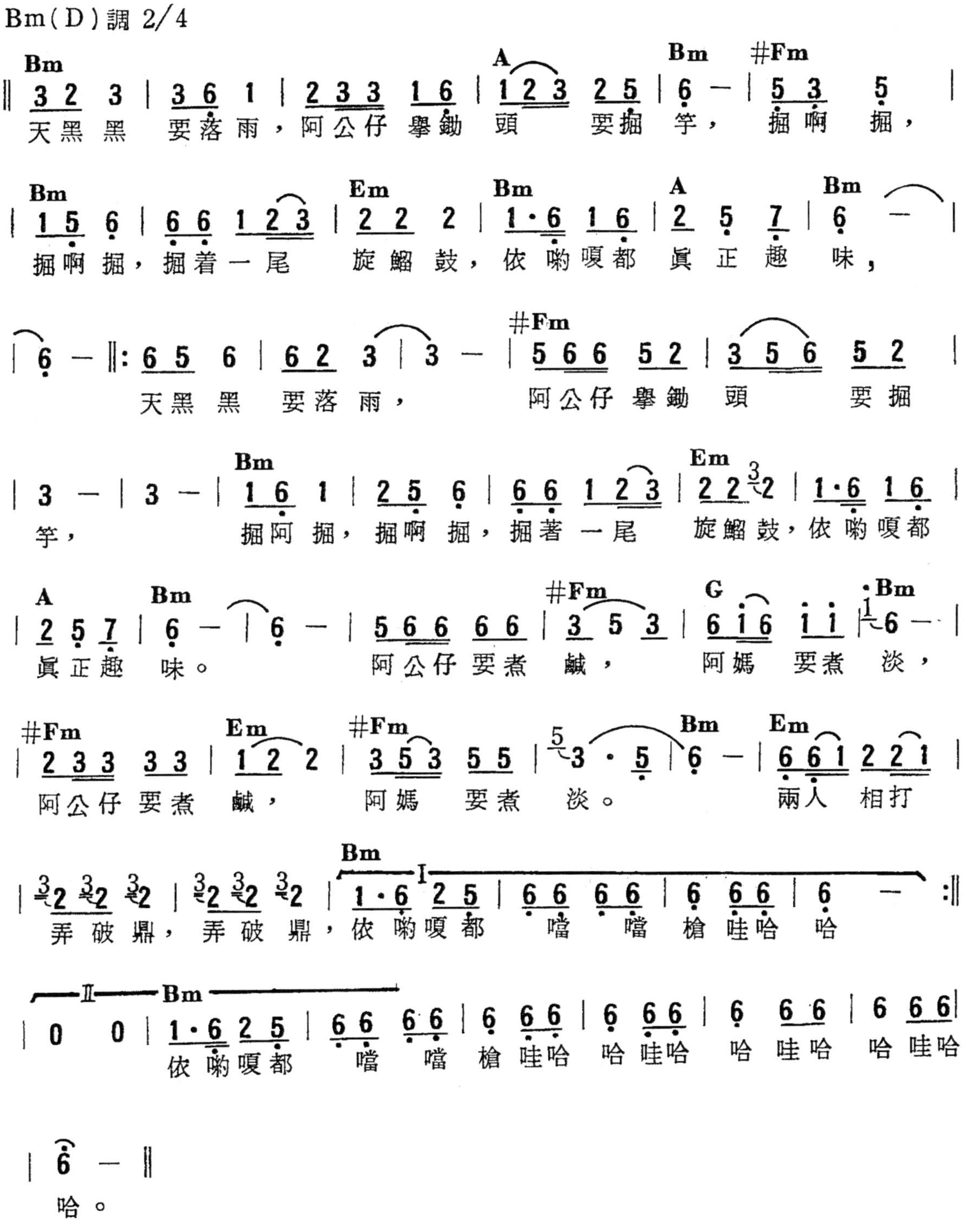

Bm（D）調 2/4

Bm
3 2 3 | 3 6 1 | 2 3 3 1 6 | **A** 1 2 3 2 5 | **Bm** 6 — | **#Fm** 5 3 5 |
天黑黑　要落雨，阿公仔舉鋤頭　要掘竽，掘啊掘，

Bm
1 5 6 | 6 6 1 2 3 | **Em** 2 2 2 | **Bm** 1·6 1 6 | **A** 2 5 7 | **Bm** 6 — |
掘啊掘，掘着一尾　旋鰡鼓，依喲嗄都　真正趣味，

6 — ‖: 6 5 6 | 6 2 3 | 3 — | **#Fm** 5 6 6 5 2 | 3 5 6 5 2 |
天黑黑　要落雨，　阿公仔舉鋤頭　要掘

3 — | 3 — | **Bm** 1 6 1 | 2 5 6 | 6 6 1 2 3 | **Em** 2 2 2 | 1·6 1 6 |
竽，　掘阿掘，掘啊掘，掘著一尾　旋鰡鼓，依喲嗄都

A 2 5 7 | **Bm** 6 — | 6 — | 5 6 6 6 6 | **#Fm** 3 5 3 | **G** 6 1 6 | **Bm** 1 1 6 — |
真正趣味。　阿公仔要煮　鹹，　阿媽要煮　淡，

#Fm 2 3 3 3 3 | **Em** 1 2 2 | **#Fm** 3 5 3 5 5 | 3·5 | **Bm** 6 — | **Em** 6 6 1 2 2 1 |
阿公仔要煮　鹹，　阿媽要煮　淡。　兩人　相打

2 2 | 2 2 | 2 2 | 2 2 | **Bm** Ⅰ 1·6 2 5 | 6 6 6 6 | 6 6 | 6 — :‖
弄破鼎，弄破鼎，依喲嗄都　噹　噹槍哇哈　哈

Ⅱ 0 0 | **Bm** 1·6 2 5 | 6 6 6 6 | 6 6 6 6 | 6 6 6 6 | 6 6 6 6 |
依喲嗄都　噹　噹槍哇哈　哈哇哈　哈哇哈　哈哇哈

6 — ‖
哈。

第五部　軍歌、愛國歌、抗戰歌

一、鄧夏〈勇士進行曲〉

〈勇士進行曲〉，筆者在一九六八年初入軍校時，第一首會唱的軍歌。此後七年（陸官預備班第十三期三年、正44期四年），幾乎天天唱，至少唱過千萬次。

這首歌由劉英傑作詞，鄧夏作曲。筆名鄧夏，原名鄧鎮湘，政工幹校（今政戰學院）第一期音樂系。

一九六九年，鄧夏和同是幹校影劇系三期的學弟劉英傑合作，完成這首歌，並獲得當年軍歌徵選的首獎。

〈勇士進行曲〉，十足表現了中國軍人自古不變的氣節，對軍人教育很有影響。至少筆者，也曾立志要死在戰場上，只是沒機會。

勇士進行曲

劉英傑詞 鄧夏曲

bE調2/4

Marcia 勇壯

| 5 6 5 | 3 1 | 1̇ - | 5 3·3 | 2 1̇ | 7 6 |

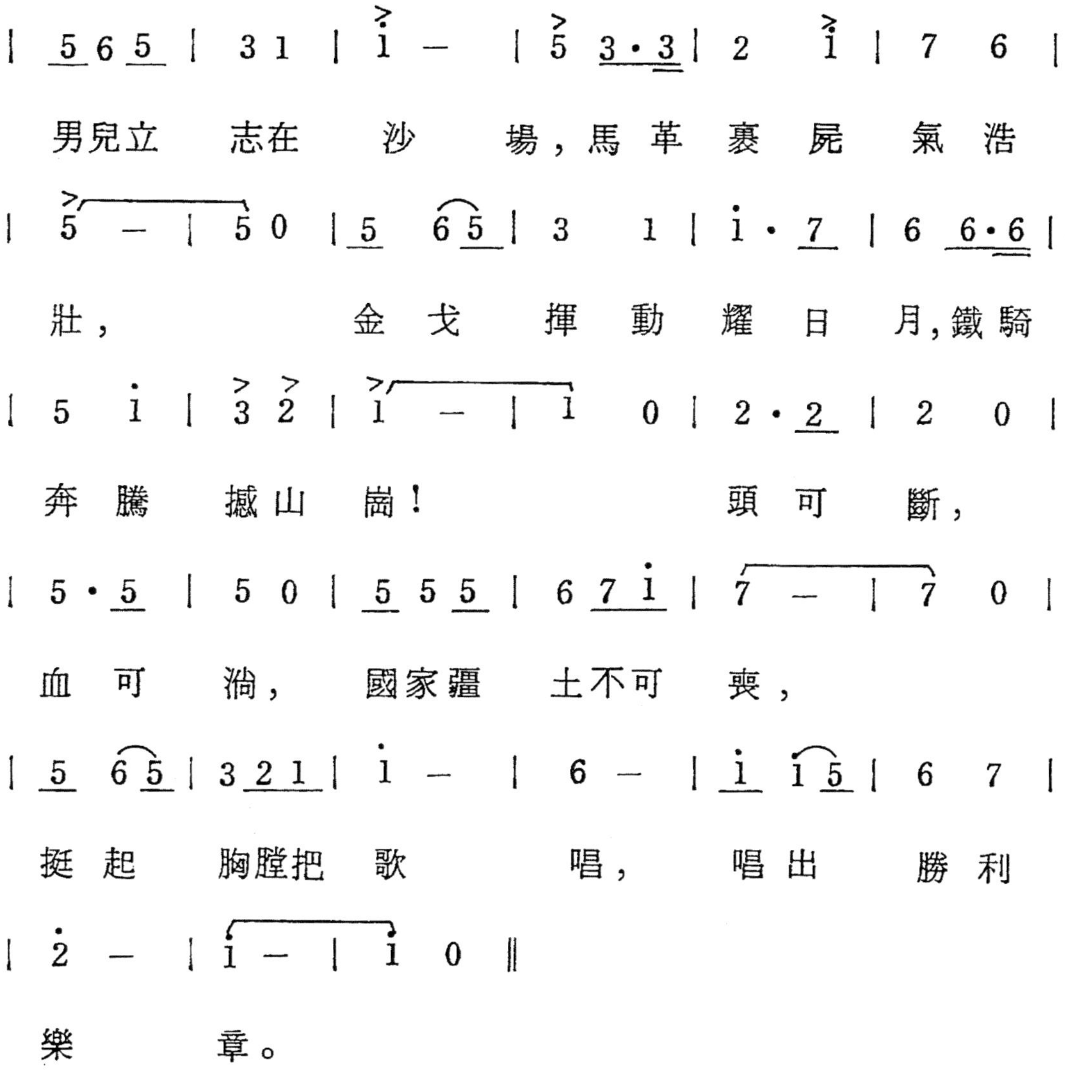
男兒立 志在 沙 場，馬 革 裹 屍 氣 浩

| 5 - | 5 0 | 5 6 5 | 3　1 | 1̇·7 | 6 6·6 |

壯， 金 戈 揮 動 耀 日 月，鐵 騎

| 5　1̇ | 3 2 | 1̇ - | 1̇　0 | 2·2 | 2　0 |

奔 騰 撼山 崗！ 頭 可 斷，

| 5·5 | 5 0 | 5 5 5 | 6 7 1̇ | 7 - | 7　0 |

血 可 淌， 國家疆 土不可 喪，

| 5　6 5 | 3 2 1 | 1̇ - | 6 - | 1̇　1̇ 5 | 6 7 |

挺 起 胸膛把 歌 唱， 唱 出 勝 利
樂 章。

二、劉家昌〈我是中國人〉

劉家昌主要是創作流行音樂（詳見第一部）。很少人知道他也寫軍歌、愛國歌，讓嚴肅的歌也成為流行歌。

〈我是中國人〉，是抗日影劇《戰火中青春》的插曲，劉家昌作詞作曲。一九八二年入選第五屆香港十大中文金曲，原唱鳳飛飛，把這首歌唱得火紅，收在她的《我是中國人・你家大門》專輯中。

這首歌對現代中國人的國家認同，有強烈的潛移作用。「我不管生在哪裡，我是中國人，無論死在何處，誓做中國魂」。我觀察他近年言行，他身體力行，他做到了！

我是中國人

劉家昌曲詞

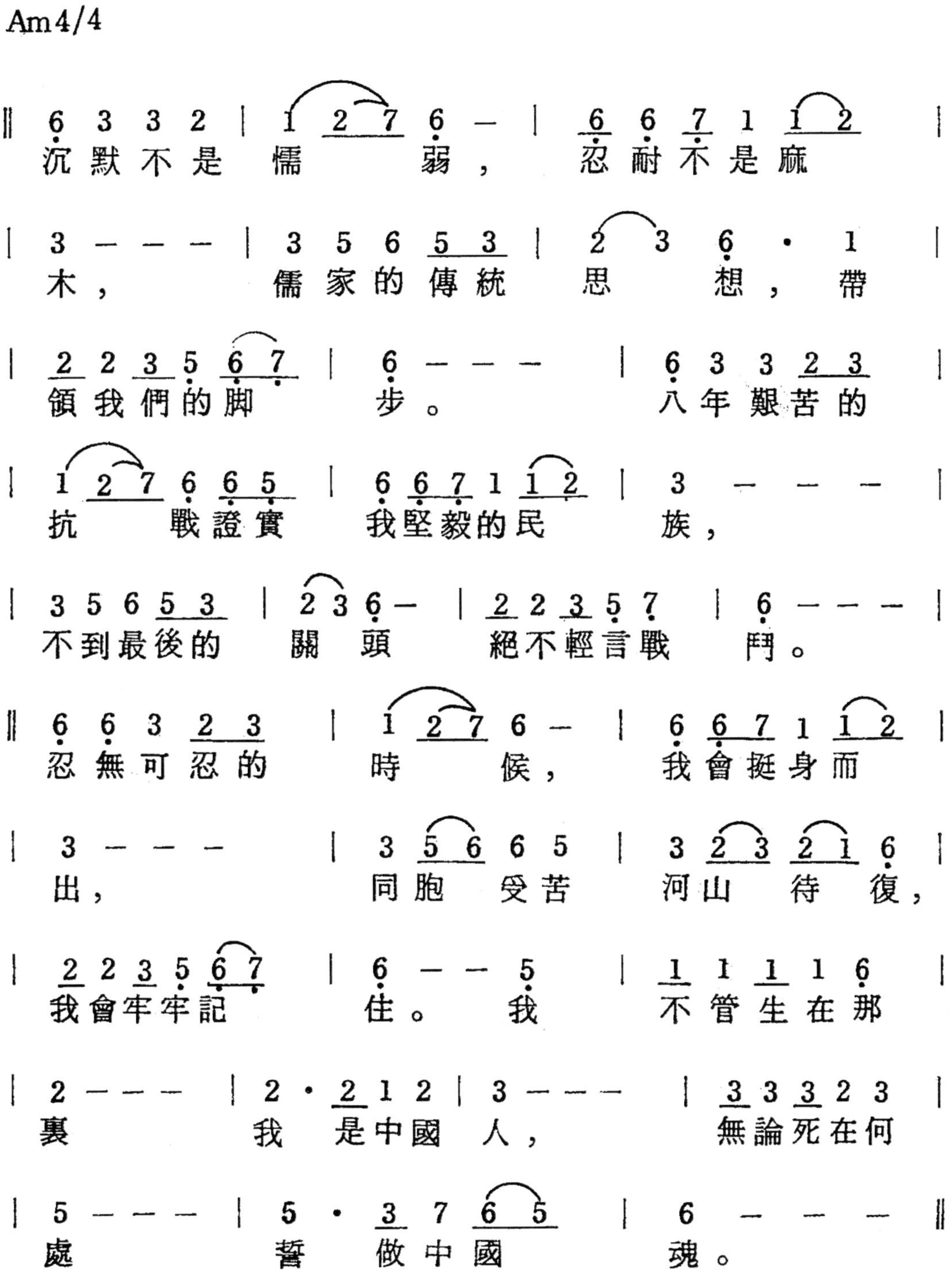

Am 4/4

‖ 6 3 3 2 | 1 2 7 6 − | 6 6 7 1 1 2 |
沉 默 不 是 懦　　弱， 忍 耐 不 是 麻

| 3 − − − | 3 5 6 5 3 | 2 3 6 · 1 |
木，　　　 儒 家 的 傳 統 思　 想， 帶

| 2 2 3 5 6 7 | 6 − − − | 6 3 3 2 3 |
領 我 們 的 脚　 步。　　　 八 年 艱 苦 的

| 1 2 7 6 6 5 | 6 6 7 1 1 2 | 3 − − − |
抗　 戰 證 實 我 堅 毅 的 民　　族，　　　

| 3 5 6 5 3 | 2 3 6 − | 2 2 3 5 7 | 6 − − − |
不 到 最 後 的　 關 頭　 絕 不 輕 言 戰　 鬥。

‖ 6 6 3 2 3 | 1 2 7 6 − | 6 6 7 1 1 2 |
忍 無 可 忍 的　 時　 候， 我 會 挺 身 而

| 3 − − − | 3 5 6 6 5 | 3 2 3 2 1 6 |
出，　　　 同 胞 受 苦 河 山 待 復，

| 2 2 3 5 6 7 | 6 − − 5 | 1 1 1 1 6 |
我 會 牢 牢 記　 住。　 我 不 管 生 在 那

| 2 − − − | 2 · 2 1 2 | 3 − − − | 3 3 3 2 3 |
裏　　　 我 是 中 國 人，　　　 無 論 死 在 何

| 5 − − − | 5 · 3 7 6 5 | 6 − − − ‖
處　　　 誓 做 中 國　 魂。

三、孫儀、湯尼〈四海都是中國人〉

大約一九七八年時，全世界有中國人的地方，包含海外有中國人住的地方，都在風行〈四海都有中國人〉，好像中國人把地球包圍了。唱得那些洋人很不是味道，如今從現實面看，廿一世紀已是中國人的世紀，不必多久，四海都住滿中國人，你知道為什麼嗎？原因在歌詞中。

孫儀（一九二八—），本名孫家麟，天津市人。流行音樂作詞家，代表作品如〈月亮代表我的心〉等。

湯尼，翁清溪（一九三六—二〇一二）的藝名，作曲家。代表作品如〈月亮代表我的心〉、〈小城故事〉等。

四海都是中國人

孫儀詞 湯尼曲

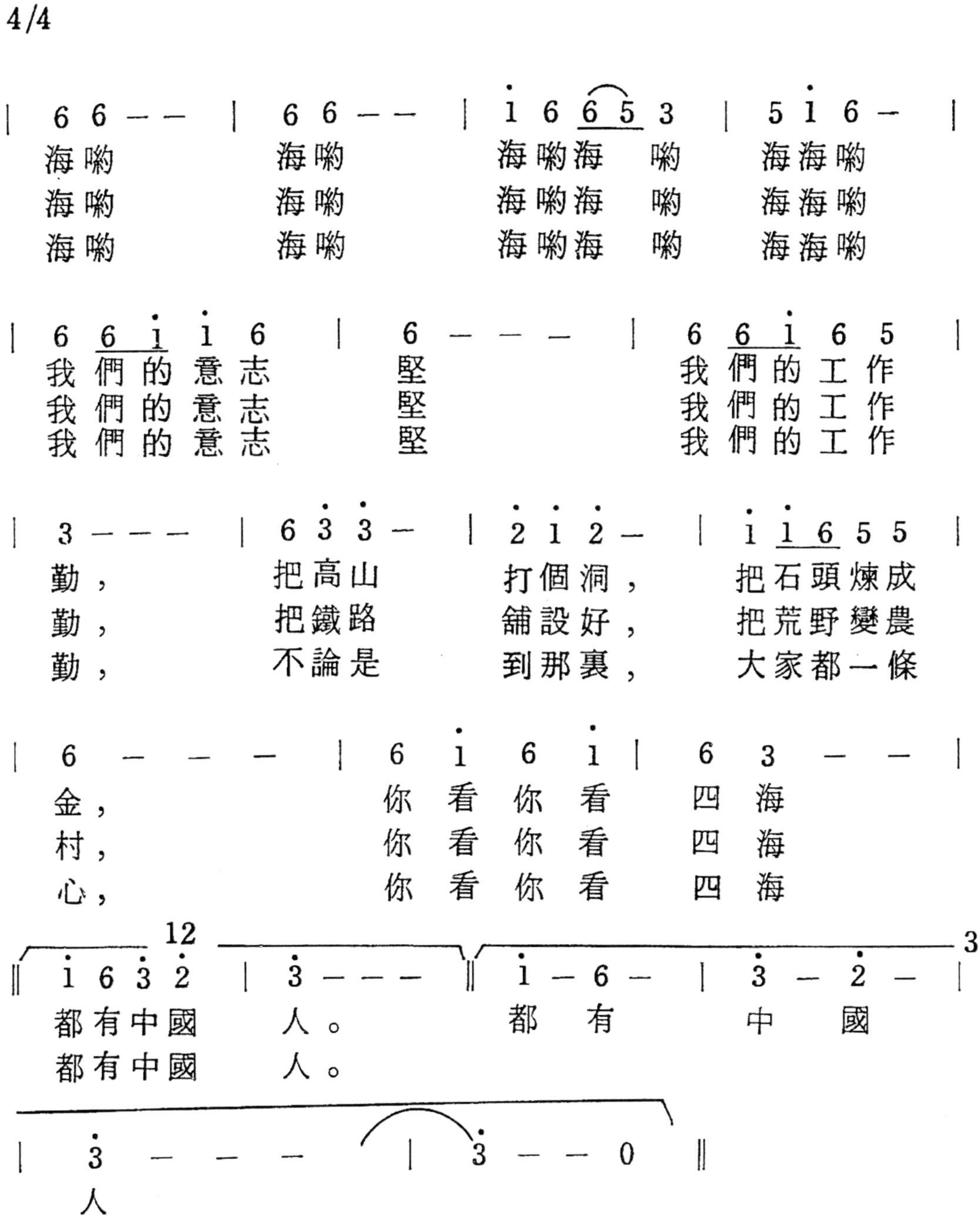

四、黃霑、顧嘉華〈勇敢的中國人〉

黃霑（一九四一—二〇〇四）。本名黃湛森，筆名劉杰、陸郎、不文霑等。作詞、作曲家，也是歌手、作家、演員、導演、主持人、編劇人。

他和金庸、倪匡、蔡瀾四人，被香港跨媒體稱為「香港四大才子」，他代表作品如〈滄海一聲笑〉。在《唐伯虎點秋香》電影中，「華太師」是他著名的角色。

顧嘉華（一九三九—），浙江定海人，作曲家，除了創作流行歌，也有越劇作曲，作品如《女飛行員》、《青春路上》。他一生不圖名利，創作劇目一百三十多個。

勇敢的中國人

黃霑詞 顧嘉華曲

C 4/4

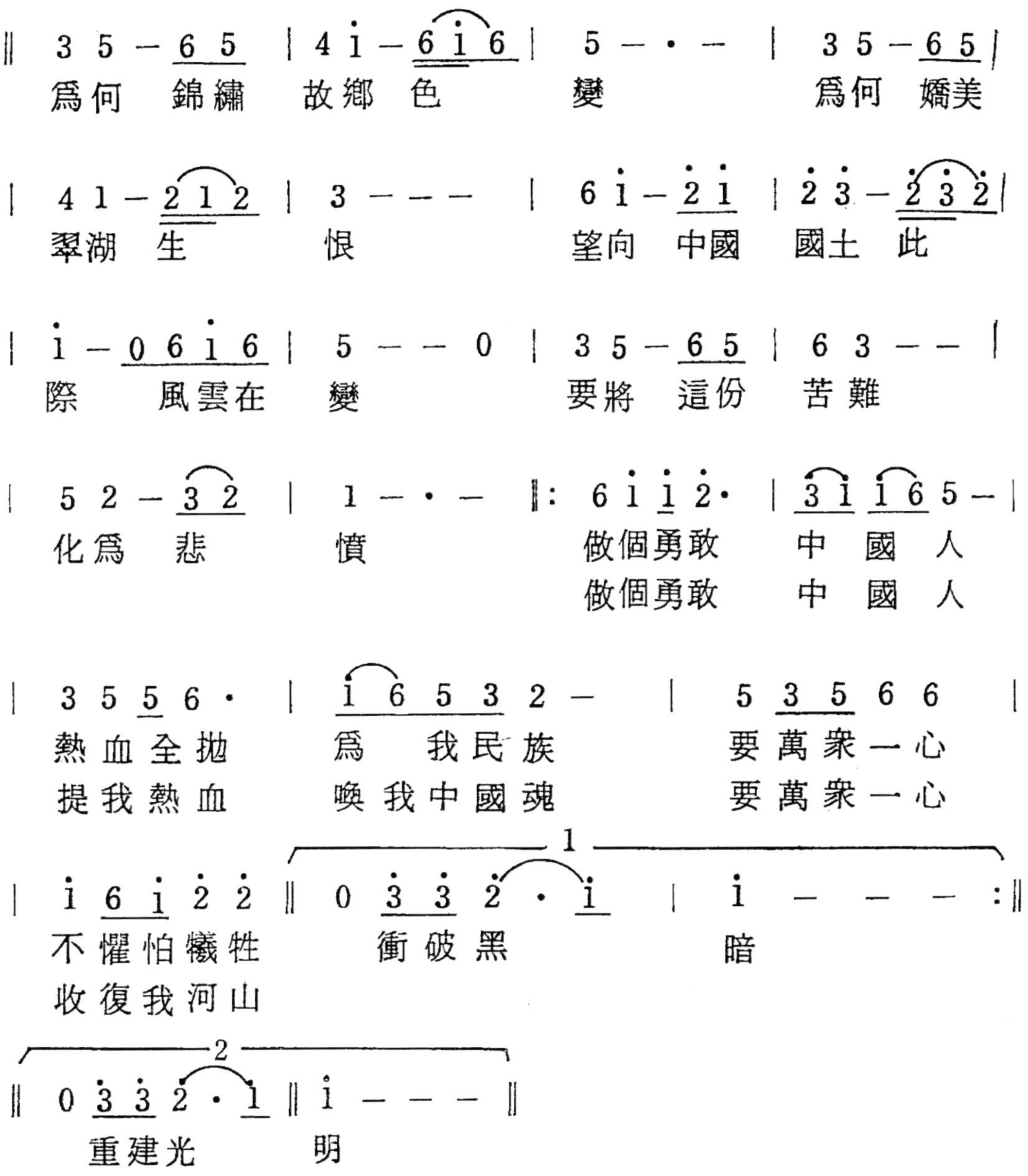
為何 錦繡 故鄉 色 變 為何 嬌美
翠湖 生 恨 望向 中國 國土 此
際 風雲在 變 要將 這份 苦難
化為 悲 憤 做個勇敢 中 國 人
做個勇敢 中 國 人
熱血全拋 為 我民族 要萬衆一心
提我熱血 喚我中國魂 要萬衆一心
1
不懼怕犧牲 衝破黑 暗
收復我河山
2
重建光 明

五、沈倫、姚敏作品

姚敏（一九一七—一九六七）（詳見第一部），他主要是創作流行歌，能流行的至少上百首。如〈恨不相逢未嫁時〉、〈我是一隻畫眉鳥〉、〈小放牛〉等。

《碧血黃花》是紀念一九一一年黃花崗起義的電影，一九五四年上映，同名主題曲〈碧血黃花〉，由姚敏作曲，沈倫作詞。

〈碧血黃花〉除了是愛國歌。另有一首民歌也叫〈碧血黃花〉，岳然作詞，楊秉忠作曲，內容也是紀念黃花崗烈士，只是曲調不同。

碧血黃花

沈倫詞 姚敏曲

F 4/4

進行速度

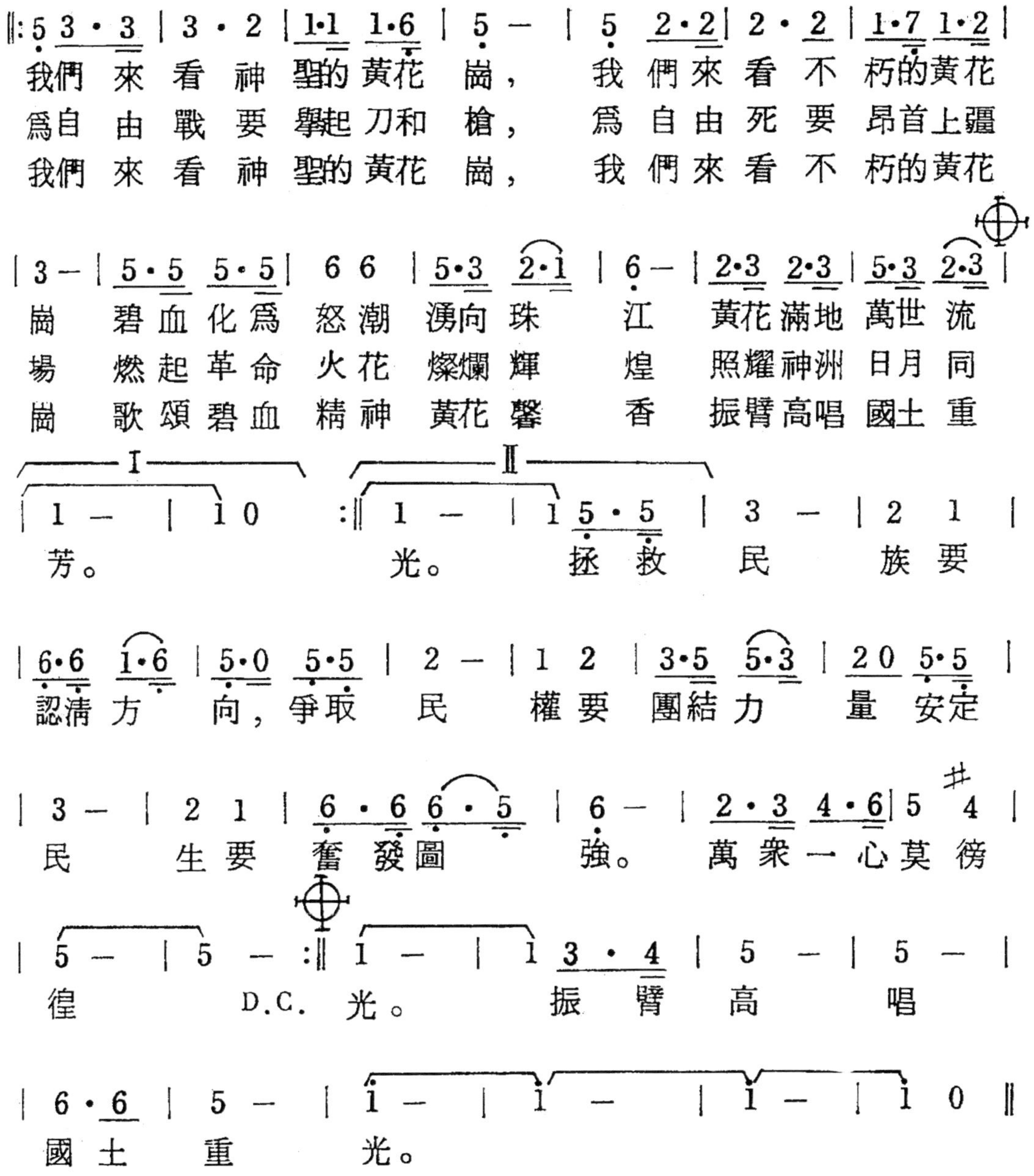
我們來看神聖的黃花崗，我們來看不朽的黃花
為自由戰要舉起刀和槍，為自由死要昂首上疆
我們來看神聖的黃花崗，我們來看不朽的黃花
崗 碧血化為怒潮湧向珠江 黃花滿地萬世流
場 燃起革命火花燦爛輝煌 照耀神洲日月同
崗 歌頌碧血精神黃花馨香 振臂高唱國土重
芳。
光。拯救民族要
認清方向，爭取民權要團結力量安定
民生要奮發圖強。萬衆一心莫徬
徨 D.C. 光。振臂高唱
國土重光。

六、關於〈歌八百壯士〉

桂濤聲（一九〇一—一九八二）。原名桂獨生，筆名濤聲，一九〇一年三月，出生在雲南沾益縣，回族，他是音樂家、教育家、詩人。

桂濤聲一九五〇年到一九七七年，兼任上海音樂協會副主席。他主要作品有〈歌八百壯士〉（另版：中國一定強）、〈在太行山上〉、〈做棉衣〉等。

夏之秋（一九一二—一九九三），原名夏漢興，原籍湖北孝感，出生在漢口。他是作曲家、演奏家。

夏之秋作曲的代表作是〈最後勝利是我們的〉、〈歌八百壯士〉。不知何因？〈歌八百壯士〉有兩種流行版。

中國一定強

桂濤聲詞 夏之秋曲

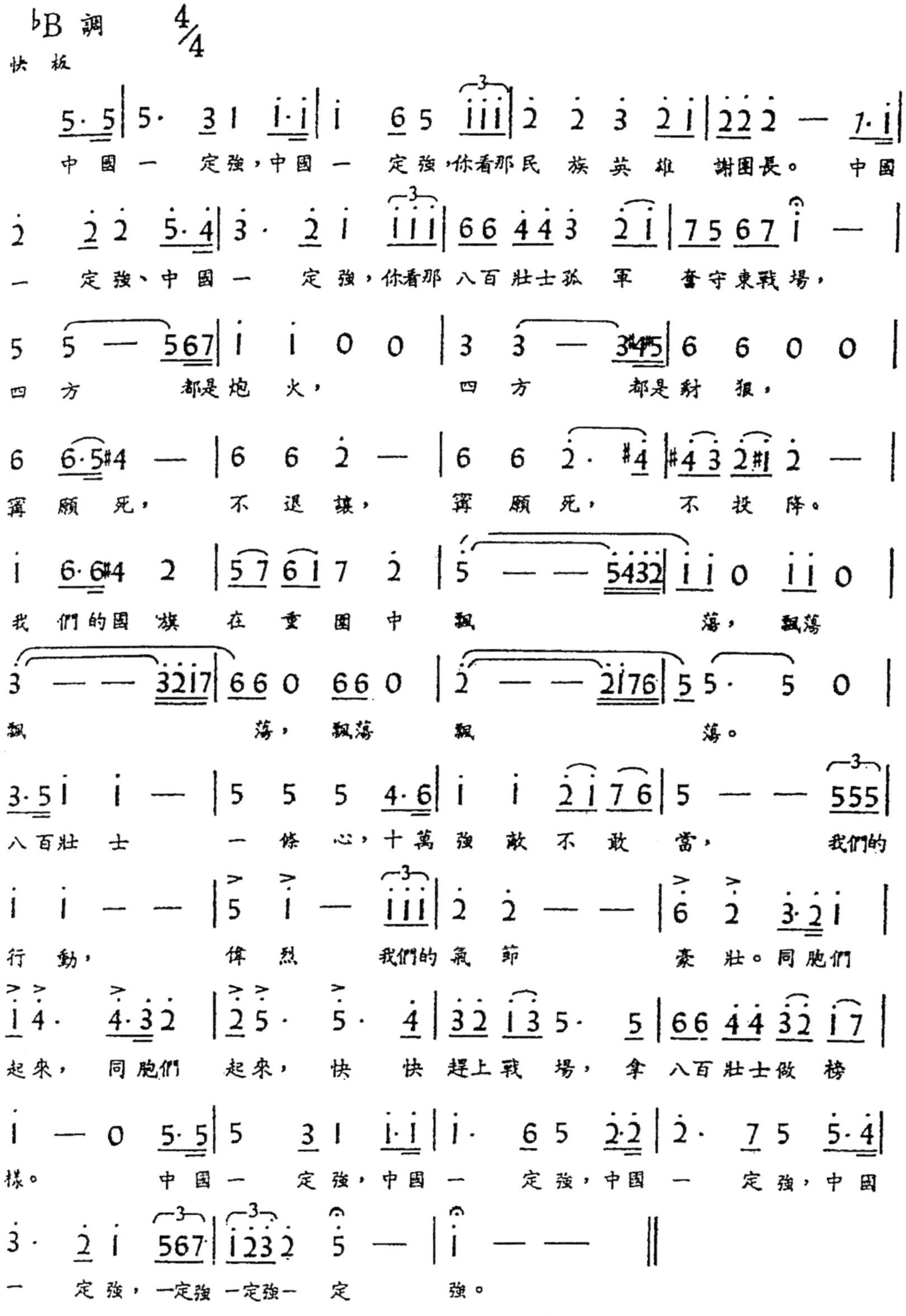
♭B調 4/4
快板
中國一定強，中國一定強，你看那民族英雄謝團長。中國
一定強、中國一定強，你看那八百壯士孤軍奮守東戰場，
四方都是炮火，四方都是豺狼，
寧願死，不退讓，寧願死，不投降。
我們的國旗在重圍中飄蕩，飄蕩
飄蕩，飄蕩飄蕩。
八百壯士一條心，十萬強敵不敢當，我們的
行動，偉烈我們的氣節豪壯。同胞們
起來，同胞們起來，快快趕上戰場，拿八百壯士做榜
樣。中國一定強，中國一定強，中國一定強，中國
一定強，一定強一定強一定強。

歌八百壯士

桂濤聲詞　夏之秋曲

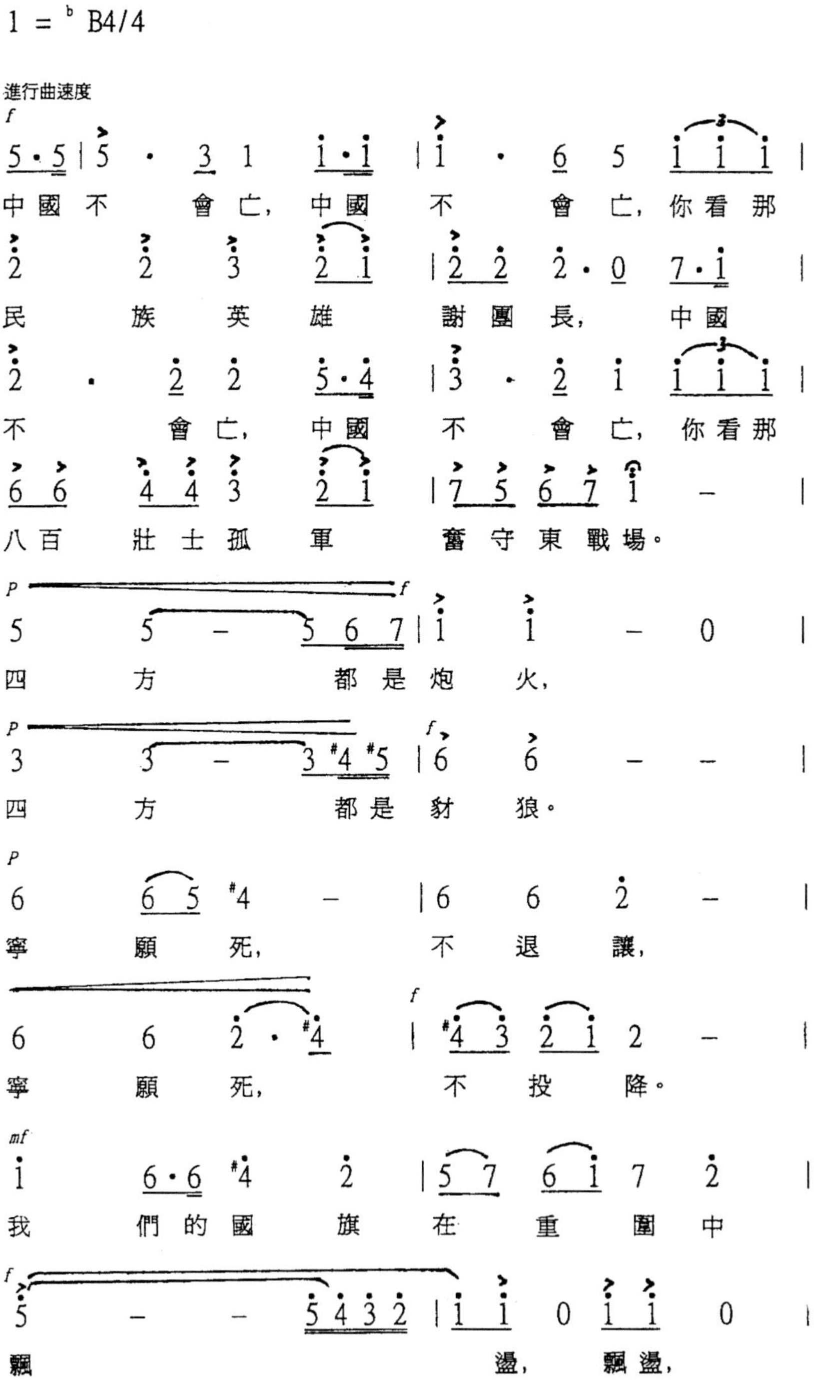
1 = ♭B4/4
進行曲速度

f

5·5 | 5 · 3 1 | i·i | i · 6 5 | i i i |
中國不會亡，中國不會亡，你看那

2　2　3　2 1 | 2 2　2·0　7·1 |
民族英雄謝團長，中國

2　·　2 2　5·4 | 3 · 2 i | i i i |
不會亡，中國不會亡，你看那

6 6　4 4 3　2 1 | 7 5 6 7 i　— |
八百壯士孤軍奮守東戰場。

P 　　　　　　　_f_
5　5 — 5 6 7 | i　i — 0 |
四方都是炮火，

P 　　　　　　　_f_
3　3 — 3 #4 #5 | 6　6 — — |
四方都是豺狼。

P
6　6 5 #4 — | 6 6　2 — |
寧願死，不退讓，

6　6 2·#4 | #4 3 2 1 2 — |
寧願死，不投降。

mf
i　6·6 #4　2 | 5 7 6 i 7 2 |
我們的國旗在重圍中

f
5 — — 5 4 3 2 | i i 0 i i 0 |
飄盪，飄盪，

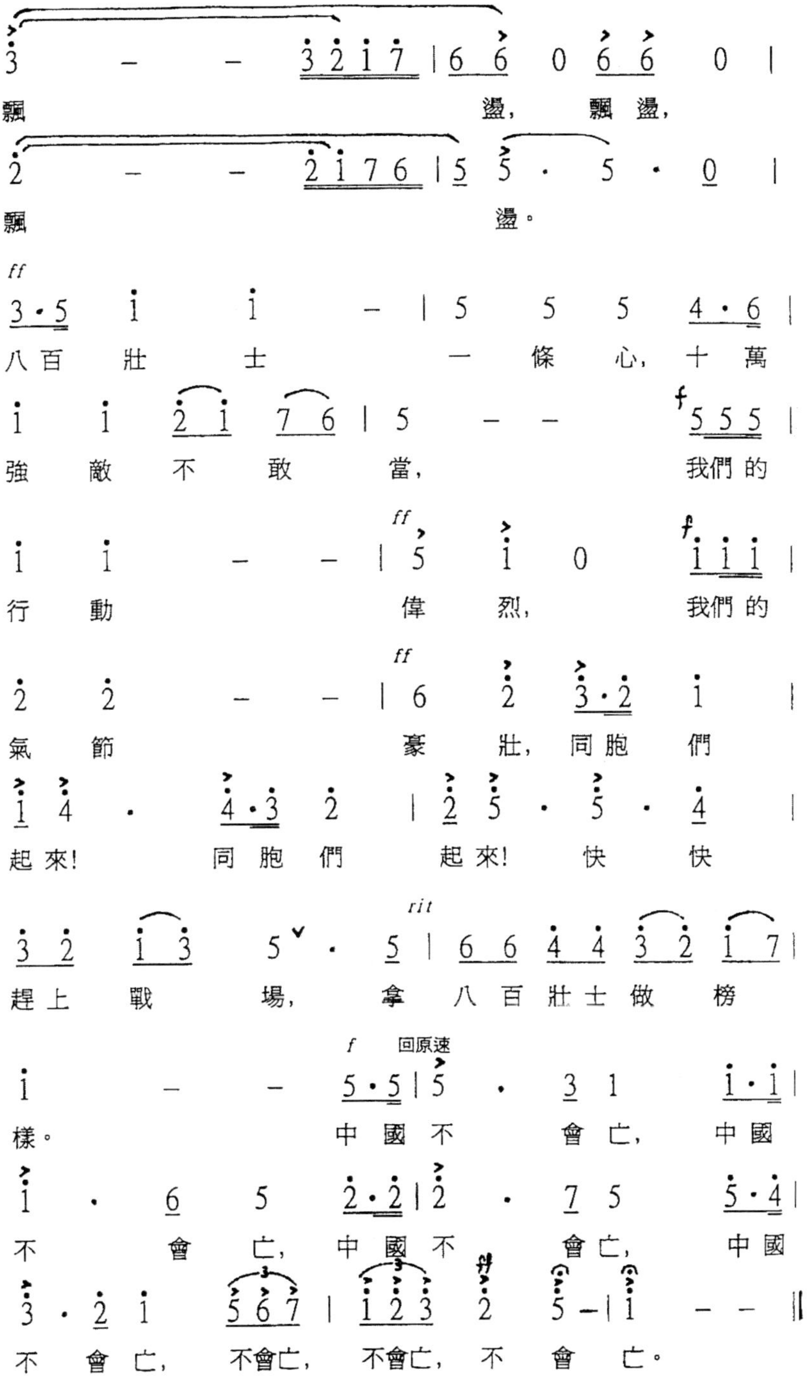

3 　－　－　3 2 1 7｜6 6　0 6 6　0 1｜
飄　　　　　　　盪，　飄　盪，

2 　－　－　2 1 7 6｜5 5・5・0 ｜
飄　　　　　　　盪。
ff
3・5　1　1　－｜5 5 5 4・6｜
八百　壯　士　一　條　心，十　萬

1 1 2 1 7 6｜5 　－　－　*f* 5 5 5｜
強　敵　不　敢　當，　我們　的
ff
f
行　動　偉　烈，　我們　的

2 2　－　－｜6 2 3・2 1　｜
ff
氣　節　豪　壯，同胞　們

1 4・4・3 2｜2 5・5・4｜
起來！　同胞們　起來！　快　快
rit
3 2 1 3　5・5｜6 6 4 4 3 2 1 7｜
趕上　戰　場，　拿　八百壯士做　榜
f　回原速
1　－　－　5・5｜5・3 1　1・1｜
樣。　中　國　不　會　亡，　中　國

1・6 5 2・2 2｜2・7 5 5・4｜
不　會　亡，中　國　不　會　亡，　中　國

3・2 1 5 6 7｜1 2 3 2 5　－｜
不　會　亡，　不會亡，　不會亡，　不　會　亡。

七、〈國民革命歌〉到〈兩隻兩虎〉

〈國民革命歌〉，其原曲是法國民謠〈Frere Jacgues〉（雅克兄弟）。一九二六年時，鄺鄘（一八九七—一九二八，原名光爐，黃埔二期），填中文詞，歌名改成〈國民革命歌〉，流行很久，民國十五年曾是「代國歌」

這首歌傳唱全世界，德語版叫〈馬丁兄弟〉，英語版叫〈約翰兄弟〉，粵語版叫〈打開蚊帳〉。一九二六年，廣東革命政府教育廳通過，以〈國民革命歌〉暫代國歌。

不知何時？（大概一九四九年後），變成了兒歌〈兩隻老虎〉，也很流行。筆者童年，就是唱〈兩隻老虎〉長大的。

國民革命歌

1=G 4/4
進行曲速度

1 2 3 1 | 1 2 3 1 | 3 4 5 - |

1.打倒列強，打倒列強，除軍閥！
2.工農學兵，工農學兵，大聯合！
3.打倒列強，打倒列強，除軍閥！

3 4 5 - | 5 6 5 4 3 1 | 5 6 5 4 3 1 |

除軍閥！努力國民革命，努力國民革命，
大聯合！打倒帝國主義！打倒帝國主義！
除軍閥！國民革命成功，國民革命成功，

3 5 1 - | 3 5 1 - ‖

齊奮鬥，齊奮鬥。
齊奮鬥，齊奮鬥。
齊歡唱，齊歡唱。

兩隻老虎

兩隻老虎　兩隻老虎
跑得快　跑得快
一隻沒有耳朵
一隻沒有尾巴
真奇怪　真奇怪

八、田漢、聶耳作品

田漢（一八九八－一九六八）。湖南長沙人，作曲家。一九三四年作詞的軍歌〈反滿抗日義勇軍進行曲〉，成為一九三五年電影《風雲兒女》主題曲，更名〈義勇軍進行曲〉，後成為新中國的國歌。

田漢著作尚有《三葉集》、《田漢選集》、《漫說梅蘭芳》，和戲曲劇本、話劇劇本數十部之多。

聶耳（一九一二－一九三五）。原名聶守信，雲南玉溪人，音樂家、作曲家。電影《風雲兒女》主題曲、後名〈義勇軍進行曲〉作曲者，其作品尚有〈畢業歌〉、〈開路先鋒〉等。他是早期新音樂運動的先驅。

義勇軍進行曲

田漢辭　聶耳曲

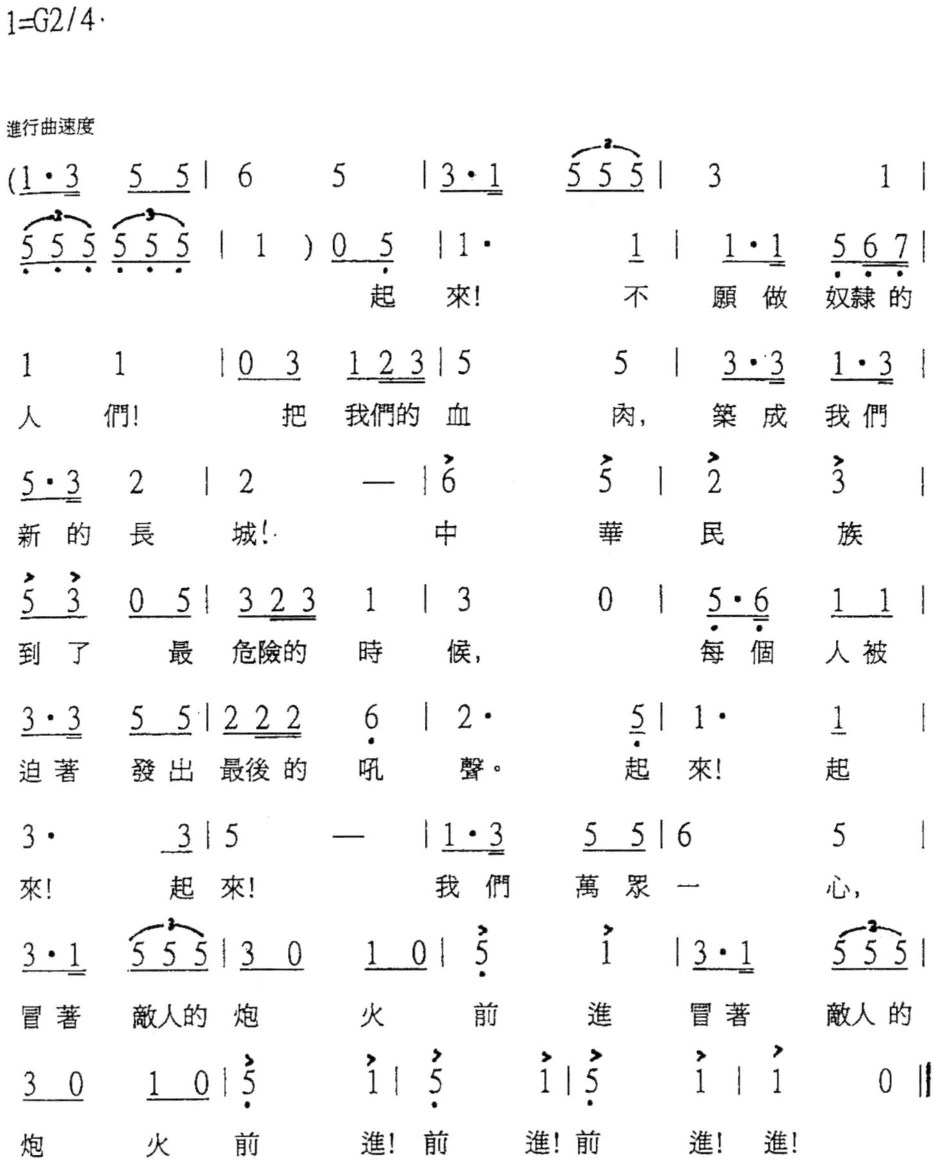
1=G2/4
進行曲速度

(1·3　5 5 | 6　5　 | 3·1　5 5 5 | 3　　　1 |

5 5 5 5 5 5 | 1) 0 5 | 1·　　1 | 1·1　5 6 7 |
起　來！　不　願做　奴隸的

1　1　 | 0 3　1 2 3 | 5　　　5 | 3·3　1·3 |
人　們！　把　我們的　血　肉，築　成　我們

5·3　2 | 2　　　— | 6　　5 | 2　　3 |
新　的　長　城！　中　華　民　族

5 3　0 5 | 3 2 3　1 | 3　0 | 5·6　1　1 |
到　了　最　危險的　時　候，　每　個　人　被

3·3　5 5 | 2 2 2　6 | 2·　　5 | 1·　　1 |
迫　著　發　出　最後　的　吼　聲。　起　來！　起

3·　　3 | 5　— | 1·3　5 5 | 6　　5 |
來！　起　來！　我　們　萬　眾　一　心，

3·1　5 5 5 | 3 0　1 0 | 5　　1 | 3·1　5 5 5 |
冒　著　敵人的　炮　火　前　進　冒　著　敵人　的

3 0　1 0 | 5　1 | 5　1 | 5　1　1 | 0 ||
炮　火　前　進！前　進！前　進！　進！

九、呂驥作品

呂驥（一九〇九—二〇〇二），原名呂展青，湖南湘潭人，音樂家。他是吾國抗日救亡歌詠運動主要領導人之一。

他主要代表作品有〈中華民族不會亡〉、〈抗日軍政大學校歌〉、〈自由神〉、〈鳳凰涅槃〉、〈新編九一八小調〉等。著作有《論國防音樂》、《民間音樂研究提綱》等多部。

〈中華民族不會亡〉作詞者野青不知何人？事實上，中華民族從未亡過，滅亡的是朝代政權。從夏商周到宋元明清，一個個亡了，中國仍在，因為中華民族不會亡！

中華民族不會亡

野青詞　呂驥曲

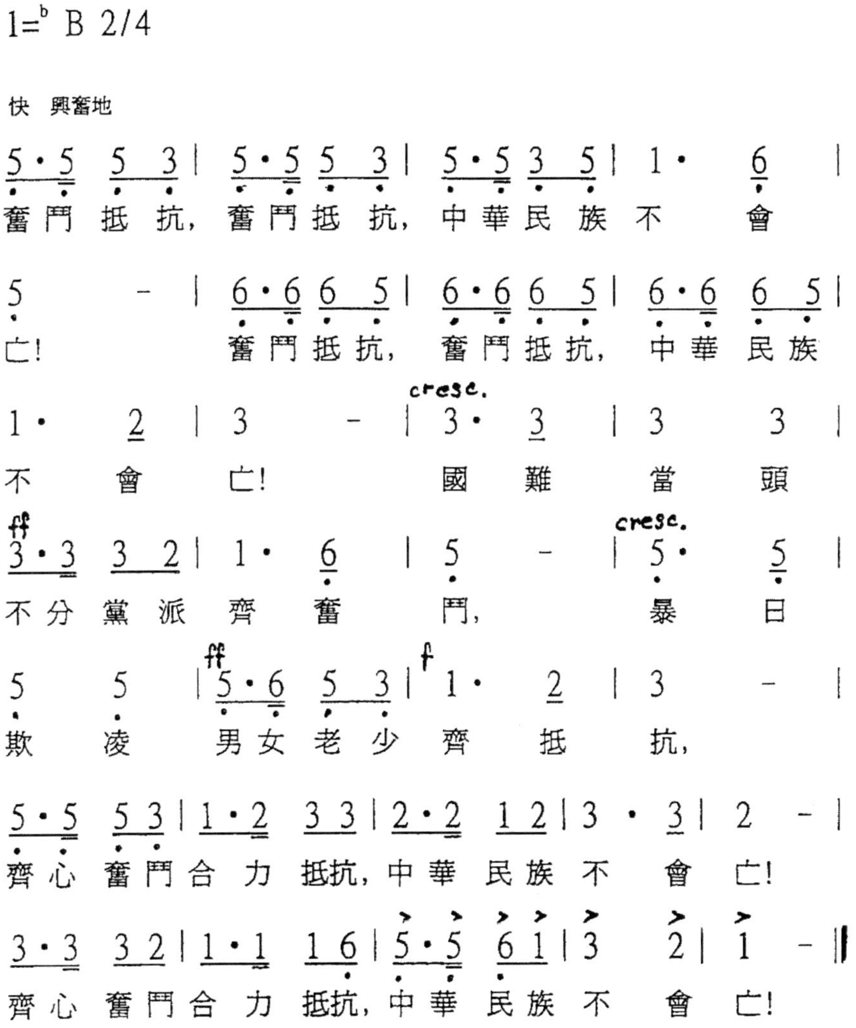

1=♭B 2/4

快　興奮地

| 5·5 5 3 | 5·5 5 3 | 5·5 3 5 | 1·　6 |
|奮鬥 抵 抗，|奮鬥抵 抗，|中華民 族 不|　會|

| 5　－ | 6·6 6 5 | 6·6 6 5 | 6·6 6 5 |
|亡！|奮鬥抵抗，|奮鬥抵抗，|中華 民 族|

cresc.

| 1·　2 | 3　－ | 3·3 | 3　3 |
|不　會 亡！|　|國難 當 頭|

ff　　　　　　　　　　　　　*cresc.*

| 3·3 3 2 | 1·　6 | 5　－ | 5·　5 |
|不分黨派齊奮|鬥，|　暴 日|

ff　　　　　　*f*

| 5　5 | 5·6 5 3 | 1·　2 | 3　－ |
|欺 凌|男女老少齊|抵　抗，|

| 5·5 5 3 | 1·2 3 3 | 2·2 1 2 | 3·3 | 2　－ |
|齊心奮鬥合力|抵抗，中華|民 族 不|會|亡！|

| 3·3 3 2 | 1·1 1 6 | 5·5 6 1 | 3　2 | 1　－ |
|齊心奮鬥合力|抵抗，中華|民 族 不|會|亡！|

十、張寒暉作品

張寒暉（一九〇二—一九四六），原名張蘭璞，河北定州人，一九二九年畢業於北大戲劇系。著名音樂家，曾致力於採集民歌，編成《普村同歌集》。

一九三六年到一九三八年，他在陝西省立西安二中（今陝西師大附中）任國文老師時，創作了抗日經典歌曲〈松花江上〉。這首歌不光當時流行，也是可傳世之作品。

一九四二年間，他又創作〈國民大生產〉、〈去當兵〉、〈游擊樂〉、〈抗日進行曲〉、〈老百姓抗日歌〉等。他在凝聚中國民族精神、提高抗日精神戰力，做了偉大的貢獻。

松花江上

張寒暉詞曲

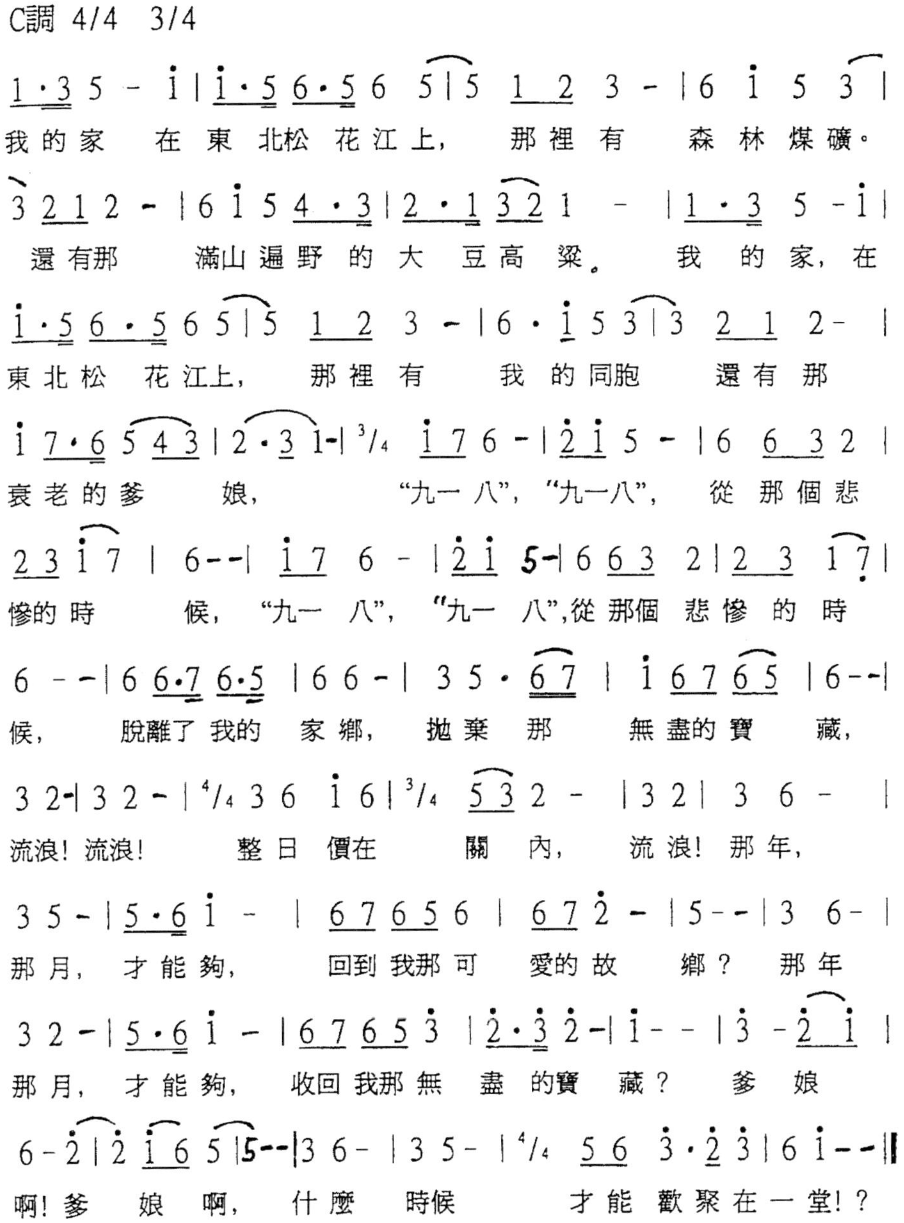
C調 4/4 3/4
我的家 在東北松花江上，那裡有 森林煤礦。
還有那 滿山遍野的大豆高粱。我的家，在
東北松花江上，那裡有 我的同胞 還有那
衰老的爹娘，“九一八”，“九一八”，從那個悲
慘的時候，“九一八”，“九一八”,從那個悲慘的時
候，脫離了我的家鄉，拋棄那 無盡的寶藏，
流浪！流浪！整日價在關內，流浪！那年，
那月，才能夠，回到我那可愛的故鄉？那年
那月，才能夠，收回我那無盡的寶藏？爹娘
啊！爹娘啊，什麼時候 才能歡聚在一堂！？

十一、麥新作品

麥新（一九一四—一九四七），原名孫培元，出生在上海，是著名音樂家。他著名作品有〈大刀進行曲〉、〈犧牲已到最後關頭〉（孟波曲）、〈只怕不抵抗〉（冼星海曲）。

麥新於「九一八．一二八」後，積極參加抗日救亡運動，與孟波合編出版《大眾歌聲》（共三集）。抗戰爆發後，他是上海抗日歌詠界戰時服務團領導者之一。

孟波（一九一六—二〇一五），原名綬曾，出生在江蘇常州，作曲家。他主要作品有〈犧牲已到最後關頭〉、〈高舉革命大旗〉，他也促成小提琴協奏曲《梁祝》的誕生。

大刀進行曲

麥新詞曲

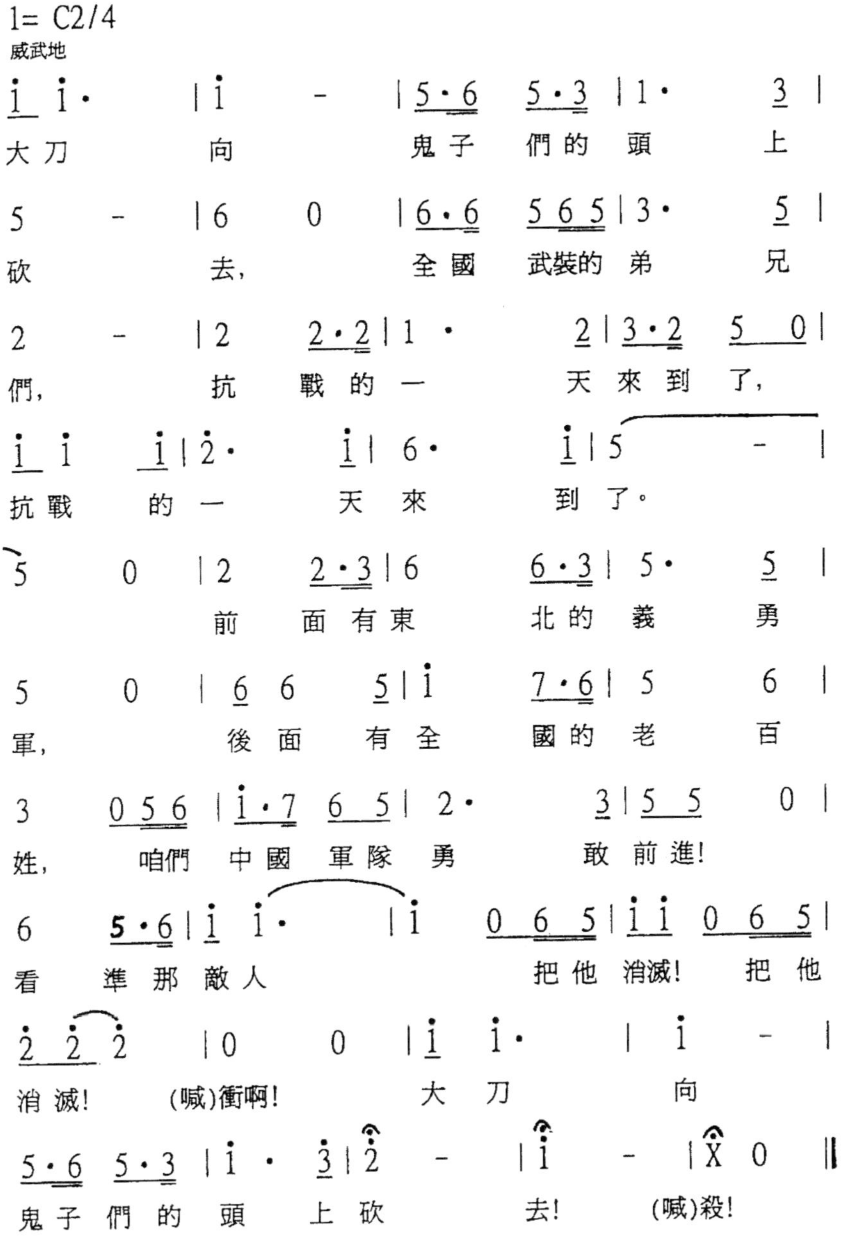

1= C2/4

威武地

```
i  i·    │i   -  │5·6  5·3│1·    3 │
大 刀        向      鬼 子  們 的 頭    上

5  -   │6   0  │6·6  565│3·    5 │
砍     去,       全 國  武裝的 弟    兄

2  -   │2   2·2│1·    2│3·2  5  0 │
們,       抗 戰的 一      天 來 到 了,

i  i  i│2·    i│6·    i│5   -  │
抗 戰 的 一      天 來    到 了。

5  0  │2   2·3│6    6·3│5·    5 │
         前 面有 東    北 的 義    勇

5  0  │6 6    5│i    7·6│5   6  │
軍,      後 面  有 全    國 的 老    百

3   056│i·7 6 5│2·    3│5  5   0 │
姓,  咱們 中 國 軍隊 勇      敢 前 進!

6  5·6│i  i·    │i   065│ii  065│
看 準 那 敵 人          把 他 消滅! 把 他

2 2 2    │0   0  │i  i·    │i   -  │
消滅!  (喊)衝啊!     大 刀      向

5·6  5·3│i·  3│2   -  │i   -  │X  0 │
鬼 子 們 的 頭  上 砍    去!       (喊)殺!
```

十二、黎錦暉作品

黎錦暉（一八九一—一九六七），湖南湘潭人，兄弟八人個個是人才，他排行第二，有「黎氏八駿」之譽。他是著名音樂家，有「中國流行音樂之父」美名（見第一部）。

他創作的流行歌如〈毛毛雨〉、〈妹妹我愛你〉、〈特別快車〉、〈桃花江〉等。

他也創作大量兒童歌劇、歌曲，如〈麻雀與小孩〉、〈葡萄仙子〉等。這首〈我是中國人〉，羅靖華作詞。

一九二九年，黎錦暉組明月歌舞團全國巡演，培養許多藝術工作者，包含周璇、聶耳、白虹、陳燕燕等人。

我是中國人

羅靖華詞 黎錦暉曲

G調4/4

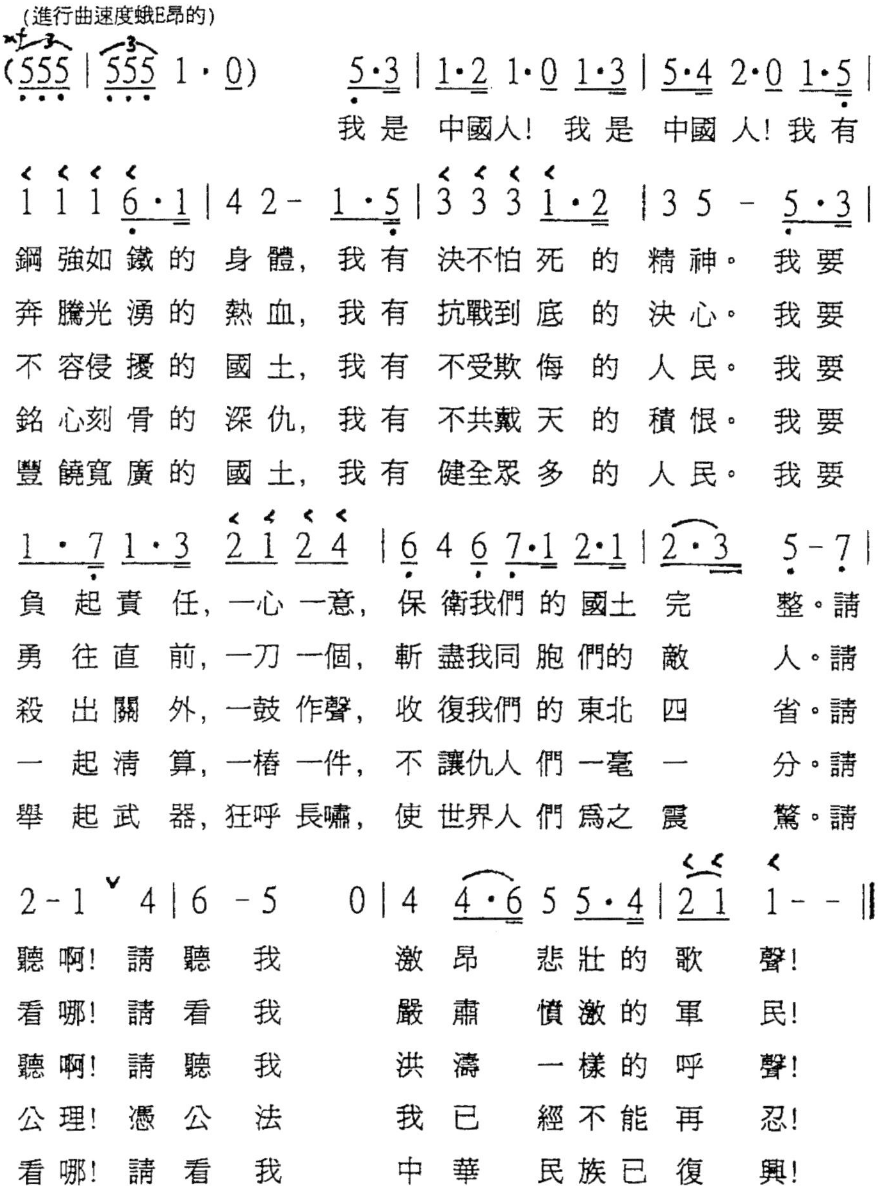
(進行曲速度蛾E昂的)

$(\underline{555} \mid \underline{555} \; 1 \cdot 0) \qquad \underline{5 \cdot 3} \mid \underline{1 \cdot 2} \; \underline{1 \cdot 0} \; \underline{1 \cdot 3} \mid \underline{5 \cdot 4} \; \underline{2 \cdot 0} \; \underline{1 \cdot 5} \mid$

我是 中國人! 我是 中國 人! 我有

$\underline{1 \; 1} \; \underline{1 \; 6 \cdot 1} \mid 4 \; 2 - \underline{1 \cdot 5} \mid \underline{3 \; 3} \; \underline{3 \; 1 \cdot 2} \mid 3 \; 5 - \underline{5 \cdot 3} \mid$

鋼強如鐵的 身體, 我有 決不怕死 的 精神。 我要
奔騰光湧的 熱血, 我有 抗戰到底 的 決心。 我要
不容侵擾的 國土, 我有 不受欺侮 的 人民。 我要
銘心刻骨的 深仇, 我有 不共戴天 的 積恨。 我要
豐饒寬廣的 國土, 我有 健全眾多 的 人民。 我要

$\underline{1 \cdot 7} \; \underline{1 \cdot 3} \; \underline{2 \; 1} \; \underline{2 \; 4} \mid \underline{6 \; 4} \; \underline{6 \; 7 \cdot 1} \; \underline{2 \cdot 1} \mid \underline{2 \cdot 3} \; 5 - 7 \mid$

負起責任, 一心一意, 保衛我們的國土 完 整。請
勇往直前, 一刀一個, 斬盡我同胞們的 敵 人。請
殺出關外, 一鼓作聲, 收復我們的東北 四 省。請
一起清算, 一樁一件, 不讓仇人們一毫 一 分。請
舉起武器, 狂呼長嘯, 使世界人們爲之 震 驚。請

$2 - 1 \; 4 \mid 6 - 5 \qquad 0 \mid 4 \; \underline{4 \cdot 6} \; \underline{5 \; 5 \cdot 4} \mid \underline{2 \; 1} \; 1 - - \parallel$

聽啊! 請聽我 激昂 悲壯的歌 聲!
看哪! 請看我 嚴肅 憤激的軍 民!
聽啊! 請聽我 洪濤 一樣的呼 聲!
公理! 憑公法 我已 經不能再 忍!
看哪! 請看我 中華 民族已復 興!

十三、冼星海作品

冼星海（一九〇五—一九四五），祖籍廣東番禺欖核，出生在澳門。作曲家、鋼琴家，他的作品中，《黃河大合唱》，最廣為人知，也是傳世之經典作品。

他的其他作品，如〈保衛蘆橋〉、〈救國軍歌〉、〈青年進行曲〉、〈熱血〉、〈夜半歌聲〉、〈只拍不抵抗〉、〈游擊軍〉、〈在太行山上〉、〈到敵人後方去〉、〈三八婦女歌〉、〈路是我們開〉等。

塞克（一九〇六—一九八八），河北霸縣人。原名陳秉鈞、陳凝秋，他是劇作家、詞作家、詩人，也是電影演員。

保衛盧溝橋

塞克詞 冼星海曲

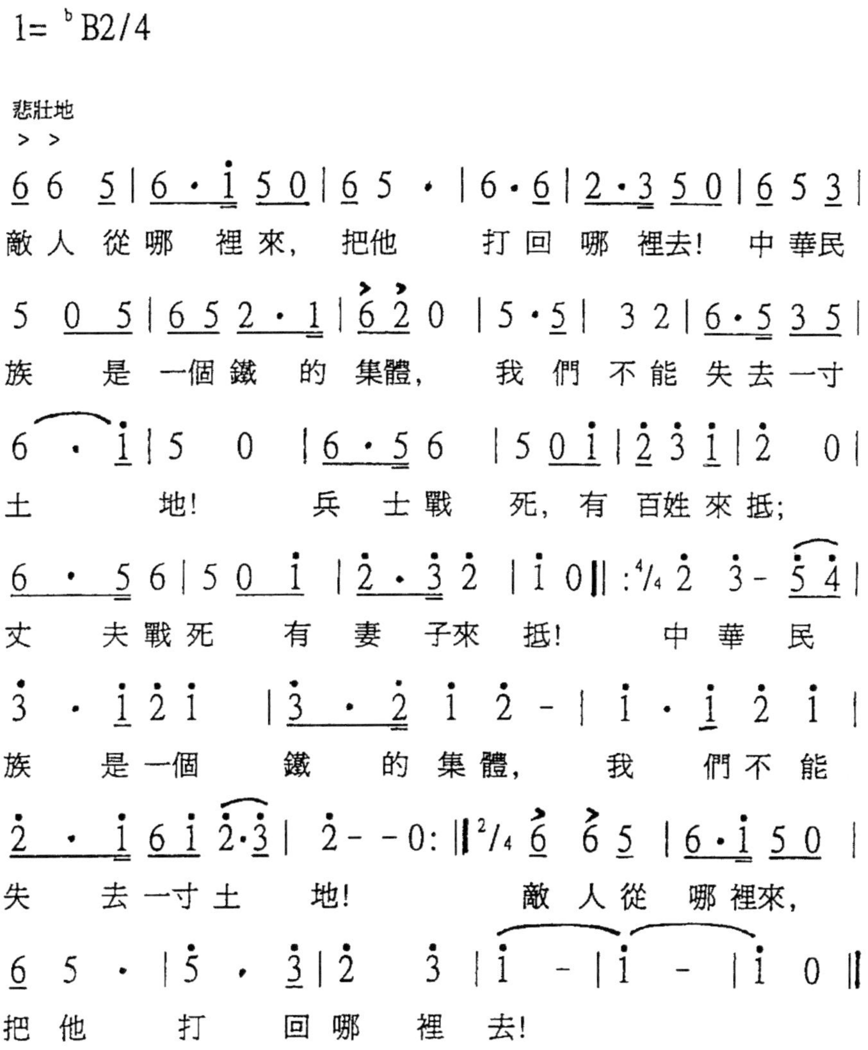
1= ♭B2/4
悲壯地
敵人從哪裡來，把他打回哪裡去！中華民
族是一個鐵的集體，我們不能失去一寸
土地！兵士戰死，有百姓來抵；
丈夫戰死有妻子來抵！中華民
族是一個鐵的集體，我們不能
失去一寸土地！敵人從哪裡來，
把他打回哪裡去！

十四、光未然、冼星海作品

光未然（一九一三—二〇〇二），湖北光化人。原名張光年，筆名光未然，中國現代詩人、文學評論家。

一九三九年創作《黃河大合唱》歌詞，經冼星海譜曲，在全國各地演唱。這是大型聲樂作品，歌曲慷慨激昂，為全民抗戰掀起高潮，一九六〇年改編成《黃河協奏曲》。

光未然著作多，如《五月花》、《江海日記》、《戲劇的現實主義問題》、《張光年文集》（共五卷）。

二〇〇二年元月廿八日在北京逝世，二〇〇三年七月廿五日，他的骨灰在青海省海東循化縣積石鎮撒入黃河。

河邊對口曲

（「黃河大合唱」選曲）

光未然詞　冼星海曲

D 調 2/4

（快板帶鄉土風味）

```
5·#4 5 0 | 5 5 5 1 0 | i·i i 6 5 | 4 5 4 1 0 | i·i  5 6 5 |
```

（甲唱）

```
4 5 4 1 0) ‖: 5·#4 5 0 | 5 5 1 0 | i·i i 6 5 | 4 5 4 1 0 |
```

1. 張　老三　我　問你　你的　家鄉　在哪　裡？
2. 我　問你　在　這裡　種田　還是　做生　意？
3. 為　什麼　到　此地　河邊　流浪　受孤　淒？
4. 張　老三　莫傷　悲　我的　命運　不如　你！
5. 在　東北　做　生意　家　鄉　八年　無消　息。

（乙唱）

```
( i·i i 5 6 5 | 4 5 1 0) | i·i i 3 0 | 2 3 1 2 3 0 |
```

我　的家　在　山　西
拿　鋤頭　耕田　地　起
痛　心事　莫提　起
為　什麼　王老　七
這　麼說　我　和　你

```
5·6 3 2 | 2 3 2 1 5 0 | ( 5·6 3 2 | 2 3 2 1  5 0 ) ‖
```

過　河　還有　三　百　里。
種　的高梁　和　小　米。
家　破人亡　無　消　息！
你　的　家鄉　在　何　地？
都　是　有家　不　能　回！

```
(甲) 5·4 5 0 | 5  5  1 0 | i·i i 6 5 | 4  5 4  1  0 :‖
(乙) i·i i  3 0 | 2  3  1 2 3 0 | 5·6 3 2 | 2 3 2 1  5  0 :‖
```

6. 仇　和恨　在　心　裡　奔　騰　如同　黃　河　水！
7. 黃　河邊　定　主意　咱們　一同　打　回　去！
8. 為　國家　當　兵去　太　行　山上　打　游　擊！
9. 從　今後　我　和　你　一　同　打回　老　家　去！

（尾聲）

```
( i·i i 5 6 5 ‖ 4 5 4 1 5 | i i  5 6 5 4 | 5 4 1 | i  -  ) ‖
```

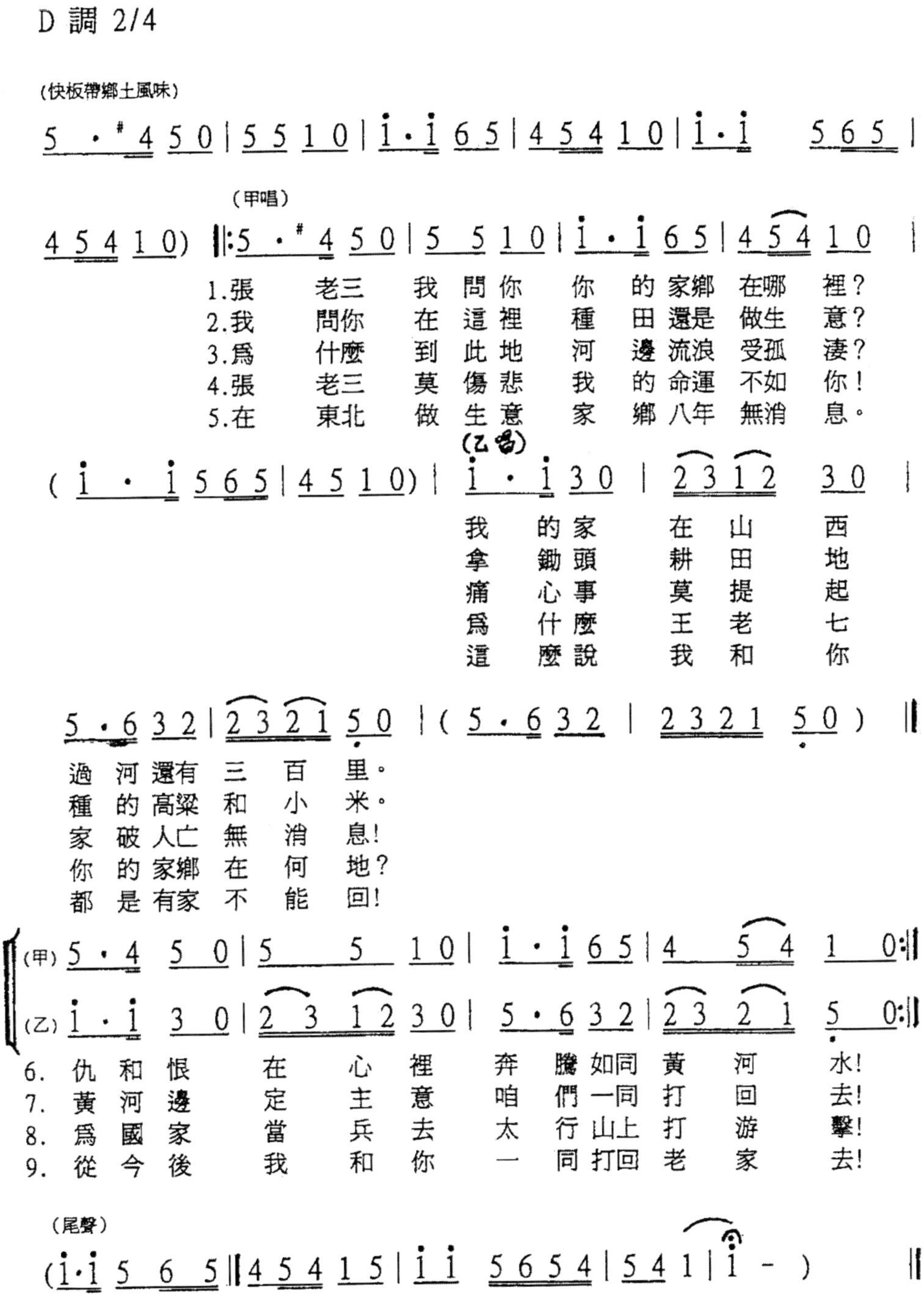

黃河頌

光未然詞　冼星海曲

1 = C4/4
(頗慢、帶悲壯纏綿的情緒)
(男聲獨唱)我站在高山之顛，望黃河滾
滾，奔向東南，驚濤澎
湃，掀起萬丈狂瀾，濁流
婉轉，結成九曲連環從崑崙山
下奔向黃海之邊，把中原大地劈成
南北兩面。
啊！黃河
你是我們民族的搖籃，五千年的古國文化，
從你這兒發源；多少英雄的故事在你的周圍
扮演。啊！黃河你是
偉大堅強，像一個巨人，出現在亞洲莽原之

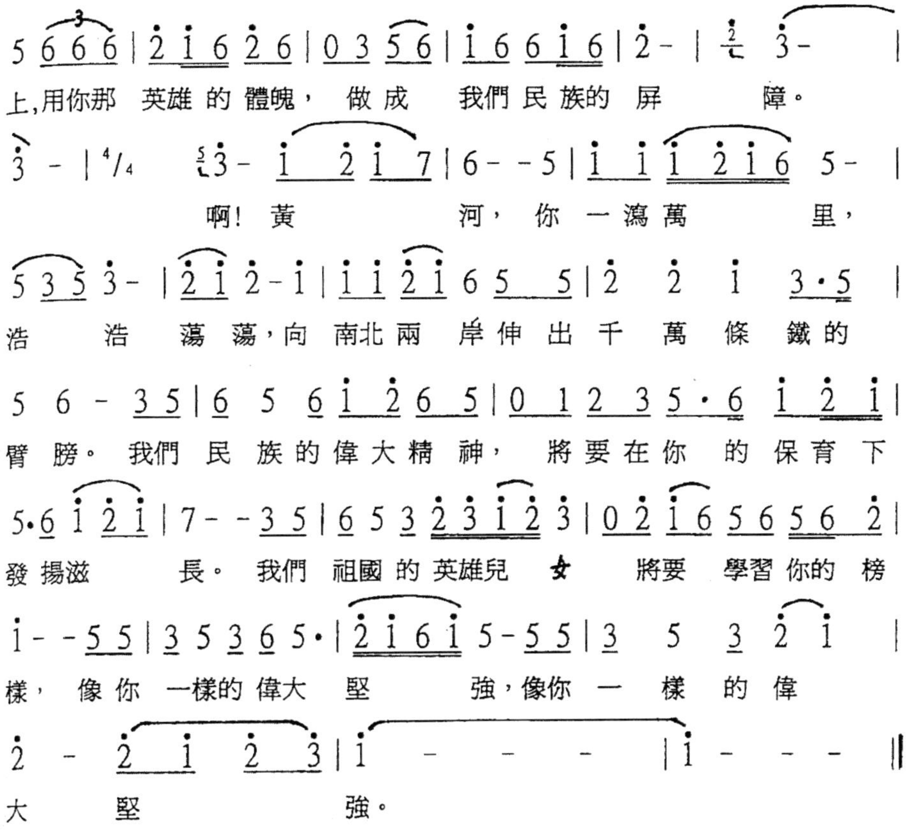
上,用你那英雄的體魄,做成我們民族的屏障。
啊!黃河,你一瀉萬里,
浩浩蕩蕩,向南北兩岸伸出千萬條鐵的
臂膀。我們民族的偉大精神,將要在你的保育下
發揚滋長。我們祖國的英雄兒女將要學習你的榜
樣,像你一樣的偉大堅強,像你一樣的偉
大堅強。

陳福成著作全編總目

壹、兩岸關係
①決戰閏八月
②防衛大台灣
③解開兩岸十大弔詭
④大陸政策與兩岸關係

貳、國家安全
⑤國家安全與情治機關的弔詭
⑥國家安全與戰略關係
⑦國家安全論壇。

參、中國學四部曲
⑧中國歷代戰爭新詮
⑨中國近代黨派發展研究新詮
⑩中國政治思想新詮
⑪中國四大兵法家新詮：孫子、吳起、孫臏、孔明

肆、歷史、人類、文化、宗教、會黨
⑫神劍與屠刀
⑬中國神譜
⑭天帝教的中華文化意涵
⑮奴婢妾匪到革命家之路：復興廣播電台謝雪紅訪講錄
⑯洪門、青幫與哥老會研究

伍、詩〈現代詩、傳統詩〉、文學
⑰幻夢花開一江山
⑱赤縣行腳・神州心旅
⑲「外公」與「外婆」的詩
⑳尋找一座山
㉑春秋記實
㉒性情世界
㉓春秋詩選
㉔八方風雲性情世界
㉕古晟的誕生
㉖把腳印典藏在雲端
㉗從魯迅文學醫人魂救國魂說起
㉘六十後詩雜記詩集

陸、現代詩（詩人、詩社）研究
㉙三月詩會研究
㉚我們的春秋大業：三月詩會二十年別集
㉛中國當代平民詩人王學忠
㉜讀詩稗記
㉝嚴謹與浪漫之間
㉞一信詩學研究：解剖一隻九頭詩鵠
㉟囚徒
㊱胡爾泰現代詩臆說
㊲王學忠籲天詩錄

柒、春秋典型人物研究、遊記
㊳山西芮城劉焦智「鳳梅人」報研究
㊴在「鳳梅人」小橋上
㊵我所知道的孫大公

㊶為中華民族的生存發展進百書疏
㊷金秋六人行
㊸漸凍勇士陳宏

捌、小說、翻譯小說

㊹迷情・奇謀・輪迴、
㊺愛倫坡恐怖推理小說

玖、散文、論文、雜記、詩遊記、人生小品

㊻一個軍校生的台大閒情
㊼古道・秋風・瘦筆
㊽頓悟學習
㊾春秋正義
㊿公主與王子的夢幻、
(51)洄游的鮭魚
(52)男人和女人的情話真話
(53)台灣邊陲之美
(54)最自在的彩霞
(55)梁又平事件後

拾、回憶錄體

(56)五十不惑
(57)我的革命檔案
(58)台大教官興衰錄
(59)迷航記、
(60)最後一代書寫的身影
(61)我這輩子幹了什麼好事
(62)那些年我們是這樣寫情書的
(63)那些年我們是這樣談戀愛的
(64)台灣大學退休人員聯誼會第九屆理事長記實

拾壹、兵學、戰爭

(65)孫子實戰經驗研究
(66)第四波戰爭開山鼻祖賓拉登

拾貳、政治研究

(67)政治學方法論概說
(68)西洋政治思想史概述
(69)中國全民民主統一會北京行
(70)尋找理想國：中國式民主政治研究要綱

拾參、中國命運、喚醒國魂

(71)大浩劫後：日本 311 天譴說
日本問題的終極處理
(72)台大逸仙學會

拾肆、地方誌、地區研究

(73)台北公館台大地區考古・導覽
(74)台中開發史
(75)台北的前世今生
(76)台北公館地區開發史

拾伍、其他

(77)英文單字研究
(78)與君賞玩天地寬（文友評論）
(79)非常傳銷學
(80)新領導與管理實務

2015 年 9 月後新著

編號	書　　名	出版社	出版時間	定價	字數(萬)	內容性質
81	一隻菜鳥的學佛初認識	文史哲	2015.09	460	12	學佛心得
82	海青青的天空	文史哲	2015.09	250	6	現代詩評
83	為播詩種與莊雲惠詩作初探	文史哲	2015.11	280	5	童詩、現代詩評
84	世界洪門歷史文化協會論壇	文史哲	2016.01	280	6	洪門活動紀錄
85	三搞統一：解剖共產黨、國民黨、民進黨怎樣搞統一	文史哲	2016.03	420	13	政治、統一
86	緣來艱辛非尋常－賞讀范揚松仿古體詩稿	文史哲	2016.04	400	9	詩、文學
87	大兵法家范蠡研究－商聖財神陶朱公傳奇	文史哲	2016.06	280	8	范蠡研究
88	典藏斷滅的文明：最後一代書寫身影的告別紀念	文史哲	2016.08	450	8	各種手稿
89	葉莎現代詩研究欣賞：靈山一朵花的美感	文史哲	2016.08	220	6	現代詩評
90	臺灣大學退休人員聯誼會第十屆理事長實記暨 2015～2016 重要事件簿	文史哲	2016.04	400	8	日記
91	我與當代中國大學圖書館的因緣	文史哲	2017.04	300	5	紀念狀
92	廣西參訪遊記（編著）	文史哲	2016.10	300	6	詩、遊記
93	中國鄉土詩人金土作品研究	文史哲	2017.12	420	11	文學研究
94	暇豫翻翻《揚子江》詩刊：蟾蜍山麓讀書瑣記	文史哲	2018.02	320	7	文學研究
95	我讀上海《海上詩刊》：中國歷史園林豫園詩話瑣記	文史哲	2018.03	320	6	文學研究
96	天帝教第二人間使命：上帝加持中國統一之努力	文史哲	2018.03	460	13	宗教
97	范蠡致富研究與學習：商聖財神之實務與操作	文史哲	2018.06	280	8	文學研究
98	光陰簡史：我的影像回憶錄現代詩集	文史哲	2018.07	360	6	詩、文學
99	光陰考古學：失落圖像考古現代詩集	文史哲	2018.08	460	7	詩、文學
100	鄭雅文現代詩之佛法衍繹	文史哲	2018.08	240	6	文學研究
101	林錫嘉現代詩賞析	文史哲	2018.08	420	10	文學研究
102	現代田園詩人許其正作品研析	文史哲	2018.08	520	12	文學研究
103	莫渝現代詩賞析	文史哲	2018.08	320	7	文學研究
104	陳寧貴現代詩研究	文史哲	2018.08	380	9	文學研究
105	曾美霞現代詩研析	文史哲	2018.08	360	7	文學研究
106	劉正偉現代詩賞析	文史哲	2018.08	400	9	文學研究
107	陳福成著作述評：他的寫作人生	文史哲	2018.08	420	9	文學研究
108	舉起文化使命的火把：彭正雄出版及交流一甲子	文史哲	2018.08	480	9	文學研究

109	我讀北京《黃埔》雜誌的筆記	文史哲	2018.10	400	9	黃埔歷史
110	北京天津廊坊參訪紀實	文史哲	2019.12	420	8	遊記
111	觀自在綠蒂詩話：無住生詩的漂泊詩人	文史哲	2019.12	420	14	文學研究
112	中國詩歌墾拓者海青青：《牡丹園》和《中原歌壇》	文史哲	2020.06	580	6	詩、文學
113	走過這一世的證據：影像回顧現代詩集	文史哲	2020.06	580	6	詩、文學
114	這一是我們同路的證據：影像回顧現代詩題集	文史哲	2020.06	540	6	詩、文學
115	感動世界：感動三界故事詩集	文史哲	2020.06	360	4	詩、文學
116	印加最後的獨白：蟾蜍山萬盛草齋詩稿	文史哲	2020.06	400	5	詩、文學
117	台大遺境：失落圖像現代詩題集	文史哲	2020.09	580	6	詩、文學
118	中國鄉土詩人金土作品研究反響選集	文史哲	2020.10	360	4	詩、文學
119	夢幻泡影：金剛人生現代詩經	文史哲	2020.11	580	6	詩、文學
120	范蠡完勝三十六計：智謀之理論與全方位實務操作	文史哲	2020.11	880	39	戰略研究
121	我與當代中國大學圖書館的因緣（三）	文史哲	2021.01	580	6	詩、文學
122	這一世我們乘佛法行過神州大地：生身中國人的難得與光榮史詩	文史哲	2021.03	580	6	詩、文學
123	地瓜最後的獨白：陳福成長詩集	文史哲	2021.05	240	3	詩、文學
124	甘薯史記：陳福成超時空傳奇長詩劇	文史哲	2021.07	320	3	詩、文學
125	芋頭史記：陳福成科幻歷史傳奇長詩劇	文史哲	2021.08	350	3	詩、文學
126	這一世只做好一件事：為中華民族留下一筆文化公共財	文史哲	2021.09	380	6	人生記事
127	龍族魂：陳福成籲天錄詩集	文史哲	2021.09	380	6	詩、文學
128	歷史與真相	文史哲	2021.09	320	6	歷史反省
129	蔣毛最後的邂逅：陳福成中方夜譚春秋	文史哲	2021.10	300	6	科幻小說
130	大航海家鄭和：人類史上最早的慈航圖證	文史哲	2021.10	300	5	歷史
131	欣賞亞媺現代詩：懷念丁潁中國心	文史哲	2021.11	440	5	詩、文學
132	向明等八家詩讀後：被《食餘飲後集》電到	文史哲	2021.11	420	7	詩、文學
133	陳福成二〇二一年短詩集：躲進蓮藕孔洞內乘涼	文史哲	2021.12	380	3	詩、文學
134	中國新詩百年名家作品欣賞	文史哲	2022.01	460	8	新詩欣賞
135	流浪在神州邊陲的詩魂：台灣新詩人詩刊詩社	文史哲	2022.02	420	6	新詩欣賞
136	漂泊在神州邊陲的詩魂：台灣新詩人詩刊詩社	文史哲	2022.04	460	8	新詩欣賞
137	陸官 44 期福心會：暨一些黃埔情緣記事	文史哲	2022.05	320	4	人生記事
138	我躲進蓮藕孔洞內乘涼--2021 到 2022 的心情詩集	文史哲	2022.05	340	2	詩、文學
139	陳福成 70 自編年表：所見所做所寫事件簿	文史哲	2022.05	400	8	傳記
140	我的祖國行腳詩鈔：陳福成 70 歲紀念詩集	文史哲	2022.05	380	3	新詩欣賞

141	日本將不復存在：天譴一個民族	文史哲	2022.06	240	4	歷史研究
142	一個中國平民詩人的天命：王學忠詩的社會關懷	文史哲	2022.07	280	4	新詩欣賞
143	武經七書新註：中國文明文化富國強兵精要	文史哲	2022.08	540	16	兵書新注
144	明朗健康中國：台客現代詩賞析	文史哲	2022.09	440	8	新詩欣賞
145	進出一本改變你腦袋的詩集：許其正《一定》釋放核能量	文史哲	2022.09	300	4	新詩欣賞
146	進出吳明興的詩：找尋一個居士的圓融嘉境	文史哲	2022.10	280	5	新詩欣賞
147	進出方飛白的詩與畫：阿拉伯風韻與愛情	文史哲	2022.10	440	7	新詩欣賞
148	孫臏兵法註：山東臨沂銀雀山漢墓竹簡	文史哲	2022.12	280	4	兵書新注
149	鬼谷子新註	文史哲	2022.12	300	6	兵書新注
150	諸葛亮兵法新註	文史哲	2023.02	400	7	兵書新注
151	中國藏頭詩(一)：范揚松講學行旅詩欣賞	文史哲	2023.03	280	5	新詩欣賞
152	中國藏頭詩(二)：范揚松春秋大義詩欣賞	文史哲	2023.03	280	5	新詩欣賞
153	華文現代詩三百家	文史哲	2023.06	480	7	新詩欣賞
154	晶英客棧：陳福成詩科幻實驗小說	文史哲	2023.07	240	2	新詩欣賞
155	廣州黃埔到鳳山黃埔：44 期畢業 50 週年暨黃埔建校建軍百年紀念	文史哲	2023.08	340	5	歷史研究
156	神州邊陲荒蕪之島：陳福成科幻生活相片詩集	文史哲	2023.10	500	2	新詩欣賞
157	吳信義回憶錄：今世好因緣	文史哲	2023.11	340	6	傳記
158	在北京《黃埔》雜誌反思	文史哲	2024.01	320	5	黃埔歷史
159	在北京《黃埔》雜誌回顧：陸官 44 期畢業 50 週年紀念	文史哲	2024.01	320	6	黃埔歷史
160	黃埔人的春秋大業：北京《黃埔》雜誌展鴻圖	文史哲	2024.03	320	6	黃埔歷史
161	跟台大登山會這些年	文史哲	2024.05	360	2	詩、文學
162	老歌謠史話：150 首可在傳世的老歌謠	文史哲	2024.08	420	2	音樂

陳福成國防通識課程著編及其他作品

（各級學校教科書及其他）

編號	書　　　　名	出版社	教育部審定
1	國家安全概論（大學院校用）	幼　獅	民國 86 年
2	國家安全概述（高中職、專科用）	幼　獅	民國 86 年
3	國家安全概論（台灣大學專用書）	台　大	（臺大不送審）
4	軍事研究（大專院校用）（註一）	全　華	民國 95 年
5	國防通識（第一冊、高中學生用）（註二）	龍　騰	民國 94 年課程要綱
6	國防通識（第二冊、高中學生用）	龍　騰	同
7	國防通識（第三冊、高中學生用）	龍　騰	同
8	國防通識（第四冊、高中學生用）	龍　騰	同
9	國防通識（第一冊、教師專用）	龍　騰	同
10	國防通識（第二冊、教師專用）	龍　騰	同
11	國防通識（第三冊、教師專用）	龍　騰	同
12	國防通識（第四冊、教師專用）	龍　騰	同

註一　羅慶生、許競任、廖德智、秦昱華、陳福成合著，《軍事戰史》（臺北：全華圖書股份有限公司，二〇〇八年）。

註二　《國防通識》，學生課本四冊，教師專用四冊。由陳福成、李文師、李景素、頊臺民、陳國慶合著，陳福成也負責擔任主編。八冊全由龍騰文化事業股份有限公司出版。